항일혁명가 최호림과
러시아지역 독립운동의 역사

이 도서의 국립중앙도서관 출판예정도서목록(CIP)은 서지정보유통지원시스템 홈페이지(http://seoji.nl.go.kr)
와 국가자료종합목록 구축시스템(http://kolis-net.nl.go.kr)에서 이용하실 수 있습니다.
CIP제어번호: CIP2020021949(양장), CIP2020021951(무선)

항일혁명가 최호림과
러시아지역 독립운동의 역사

| 반병률 편저 |

일러두기

1. 원자료(1차자료)의 경우, 대체로 두음법칙을 적용했으나(예: 로령 → 노령) 인명과 지명의 경우 그대로 두었다(예: 리용익).

2. 함경도 방언이나 사투리의 경우, 맛과 특성을 살리기 위해 그대로 두었다(예: 아모, 만저, 일홈, 아해).

3. 이해가 되지 않아 현대어 풀이가 필요할 경우나 한자 표기가 필요한 경우 [ ]로 덧붙였다.

4. 그 외에는 가능한 한 현대적 표기로 바꾸었다(예: 엇다 – 었다, 고려인의게 → 고려인에게, 긔사 → 기사, 긔관 → 기관, 의게 →에게, 쥬 → 주, 즁 → 중, 의주 → 이주, 어듸 → 어디, 곳 → 곧, 수ㅅ자, 수자 → 숫자, 원ㅅ수 → 원쑤).

5. 글자가 탈락되었다고 보이는 경우, [ ]로 첨가했다(예: 흩어 → 흩에[제]).
반대로 쓸데없는 글자의 경우 삭제했다(예: 처지부터를 → 처지부터).

6. 외국어 표기는 현대적 표기로 바꾸었다(예: 부르슈아 → 부르주아).

7. 인명이나 지명이 러시아어로만 쓰여 있는 경우에는 우리말로 먼저 표기하고 러시아어를 ( ) 안에 넣었다(예: [Владивосток → 블라디보스토크(Владивосток)]). 단, 두 번째부터는 한글로만 표기했다.

8. 명백한 오자인 경우에는 바로잡았다(예: 남녀성을 → 남녀성을, 솟수 → 소수, 사업하기 되니 → 사업하게 되니, 사던 → 살던, 산진해삭(山珍海錯) → 산진해착(山珍海錯)).

9. 인명의 경우에도 명백한 오류인 경우 바로잡았다(예: 조맹성 → 조맹선, 강군모→ 강국모, 최룡호→ 최영호).

러시아 원동지역

동시베리아

자바이칼

아무르

니콜라옙스크
- 나 - 아무레   사할린

바이칼호

치타

베르흐네우딘스크

이르쿠츠크

스바보드니

블라고베시첸스크   하바롭스크

연해주

쿨룬(울란바토르)

만주

하얼빈

항카호(흥개호)

니콜스크
우수리스크   수찬

블라디
보스토크

몽골

백두산   청진

연해주 지역

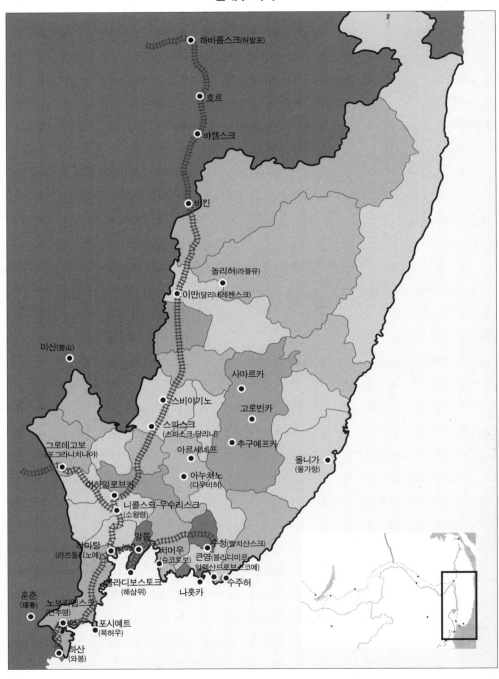

혈성단 등 한인의병대 주둔지역(추구예프카 지역)

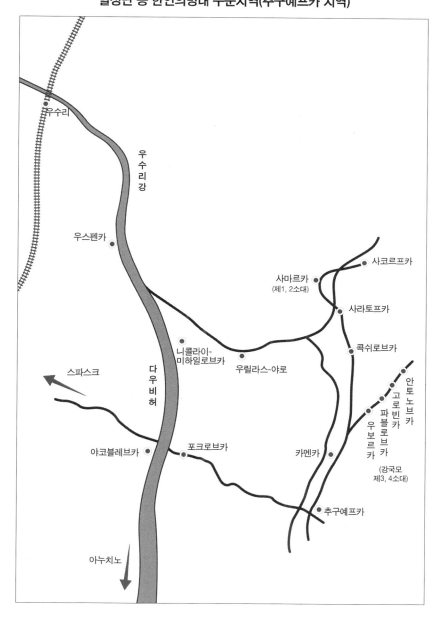

우수리

우수리강

우스펜카

사마르카
(제1, 2소대)

사코르프카

사라토프카

콕쉬로브카

니콜라이-
미하일로브카

우릴라스-야로

스파스크

다우비허

안토노브카

고로빈카

파블로브카

우보르카

(강국모
제3, 4소대)

야코블레브카

포크로브카

카멘카

추구예프카

아누치노

▲ 최호림(1930년대)

▲ 1930년대 가족사진

▲ 최호림과 둘째 부인 리파샤 및 첫째 부인 오씨 가족들(1924년)

▲ 두 번째 석방 후(이웃에 사는 여인과 함께)

◀ 1956년 3월 12일 아쿠르간에서
부인 김갈리나 마트베예브나와
함께

◀ 1959년 6월 4일 아쿠르간에서
  가족과 함께(오른쪽에서
  두 번째 여인이 부인
  김갈리나 마트베예브나)

▲ 최호림의 장편시 「시비리아철도행」이 게재된
  ≪로력자의 고향≫ 창간호 표지

1920년대 시베리아 일본군 습격… 3차례 13년 옥살이

3·1운동 87주년을 맞아 러시아 연해주 등 해외 항일무장투쟁을 기록한 독립운동가의 자필문서가 공개됐다. 이를 기록한 사람은 1920년대 독립군 무장투쟁을 이끌었던 최호림(崔虎林·1893~1960) 선생으로, 그동안 사회주의자라는 이유 때문에 묻 **3·1절 발굴** 허 있던 그의 활동상도 확인됐다. 독립운동을 하며 언론인·극작가·소설가로도 활약한 최 선생의 기록에는 지금까지 알려지지 않았던 독립군 및 비밀결사단체의 활동과 조직구성이 상세히 소개돼 해외 독립투쟁사 연구에 큰 도움이 될 것으로 보인다.

고려혁명군 2인자 최호림
연해주 항일투쟁기 '햇빛'

서울신문은 27일 한국외국어대 국제지역대학원 한국학과 반병률 교수로부터 최 선생의 '원동변강 고려인 생활역사 초록'(遠東邊疆 高麗人生活歷史 抄錄) 제1권을 단독 입수했다.

40페이지 97쪽 분량으로 된 초록은 러시아 하바로프스크에서 자필로 쓴 것으로 선생이 39세 때인 1932년 9월15일 탈고됐다. 반 교수는 지난해 8월 하바로프스크 국립문서보관소에서 이 자료를 입수, 현재 우즈베키스탄 아무르간에 살고 있는 선생의 둘째 동생 최주옥(93) 옹을 통해 진본임을 확인했다.

초록은 1919년 3·1운동 직후 불길처럼 번진 연해주 한인들의 항일무장투쟁을 다루고 있다. 1893년 함경북도 경성에서 3남2녀의 장남으로 태어난 선생은 중국 베이징 등지에서 고등교육을 받은 뒤 1919년 5월 연해주 라즈돌리노에서 최재형·박영천 등과 함께 빨치산 독립의용군을 결성했다.

선생은 당시 자신의 활동상과 함께 혈성단 강국모 군대, 우리 동무군 등 인근

우즈베키스탄 타슈켄트 근처에 있는 마을 아무르간 공동묘지에 쓸쓸하게 안장돼 있는 독립운동가 최호림 선생의 묘비. 왼쪽은 최호림 선생의 생전 모습. 제공 반병률 교수

고려혁명군 조직도

반병률교수 '원동 변강…' 입수

독립의용군등 병력·조직도 담겨

광복·철혈단 발기인명단 첫 확인

허 있던 그의 활동상도 확인됐다. 하석·김하구·오영선·구춘선·김림 등 13명을 발기단으로 출범. 이명순·오병묵 등이 핵심역할을 했다. 철혈단의 중요인물로는 김정훈·김진·최의수·최이준·한강일·경순철 등을 꼽았다.

선생은 1920년대 후반부터는 무장투쟁을 일단락하고 사상과 문학을 바탕으로 한 사회주의 활동에 투신했다. 1928

▲ 최호림 자료 발굴(《서울신문》 2006년 2월 28일자)

◀ 최호림 묘지
(《서울신문》 2006년 2월 28일자)

1932年九月15日

카바릉으로서에서

遠東邊疆高麗人生活

歷史抄錄、第壹丹

Исторический очерк жизни

корейцев на Дально-Вос-

точном края

著作者 崔虎林

全部貳丹、第壹丹 ~~~~頁

[서명]

▲ 최호림이 쓴 『원동변강 고려인생활 역사초록』 표지

차 례

저자의 말

1.

항일혁명가 최호림(1896~1960).[1] 그의 이름은 일반 대중에게는 물론이고 학계에서조차 잘 알려져 있지 않다. 이 지역을 연구하는 학자들에게도 매우 생소한 인물이다. 러시아지역 한인역사를 주요한 연구주제로 삼고 있는 필자 역시 최호림에게 큰 관심을 두고 있지 않았다. 물론 최호림이 러시아지역의 항일민족운동에서 어느 정도 비중 있는 인물임은 알고 있었다. 최호림은 1990년 한국어로도 번역·출판되고 필자가 해제를 쓴 김마트베이 치모페예비치의 저서 『원동에서 소비에트 권력을 위해 투쟁한 한인국제주의자들, 1918~1922』[2]에 소개된 항일혁명가 72명 가운데 열여섯 번째로 수록되어 있다.

필자가 최호림에게 특별히 주목하게 된 직접적인 계기는 2005년 8

---

[1] 문헌상으로 최호림의 생년은 1893생과 1896년생으로 다르게 나와 있다. 심문조사서나 앙케트(신분조사서)에는 1896년생으로 되어 있으나, 그가 작성한 자기약력(수고본)과 우즈베키스탄 아쿠르간(Аккурган)에 소재한 그의 묘비에는 1893년생으로 되어 있다.

[2] 이 책은 『일제하 극동시베리아의 한인 사회주의자들』이라는 제목으로 1990년 역사비평사에서 출판되었다. 러시아어 제목은 *Корейские Интернационалисты в Борьбе за Власть Советов на Дальнем Востоке*(1918~1922)이며, 모스크바의 Nauka 출판사(Издательство 'Наука')에서 1979년에 출간되었다.

월 국가보훈처의 의뢰를 받아 독립운동 유적조사와 자료수집을 목적으로 연해주 일대를 답사했을 때였다. 러시아 하바롭스크 국립문서보관소를 방문했을 때 담당사서가 가져온 한인관련 자료들 가운데서 최호림이 쓴 한글본『원동변강 고려인생활 역사초록(遠東邊疆高麗人生活歷史抄錄)』(제1책)³ 원본이 들어 있었던 것이다. 이 글은 최호림이 36세이던 1932년 9월 15일 하바롭스크에서 탈고한 것인데, 당시 그는 블라디보스토크로부터 이전해 온 《선봉》의 책임주필로 활동하고 있었다. 원래 그는 두 권으로 된 전체 고려인 역사의 완성판을 집필할 계획이었던 것으로 보인다. 제1책이 이른바 러시아에서는 공민전쟁(국민전쟁)이라고 불리는 시베리아내전 종결까지 서술하고 있는 점을 보면, 시리즈의 제2책은 사회주의 건설기의 한인역사를 다룰 계획이었던 것으로 짐작된다. 그러나 스탈린대탄압과 강제이주 등 1930년대 중반 한인사회에 불어닥친 정치적 격랑에 휘말리면서 계획했던 두 번째 책을 집필할 수 없게 된 것으로 보인다. 현재 제1책의 러시아어본이 전해지고 있으나, 한글본과 내용상 크게 차이가 없다. 그렇지만 러시아어본은 한글본에서 러시아어 표기 등 이해하기 어렵거나 애매한 부분들을 확인하는 데 참고가 된다.

최호림이 우리에게 오랫동안 알려지지 않은 것은, 오랜 분단과 냉전으로 그의 활동무대였던 러시아지역과 단절되었던 사정과 관련이 깊다. 최호림은 러시아지역에서 전개된 항일혁명운동에서 책임 있는 위치에서 활동했고, 일제당국에 체포된 바가 없을 뿐만 아니라, 일본첩보조직에 잘 포착되지 않았던 인물이다. 그에 관한 제대로 된 첩보기록이 거의 없는 것이 이를 반증한다. 이에 더하여 우리가 접해온 한인들의 회상록들에서 그의 이름이 자주 거론되지 않은 점도 그의 이름이

---

3 러시아어 제목은 *Исторический Очерк Жизни Корейцев на Дально-Востом Краю*이다.

우리에게 생소한 또 다른 이유라 할 것이다.

최호림의『원동변강 고려인생활 역사초록』은 러시아한인 역사에 관한 1차 사료로서 독특한 가치를 갖고 있다. 이것은 저자인 최호림이 항일혁명운동의 핵심주체였을 뿐만 아니라, 러시아지역에서 활동했던 의병대(빨치산) 조직이나 행정, 문화 등의 분야에서 지도적인 직책에 있었던 사실에서 비롯된 바 크다. 최호림은 한글은 물론 러시아어로 된 한인역사에 대한 보고서 등 1차 자료들을 쉽게 접할 수 있는 위치에 있었다. 그리하여『원동변강 고려인생활 역사초록』은 러시아지역 항일혁명운동에 등장하는 인물, 단체, 사건 등에 관한 매우 값진 내용들을 담고 있다. 사실의 정확성이나 정보의 독보적 가치에서 일제의 첩보자료와는 비교할 수 없는 것이다.

단적인 예를 들면,『원동변강 고려인생활 역사초록』에서 최호림은 안중근이 조직한 동의단지회(일명 단지동맹)의 12명 성원들을 기록하고 있는데, 이는 여느 자료에서도 찾을 수 없는바, 가장 정확한 명단이라 할 수 있다.[4] 일본첩보자료를 통해서는 전모를 알 수 없는 광복단이나 철혈단, 그리고 그 통합조직인 철혈광복단(철광단)의 조직과 주도인물에 관한 부분에서도 독보적인 내용을 담고 있다.

물론 자유시참변에 관한 서술이나 평가, 자신과 다른 노선의 인물이나 단체에 대한 신랄한 비판적 평가는 인용 시 유념해야 할 부분이다. 정통공산주의자를 자임하고 상대적으로 덜 파당적이지는 않지만, 이르쿠츠크파에 가까운 그의 행보를 신중히 고려할 필요가 있다는 얘기이다. 그럼에도 불구하고 민족운동사상의 단체나 인물들의 정치적 성향과 노선에 대한 명쾌한 분류와 성격 규정은 역시 운동주체만이 제시

---

4   안중근과 동의단지회(단지동맹)의 명단에 관해서는 반병률,『여명기 민족운동의 순교자들』(신서원, 2013), 50~51쪽 참조.

할 수 있는 내면적인 정보가 아닌가 한다.

『원동변강 고려인생활 역사초록』의 부제는 "원동 고려인 붉은의용병 약사"이다. 여기서 알 수 있듯이 러시아지역 항일무장투쟁에 관한 내용이 책의 중요한 부분을 차지하고 있다. 러시아지역 항일민족운동의 역사를 이처럼 상세하고 계통적으로 정확하게 정리하고 있다는 점에서 이 책이 지닌 가치는 두말할 필요가 없다. 필자는 관련 논문들을 집필하면서 다른 어느 사료보다도 『원동변강 고려인생활 역사초록』에 신뢰를 두고 인용했다. 『원동변강 고려인생활 역사초록』을 크게 의존하여 쓴 글이 이 책의 제3부에 수록한 「러시아지역 항일무장투쟁의 역사」[5]이다.

2.

김마트베이의 『원동에서 소비에트권력을 위해 투쟁한 한인국제주의자들, 1918~1922』와 『원동변강 고려인생활 역사초록』, 최호림 자신이 쓴 자서전,[6] 그리고 체포 후 작성된 심문조사서(앙케트) 등을 종합하여 그의 일대기를 간략하게 살펴보기로 한다.[7]

최호림은 1896년 함경북도 무산(茂山)의 한 마을에서 태어났다. 어릴때에 부모님을 따라 러시아연해주 우수리스크 근처의 작은 한인마을로 이주했고, 이후 올긴스키 구역의 얼두거우(二道溝, Элтыгоу) 마을로

---

5 이 글은 독립기념관에서 2009년에 간행한 한국독립운동의 역사 시리즈 49권 『1920년대 전반 만주·러시아지역 항일무장투쟁』에서 러시아지역과 관련된 부분만 발췌·편집한 것이다.
6 최호림(崔桂東), "Автобиография"(수고본).
7 최호림의 본명은 최주동(崔柱東)이다. 최호림에 관한 문헌 및 사진자료는 대부분 우즈베키스탄 아쿠르간에 거주하는 고 김블라디미르 드미트리예비치 선생으로부터 제공받은 것이다. 최호림, 김아파나시, 김미하일 등 스탈린대탄압으로 희생된 한인지도자들에 관한 자료를 수집하고 글을 쓰는 데 열성을 기울인 고 김블라디미르 선생에게 늦게나마 깊은 감사를 드린다. 이에 더해 필자가 최호림의 동생 최주옥(니콜라이), 그리고 양아들 최 라디온 드미트리예비치와 가진 인터뷰를 참조했다(필자와 이들 두 사람의 인터뷰는 2008년 2월 11일 우즈베키스탄 타쉬켄트에서 이루어졌다).

다시 이주했다. 최호림이 12살이 되었을 때, 가난한 빈농이었던 그의 아버지는 형과 최호림 두 사람이 제비뽑기를 해서 한 사람은 공부를 하고 다른 한 사람은 아버지를 도와 농사를 지으라고 했다. 행운은 최호림의 몫이 되었다. 우수한 성적으로 심상소학교(초등학교)를 졸업한 최호림을 눈여겨봤던 교사가 그를 만주[북간도로 추정됨]의 친척에게 보내어 중학교에 입학해서 학업을 계속할 수 있도록 했다.[8] 중학 졸업 후 최호림은 북경으로 가서 중국식 고등교육을 마쳤다. 이후 최호림은 러시아, 중국, 조선 3국의 접경지대인 연추(煙秋, 노보키옙스크)·훈춘 일대에서 교육계몽운동에 참여했는데, 특히 황병길 등이 설립한 훈춘의 (기독) 강서당[9]에 가서 활동했다.[10] 1916년 최호림은 오순영(吳順英)이라는 여인과 결혼했고, 2년 후인 1918년에 딸이 태어났다.

최호림이 북간도에서 연해주 올긴스키 구역의 고향으로 돌아온 것은 1918년의 일이다.[11] 이후 최호림은 고향 소학교에서 교사로 활동했

8 　김마뜨베이, 『일제하 극동시베리아의 한인 사회주의자들』, 이준형 옮김(역사비평사, 1990), 164쪽.

9 　훈춘지방에 있었던 강서당(講書堂)에 대해서는 잘 알려져 있지 않다. 강서당은 한말 일제 초기 훈춘 경찰서장이던 황병길, 안성재, 한규선 등이 운영하던 기독교 계통의 애국계몽기관으로, 구관습을 타파하고 신교육을 실시하기 위한 학교와 교회를 설립하는 데 힘썼다. 강서당에 대해서는 1911년경 훈춘 일대로 망명해 있던 이인섭이 당시 경험했던 일들을 자신의 자서전『망명자의 수기』(한울아카데미, 2013), 105~122쪽에 자세하게 기록하여 그 면모를 잘 알수 있다.

10 　최호림(崔호東), "Автобиография"(수고본);「김병하가 이인섭에게 보낸 편지」(1958.9.25). 최호림은 자서전에서 북경에서 공부를 마친 후 노보키옙스크(1936년 크라스키노로 개칭)로 갔다고 했다. 그러나 (외)수청지방 한인빨치산부대에서 활동한 바 있는 김병하에 따르면, 최호림은 당시 "어떤 여자를 취하여 살림했는데, 그 딸이 출생"했다고 한다. 최호림이 러시아로 넘어간 이후 소식이 끊어졌는데, 1950년대 말 북조선으로 귀환한 김병하가 청진에서 가정을 꾸리고 살고 있는 최호림의 딸을 만났다고 한다. 1958년 당시 이 딸의 나이가 42세였다고 한다. 양아들 최라디온의 증언에 따르면 최호림은 북조선에 있는 이 딸과 연락이 되어 서신을 교환했다고 한다.

11 　최호림의 러시아어 자서전에는 1916년에 결혼하고 부인 오순영과 부모가 있는 올긴스키 구역의 투두거우(頭道溝)로 이주했다고 했다. 그러나 이 책에서는 최호림이 결혼 후 딸을 낳고 러시아로 넘어간 이후 소식이 끊어졌다고 하는 딸의 말에 근거한 김병하의 회상, 그리고 1918년 중국에서 러시아로 이주했다는 최호림의 심문조서에 따라 1918년으로 했다.

는데, 이때 이미 시와 희곡을 창작하기 시작했고, 동네의 '자발적 그룹'에서 상연하기도 했다. 고향으로 돌아온 얼마 후 러시아혁명이 일어나자 최호림은 이를 크게 환영했다. 최호림은 러시아 10월혁명 후인 1919년 2월에 러시아공산당(당시 러시아사회민주노동당)에 가입했다.[12] 1919년 4월 4일, 고향인 올가군 프롤로브카(Фроловка) 마을에서 친구인 볼셰비키 슬린킨(Слинкин)이 의장이었던 임시혁명빨치산참모부가 조직되었고 소작을 통한 빈농착취를 금지케 하자는 결정을 채택했다. 최호림은 올가군의 여러 마을을 순회하며 농민들에게 이 결정을 열렬하게 선전했다.

1919년 5월, 최호림은 하마탕(蛤蟆塘, 현 라즈돌리노예) 부근 얼두거우 마을에서 허재명, 김준, 양기영 등과 35명의 대원으로 구성된 한인빨치산부대를 창설했다. 120명으로 확대된 최호림의 의병대는 시베리아 침략 일본군과 백군의 공격을 피해 북간도 훈춘지역으로 일시 이동했지만, 곧 '민족혁명파'와 '국제혁명파'로 분열되었다. '국제혁명파'에 속했던 최호림은 1920년 1월 다시 얼두거우로 이동해 150명에 달하는 군대를 재조직했다. 일본군과 러시아혁명세력 간의 협약과 러시아인 동지들의 권고에 따라 최호림의 고려인특립대대는 무장해제했다. 이후 최호림은 다시 동지 20여 명과 더불어 1920년 일본군이 자행한 4월참변을 피해 하바롭스크로 이동했다.

최호림은 하바롭스크 크라스나야 레츠카에 위치한 러시아 붉은의병대 본영의 사령관인 불라코프(Буллаков) 휘하에서 잠시 일하다가 자유시로 이동했다. 자유시에서 최호림은 이르쿠츠크파 계열의 한인보병자유대대(고려인특립대대)에 합류했고, 자유시사변 당시에는 고려혁명

---

12 양아들 최라디온은 최호림이 1921년에 러시아공산당에 입당했다고 했는데, 이것이 사실이라면 최호림이 자유시에 있을 때였을 것이다.

군(고려혁명군정의회) 소속의 사관학교 군정위원장으로 활약했다. 이후 시베리아내전이 막바지에 접어드는 1922년 6월 말 연해주 내륙 산악지대인 아누치노로 이동했고, 7월 21일 이곳에 본부를 둔 러시아공산당 연해주비밀간부 산하에 고려부가 조직되었을 때, 그 기관지인 ≪붉은긔≫의 주필로 선임되어 활동했다(1922년 8월 16일 ≪붉은긔≫[13]를 창간한 이후 14호까지 발행했다). 당시 고려부 비서는 이영선이었고, ≪붉은긔≫의 주필은 최호림, 서무원은 정일계였다.[14]

곧이어 최호림은 수이푼(추풍) 지역에서 활동한 연해주고려공산당(솔밭관공산당)이 러시아공산당 포시예트 - 훈춘 구역간부로 개편되자, 그 책임비서로 선임되었다.[15] 러시아의병대(빨치산) 연해도 군사위원회와 고려의병대(독립단) 대표들이 협의회를 개최하고 연합군사위원회를 조직하고 고려의병대들을 통일하기로 결정했다.[16] 그리하여 1922년 9월 15일, 연해주 한인빨치산부대들의 통합조직인 연해주 고려인의병대를 지도할 고려혁명군정의회가 조직되었고, 최호림은 그 군정위원장에 임명되어 그해 12월까지 활동했다(고려혁명군정의회의 총사령관은 김규식, 사령관대리는 안동백, 군정위원장은 최호림, 위원은 러시아인 스딴코프와 한창걸이었다).

시베리아내전이 종결된 1923년 이후 최호림은 연해주 남부 한·중·러 국경지대인 연추 - 훈춘 일대의 러시아공산당 지부 책임자로 활동

---

13 ≪붉은긔≫에 관해서는 이 책 제3부 제3장 '러시아지역 한인신문 ≪선봉≫과 1920~1930년대 한인사회' 참조.
14 당시 고려부에는 지도원 박동희, 선전원 김덕영, 차도운, 심순 등이 관여했다. 이들은 고려부 조직 후 비밀사명을 띠고 블라디보스토크, 수청, 니콜스크 - 우수리스크, 포시예트 등 각지로 파견되어 활동했다.
15 최호림이 이 구역간부의 책임비서직을 맡았을 때, 조직과장은 최찬식, 통계과장은 최성삼이었다.
16 고려독립단(의병대)들의 통일을 위해 진력한 이가 1920년 간도참변을 피해 훈춘으로부터 수이푼(추풍)으로 도피해 온 신민단 간부이자 솔밭관군대의 간부로 활동했던 신우여로 불행하게도 얼마 안 되어 병사했다.

하며 공산주의 선전활동에 종사했다.[17] 최호림이 연추(노보키옙스크)에 있을 때 첫 부인 오순영이 사망했다. 그리하여 최호림은 1924년 리파샤와 결혼했는데, 그녀는 주검찰부의 변호사로 근무하고 있었다. 최호림은 3년 후인 1927년 집단화 과정을 지도하기 위해 한인 농민들이 다수 거주하고 있는 수청 신영거우(니콜라예프카)에 파견되어 활동했다.[18]

이때의 경험을 바탕으로 1930년 3~4월에 걸쳐 ≪선봉≫에 「절름발이 수청구역」을 4회 연재했으며, 「당정책을 악화하는 경향을 따리자」를 3회에 걸쳐 연재했다(이 두 글 모두 이 책 제1부에 수록). 이 두 글은 1928년부터 시작된 위로부터의 사회주의화, 즉 농촌집단화와 관련된 한인 농촌사회의 제문제를 비판적으로 분석한 것으로서, 특히 집단화 정책을 책임지고 있던 러시아인 공산당 간부들의 대러시아민족주의를 날카롭게 비판하고 있다. 필자는 2008년 최호림의 이 두 글을 주요 자료로 활용해 이 책 제3부 제2장에 실은 글 "전면적 집단화' 시기 러시아 연해주 수청지방 한인 농촌사회의 제문제'를 집필했다.

3.

최호림이 이처럼 군사활동과 당단체 조직·선전 등의 활동에서 지도자로서의 면모를 보이기는 했으나, 역시 그의 전체 삶에서 주요한 활동 분야는 시인, 희곡작가, 언론인으로서의 문필활동이라 할 것이다. 이에

---

17 일제 측 첩보자료(1923년 8월 4일자)에 따르면, 고려공산당 '극동선전부장'인 정학룡(鄭學龍)이 1923년 7월 4일 연해주 남부 러·중·한 국경지역이 연추(얀치허)에서 '특립부장'인 최호림을 만나 간도 훈춘지방에서의 "주의 선전의 진작"에 관해 의견을 나누는 한편 기관연락 배치계획 등에 대해서도 논의했다고 한다. '특립부장'이 어디에 소속된 직책인지는 모르나, 1922년 8월 러시아공산당 포시예트-훈춘 구역간부의 책임비서로 임명된 사실에서 비추어볼 때, 한인들이 대다수 거주민인 포시예트-훈춘지역의 공산당에 소속된 직책으로 짐작된다. 또한 다른 일제 첩보자료(1926년 5월 17일자)에는 1926년 4월 14~16일 개최된 연해도 집행위원회 고려부 회의에 최호림이 '남부우수리지부장'의 자격으로 참석한 것으로 되어 있다. 이때까지 최호림은 포시예트-훈춘구역의 책임비서 자리에 있었던 것으로 보인다.
18 수청에서 활동할 때 최호림은 다시 김올가 페트로브나와 결혼했다.

앞서 최호림은 1928년부터 3년간 모스크바국립대학에서 저널리즘을 공부했다. 최호림은 1930년부터 1932년까지 모스크바 작가동맹회원으로서 국제혁명작가 동양비서부 비서로 활동했다. 1932년 4월에는 1929년에 블라디보스토크에서 하바롭스크로 이전해 온 ≪선봉≫의 책임주필에 취임했다. 1933년 ≪선봉≫이 블라디보스토크로 다시 이전하면서 최호림은 책임주필직을 그만둔 것으로 보인다. 1934년 이후 최호림은 원동변강 작가동맹의 검사위원으로 활동했다.[19]

최호림이 문필가로서의 재능을 유감없이 보여준 시기는 1932년과 1935년, 두 차례에 걸쳐 ≪선봉≫의 책임주필로 활동할 때였다.[20] 1923년부터 1937년까지 ≪선봉≫의 책임주필로 활약한 인물은 이백초, 이성, 오성묵, 이괄, 최호림, 박동희, 김홍집, 윤세환 등인데, 이들 가운데 이백초는 세 차례, 최호림과 박동희는 두 차례 책임주필직을 수행했다.[21]

최호림이 ≪선봉≫의 책임주필로 있던 1935년(2~12월)은 최호림의 문학적 활동이 가장 크게 부각되었던 시기라 할 수 있다. 최호림의 문학작품들은 ≪선봉≫의 책임주필 시기에 '해삼시 조선인 작가 그루빠' 명의로 발표된 「시인 최호림 동무와 그의 작품」에 종합적으로 소개되어 있다(제2부에 수록). 이에 따르면 최호림은 이미 20대 초반부터 창작

19　양아들 최라디온에 따르면, 최호림이 ≪로력자의 고향≫의 편집자로도 활동했다고 하는데 아마도 그가 원동변강작가동맹의 검사위원으로 있을 때로 추정된다.

20　최호림이 책임주필을 지낸 시기를 보면 1932년에 4월 16일부터 9월 30일까지, 그리고 1935년 2월 6일에 책임주필직을 시작하고 이후 2월 27일~7월 21일, 8월 6일~9월 21일, 9월 30일~12월 12일, 12월 27일~1936년 1월 17일이다. 최호림이 공식적인 책임주필로 있으면서 자리를 비운 기간과, 최호림이 책임주필직에서 물러난 이후에는 김홍집이 대리주필로 최호림을 대신했다.

21　이들 책임주필 외에 김진, 남창원, 황동훈, 김홍집, 최낙천, 양왈레리안, 황보철 등이 임시주필 또는 대리주필을 맡았는데, 특히 김홍집은 여러 차례 대리주필을 맡았고 1936년에는 한차례 임시책임주필을 지냈으며 1937년 중반까지 대리주필을 지냈다. 이후 윤세환이 대리주필을 지냈고, 폐간 당시의 대리주필은 황보철이었다.

활동을 시작했다. 최호림은 특별히 필명이나 호를 쓴 것 같지는 않은
데, 이것으로 보아 이러한 전통적 관행을 좋아하지 않았던 것으로 추측
된다. 다만, 1936년 1월 6일자 ≪선봉≫에 발표된 우의소설 「슬기 거
는 토끼 따고 발귀 거는 토끼 따다」에서는 '삼산렵부'라는 필명을 썼다.

「시인 최호림 동무와 그의 작품」에 정리되어 있는 최호림의 작품활동
을 보면, 1915년 「우리의 한탄」(장편 산문시), 「회개」(서정시적 우의소설),
1926년 「녀자 대표」(가극), 1927년 「복돌이」(역사적 장편 서사시), 1928년
「야침봉」(552절의 장편 서정시적 서사시), 1929년 「'불사조' 생활」(장편 서
사시), 1931년 「시비리아철도행」(장편 서사시), 1932년 「슬기 거는 토끼
따고 발귀 거는 토끼 따다」이다. 이들 작품 가운데 「녀자 대표」와 「슬기
거는 토끼 따고 발귀 거는 토끼 따다」는 일부가 ≪선봉≫에 소개되었
고, 「시비리아철도행」은 1934년 9월 발행된 ≪로력자의 고향≫ 창간호
에 일부분이 발표되었다. 이 가운데 특히 「시비리아철도행」은 1931년
에 창작되고 1934년에 발표된 장편서사시로, 블라디보스토크에서 출발
해서 우수리철도, 아무르철도를 지나 동시베리아철도에 들어서기까지
거쳐 간 지명과 관련된 러시아원동지역의 역사, 특히 한인들과 관련된
사연들을 담고 있어 당시 고려인들에게 매우 친근한 감동을 주었을 것
으로 짐작된다(이 작품에 대한 비평은 이 책에 실린 오창환의 「"로력자의 고향"
에 대하여」에서 찾아볼 수 있다). 그리하여 「시비리아철도행」은 1930년대
에 고려인들 사이에서 인기 있는 노래로 불렸다고 한다.[22] 다만 동시베
리아철도로 들어간 이후의 후속편을 볼 수 없는 것이 안타까울 뿐이다

---

22 1931년 창작될 당시 원래 제목은 「시비리철도행」이었다. 고려사범대학 노문과에 재학하던 중
    강제이주를 당했고 소련이 대일전쟁에 참전한 후 북조선 해방전투에 참전했으며 허정숙 밑에
    서 북조선 정부의 문화선전부 부부상을 지내고 소련으로 귀환해 오랫동안 ≪레닌기치≫의 기
    자로 활약했던 고 정상진 옹(1918~2016)의 증언. 정상진 옹은 평소 ≪레닌기치≫ 등에 쓴 기
    고문들과 남에서 북으로 간 문학인들에 관한 회상기들을 모아 『아무르만에서 부르는 백조의
    노래』(지식산업사, 2005)를 펴냈다.

(발표된 이들 작품은 제2부에 수록).

이 시기에 언론인으로서의 최호림의 면모를 잘 알 수 있는 것은 ≪선봉≫ 창간 14주년을 기념해 1935년 8월 27일자에 쓴 논설 「"선봉"의 과거와 장래: 볼셰비크 당의 총선을 위하여 투쟁하는 "선봉" 창간 14주년」이다. 당시까지 ≪선봉≫의 편집진은 1923년 3월 1일 3·1운동 4주년을 기념하여 창간한 ≪삼월일일(三月一日)≫(제4호부터 ≪선봉≫으로 제호 개칭)에서 ≪선봉≫의 기원을 찾는 것이 일반적이었으나, 최호림은 자신이 주필로 활약했던 러시아공산당 고려부 기관지 ≪붉은긔≫에서 ≪선봉≫의 기원을 찾았다. 최호림의 이 논설은 제3부 제3장 '러시아지역 한인신문 ≪선봉≫과 1920~1930년대 한인사회'를 집필하는 데 주요한 1차 자료로 활용했다.

「"선봉"의 과거와 장래」를 쓴 것과 거의 같은 시기에 최호림은 장편논문 「연해주 조선인」을 ≪로력자의 고향≫ 제2호에 발표했다. 현재 이 글은 접하지 못한 상태여서 그 내용은 알 수 없지만, 「절름발이 수청구역」이나 「당정책을 악화하는 경향을 따리자」와 더불어 이론가로서의 최호림의 면모를 잘 알 수 있는 중요한 문건일 것으로 짐작된다.

4.

최호림이 1930년 3~4월 ≪선봉≫에 발표한 「절름발이 수청구역」에서 우려했던 대러시아민족주의는 1930년대 중반 현실로 나타났다. 1930년대 중후반 스탈린집권 시대에 성행했던 대러시아민족주의('민족볼셰비즘'이라고 하기도 한다)에 따라 한인엘리트들에 대한 대탄압과 중앙아시아로의 강제이주가 단행된 것이다.

1937년의 강제이주에 앞서 1934년 키로프 암살 이후 시작된 스탈린 대탄압은 정치적 반대파에 대한 숙청을 단행한 것으로서 러시아인은 물론 중국인, 폴란드인, 독일인, 라트비아인, 리투아니아인, 백계러시아인 등 소수민족도 대상이었다. 한인엘리트들 역시 대탄압의 광풍에서 벗어나지 못했다. 반소·반혁명 분자라는 낙인과 함께 대대적인 체포, 출당, 처형이 자행되었다.

1937년 여름 ≪선봉≫에 게재된 두 개의 기사는 일찍부터 한인엘리트들에 대한 탄압이 본격화되었음을 보여준다. 우선 6월 23일자로 '일긔자 김' 명의로 발표된 기사 「파쟁군 잔재들과의 투쟁은 옳은 결과를 가지어 온다: 한보리쓰의 문제는 해결되엇다」를 통해 전 조선인사범대학 총장 오가이 페트로, 조선인사범대학 총장 최니콜라이, 전 조선인사범대학 역사과 책임자이자 사범대학 부설 노동학원 총장인 한보리스 등 조선사범대학의 주요 지도자들이 이미 출당된 사실을 알 수 있다. 또한 이 기사는 사범대학 역사과 교수 박모이세이가 오가이 페트로를 옹호한 사실과 2년여 전 사망한 "반당 및 반혁명적 조선인 파당 그루빠 상해파의 수위에 있던" 이동휘의 "장례식에 사범대학 대학생들 전체를 동원시키려 선동"했으나 성공하지 못한 사실 등을 지적했다. 그리하여 결론적으로 "반당, 반혁명적 민족주의자이며 파쟁군 기끄럭이"인 박모이세이의 출당을 위한 당적재심사를 강력히 요구했다.

이후 2개월이 채 못 되는 8월 18일자 ≪선봉≫에 '문화행진 브리가다 발기단'의 명의로 게재된 「원동 조선인 로력자들에게(경고문)」를 보면 최호림이 "인민의 원쑤"로서 이미 다른 주요한 한인엘리트들과 함께 출당된 사실을 확인할 수 있다. 한인 전체를 상대로 한 이 협박조의 경고문에는 한인의 문화기관에 오랫동안 "들어앉아 있었던" "원동국영출판부 내 조선부에 오성묵, 리광, 라공", "사범대학에 오가이, 한보리쓰, 박모이쎄[이], 최니꼴라이 등", "선봉사에도 최호림, 리문현 등이 있었다"라며, "이 음흉한 원쑤들은 문화기관들에 들어박이어서 자기네의 해독사업을 적지 않게 하여 놓았다"라고 비판했다.

불행하게도 최호림은 앞서 1936년 2월 9일 내무인민위원부(НКВД,

엔카베데)에 체포되어 있었는데, 당시 그는 ≪선봉≫의 책임주필을 맡고 있었다. 최호림은 6개월 후인 1936년 8월 1일 소련 내무인민위원부 특별협의회에서 유죄판결을 받고 3년 만에 석방되었다.[23] 석방 후 최호림은 카자흐스탄의 크즐오르다로 가서 '레닌명칭 중학교'에 교원으로 임명되어 활동하다가 그해(1939년) 12월 14일 다시 내무인민위원부에 의해 체포되었다.[24] 다음해인 1940년 10월 26일 소련 내무인민위원부 특별협의회에서 다시 '감금' 3년형을 선고받았다(러시아연방 형법 58조 10항). 3년의 금고형을 마치고 석방된 최호림은 우즈베키스탄에 살고 있는 누이동생이 자기에게 오라고 하여 당시의 "잘사는 꼴호즈"라고 알려진, 새로 조직된 "김병화꼴호즈"로 갔다. 최호림이 다시 체포된 것은 1947년 11월 16일의 일이다. 이후 1949년 11월 2일에 소련 내무인민위원부 특별협의회에 의해서 '반소비에트 간첩조직에 참여한' 혐의로 유형에 처해졌다.[25] 최호림은 1950년 2월 31일 크라스노야르스크 크라이(주) 볼셰우디스키 라이온(구역)에 도착해 유형생활에 들어갔고 1954년 9월 2일 유배에서 풀려났는데, 4년 6개월 만의 일이었다. 석방된 후 최호림은 마지막 부인인 김갈리나 마트베예브나를 만났고, 그녀

---

23 최호림은 석방되고 나와서 많은 창가를 지었다고 하는데, 이들 창가는 기차를 타고 오면서 쓴 것이라고 한다. 동생 최주옥이 기억하고 있는 바에 따르면 최호림이 지었다는 창가들은 '첫사랑의 선물', '자연음', '약', '3월 8일 기념가(여자해방기념가)' 등이었다. 아들 최라디온이 소개해 준 창가의 한 소절은 "우리 사랑 시베리아산에 피문고 자물세 자물세"인데, "첫사랑의 선물"의 소절이 아닌가 한다.

24 「러시아연방 연방국가보안과 연해주청에서 김블라디미르 드미트리에게 보낸 답장」(2009.9. 25). 이 답서에는 최호림이 체포되기 전까지 카자흐스탄 알마타시에서 저널리스트로 활약했다고 기록되어 있으나, 이 책에서는 이인섭의 『망명자의 수기』 397쪽의 기록에 따랐다. 이인섭의 회상에 따르면, 석방된 후 크즐오르다에 와서 '레닌명칭 중학교'에 교원으로 있었을 때 다시 체포되었는데, 당시 '레닌공청동맹 20주년' 중학교 교장이던 박창래가 자기 집을 찾아온 최호림에게 점심 한 끼를 대접했다는 혐의로 체포되어 8년 '감금선고'를 받았다고 한다.

25 이인섭에 따르면, 이인섭은 3년의 유배생활을 마치고 크즐오르다에 온 오가이 페트로에게서 최호림이 모스크바로 가는 도중에 체포되었고 김아파나시, 김미하일, 박일리야가 우파(Уфа)로 정배를 갔으며 다른 사람들도 강제노동소로 보내졌다는 소식을 들었다고 한다. 이인섭, 『망명자의 수기』, 382쪽 참조.

가 일하고 있던 '지작 오블라스치(주)' '갈로드나야 스텝(배고픈 스텝)'이
라는 지방에 가서 서기로 일하면서 말년을 보냈다고 한다.

  세 차례의 감금생활을 이겨내고 석방된 최호림은 복권과 명예회복
을 위해 모스크바를 여러 번 다녀오고 소련공산당 중앙위원회를 상대
로 서신을 보내는 등 최후까지 진력했다. 이처럼 최호림은 "내 이름을
내세워야 한다"라며 혼신의 힘을 기울였지만 끝내 암 선고를 받았다.
최호림은 동생 최주옥 등 가족들이 살고 있는 우즈베키스탄의 아쿠르
간(Аккурган)에서 1960년 64세로 세상을 떠났다.[26] 최호림이 복권된 것
은 소련이 붕괴된 후인 1998년 9월 18일에서였다.

  5.

  이 책은 모두 3부로 구성되어 있다. 제1부에서는 최호림이 직접 쓴
일곱 편의 글을 모았다. 이 글들은 최호림의 대표적인 업적이기도 한
데, 제1부에서는 이 책에서 가장 큰 비중을 차지하고 있는 『원동변강
고려인생활 역사초록』을 비롯해 ≪선봉≫에 실린 그의 논문과 논설
세 편, 그리고 한 편의 우의 소설과 두 편의 시(창가)를 실었다.

  제2부에서는 최호림의 삶과 문학활동, 그리고 그의 출당과 피체 등
정치적 운명과 관련된 내용을 담고 있는 ≪선봉≫의 기사 여섯 편을

---

26 최호림이 소련 내무인민위원부에 체포되어 작성된 조사서(앙케트)에는 가족사항이 기록되
    어 있다. 아버지는 최공준(1867년생)이고 어머니는 1928년에 사망했다. 남동생은 최주철
    (1902년생), 최주옥(1915년생), 최주열(1918년생), 세 명이고, 여동생으로는 최나제즈다가 있
    다. 당시 형은 이미 사망한 것으로 보인다. 최호림에게는 북간도에서 출생했으나 그가 러시
    아로 떠나 헤어진 뒤 북조선으로 이주한 딸 외에는 후손이 없었던 것으로 보인다. 그리하여
    그는 첫째 동생인 최주철의 아들 최라직 호리모비치(1932년생)를 양아들로 받아들였다. 최
    호림이 말년을 보낸 우즈베키스탄 아쿠르간에는 둘째 동생인 최주옥 가족이 살고 있었다.
    최호림과 말년을 함께했던 부인 김갈리나 마트베예브나는 최호림이 세상을 떠나고 5년 후에
    사망했다고 한다. 저자는 2005년 타슈켄트 시내로 이주해 살고 있는 최주옥 옹과 최호림의
    양아들을 만났다. 일설로 최호림이 사망 전에 소련공산당 중앙위로부터 복권 통보를 받았다
    는 얘기가 전해진다.

실었다. 제2부 마지막에는 1937년 출간된 ≪로력자의 조국≫에 실린 조명희의 글「이류분자들의 작품을 떼어서」가운데 최호림의「시비리아철도행」에 관한 부분을 발췌·첨부했다.

제3부에서는 1920~1930년대 러시아 한인사회의 제문제를 다룬 저자의 글 세 편을 실었다. 세 편의 글에서 다룬 주제는 러시아지역 항일무장투쟁의 역사, 사회주의 건설기의 한인 농촌문제, 그리고 한인사회의 구심점 역할을 했던 ≪선봉≫의 기원 및 발전과정과 한인사회와의 관계이다. 이들은 제1부에 실린 최호림의 글들의 핵심주제이다.

이 책에서는 항일혁명가로서의 최호림에게 초점을 맞추었다. 따라서 시인, 희곡작가, 언론인, 교육가로서의 면모에 주목해 새로운 각도에서 최호림에 대한 연구를 할 필요가 있다. 이 작업은 필자의 역량을 훨씬 벗어나는 일이다. 모쪼록 이 책이 다양한 분야에 걸친 삶을 살았던 최호림을 연구하기 위한 계기와 발판이 되었으면 한다.

이 책을 집필하면서 많은 사람들로부터 도움을 받았다. 귀중한 1차 사료들을 제공해 준 전북대 사학과의 윤상원 교수를 비롯해 난해한 러시아어의 판독을 도와준 이완종 박사에게 깊은 감사를 드린다. 발간을 지원해 준 국가보훈처 관계자들, 그리고 빠듯한 일정의 발간을 가능케 해준 한울엠플러스의 김종수 사장, 그리고 지난한 편집작업을 맡아준 신순남 선생에게 깊은 감사를 드린다.

임시정부의 '독립전쟁의 해' 선포 100주년,
봉오동, 청산리 전투, 4월참변, 간도참변 100주년을 맞아
반병률

최호림과 러시아 한인사회

원동변강 고려인생활 역사초록
원동 고려인 붉은의용병 약사

제1편 혁명 전 원동과 고려사람

제1장 원동 고려사람들의 이주된 원인과 기간

제1기 고려인 노령 이주

고려국[1]은 본시 아시아 동편에 반도로 생겨 있는 봉건제도의 농업국으로 쇄국주의를 굳게 지키어 외국사람은 모두 오랑캐라 이름을 지어 국내에 발을 붙이지 못하게 하고 자국민은 거룩한 종족이라는 스스로 높임을 주어 소위 강금법(江禁法)을 정부로부터 반포하고 북쪽으론 압록강(鴨綠江, 얄루물)과 두만강(豆滿江, 투멘물)을 건너가지 못하게 하고 임금 이하로 왕족들이며 봉건적 귀족 정승 이하로 문무관리들이 당시, 즉 주관적 피착취 계급인 농민들의 기름과 피를 빨아 먹으며 풍악 속에서 안락한 생활을 하지만은 수천만의 농민 군중들은 뼈가 빠지게 벌

---

[1] 高麗國. 조선 또는 한국을 말한다. 러시아지역에서는 카레야(Корея)와 발음이 비슷한 '고려'라는 국명이 널리 쓰였다.

어서도 염천하일(炎天夏日)에 점심 먹을 쌀알이 없고 엄동설한(嚴冬雪寒)에 발싸개 할 감발거리² 없이 노래 소리 높은 곳에 원망소리 높아지고 촛불 눈물이 흐르는 곳 백성의 눈물이 흐르는 중 더군다나 1868년, 즉 기사년(己巳年) 큰 흉년을 만나 기근이 극도에 이른 백성들은 인상식(人相食)하는 지경에까지 이르렀으니 돌아볼 것이 다 무엇이랴.

이때에는 예절도 법률도 그들에게는 아무 기탄이 없이 방책을 탐구할 뿐이었다. 이때에 비교적으로 동만주 등지와 노령원동연해주 등지는 주민들도 회소할뿐더러 농업도 역시 비교적 면흉³이 되었다. 그래서 기근이 극도에 달한 고려빈농들은 남자는 짐을 지고, 여자는 님⁴을 이며 늙은 부모를 부액[扶腋]⁵하고, 어린아해[아이]는 팔목을 이끌어 북쪽으로 두만강을 건너서니 습관이 다르고 풍속이 딴 외국이오 면목이 설고 친척이 없는 시산한[辛酸한]⁶ 강산이나 토지가 기름지고 농작이 풍년진 노령원동은 굶주리던 고려빈농민에게는 더없이 복지[福地]로 되었다.

제2기 고려인 노령 이주

1868년경에 노령원동 연해주 등지에 이사하려는 고려빈농민들이 다수는 되지 아니하고, 지금 뽀시예트[Посьет]⁷ 구역을 범위 삼고 한 2백여 호 가량에서 넘지 아니하였다.

---

2 발감개. 버선이나 양말 대신 발에 감는 좁고 긴 무명천 등 재료.
3 免凶. 흉년을 면함.
4 머리 위에 인 물건. 또는 머리에 일 만한 정도의 짐.
5 부축하다.
6 '신산(辛酸)한'의 오타로 보인다. 맛이 맵고 신, (비유적으로) 세상살이가 힘들고 고생스럽다(네이버 국어사전). 용어 설명의 경우 대부분 네이버 사전을 참조했다. 다음부터는 특별히 명기하지 않는 한, 이 출처의 표기는 생략한다.
7 남부 연해주 두만강 건너편에 위치한 항구. 한인들은 뽀시예트를 목허우라고 부르기도 했다.

그러나 이곳에 와서 연명되어 살림을 차리고 자손을 끼치니[8] 이어 고국생각이 자로[自로][9] 조선을 바라보게 하야, 무시[無時]로[10] 조선 고향사람들과 연락을 취함에서 노령원동 연해주 등지로 무쌍[無雙]한 복지[福地]라는 소문이 고려 북선지방에 미만[彌滿]하게[11] 퍼지어서 조선 안에서 무쌍한 착취와 무비[無比]한 고초를 당하는 무토지한 빈농민들이 강금법의 엄혹한 형벌을 무릅쓰면서도 노령을 향하야 이사하게 되었다.

이때는 곧 1872년경이었다. 이때로부터는 발서[벌써] 노령에 이주한 고려빈농민들이 5백여 호에 달하였고 또는 당시 노령 형편이 러시아에서도 원동에 많이 이민하지 못하고 처처에 옥야고토(沃野膏土)가 임자를 기다리고 있는 이때에 고려농민들은 지금 수이푼 구역 대전자(Синелиниковка), 황거우(Кроувнов[ка]), 허커우(Корсаковка), 류성(Пуцилов[ка]) 등지[12]와 이와놉까(Ивановка)구역 이포우(Казакевичево)[이포마을]와 쉬꼬또보 구역 마이허(Майхе)이며,[13] 수청구역 [다]우지미(Даудеми)[14]와 신영동(Николаевка) 등지에 우거[寓居]하니, 이것이 곧 노령에 뿌리박힌 고려인 이주민이 된 것이다.

---

8 어떠한 일을 후세에 남기다.
9 절로.
10 특별히 정한 때가 없이 아무 때나. 수시로.
11 널리 가득차서.
12 '시넬리니코프카(Синелиниковка)'는 '시넬리니코보(Синельниково)', '크롭노프(Кровнов)'는 '크로우노프카(Кроуновка)', '푸칠로프(Пуцилов)'는 '푸칠로프카(Пуцилловка)'의 오타이다. 대전자(大甸子) 또는 영안평(永安坪), 황거우(黃口), 허커우(河口), 육성촌 네 개 마을이다. 이 네 개 마을은 수이푼하(綏芬河) 유역또는 추풍지역의 대표적인 한인마을로 '추풍4사(秋風4社)'라고 불렀다.
13 슈코토보(Шкотово) 구역의 마이허(Майхе) 마을.
14 수청강(水淸江) 유역[현재의 파르티잔스크강]의 대표적인 한인마을로 수청구역에는 우지미 외에도 (다)우지미(Даудеми, 大烏吉密)와 신영동(新英洞, Николаевка) 같은 큰 마을들이 있었다.

제3기 고려인 노령 이주

이 뒤로부터는 연속하야 이주하는 농민호가 매년에 수백 호씩 되나 도강이 자유롭지 못하야 절대다수의 숫자는 갖지 못하더니, 1893년(甲午)에[15] 고려가 자주 독립을 선언하고 쇄국주의적 법안을 취소한 뒤에는 노골적으로 고려빈농민들이 노령으로 이주하게 되니, 이로부터 노령 이주의 길이 널리 열리어서 수다이[16] 이주되게 되었다. 그러나 이때로부터는 전가솔[17]을 데리고 이주하는 이보다 단신으로 계절노동을 목적하는 들어오는 품팔이꾼 고려 농민이 다대수를 점령하여 매년에 수삼만 명 내왕 숫자를 가졌다. 이것이 곧 제3기 노령에 고려인 이주기다.

1900년경에 와서는 제국러시아의 정책이 원동패권[遠東覇權]을 잡으려는 계획안에 고려를 병탐할 욕심이 속도에 달하야, 고려황실을 달래어 가지고 고려에 제국주의의 흡반[18]을 붙여 만단[19]으로 친선관계를 가지려는 이때에, 고려인 이주를 노령원동에 묶어하는[默許하는][20] 시기에 있어서 특히 고려인이 노령원동 각처에 수다이 이주되었다. 이는 1900년으로부터 1905년까지니 이것이 곳 노령에 고려인 이주에 제3기로 볼 수 있는 것이다.

---

15 1893년(甲子)은 청일전쟁 후 시모노세키조약(下關條約)의 결과로 청으로부터 독립된 1895년 또는 대한제국이 선포된 1897년의 잘못으로 보이나, 문맥상으로는 1884년의 한러수호통상조약의 체결을 뜻하는 것 같다.
16 數多이. 다수가.
17 全家率.
18 吸盤. 낙지, 오징어 따위의 발이나 거머리 따위의 입과 같이 다른 물건에 달라붙거나 빨아먹는 데 쓰는 器官.
19 萬端. 여러 가지, 온갖.
20 모르는 체 내버려둠으로써 슬며시 허락하는.

제4기 고려인 노령 이주

1905년 일아전쟁[日俄戰爭][21] 뒤에 일본이 승리함을 따라 고려가 일본 보호국으로 변작하게 되니, 친로파(親魯派) 리용익, 리범진, 리범윤 등이 자기의 동료(同僚)와 부하를 거느리고 노령으로 건너오게 되니 이로부터 고려 정치적 망명객들이 노령에 섭족[接足][22]하는 첫걸음이 시작되었고, 따라서 1910년에 일한합병이 되면서 고려 배일파, 즉 고려 애국주의자들이 수다히 망명하여 들어올 뿐만 아니라 일본제국주의의 타격으로 파산당한 고려 빈·중산 농민들이 머리 뒤를 이어서 노령으로 들어오게 되매, 노령원동에 어디를 물론하고 고려인이 편만[遍滿][23] 하야 흩어[저] 살게 되니, 이것이 곳 노령에 고려인이주에 제4기로 볼 수 있는 것이다(이는 1900년부터 1922년까지로 잡는다). 이때의 통계표를 보면,

노령 고령인 이주 통계표(1923년 통계)

농민	94,577
시민	11,077
합계	105,654
남자	56,347
여자	49,307
합계	105,654

순전한 농민가호 17,550호

비고 N1:: Д.В.К(Единый) Партархив фонд 5 дело N.1 стр. от 1~6. Доклад Корсекции в Губкому партии.

---

21 1904~1905년의 러일전쟁.
22 디디고 들어감.
23 널리 꽉 참.

제2장 혁명 전 고려인 노령 이주민의 경제와 정치상 형편

제1절 경제상 형편

노령에 이주하야 우거하는 고려인의 경제형편을 말하려 할 때에 만저[먼저] 그 처지부터 말하려 한다.

노령에 이주한 고려인의 사회상 처지를 분석하여 보면, 러시아에 입적[入籍]²⁴한 반열[班列]²⁵과 비입적 반열로 갈라볼 수 있다. 러시아에 입적한 반열, 즉 이전부터 뿌리박은 주민들은 러시아의 국민권이 있는 것만치[만큼] 토지도 측량하여 소유하였으며, 정치적으로도 비교적 우월권이 있은 것이니 고려인 이민 숫자[수]에 비례하여 극소수를 점령한 것이다. 그러나 이들의 경제형편은 러시아 제정시대에 있어서 대다수는 유족한 형편에 처하야 비교적 경제상으로 고통이 없는 생활을 하였다.

그러나 비입적 농민들이나 또는 입적호[入籍戶]²⁶라도 1910년 이후에 입적한 고려농민들, 즉 노령에 이주한 고려인 전수[全數]에 최다대수[최대다수]를 차지하는 고려농민들의 경제형편은 앞에 말한 반열에 비하야 아조[아주] 반대 방향의 경제상태를 가지었다.

이 반열은 고려 내지[內地]의 봉건제의 괴로운 착취를 피하야 노령에 이주하니, 속담 마따나 "설떡 구즌 애기 나서도 궂다"고 노령에 이주하여도 다만 착취계급의 명함만 바꾸었을 뿐이오. 착취는 그대로 당하고

---

24 국적을 취득한. 당시 한인들은 입적인을 '원호인(原戶人, 元戶人)'이라고 불렀는데, 러시아 국적을 취득해 법적으로 러시아 국민이 된 사람을 말한다. 한편 비입적인들은 '여호인(餘戶人)' 또는 '유호인(流戶人)'이라 했다.

25 품계, 신분, 등급 등을 의미하나, 여기에서는 '그룹' 또는 '범주'로 보는 것이 적절하다.

26 입적한 가호(家戶). 1910년대 러시아 연흑룡주총독 니콜라이 곤다티는 일본 당국의 개입을 방지하기 위해 한인들의 러시아 국적 취득을 적극 권장했다. 이때 러시아 국적을 취득한 원호인들은 '신원호인'으로 'Gondatti product'라고 불리기도 했다.

고생은 장고상[장고생(長苦生)]이었다.

소젖[牛乳]바다에 꿀약과 낙[樂]으로 알고 노령에 이주하여 온 고려인 들은 고량진미(膏粮眞味)로 금침[衾枕]²⁷을 삼고 산진해삭(山珍海錯)²⁸으 로 이포[立戶]를 짓자던²⁹ 것이, 정작 이사를 하야 오고 보니 소문과는 아조[아주] 달라서 임자 없는 땅이 없고 기둥 세울 터이[터가] 없어 사방 으로 방황하다가 할 수 없이 러시아 토호에게서 소작을 얻어 부치나 고등[高等]한³⁰ 소작료로 매일경[每一耕]³¹에 그때 돈으로 25원, 30원씩이 나 그렇지 아니면 소작에 절반을 자연물로 전주[田主]에게 바치고 나면 제[자기] 먹을 양식이 얼마나 남으랴?

이 밖에도 봄에 소작을 맡으려고 전주에게 잘 뵈이려는 행세일런지 예절일런지 그 명칭은 잘 모르나 성의를 쓰느라고 주안[酒案]³²을 갖추 기에 전관(錢寬)³³이나 소비하는 것은 통례로 되었으며, 16세 이상 남자 는 60세까지 소위 신분증명(빌레트)을 의무적으로 내게 하야 매장[每 張]³⁴에 당시 돈으로 12원 50전씩 만일 은폐하였다가 발로[發露]³⁵되는 경우이면 벌금으로 한 곱을 더하야 25원씩 매년 일차씩 징수하며(국가 에서), 소위 위생료(больничные сбор)라 일홈[이름]하고 매년 매인두[每人 頭]³⁶에 2원씩 국가에서 징수하고, 토굴 모옥[茅屋]³⁷을 짓고라도 불을 때

---

27 이부자리와 베게.
28 산진해착(山珍海錯). 산과 바다의 산물(産物)을 다 갖추어 잘 차린 진귀한 음식.
29 입호(立戶)를 짓자던. 일가의 집안을 이루자던.
30 高率의.
31 '一耕', 즉 '하루갈이'는 소가 하루에 갈 수 있는 넓이의 농토를 말함.
32 酒案床. 술상. 술과 안주를 차려놓은 상.
33 큰 돈.
34 1장에.
35 발각.
36 1인당.
37 띠나 이엉 따위로 지붕을 인 초라한 집.

인다구[맨다고] 소위 부엌세로 매년에 5원 50전씩, 마소가 풀을 먹는다구[먹는다고] 소위 풀세라 일홈하고(за кормовые травы скота) 매년 마소 매두에 3원씩 러시아 농촌공체[38]에서 징수하였으니 좌우로 이와 같이 무리사리로[39] 뜻기우었으니[뜯기웠으니] 고려인 이주민의 경제형편이야 더 가론[可論]없이[40] 고금이 여시[如是][41]로 궁박할 것이 사실이다(비고 - 비고 N1을 참고).

지금 제정시대에 있어서 고려사람과 러시아사람의 사리[살이]에 토지를 분할한 비교표와 동산[動産] 일람표를 보면 아래와 같다.

노령원동 연해주만 국한하야 고려사람이 농촌에 주거하는(도시는 제외하고) 비례를 하면, 고려사람의 수효가 러시아사람과 평균 맞먹게 되었다. 어떠한 지방, 즉 뽀시예트 구역에는 1925년까지도 고려인이 94%요, 수청 지방은 1929년까지도 고려인이 51%요, 수리푼 지방은 1926년까지 고려인이 46%나 되어서 이와 같이 높은 숫자를 가진 지방들도 있었다. 그럼에도 불구하고 토지 점유한 숫자를 보면 경제토대가 빈약한 것이 선명이[선명히] 발각된다.

보라, 제정시대에 있어서 전 연해주에 토지를 측량하야 농민에게 할양한 총면적이 4,030,000일경인데서 고려인에게 측량하야 할양한 토지 총면적은 43,095일경이다. 다시 말하면 1.7%가 되는 것이다. 이것을 다시 말하면, 1923년 말 통계 고려인 농호수 전부 17,735호 중에서 업적호 2,433호만 토지를 가졌으니, 13.5%가 고려인으로 토지를 소유한 혜음[42]이오 86.5%가 토지 없는 고려농민이었다.

---

38 러시아 농촌공동체. 러시아혁명 이전 제정시대의 농촌공동체 '미르(мир)'를 말함.
39 뭉텅이로, 덩어리로 몽땅.
40 덧붙여 말할 것 없이.
41 이와 같이.
42 원문에는 '혜음'으로 되어 있는데, 이는 '헤음'의 오자로 보인다. '헤음'은 '헤아리다', '(수량을) 세다', '계산하다'를 뜻하는 '헤다'의 명사형으로 보인다. '셈'의 함북지방 방언.

연해주 내 측량지 총면적	4,030,000일경
고려인이 할양하야 가진 토지 총면적	43,095일경

이를 백분산으로[43] 분하야 보면

고려인 소유	1.7%
고려인 전농호수	17,735호
토지소유 농호수	2,433호
고려인 중으로 토지소유호	13.5%
고려인 중으로 무토지소유호	86.5%

동산 일람표

	부역하는 소(수)	말(필)	애돌*(마리)
입적인	4,759	1,094	281
비입적인	4,052	3,386	133
합계	8,811	4,480	414

*1년생 돼지

이와 같은 모양으로 입적호에는 매호에 부역소가 두 수씩 평균되는 혜음이요, 비입적호에는 네 호 어우러[44] 부역소 한 수씩이나 평균 돌아가는 혜음이니, 입적호의 한 호 동산이 비입적호 여덟 호의 동산을 담당하는 혜음이다. 이 숫자는 특히 고려인 중에 계급적 분계[分界]가 난호어지는[나누어지는] 것이다. 다시 말하면, 한편으로는 비입적 고려인이 입적 고려인 토호에게 얼마나한 착취[를] 받아온 것이 증명되는 것

---

43 100퍼센트로. 백분율로.
44 여럿을 모아 한 덩어리로.

이오, 또 다른 조건으로는 고려사람들이 특히 빈농민들이 러시아 군사
봉건적 제왕주의에 얼마나한 착취를 받아 온 것이 판명되는 것이다.

제2절 정치상 형편

고려사람들이 러시아 원동에 이주한 후 제정시대에 있어서 정권[政
權, 정치적 권리]은 추호도 없고 대우는 우마[牛馬]와 여등[與等]하였다.[45]
매년에도 수삼만 명씩 고려에서 러시아로 들어오는 고려인 품팔이
꾼은 최저임금을 주고라도 최고착취[最高搾取]를 하기에 아모 기탄없이
생각하야, 우수리철도나 중동선 부설에와[부설과] 해삼요색[海蔘要塞][46]
건축이며, 원동 각처에 황금 채굴업에 그들게[그들의] 있는 힘을 모조리
착취하면서도, 민족차별은[을] 무기로 삼아 초인사[初人事]가 "소곰장"[47]
이오, 숙면[熟面][48]이면 "조밥"[49]이고 친구상종[親舊相從]을 귀통치기[50]로
하고 하직인사가 질욕[叱辱][51]으로 되어도, 우흐로[위로] 소고[訴告][52]할

---

45 더불어 같다.
46 해삼요새. 해삼(海蔘)은 한자식 명칭인 '海蔘威(하이산웨이)'의 약어로, 러시아어로는 블라디
    보스토크를 지칭한다.
47 러시아인들이 조선 사람 또는 중국 사람을 비하해 부르는 말. 러시아인들, 특히 대러시아민
    족주의적 성향을 가진 이들이 중국인들에게 "솔네나다(Соль не надо)[소금이 필요하지 않
    니?]"라며 차별하고는 했다. 중국인들은 사람이 죽어 빈소를 차릴 때 시체를 보존하기 위해
    소금을 이용했는데 이를 두고 러시아 장례풍속과 크게 다르다고 하며 비하하는 말이었다.
    러시아인들은 조선인을 중국인과 구별하지 못해 황색인종을 차별적으로 조롱하며 이렇게
    불렀다. 이인섭, 『망명자의 수기』, 237쪽 참조.
48 안 지 오랜 얼굴. 전부터 안면이 있는 사람.
49 러시아인들이 조선인을 차별적으로 부르는 말. 러시아인들, 특히 대러시아민족주의자들이
    조선 사람을 만나면 조선 사람들이 좁쌀을 먹고 산다고 하여 "추미자(粟米子, 좁쌀)"라고 비
    하하면서 천대하곤 했다. 이인섭, 『망명자의 수기』, 237쪽 참조.
50 '귀통'은 '귀퉁이'(모서리)의 방언으로 '귀통(이)치기'는 말단의 사람으로 취급해 천대하는 행
    위를 말한다.
51 꾸짖으며 욕함.
52 범죄의 피해자가 범죄사실을 신고하는 일.

기관 없고 아래로 도움 줄 동무 없이 간 곳마다 하대[下待]⁵³를 대접으로 알고, 선 데마다[서는 데마다] 멸시를 연락[宴樂]⁵⁴으로 헤며⁵⁵ 장알⁵⁶ 박인 북덕⁵⁷손길을 부르쥐고⁵⁸ 은연한 가운데서 노동자세상을 기대렸었다.

노령에 이주한 고려인 중으로 최다수를 점령하는 농민들은 러시아 집정계급(러시아인 및 고려인 토호로, 러시아에 이주한 지 오래된 자 또는 세력자를 뜻한다)과 러시아인 및 고려인 토호(러시아에 이주한 지 오래고 또는 세력자)가 생각하기를, 절로 굴러 들어오는 생복등어리[생복덩어리]로 간주하야 순한 양의 떼와 같이 몰아서 치우친 들악[뜨락, 뜰]과 치벽[置僻] 한⁵⁹ 초원에 거처를 정하게 하니, 고려사람은 본시 농업으로 주업을 삼는지라 수청강변이나 우수리강, 수이푼강, 도병하, 이만 등 대하장강[大河長江]의 연변에 터져 있는 들악과 초원에 별견[瞥見]듯이⁶⁰ 무성한 삼림을 작벌[斫伐]⁶¹하고 황무지를 개간하야 놓았다. 이와 같이 괴로이⁶² 힘을 넣어 개척하야 놓으면, 러시아에서는 유롭바 내지로[부터] 자국으로[부터] 시비리[Сибирь, 시베리아]에 식민하느라고 이주민을 불러오면, 이미 고려인이 개간한 토지를 [빼]앗아 그들에게 주면, 그들은 기탄없이 기간지에서 생활할지나 고려농민들은 이미 괴로이 개간한 토지는 잃어버리고 다시 심산유곡(深山幽谷)을 찾어 새로 개간하면, 또 그

---

53 상대편을 낮게 대우함.
54 잔치를 벌이고 즐김.
55 헤아리며. '선 데마다 멸시를 연락으로 헤며'는 멸시를 즐거운 연락(宴樂)처럼 감수해야 하는 고려 사람들의 처지를 표현한 것이다.
56 손바닥에 박힌 굳은 살.
57 벼나 밀 따위의 낟알을 털 때 나오는 짚 부스러기나 이삭 부스러기 같은 찌꺼기. 아무 쓸모없거나 속이 텅 빈 사람을 비유적으로 이르는 말.
58 힘을 들여 단단히 움켜쥐고.
59 외진 곳에 치우쳐서 구석진.
60 잠깐 본 듯한.
61 (산에서 나무를) 찍어냄.
62 몸이나 마음이 편하지 않고 고통스럽게.

뒤를 쫓아 그 개간지를 러시아 이주민에게 할양하면 고려인들은 또 그곳서 몰리어 다른 곳으로 이사하야 다시 신개간을 하게 된다. 이와 같은 모양으로 제정시대 러시아원동 연해주 등지에 험한 개간은 어디를 물론하고 모다 고려 농민의 손으로 기경[起耕]하였다고 하여도 과언이 아니다.

이와 같이 원동 우수리지방 개척에 높은 공로가 고려농민에게 있음[에]도 불구하고, 걸핏하면 구축[驅逐], 제작하면 금고[禁錮] 만저 실행을 하고 뒤에 시비를 깨는 비인간적 대우와 몰인정한 학대는 그때 형편에 강약이 부동[不同]하야 무가내하[無可奈何][로]⁶³ 참아오며 고려농민 앞에도 어느 때에 "자유"의 명절이 돌아올 것을 날을 다토어[다투어] 기대리었다.

이와 같은 형편에서 근근한 생활을 하여 가는 처지니 문화교육에 대한 방면으로 무슨 가관할 모양이 있었으랴? 그때 러시아 제정[帝政] 정책이 러시아 판도에 망라된 180여 소수민족을 대러시아민족화 시기는 [시키는] 동화정책으로 인민교육을 주장하는 그때에 고려사람에겐들 무슨 예외의 교육정책이 나왔으랴. 그래서 소위 인민교육이라고는 러시아에 입적된 고려인촌 중에 소학교를 요행으로 설립하되 모다 공립으로 하고, 교과서는 로문서적뿐이오 교수는 로어로만 하게 하였고 비입적 고려인촌 중에는 사립학교도 설립을 허가치 아니하였으니 기타 문화기관이 있었던가 없었던가를 물어볼 필요도 없는 것이다.

그럼에도 불구하고 고려농민들은 자라나는 자손에게 조국정신을 잊지 말게 하기 위하야 비밀리에서 서적을 주문하야 가지고 몇 곳에 학교를 설립하였었으나, 종내[終乃]로는⁶⁴ 폐지를 당하고 임원들은 검거를 받았었으며 교구[敎具], 교과서 등은 압수되었었다.

63　막무가내로.
64　끝내. 마침내.

제3절 혁명 전 노령원동 각처에 고려인 정치 급 사회단체

제1기 노령 고려인 정치 급 사회단체의 발흥

노령에 고려인 정치단체가 제정시대에 있어서 처음으로 일어나기는, 친로(親魯)파 리범윤을 중심하고 조선 내지로부터 일어난 보황당[保皇黨] 주최로 생긴 소위 충의대(忠義隊)란 군벌파와 노령에 토착인 최재형(본시 러시아 보황파), 엄인섭(본시 협잡꾼, 모험가요 필경은 일본제국주의 고등밀정이 된), 유백초(조선 내지로부터 유수[有數]한[65] 보황당 유신파) 등의 주최로 1906년에 창의소를 조직하고 뽀시예트 구역 연추에 근거하야 본부를 두고 추풍, 수청 등지에 지부를 두어 러시아를 의뢰하고 배일운동을 노령에서 극진히 하고 따라서 군[軍]이 700여 명으로 수차의 무력으로 북선지방에 침범을 시험하다가 실패를 당하고 따라서 창의소 안에 좌우 양파가 분열되야 패당전쟁을 분주히 하다가 양파가 모다 운명되고 말았다.

창의소가 혁파된 뒤에 좌파에 종사하던 기본 일꾼 안응칠, 황병길, 백규삼, 조응순, 김기룡, 유치홍, 강승규, 정주원, 강창도, 김응렬, 박석봉, 갈화천 등 12명이 1908년에 연추에서 단지동맹단을 조선독립을 목적한 암살단체가 결사되어[66] 안중근이 1909년 10월 26일에 할빈 정거장에서 전 조선통감 이등박문(伊藤博文)을 권총으로 쏘아 죽인 것뿐으

---

65 손꼽을 정도로 두드러지거나 훌륭한. '백초(白樵)'는 유완무(柳完茂, 1861~1909)의 호임.

66 최호림이 여기에서 '단지동맹단'이라 한 단체의 정식명칭은 '동의단지회(同義斷指會)이다. 조직 시기는 '1908년'이 아니라 '1909년'이며, 그 목적 역시 '조선독립을 목적한 암살단체로 결사'했다고 한 것은 결론론적인 해석이다. 결성 당시 이 단체는 1908년 7~8월 국내진공전이 실패한 이후 침체된 의병운동을 되살리기 위한 핵심조직으로 조직되었다. 주목해야 하는 사실은 최호림이 회원으로 거명한 12명이 사실에 가장 가까운 명단이라는 점이다. 즉, 안중근, 황병길, 백규삼, 조응순, 김기룡, 유치홍, 정주원, 김응렬, 박석봉은 정확한 이름이며, 그 외 강승규는 강순기, 강창도는 강창두, 갈화천은 갈화춘이다. 이로써 제대로 된 동의단지회 12명의 명단을 확정할 수 있게 되었다. 반병률, 『여명기 민족운동의 순교자들』(신서원, 2013), 53~54쪽 참조.

로 창의소 군벌단체는 그만 종적이 없어지고 말았다.

우파 주석은 리범윤. 그 외 주요인물[은] 조맹선,[67] 조순서, 장봉금 기타들인데 완고 무쌍하고 고집불통한 수구주의자들이다.

좌파 주석은 최재형(Цой Петр. Сем.[68]). 그 외 중요한 인물[은] 엄인섭(지금은 협잡꾼, 일본 정탐꾼), 장봉한(유력한 보황당파, 충의군 창립자다), 안중근(이등박문을 암살한 애국주의적 의사), 최병준(유수한 보황당파), 황병길(애국주의적 군벌파).

이것이 곧 노령 고려인계 정치단체의 개막의 발단이며, 보황당 군벌파로서 상무정신을 가지고 노령 각처에서 운동하는 반면에 자본주의 민주공화파인 국민회 일파가 미주로부터 흘러 들어와서 1907년에 해삼위에 만저 국민회를 조직하고 따라서 1908년에 연해주 각처와 흑룡주 각처에 지방총회와 지회들을 설립하고 신문·잡지를 발간하야 자본주의적 민족성과 애국정신을 고취하며 문화교육을 장려하였으니 이것이 곧 노령원동 각처에 고려인이 정치 급 사회단체의 발흥의 제1기라고 간주할 수 있는 것이다.

1907~1908년간의 국민회 조직망

해삼지방총회에 부속된 지회

1. 해삼 신한촌 지회(Кор. Слобод)

2. 해삼 동령지회(Типлой угол)

3. 모커우 지회(Посьет)

4. 연추 지회(Новокиевск)

---

67   원문에는 '조맹성'으로 되어 있으나, 이하에서는 조맹선(趙孟善)으로 바로잡았다.
68   Цой Пётр Семёнович. 최재형의 러시아 이름.

5. 연다우재 지회(Краббе)

6. 송왕령 지회(Ник.-Уссур.)

7. 이만 지회(Иман)

8. 나결포(Надежинск)

수청지방총회(큰영)에 부속된 지회

1. 신영동(Николаевка)

2. 태평거우(Новичае[Новичкое])

3. 청지동

4. 황거우(Унош)

5. 동호동(Находка)

6. 지영동

7. 골방나루

8. 탄광(Сучан)

9. 홍석동

10. 삼영거우

11. 고려지

12. 다우지미

13. 시베창

14. 허투문재

15. 침허우(Шкотово)

16. 중흥동(Перетино)

17. 만춘동

(17구역 지회 조직. 사립소학교와 강습소 설립)

치따 지방총회에 부속된 지회

1. 치따

2. 흑하

3. 쓰레찐스크

4. 제야

5. 마그다가치

6. 모고치

7. 하바롭스크

8. 야심스크

9. 예까쩨리부르그

10. 모스크바

11. 레닌그라드

(32개 구역에 지회 설립)

국민회의 출판사업망

1907년에 해삼지방총회의 기관보로 해조신문(海朝新聞)[69]과 신종잡지(晨鐘雜誌)가 발간되다가 제3호까지 나고 폐간되고, 다시 계속하다가 대동공보(大東共報)[70]가 1909년에 개간되었다가 폐지되고, 다시 1910년에 대양보(大洋報)가 발간되다가 동년 말에 폐간되고, 치따에 가서 1911년 국민회기관보로 정교보(正敎報)라는 잡지[71]를 발행하다가 구경[究竟] 국민회 폐지됨을 따라 그도 역시 종명[終命]되고 말았다.[72]

---

69 ≪해조신문≫은 1908년 2월 26일 최봉준에 의해서 블라디보스토크 구개척리에서 창간되어 3개월 만인 5월 26일에 폐간된 러시아지역 최초의 한인신문이다. '해조신문'은 '해삼위 조선인의 신문'이라는 뜻이다.

70 원문에서 최호림은 처음에는 '大東共報'로 정확히 기록했다가 '大東公報'로 바꿔 썼다. 여기서는 이를 바로잡았다.

71 ≪정교보(正敎報)≫의 정식 명칭은 ≪대한인정교보(大韓人正敎報)≫이다.

신문잡지 일홈 창간년도

신문잡지 일홈	창간년	책임주필 성명	사회상신문
海朝新聞	1907	張志淵	군주입헌주의자
晨鐘雜誌	1907	李鋼[李剛]	자본주의 민주공화파 우파
大東共報	1909	鄭淳萬	군주입헌주의자
大洋報	1910	鄭在寬	자본주의 민주공화 우파
正教報	1911	李光洙	자본주의 민주공화 우파

해삼과 수청 각 지방의 국민회 주요인물

지역명	성명	신분 감정
해삼항	정재관	신사, 자본주의 민주공화파, 미주 국민회 총회회장, 특파원(서도파)
	리강	신사, 신종잡지 주필, 미주 국민회 특파원(서도파)
	김성무	신사, 자본주의 민주공화파, 미주 국민회 특파원(서도파)
	백원보	자본주의 민주공화파(서도파)
	장지연	군주입헌주의자(기호파)
	정순만	신사, 군주입헌주의 좌파(기호파)
	유백초	신사, 보황당 유신파(기호파)
	오주혁	국사, 자본주의 민주공화 우파(북관파)
	리상설	신사, 군주입헌주의 우파, 귀족(기호파 수령), 보황당, 제정러시아 헌병대 고등정탐
	양성춘	맹목적 애국주의자, 청부업자(서도파)
	김학만	청부업자, 맹목적 애국주의자
수청지방	박영갑	자본주의적 민주공화우파, 수청 등지에 교육대가(서도파), 교사
	김병룡	맹목적 애국주의자(서도파)
	김영준	토호, 맹목적 애국주의자
	박근섭	토호, 맹목적 애국주의자
	박춘성	농민, 맹목적 애국주의자

---

72 최호림이 정리한 신문잡지의 창간년도에는 착오가 있다. 즉, ≪해조신문≫은 1908년, ≪대양보≫는 1911년, ≪정교보≫는 1912년에 각각 창간되었다. 러시아지역에서 발간된 한인신문들에 대한 약사는 ≪재외동포신문≫ 2003년 7월 14일자에 게재된 반병률의 "러시아지역 한인신문 약사"를 참조할 것.

제2기 노령 고려인 정치 급 사회단체의 발흥

제1기에 있어서 노령 각처에 국민회가 조직되어 혁명적 정신을 널리 고취하고 애국사상을 길이 고동[鼓動]하는 가운데서, 위에 본 바와 같이 지도층의 중요인물들의 사회상 신분이 반문(班紋)[斑紋][73]을 가진 것과 같이 정치상 최후 목적이 군주입헌주의자와 부르주아[74] 민주공화주의자의 사이에 타협될 수 없는 정치 문제가 쟁의될 것이 사실이다. 그래서 이 두 파 어간[於間, 사이]에 충돌이 시작되어 1909년에 해삼위에서 양성춘·정순만 사변[75]이 일어난 뒤로부터 이 두 파의 파쟁은 점점 예민화되야 말경에는 국민회 사업이 전부 침식되야 결국 폐지되고 신문까지 폐간된 이때에 1911년을 잡아 부르주아 민주공화 좌파, 즉 다수로 북관 사람들로 망라된 파의 수령 김립의 주최로 리종호를 중심하고 해삼위에 권업총회를 설립하고 기관보로 권업신문[勸業新聞]을 발간하며 노령 각처에 지회를 설치하야 대대적으로 활동하게 되니, 이때로부터는 군주입헌파(소위 기호파)나 부르주아 민주공화우파(소위 서도파)들은 노령 한인계에 신용이 떨어지고 세력이 미약하여지매, 권업회는 승승장구(乘勝長驅)로 세력을 확장하니 군주입헌주의자, 즉 소위 기호파는 러시아 원동 헌병사령부를 근거하고 그에 들러붙어 정탐사업으로 과업을 삼고 자기 대적[對敵]들을 무고하며 그들의 사업을 정체시키는 것을 위주로 하고 러시아 헌병사령부 정탐망을 원동 각처에 배설하니, 하바롭스크에는 리상설, 리규풍, 장호문, 송왕령에는 리민복, 태원선, 흑룡하구 니항[에는] 윤일병, 하마탕[蛤蟆塘, 현 라즈돌리노예][에는] 강기따

---

73 얼룩얼룩한 무늬.
74 부르주아(bourgeoi). 원문에는 '부르슈아'로 되어 있다.
75 미주 국민회에서 온 자금(4000달러)을 둘러싸고 기호파의 정순만이 서도파의 양성춘(구개척리 거류민회장)을 오발로 살해한 사건을 말하는데, 1909년이 아니라 1910년 1월의 일이다. 이 사건은 국민회 내부, 즉 러시아 한인사회의 대표적인 지방파쟁 사례이자 그 시발점으로 평가되고 있다.

렌꼬, 해삼위에는 구덕숭[또는 구덕성], 김현토, 리종익 등으로 되었다.

부르주아 민주공화우파, 즉 소위 서도파에서는 치따에 둔취하야 러시아의 세력[을] 잡을 목적으로 교회계에 투신하야 자기들의 장래 일군[일꾼]을 양성할 목적으로 청년들을 신학교(神學校)에 수학시키며 이미 정교(正敎)에 헌신한 신부들을 달래어 정교보라는 잡지를 발간하고 있는 것뿐이니 그의 중요한 인물들은 아래와 같다.

부르주아 민주공화우파의 주요인물

1. 리강	신사	
2. 김수여		
3. 최고려	희랍교 전도사	[현재] 공산당원
4. 김창원	신부	
5. 전남익	의사(医師)	일본정탐 혐의로 사형
6. 최광		
7. 김철훈	신사	[현재] 공산당원
8. 리광수		
9. 조도선[76]	모험객, 협잡군	
10. 리원해	농민	[현재] 공산당원
11. 서천민	신사	[현재] 공산당원

이 반면에 권업회는 한편으로 부르주아 민주공화우파(서도파)와 군주입헌주의파(기호파)와 극력으로 투쟁하매 노령 한인계에 뿌리를 깊게 박게 되니 그의 정치상 목적은 대개 아래와 같다.

권업회의 정치상 목적
1910년에 일한합병이 된 후 고려 부르주아 민주공화좌파, 소위 북관

---

76   원문에는 '조도순'으로 잘못 표기되어 있다.

파에서는 생각하기를 지금 당금[當今]으로 고려를 독립할 희망과 상태가 보이지 아니하니, 차점[차즘, 차츰] 돌아오는 시기를 기대리어서 독립을 운동할 터이나 위선 당분간은 자본주의적 문화교육을 장려하며 청년들[에게 조선독립사상을 배양하고 고려민족의 경제토대를 튼튼히하기 위하야 각 방면으로 낡은 봉건적 풍습을 자본주의적으로 개량시킬 것으로 목적을 삼고 노령 각처에 지회를 설립하고 해삼위 중앙총회에서는 권업신문을 발간하고 중등학교를 여러 곳에 설립하고 비밀리에서 군사교육을 실시하며 일하다가 1914년 구주대전쟁[歐洲大戰爭]이 시작되면서 일로새협약[日露新協約]이 성립된 후 원동 총독의 부령[府令]에 의지하야 권업회가 해산되니, 이것이 곧 노령에 있어서 혁명 전 고려인 정치 급 사회단체 운동의 제2기라 할 수 있는 것이다.

권업회 조직망

해삼 지방총회 소속 단체	지회	해삼 신한촌, 하마탕, 시지미, 멍고개[멍구가이]
	분사무소	해삼 동영, 진불, 청추왜[청류애], 우글로, 얼두거우
송왕령 지방총회 소속 단체	지회	이포, 도병허, 사봉평
	분사무소	차거우, 홍머우, 도롱봉, 재피거우, 왕바산재
수청 큰영 지방총회 소속 단체	지회	구어통, 침허우, 동호동
	분사무소	시베창, 다우지미, 신영동, 청지동, 마이허
이만 지방총회 소속 단체	분사무소	와구통, 아부구스똠까(北山溝), 나불류(老林河), 양허자[양허재]
하바롭스크 지방총회 소속 단체	분사무소	수롱촌
암물[아무르]지방 흑하[블라고베시첸스크] 단체	지회	부근 각처
흑룡강[77]구 니항[니콜라옙스크 - 나 - 아무레] 소속 단체	분사무소	마개[마고], 비양꼬, 안군[암군]

---

77 '흑룡강(黑龍江)'은 중국 한자식 명칭이고 러시아어로는 '아무르(Амур)'강이다. 최호림은 주로 '흑룡강'으로 표기했고, 일부 '암물강'으로 쓰기도 했다.

권업회 사업의 각지 주요인물

해삼중앙총회	리종호	자본가, 귀족
	김립	부르주아 민주공화좌파 수령
	김도여	청부업자
	조장원	현재 공산당원
	김하구	부르주아 신문기자
	김철훈	현재 공산당원
	오창환	교원
	최의수	혁명적 신사
	오주혁	혁명[적] 신사
	신채호	부르주아 신문기자
송왕령 지방총회	엄주필	자본가, 귀족
	김야꼽	자본가
	문창범	토호
수청 큰영지방총회와 우지미 지방총회	박하서	회장, 중농민
	한창걸	서기, [현재] 공산당원
	강백우	현재 공산당원
	박춘성	회장, 농민
	박창극	서기, [현재] 공산당원
	김기옥	토호, 반혁명자(국민전쟁시에)
	김영준	토호
이만 지방총회	강준	
	리기관(병희)[78]	교육가
	강기따렌꼬	제정시대 헌병대 밀정
하바롭스크 지방총회	리대유	청부업자
	전태국	자본가
암물 흑하 지방총회	김수여	
	리원해	현재 공산당원
	리창섭	
	김학준	
	리준섭	
	최상섭	
흑룡강구 니항 지방총회	최철	교원
	한교	
	김능환	교원
	서오성	일본정탐
	김승환	교육가

---

78 이성(李成), 또는 이재복(李載馥)으로 더 알려져 있다.

제3기 노령 고려인 정치 급 사회단체 운동

이상과 같이 권업회가 문이 닫힌 뒤에 1914년에 해삼위에서 비밀혁명단체가 조직되어 비밀히 사업하게 되니, 그 하나는 광복단(光復團)이니 1911년에 조직된 것이오, 그 둘은 철혈단(鐵血團)이니 이는 1914년에 조직된 것이다. 광복단은 해삼위로부터 시작하야 중령 만주를 벋치어 비밀히 정부를 조직하고,[79] 정도령에 리광(이동휘)이 천거되야 중령 각 지방에 비밀히 둔병제를 실시하고, 일변으로는 나재거우에 사관학교를 설립하고, 오륙 개월 동안 군사교육을 시키다가 경비곤란으로 폐지되고, 사관학생 50여 명은 우랄 포병공창으로 노동하러 보내니, 광복단이 1910년에 조직되어 1915년, 즉 사관학생들이 유럽으로 노동을 갈 때까지 동안에 사업상 공적을 내어 세운 것은 하나도 없었고, 1919년에 해삼위에[서] 철혈단과 연합하야 철혈광복단이라 명칭을 하고 행사하다가 그 중으로 더러는 공산주의자로 전환되고 그 나머지 동지들이 1921년까지 원동 각처에서 독립운동에 종사하다가 아모 결과 없이 해산되고 말았다.

철혈단도 역시 해삼위에서 비밀히 1914년에 조직된 혁명단체인데, 이 단체에서 수청을 근거하고 중앙은 해삼위에 두어 사업했는데 1915년부터 수청 동호동에 지방총회를 두고 기타 각 지방에 지회를 조직하여 사업하다가 1919년에 와서 해삼위에서 광복단과 연합하야 철혈광복단이라 일홈을 개칭하고 사업하다가 그 중으로 더러는 공산주의자로 화[化]하여지고, 그 나머지는 그대로 민족주의적으로 사업하다가 아

---

79 1913년 가을 조직된 대한광복군정부(大韓光復軍政府)를 말한다. 대한광복군정부의 최고지도자는 '정도령(正都領)'인데, 이는 정감록(鄭鑑錄)의 '정도령(鄭道令)'에서 따온 명칭이다. 초대 정도령에는 이상설이 선임되었으나 곧 사임했고, 2대 정도령으로 이동휘가 취임해 실질적으로 대한광복군정부를 이끌었으며 책임비서는 계봉우였다. 이러한 맥락에서 최호림은 이상설을 언급하지 않는 것으로 짐작되며, 광복단의 지도자인 이동휘가 대한광복군정부를 사실상 주도한 것으로 서술하고 있다.

모 결과 없이 해산되고 말았다.

철혈광복단은 본시 두 단체로 조직될 때로부터 목적과 정강이 조금도 다름이 없었고 다만 명칭이 다른 것뿐이었다. 그런 까닭에 1919년에는 무조건으로 연합된 것이다. 이 철혈단이나 광복단이 모다 근본 정치적 목적이 권업회와 다른 점이 없는 것이오, 중요인물들도 역시 그 사람들이었다. 그런 까닭에 이 비밀혁명단체들을 마치 한 가지로 부르주아 민주공화좌파라고 간주할 수 있는 것이다.

광복단 주요인물

발기인 13인이니 전일, 리홍삼, 김형수, 구자익, 리낙준 등이오, 중엽에 와서 중요한 인물들은 리동휘, 오주혁, 리종호, 장기영, 백규삼, 황병길, 김동한, 계봉우, 김하석, 김하구, 오영선, 구춘선, 김립, 리명순, 오병묵

철혈단 주요인물

김철훈, 김진, 최의수, 최이준, 한강일, 정순철

이것이 곧 노령에 있어서 혁명 전 고려인 정치 급 사회단체 운동의 제3기가 되는 것이다.

제4기 노령 고려인 정치 급 사회단체 운동

1917년 2월혁명이 러시아에 성공한 뒤에 노령에 주거하는 입적자 한인층, 다시 말하면 노령에서 이전부터 공권을 가지고 살던 러시아에 절반 동화된 고려인 상류층 자유부르주아들과 교원, 청부업자, 토호, 승려, 장교들의 주최로 1917년 5월 22일에 전로한족대회를 소집하야 송왕령에 전로한족중앙총회를 설치하고, 기관보로 "청구신보"를 발행

하니, 노령원동에 소수파 급 사회혁명당파 견지의 민족자결이 노령원동에 사는 고려인계에 비교적 우월층에 열음이[열매가] 맺힌 것이었다.[80]

전로한족중앙총회의 목적은 러시아에 사는 고려인에 대한 제반 행정 사법을 부르주아적 민족자결의 원칙 하에서 실행하되 부르주아 문화교육을 장려하며 제반집정[諸般執政]은 자유부르주아나 또는 그를 봉대하는 부르주아 신사들로써 하게 하고, 볼세비끼주의 반대와 프로레타리아트의 참정을 무시하며 안으로 고려독립운동을 찬동하야 베르사이유강화회의에 대사파견을 은밀히 도모하였었다.

1919년 3월 17일에 와서는 중령 등 만주에 주거하는 고려인 대표들과 고려 내지 대표와 노령 전로한족중앙총회의 대표들의 주최로 연합회의를 소집하고 대한국민의회라 일홈을 지은 후 노령 각처에서 대한독립을 선언하고 대사를 베르사이유에 파견하니 이로부터 전로한족중앙총회는 취소되었다. 그러니 이것이 곧 이월혁명의 영향으로 원동 고려인계에 당시 적법적 정치기관이었다.

전로한족중앙총회의 주요인물들은 아래와 같았다.

총회장: 첫 번[째] 김야꼽 안드레에비치(자본가), 두번째 문창범(토호)
부회장: 채안드레이(희랍교 신부), 부회장 윤해(민족주의 혁명자, 베르사이유강화회의 파견 대표)
의원: 김추프로프(청부업자), 최봉준(자본가), 최재형(보황파), 최례프[81](청부업자, 메르꿀로프정부 각원), 고창일(소부르주아 신사, 베르

---

80 정확히 말하면, 1917년 5월에 조직된 한인단체는 '전로한족중앙총회'가 아니라 원호인(입적 한인)들이 중심이 된 '고려족중앙총회'이고, 이후 1918년 1월에 발기된 여호인 중심의 '한족중앙총회'와 통합하기로 하여 1918년 6월에 개최된 제2회 특별전로한족대표회의에서 '전로한족중앙총회'를 조직했다. 최호림은 이 과정을 생략하고 간략히 서술했다.
81 최례프 표트로비치. 한국 이름은 최만학(崔萬學)으로 최재형의 형인 최알렉세이의 아들이

사이유강화회의 파견 대표), 청구신보 주필 박은식(민족주의자, 상해
정부 최후 대통령)

국민의회 당국자[82]

1. 총회장 문창범(토호)

2. 부회장 김철훈(Член ВКПТ[83])

3. 군무부장 리동휘(민족혁명자)

4. 군무부원 김하석(Член ВКПТ)

5. 외교부장 한명세(Член ВКПТ)/ 김기룡(Член ВКПТ)

6. 학무부장 김진보(군주전제주의자, Ярый монархист[열렬한 군주
론자])/ 오창환(교원)

다. 최재형의 의형제 최봉준이 추진하던 사업을 실제로 꾸려 나갔던 인물이다.

82 최호림이 제시한 '국민의회 당국자' 명단은 정확하지 않는데, 아마도 다른 시기의 국민의회
간부 명단과 혼동한 것으로 보인다. 1919년 3·1운동 당시 대한국민의회의 간부진은 의장 문
창범, 부의장 김철훈, 서기 오창환, 선전부장(宣戰部長) 이동휘, 재무부장 한명세, 외교부장
최재형이었다. 그리고 군무부원에는 김하석, 재무부원으로 박동원, 외교부원으로 박경철이
활약했다.

83 '전(全)소련공산당 당원'. 괄호 안은 집필 당시 해당 인물 각각의 신분을 적어놓은 것이다.

제2편 원동변강 국민전쟁기 고려인 의병운동과 당의 지도

제1장 원동 고려인 의병대 운동의 총론

유럽과 러시아에는 발서 이월혁명을 지나 십월혁명이 성공되었으나 노령 원동변강에는 전 변강을 통하야 오래 십월혁명을 성공치 못하였고, 다만 어떠한 국부[局部][84]를 한하야 쏘베트[Совет]를 세웠을 뿐이나, 이도 영구히 유지를 못하고 한때 혁명적 출현의 색태[色態, 색깔의 맵시]이었다.

원동변강은 시비리에서 꼴착크가 반[叛]하야 옴스크에 소위 시비리아정부를 1918년에 세우고 3대 군사관구를 원동에 두어 치따로부터 외[外]바이칼[85]을 통하야 까사크 아따만[Атаман][86] 세묘노프로 수비하게 하고, 동청철도를 께며[꿰며] 할빈[Харбин, 하얼빈(哈爾濱)]을 중심하고 호르바트로 관구장을 임명하며, 우수리 지방과 암물 지방을 통관하야 하바롭스크를 중심하고 깔미코프(까자크 아따만)로 지휘케 하며, 따라서 일본, 아메리카, 푸란찌야[프랑스] 영국 급 중국 등 연합군이 해삼을

---

84 일부 지역.
85 자바이칼(Забайкалье). 바이칼 호수 동쪽의 지역. 동시베리아와 아무르주 사이에 위치한다.
86 카작(Cossack) 수령. 대장.

근거하고 연해주 중요 도시에 주재하야 있어서, 원동변강에 있는 노동계급은 빈중산 농민으로 더불어 십월혁명을 성공치 못하게 하였다.

그러나 원동에 노동계급과 빈중산 농민들은 심장에 불일어나듯 타는 무산혁명 사상이 먹어도 음식이 달지 아니하고 누워도 긴 잠을 들지 못하야 연해주 각처에서 1918년에 러시아의 붉은의병대가 일어날 때에, 고려사람으로는 간혹 개인적으로는 붉은의용대에 참가한 사실은 있었을지나 대부대[大部隊]적으로 참가한 일은 별로 없었었다. 그러나 그 붉은의용대에 대하야 물질적으로나 정신적으로 고려사람들이 각처에서 많은 방조를 준 것은 사실이었다.

1914~1918년간 세계제국전쟁으로 말미암아 경제상 공황이나 정치적 위기가 깊어지는 환경에서 발서 러시아에는 부르주아 민주공화혁명(이월혁명)을 지나 프로레타리아혁명(십월혁명)까지 성공하고 무산독재로 쏘베트를 조직하였으며, 게르만이야[독일] 오스트리아며 파란[波蘭. 폴란드]과 체흐[체코] 등에서도 혁명이 일어나서 혹은 입헌군주국이 민주공화로, 혹은 속방[屬方]이나 합병이 되었던 나라들이 자주독립을 선언하며 혁명적 형편이 세계적으로 전개되는 그때에, 압박 밑에 신음하고 있는 동양 피압박민중에게도 이 영향이 보급되지 아닐 수 없어서 동양에 새로 일어난 일본제국주의의 압박을 받는 고려에서도 1919년 3월 1일에 33인의 주최로 고려독립선언을 광포하고 조선 일대가 남녀노유를 물론하고 적수단권[赤手單拳]이나마 독립을 선언하고 시위행렬을 지어 만세를 호창하는 이때에 중로 양령[兩領]에 우거하는 고려인에게도 이 파동이 보급[되]지 아닐 수 없었다.

그래서 중령 만주나 노령 시비리에 우거하는 조선인들도 누구를 물론하고 조선 내지 독립선언에 향응하야 노령과 중령 동만주의 고려인 대표로 노령 송왕령에 대표회를 소집하고 1919년 3월 17일에 대한국민의회를 조직하야 중로 양령에서 독립선언서를 발표하고 베르사이유강화회의에 대한국민의회 대표로 윤해, 고창일 두 사람을 대사로 파송하니라. 우습다. 그때 고려인 정객들의 정견이여, 강도들이 분육[分肉]하는 베르사이유강화회의의 도마 위에 올라앉은 고기덩이와 같은 고려가 저를 살려달라고 애걸할 차로 그곳에 대표를 파송하는 국민의회 당국들의 정견은 과연 어리석었다. 이럼에도 불구하고 이 국민의회는 은연중에 중로 양령을 통하야 임시로 고려정부의 행사를 하였다.

그러나 중로 양령에 우거하는 고려 노력대중들은 이와 같은 맹간[盲看, 盲視]적 정치 기관인 이 대한국민의회를 노령 한인계 전체가 그를 고려정부기관처럼 봉대치도 아닐 뿐만 아니라, 그 자체의 능력이라던가 위신이 중로 양령의 고려인계를 전체로 지도치 못하는 것이오, 지배할 수도 없었던 것이다.

누구의 지도나 어느 기관의 지배의 힘을 빌[리]지 아니하고 1919년에 수청 등지에는 한창걸이 영솔한 의병대가 일어나고, 얼두거우 지방에는 최호림이 지도하는 고려의병대가 조직되었으며, 1920년대 와서는 강국모[87]가 영솔한 고려의병대가 수이푼 지방에서 일어나고, 림병극이 영솔한 고려의 의병대가 얼두거우 방면에서 일어났으며, 황하일이 영솔한 고려의병대가 이만 등지에서 일어나고 최니꼴라이[가] 영솔한 고려의병대가 다반에서 일어났으며, 안훈이 영솔한 고려의 의병대가 암물주 자유시에서 일어나고, 사소프(Сасов)가 영솔한 고려의병대가 흑룡강[아무르강]구 니꼴라옙스크에서 일어났고, 김동한이 영솔하던 고려인 공산군대가 수이푼 구역 신길동에서 일어났었다. 1921년에는 김경천이 영솔한 고려의병대가 푸진[Фудин] 등지에서 일어났었다.

이상에서 열거한 모든 고려인의병대들의 공통적 구실이 고려독립을

---

87   원문에는 '강군모'로 되어 있으나, 이는 강국모(姜國模)를 발음대로 쓴 것으로 이하에서는 '강국모'로 바로잡았다.

중심하고 일어났었기 때문에 그 의병대의 별호[別號]는 각각 다를망정 공통 명칭은 모다 고려독립군이라고 일컬었다. 그래서 고려사람으로 그때에 총을 메고 붕랑[腹囊]?[88] 찬 사람은 다 고려독립군이오, 군복 입고 군도 찬 사람은 모다 고려독립군이라고 간주하였다. 지금에 와서 그들을 이렇게 보는 정안[正眼]이 무딘 관찰이 있으니 이는 대불가[大不可]한 관찰이며 몰정견 논조이다.

그때의 고려인의병대 성질을 정치적 언사로 감정하자면 대개 서너 가지로 갈라 볼 수 있으니, 첫째로 무산혁명을 목적하고 붉은십월을 원동에 성공하고 다음에 러시아 무산자로 더불어 힘을 합하여 가지고 고려독립을 성공하려는 국제주의적 붉은의병대요, 둘째로는 러시아혁명은 러시아사람으로 하고 고려독립은 고려사람으로 하며, 러시아혁명에 고려사람이 피를 흘릴 필요가 없다고 생각하는 편협한 부르주아 민족주의적 의병대며, 셋째로는 고려인 붉은의병대를 반대하야 소위 지방보위대라고 조직된 백색의병대요, 넷째로는 붉은십월을 이면으로 반대하며 프로레타리아 특권을 무시하는 무정부주의나 그렇지 않으면 사회혁명당 좌익경향을 가진 흑색의병대도 있었던 것이다.

위에 열거한 고려의병대의 참전과 연혁을 따라서 4기로 나누어 볼 수 있으니, 제1기는 1919년 3월부터 1920년 2월까지의 어간이니 노령에서 고려독립을 선언한 후로부터 연해주 전체가 붉은의병[대]의 수중에 임시로 들어서 군정의회가 해삼위에 성립된 때까지 이름이오, 제2기는 1920년 2월부터 4월 4~5일 일본 시비리출정군 반동사변까지의 어간으로 정하며, 제3기는 1920년 4월 4~5일 정변으로부터 1920년 말까지, 즉 간도 토벌사변까지의 어간으로 정하고, 제4기는 1920년 말로

---

88 전투에 필요한 필수품들을 넣을 수 있는 천으로 만든 주머니나 가방으로 군인들이 배에 둘러서 차게 되어 있다.

부터 1922년 11월까지니, 즉 연해주를 흑색보수주의 수중에서 회복하고 의회주권을 원동변강에 확실히 뿌리를 박고 의병대들을 해산한 때까지를 말함이다.

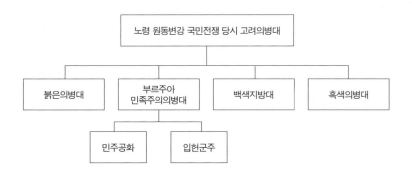

제2장 원동변강 국민전쟁 당시 고려인 의병대 운동 각론

제1절 제1기 및 제2기의 붉은의병대 운동 총론

제1기에 있어서 고려인의병대의 발생은 수청지방에 한창걸군대와 우지미[지방에] 유인노겐찌군대와 하마탕 얼두거우 지방에 최호림군대가 고려인의병대로서 1919년에 조직된 것이 연해주지방에 있어서 의병대운동으로 처음 문을 연 것이었더라.

한창걸군대의 조직과 연혁

수청지방은 본시 이전부터 고려민족혁명자들이 망명하야 들어와서 고려 독립정신 교육을 장려하였고 민족혁명사상을 많이 고취한 까닭에 보통적으로 혁명적 기분이 고려인계에 있어서 비교적 우승[優勝]한 상태

◀ 한창걸(1936년)

에 있는 중, 특히 신영동 지방은 농촌이나 모든 방면으로 혁명적 선진 상태에 있었던 것만은 사실이었다. 그래서 유럽러시아에 십월혁명이 성공된 후 원동은 아직 1918년 말에 있어서 이월 부르주아 민주공화혁명이 패권을 잡고 있어[서] 도시나 농촌을 물론하고 젬스트보(토지자치회)가 조직되어 제반 행정사무를 집행하나, 이 신영동에는 쏘베트가 조직되[어] 노·농·군의원(Рабочий Крестьянский и Солдатский Депутатов) 25인으로 행정사무를 집행하며 두 달 동안을 생존하다가 체흐군[체코군]의 반란이 원동에서 일어날 때에 이 쏘베트는 그만 해산되었다. 그 후 10월경에 러시아 붉은의병 일류호프(Илюхов)군대에 물질적 급 정신적 후원을 하여 주었다. 이것이 신영동 고려주민으로서 붉은의병대에 동정하는 첫거름이었다.

그 뒤에 1919년 2월경에 와서 신영동 주민 한창걸과 35명이 혁명적 기분을 참지 못하야 동중[洞中]에 있는 무기와 예전 준비하였던 화기를 들고 일어서 한창걸이 대장이 되어 백파와 쇠완재(Перетино)[중흥동] 부근에서(러시아 붉은의병 일류호프군대와 함께) 교전되어 백파측에 150여 명의 살상을 내고 퇴각하여 평사우(Фроловка)와 신영동(Николаевка)

등지에 주둔하였다가 아메리카 연합군 토벌대와 새제련(Казанка) 부근에서(이때에도 러시아 의병과 연합하여) 교전되어 또한 적병의 살상을 150여 명에 달하게 내고 퇴각하여 산곡에 주둔하더니 연합군측으로 일본군과 아메리카군이며 백파가 수청에 세력을 확장하는 바람에 러시아 붉은의병대는 도병하(Анучин[이])로 넘어가고 한창걸군대는 수청 산곡 중에서 후원없는 단독한 군대라 피복과 양말의 핍절로 인하야 산에서 내려가 고려농촌에 잠복하여 있다가 1919년 9월경에 한창걸이 해삼위로 나가 있었다가 1919년 11월 17~18일에 가이다(체흐군 총사령관)의 정변에 참여하였다가 포로되어 3개월 동안 백파 야전감옥에 금고를 당하고 있다가 1920년 정월 그믐에 연해주를 임시로 붉은의병이 점령하는 그때에 석방되어 해삼위에 설립된 혁명군정의회장 라조(Лазо)와 협의하고 1920년 2월 23일에 침허우(Шкотово) 일류호프연대에 제1대대장으로 임명되야 고려노력자로 군인을 모집하니 일 개월 좌우에[전후에, 무렵] 군인이 300여 명에 달하였다.

이때에 일본 시비리출정군이 4월정변을 준비하며 그때 러시아원동총사령부에 교섭하야 고려인의병대 무장을 해제케 하니, 이때 한창걸이는 무장을 해제시키고 침허우에서 떠나 안수청[內水淸]으로 행군하는 이튿날, 즉 4월 4~5일 정변이 개시된 보도[報道]를 로마노브카(Романока) 부근에[서] 접수한 후 다시 무장을 얻어가지고 그 거름으로서 안수청, 도병하, 푸진, 올니가[올가, Ol'ga] 등 각처로 돌아다니면서 백파와 의병전쟁을 하다가 1922년 9월 5일에 러시아공산당 연해주뷰로의 지도하에서 연해주 고려붉은의병대 군평의회가 조직될 때에 군정의회 의원 5인의 한 사람으로 선정되어 연해주를 흑색보수주의 수중에[서] 회복하여 내는 국민전쟁 최후기까지 당을 위하고 쏘베트 주권을 위하야 열성으로 투쟁하야 프로레타리아트의 특권을 노령원동에 부식하고 1922년 11월 10일에 발표한 연해주 고려의병대 군정의회 작전명령 제2호와 ○월 ○일

작전명령 제○호에 의하야 무장을 해제하고 군대를 해산하니 이것이 한창걸군대가 연해주에서 국민전쟁 당시의 운동의 약사이다.

한창걸군대 편제도

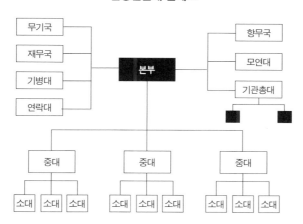

부대 명칭	대장 성명	정원 수효	무기		탄약	마필	야전 전화	폭탄
			장총/기총	기관총				
1. 대장	한창걸	1	권총 1			1		
2. 참모부장	박경철	8	권총 8			2		
3. 향무국	조수학	3	권총 3			6		
4. 무기국		2	권총 2		18,000	2		
5. 모연대	고상준	30	권총 30			1		500
6. 재무국	리승조	2	권총 2			1		
7. 제1중대	허용하	123	권총 10/ 장총 112		16,000			
8. 제2중대	위계원	123	권총 10/ 장총 112		16,000			
9. 제3중대		123	권총 10/ 장총 112		16,000			
10. 기병대		50	일식기총 48/권총 2		2,800	50		
11. 기관총대		25	일식기총 23/권총 2	2	20,000	4		
12. 연락대		20	기총 17/ 권총 3		1,000	2	11	
		510	권총 83/장총369 기총 88	2		69	11	500

비고: ДВК Партархив Фонд N.5 Дело N.5 Стран. 76, 78. 1922년 11월 19일 최호림이 연해주당 간부에[게 제출한] 고려혁명군정의회 사정(事情) 보고문과 1922년 11월 10일 고려혁명군정의회 작전명령서 본건(件)에서.

한창걸군대의 군자금 모집

어느 정부의 지배를 받지 아니하고 자원병으로 의병대를 조직한 이 군대의 모든 경비는 전부 민간에서 의연을 청하여 군비에 충용하였었음으로 수청, 올니가 등지에 거주하는 고려 노력민들의 물질적 후원이 의병대에 대하야 여간(이) 적지 아니하였다. 그래서 군비에 충용하기 위하야 특히 모연대를 본부 안에 조직하여 가지고 30여 명에 근[近]한 대원들은 민간에 흩어져 모연[募捐] 사무에 종사하였다.

한창걸군대의 피복과 양말 공급

피복과 양말[糧秣][89]에 대한 공급은 전혀 민중으로서 의연되어 들어오는 군자금으로 해삼을 연락하야 광목과 달령[90] 등 포목을 사다가 군인의 복장을 지어 공급하였으며, 특히 양말에 대하여서는 1920~21년에 올니가 등지에 흉년이 지어서 거의 기근에 빠지게 되어서 해[該, 그]지방으로는 양말을 구매할 수 없었다.

이에 조선 내지 청진 방면을 연락하여서 조선으로부터 양미[糧米][91]를 무역하여 군량을 삼을 뿐만 아니라 올니가 지방에 기근을 당한 노력민중들에게까지 그 양말로 공미[供米]하여 기아를 면케 한 일까지도 있었다. 그런 까닭에 이 의병대는 그 뒤로부터 더욱 노력민중 앞에 신용과 위신이 높았다.

한창걸군대의 러시아공산당(다수파) 야체이까 사업

군대 안에 공산당 야체이까[ячейка, 공산당 등의 세포]가 1920년에 조

---

89   양초(糧草). 군사(軍士)가 먹을 양식과 말을 먹일 꼴을 통틀어 이르는 말.
90   '양(洋)달령'이 '서양 피륙의 하나로 양목과 비슷하나 더 두껍고 질긴 천'이라는 뜻을 갖고 있으므로, '달령'은 이와 유사한 천(포목)의 일종으로 보인다.
91   양식으로 쓰는 쌀. 러시아어본에는 '쌀'이 아닌 '수수'로 되어 있다.

직되어 당원들이 거의 16여 명에 달하고 책임비서는 참모부원인 왕재호 동무가 피선되어 사업하였으나, 그때에는 공산당 대체[大體] 주의가 훌륭하다는 것만을 알 뿐이오, 정강의 내용이나 규칙[規則]의 범위나 규율이 어떠한 것이나 사업하는 방식까지는 선명히 알지 못하였다.

그래서 그때에 있어서 군대 안에 당적사업이 아주 박약하게 되어 온 것이 사실이었다. 그 원인은 그때에 의병운동인 것만치 온흘[오늘] 이 벌[판]에 주둔하였다[가] 내일 저 산속에 가 노영하는 처지에서 상급 당기관과 연락이 두절한 가운데서 어린 당야체이까가 자기의 책임을 준수하지 못한 것이 자연한 이치라 할 수 있겠다.

한창걸군대 정치문화 사업

정치문화 사업으로 처음에 1919년에 처음 군대가 조직되었을 때에 참모부에서 고려말로 등사판에 "우리의 생명"이라는 신문을 발간하였다. 이 신문의 위신과 요구가 고려 노력민중에게 얼마나 높았던지 신문이 출판되기 전에 발서 나오는 신문을 만저 보려고 출판부 문[門] 어구에 주민들이 장줄로[긴 줄로] 순차행렬을 지었다. 그러나 여러 가지 난관으로 인하야 그 신문은 오래 유지를 못하고 폐간되고 말았다.

군인계[軍人界]에 문맹을 퇴치하기 위하야 소대마다 계몽소를 열어놓고 소식자[小識者]들의 학식을 향상하기 위하야 야학교를 각 중대마다 열어놓고 열심히 교육하며 간간이 토론회, 연설회를 열고 군인계에나 촌주민계에 혁명사상을 고취하였으며, 연극단을 조직하여 가지고 연극을 연출하야 군인으로 하야곰[하여금] 정신상 유계[諭誡]를 주는 등으로 정치문화 사업의 대종[大宗]을 삼았다.

최호림군대의 조직과 연혁

1919년 5월경에 최호림이 하마탕 얼두거우에 가서 그곳 주민 허재명, 김준, 양기영, 최익화, 방춘삼, 유응규 등 혁명적 기분을 가진 동지들과 약속을 맺고 의병대를 조직하니,[92] 처음에는 군인 장교를 병합하여 35인이 되었다. 그 지방 주민에게 준비되어 있던 무기 장총 35병[柄]과 탄약 3천여 발을 가지고 얼두거우 산골에 들어가 노영하면서 일면 전술을 닦으며, 또 한편으로는 군인을 모집하니 조선[에]서 독립선언을 하고 몰리어 들어오는 혁명자들과 중령 각처에서와 노령 추풍, 해삼 등지에서 혁명의 열이 끓어나서 식음을 전폐하고 돌아다니는 혁명자들을 모집하여 들이니 5월부터 8월 말까지의 어간에 군인장교를 합하여 120여 명에 달하니 고려사람으로 116명이오, 러시아사람 4인이었다.[93]

8월 말에 얼두거우 지방에 흩어[져] 있는 무기 아식[俄式, 러시아식] 장총 124병과 탄약 3만여 발을 해삼위로[부터] 구득하여 가지고 있는 중에 투두거우[頭道溝]에 주재하여 있는 일본 시비리 출정군 1중대와 하마탕에 주둔한 백파수비대에서 본의병대 토벌 출동의 급보를 접수하고, 약한 세력으로 대항[對抗]을 파계하고 중령 차무정재[草帽頂子] 산곡에 퇴각하야 주둔하였다가 고려독립만 위하는 민족혁명파와 러시아혁명을 방조하야 완전한 승리를 얻은 뒤에 러시아의 힘을 합하야 가지고 고려독립혁명을 성공하려는 국제혁명파 두 파계[로] 갈라지어 고려독립파 다수는 성하영으로 대장을 삼고 림병극으로 참모장을 정하여 중령 왕청[汪淸]으로 행군하고, 국제혁명파 최호림은 나머지 약간의 동지로 더불어 1920년 정월에 노령 얼두거우로 이둔[移屯]하야 다시 군인을 모집하니 150여 명에 달하였다.

---

92 러시아어본에는 최호림과 더불어 의병대를 조직한 인물로 허재명, 박명정, 양복일, 최익화, 유응규, 방춘삼 등을 거론했다.
93 러시아어본에는 러시아인들 가운데 "선원인 니콜라예프 동무가 있었으며 그는 나중에 인민혁명군(적군) 감독관이 되었다"라고 추가적인 설명을 덧붙이고 있다.

이때는 발서 1920년 2월 초생[初生]⁹⁴이다. 그때는 연해주가 임시로 붉은의병대 수중에 들어가서 해삼위에 붉은혁명군정의회가 조직되어 있을 때이다. 최호림은 하마탕 코슬로프(Кослов)와 군정위원 두브로빈(Дубровин) 동무와 교섭하고 군대를 하마탕 군용지 제2호 영방에 이둔하니라.

송왕[宋王營]⁹⁵군[대] 총사령관 안드레예프(Андреев)와 교섭한 결과(에), 하마탕 최호림군대는 고려인특립대대로 편성하여 하마탕 수비대장 코슬로프의 지휘를 받게 하고, 송왕령군대서 징모하는 고려인 신모병은 모다 최호림대대에 편입케 하매, 무기, 피복, 양말의 공급은 하마탕 수비대에서 받으라는 명령서를 받아 이대로 실행하니, 3월 중순에 와서는 발서 최호림특립대대에 군인이 280여 명에 달하고 무기는 일식 장총 500여 병과 탄약 120여 궤와 피복과 폭탄이며 기타 군수품을 상당히 공급을 받아 1개 대대에 3개 중대와 매중대에 3개 소대를 편제하야 두고 다시 군인 모집차로 그로제꼽까[그로제꼽으, Гродековка]와 해삼위에 군인 모집위원을 파송하며 대대적으로 운동을 전개하는 중에, 4월 2일에 송왕령군 총사령부 비밀명령서를 하마탕 수비대장에게 발송하기를, 하마탕 고려인 최호림특립대대를 4월 3일 전[前]으로 무장을 해제하고 회보[回報]하라 하였다. 원인은 일본군 총사령관 오오이(大井)의 교섭으로 인함이라 하였더라.

일본군측으로서는 1920년 4월 4~5일 정변을 준비하는 흉계로 고려의병대 무장해제 문제를 세운 것을 러시아측으로서는 알아맞히지 못하고 최호림군대 무장해제에 착수하였다. 그때에 수비대장 코슬로프 동

---

94 '초승'(음력으로 그달 초하루부터 처음 며칠 동안)의 북한어.
95 '宋皇營', '蘇王營', '雙城子', '雙城堡' 등으로도 불린다. 당시 러시아어 지명은 '니콜스크-우수리스크'이었으며 그 후 '보로실로프(Борошилов)'(1935년)로 개칭되었다가 다시 '우수리스크'(1957년)로 바뀌어 오늘날의 명칭으로 사용되고 있다.

무는 최호림[에]게 권고하기를, 붉은군대의 힘이 흑룡주에 자못 팽창하고 비교적 견고하니 그리로 향하야 고려인 의병운동을 힘쓰라 하였다.

최호림은 그 동무의 권고를 받아가지고 무장을 해제한 군인을 무기휴가를 주어 해산하고 혁명에 열정 있는 동지 20여 명과 동행하여 흑룡주지방을 향하야 가다가 하바롭스크 부근 간역[簡(易)驛] 크라스노 레츠카[Красно Речка]에 당도하야(4월 5일) 일본 시비리출정군 반동정변을 만나 동행한 군인과 함께 붉은군 야전참모부에서 근무하다가[96] 말경에 붉은군이 퇴각하야 흑룡주로 이둔할 때에 최호림도 역시 흑룡주로 건너가니 하마탕에 편성되었던 최호림의병대는 대부대가 해산되고 소부대는 자유시에 들어가서 자유시 고려인특립대대에 편입되었다.

최호림군대 편제도

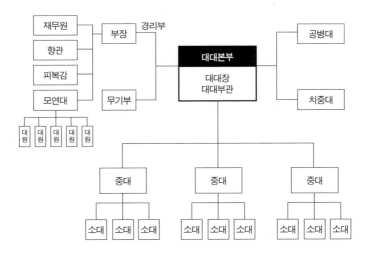

---

96 이 부분에서 러시아어본에서는 구체적으로 "최호림동무는 불라코프(Буллаков) 동무의 사령부 일꾼으로 일했다"라고 서술했다.

유인노껜찌 군대

1919년 유월[97]에 수청지방 다우지미[大鳥吉嶺]에서 지방주민 48명으로 1개 소대를 편성하야 큰영[大營, 블라디미로 - 알렉산드로브스코에] 전쟁에 참가하였다가 얼마의 살상을 당하고 퇴각된 후, 본 군대는 은연히 해산되고 그 중으로 몇몇 동지들은 다른 의병대에 참가하여 국민전쟁 당시에 연해주 각처에 다니면서 최후까지 붉은의병대에 복무한 동무들도 있고, 그 나마지는 지방에 잠재하야 살림에 맛을 붙여 가며 토비(土匪)[홍후즈] 침범을 방어하기 위하야 소위 지방대라 일홈하고, 무장한 군인 소위 사포[私砲][98] 몇십 명만 두어 자[기]지방 안위를 유지한 것뿐이오, 원동변강 안에 당시 분분한 혁명 풍운에는 어떠한 참가가 없었다. 본 군대의 대장은 유인노껜찌, 정치적 지도인은 야로멘코(Яроменко)이었으며,[99] 인원은 전부 48명이었다.

노령원동변강 고려인 의병대 운동의 제1기 결론

제1기에 있어서는(1919년 3월부터 1920년 정월까지) 노령원동에 러시아 붉은의병대가 각처에서 일어나서 백파와 혈전하는 이때에, 연래로 편의적으로 민족운동을 근본하였을지나 혁명사조는 최고도의 고취에 함양되어 있던 노령 고려노력자들이 국제적으로 노력자해방운동을 표방하는 러시아 붉은 십월혁명을 찬동치 않을 수 없어서 고려노력자들 중에 다수로 혁명사상이 만단[萬端]으로 흥분되는 이때에, 고려독립을 노령에서 선언한 뒤에는 더욱 혁명사상이 끓어 번지어 노유를 물론하고 고려 노력자들은 고려독립을 주창하야 무력으로 일본제국주의를 압도

---

97 러시아어본에는 7월로 되어 있다.
98 국가가 관리하는 군대가 아닌, 민간이 관리하는 군대.
99 러시아어본에는 "내전기 수청에서 유명한 지하활동가였던 야로멘코 동무가 정치적 지도자였다"라고 되어 있다.

하려고 혹은 단체적으로 혹은 개인적으로 무장을 준비하는 일에 망속하였다.[100]

그래서 민족운동자들이 노령에서 무장을 준비하여 중령에[으로] 운반하야 그리로[그곳에서] 독립의용군대를 조직하였다. 그러나 수청에서 1919년 2월에 한창걸이 의병대를 조직하였고, 해삼구역 얼두거우에 최호림, 림병극 등이 의병대를 조직하니 노령원동변강에 고려인의병대 운동 제1기에 있어서 의병대 조직에 개막되는 일이었다.

노령원동변강 고려인 의병대운동의 제2기 결론

이와 같은 모양으로 제2기(1920년 정월부터 4월 4~5일까지)에 있어서, 고려인 의병운동이 원동변강 내에 있어서 보편적으로 대활동도 하지 못하고, 다만 한창걸군대가 침허우에서 조직된 것과 최호림군대가 하마탕에서 편성되었던 것뿐이오 전투사실은 별로 없었고, 장래로 대발전할 동기와 원동국민전쟁 당시에 열성 참가할 고시(стрелка)[지침, 방향]가 되었다.

모두 2개월여에 걸친 제2기에는 숫적인 면에서 어떠한 중대한 변화도 나타나지 않았다. 한인빨치산운동은 부대들의 전투행위도 없었다. 1919년 조직된 한창걸과 최호림부대는 이미 의미 있는 수준에서 민족주의적인 색채를 띠고 있지 않았는데, 인민혁명군의 대오에 합류함으로써 러시아부대들과 강고하게 연결되었다. 1920년 4월 4~5일 일본(군)의 봉기는 고려인 빨치산과 고려인 노동자들의 가장 의식적인 분자들에게 피의 수업이었으며, 이후 빨치산운동은 자신의 대오를 급격하게 확대하였다.[101]

---

100 忘速하였다. 속도를 잊을 정도로 분망하였다.
101 이 부분은 러시아어본에서 보충한 것이다.

제2절 노령 원동변강 고려인 의병대운동의 제3기 총론

　제3기는 1920년 4월 4~5일부터 1920년 말까지로 노령 원동변강에 고려인의병대 운동이 가장 극도의 성황을 가지고 그 운동의 상태를 보아서 형형색색의 정치적 광휘를 띠고 있었다. 의병대 대오는 만주로부터 온 부대들로 충원되었다.[102] 제3기에 있어서 원동변강 각처에 고려인의병대들이 꿀벌의 모양으로 일어나게 된 원인은 첫째로, 러시아공산당의 세력이 원동에 널리 보급되어 십월혁명의 위대한 의의가 고려노력대중의 이면에 선전된 것이며, 둘째로 제1기, 제2기의 표리(表裏)적 독립운동이 성숙된 것이오, 셋째로는 1920년 4월 일본군 정변이 일어난 뒤에 일본군의 고압정책과 야수적 행동이 있은 것이 직접 고려노력자들로 하야곰 그를 반대하야 손에 무기를 잡게 한 것이며, 넷째로는 고려인계로서 발서 계급적 의식을 가지고 자각되어 공산당 당원이 된 것이 많을뿐더러 러시아공산당 기관 안에 고려인 당부가 조직되어 그들로 직접 고려 노력자들을 지도하게 된 까닭이라 할 수 있다.

　제3기에 일어난 고려인 의병대 운동을 정치적으로 해부하야 본다면, 쏘베트 주권을 위하야 무산계급적 의식을 가지고 일어난 원동국민전쟁에 참가한 고려인의병대들도 있고, 쏘베트주권을 원동변강에 부식하는 것은 제2차 문제로 삼고 우선 고려를 독립시키는 것을 급선무로 주장하는 민족혁명적 정신을 가지고 일어난 의병대들도 있으며, 무정부주의적 색태[色態]를 가지고 일어난 고려의병대도 있으며, 자기의 사산[私産]을 보호하며 의병대를 반대하야 일어난 토호적 지방보위대도 있었다.

102　이 부분은 러시아어본에서 보충한 것이다.

공산주의군의 조직과 약사

수이푼[綏芬] 구역 신길동에서 최찬식, 황원오, 최추송 등 동지들의 발기로 1920년 5월경에 해[該]지방 혁명열성자들로써 "우리동무"라는 의병대를 조직하였다가, 1920년 7월에 "고려공산당"[103]이 조직되면서 "공산주의군"이라고 의병대 명칭을 곤치어서[고치어서] 솔밭관[松田關]에 본부를 두어 지금 수이푼 구역 서부와 뽀크롭스크[Покровск] 구역 남부 일대와 그로제꼽으[Гродеково] 구역 일부를 위수지대[衛戍地帶]로 정하야 각 부대를 주둔시키고 있었다.

본 군대의 처음 세력은 인원이나 무기가 많지도 못하고 정제치 못하였다. 그러나 중령 북간도 지방에서 민족운동으로 의병대를 조직하였던 각 단체에서 소위 간도에[서] 일본군의 고려독립군 토벌 정변을 당하고 노령으로 도망하야 들어와 이 공산주의군에 편입하게 됨으로[써] 군대 세력이 점점 강대하여져, 1922[년]에 와서는 보병 3개 대대와 기병 2개 중대와 기관총대 1소대와 사령부, 정치부 일반 군속을 통합하야 전부 인원이 677[명]이었다.

1920년으로부터 1922년 9월까지의 어간에 솔밭관에서 일본군 토벌대와 수삼차 전투하였고, 러시아 백파와 그로제꼽으[Гродековка]구[역] 안따만스크[Антаманск] 지방에서와 이와놉까[Ивановка] 구역에서와 뽈따웁까[Полтавка] 등지에서 전쟁하였으며, 일본 제국주의의 지배로써 조직된 중인토비[中人土匪][104] 코산뒤(靠山隊) 600여 명과 오륭뒤(五龍隊) 170여 명과 쓰해뒤(四海隊) 700여 명과 역전하였으며, 일변[一邊]으로는 당사업을 군대 내부뿐만 아니라 전 민중에까지 일본군대에까지 출판물로나 연설, 강화 등으로 선전선동사업을 힘있게 하였다.

---

103 러시아어본에는 고려공산당에 대해 "그러한 명칭으로 수이푼구역에 공산주의 인터내셔날을 인정하지 않고 아무런 연관도 갖지 않은 정치조직이 나타났다"라고 보충설명을 달고 있다.
104 중국인 마적. '붉은 수염을 한 마적'이라는 뜻의 '紅鬍賊'(홍후즈)을 일컫는다.

본 군대는 고려공산당 지도하에서 근방 각처에 소부대로 독립 처단하는 민족혁명성을 가진 혈성단군대와 의군부군대 등을 통일하려는 방면에 주력하였으나, 주의 직경이 공산주의 군대와 정반대되는 군주전제주의파(의군부)나 맹목적 애국주의파(혈성단) 군대들이 통일을 요구치 아닐[않을] 것은 사실이었다. 그래서 필경은 공산주의 군대와 그들 사이에 간과(干戈)를 겨루는 적대(敵對)운동까지 있었다.

1922년 9월에 러시아공산당 연해주간부의 지도하에서 연해주 고려의병대군정의회가 조직되고 그 군정의회 지휘 하에 고려인의병대가 전체로 통일될 때에 본 군대가 연해도 고려혁명군 제1본대로 편성되어 있다가, 1922년 11월 10일 고려혁명군정의회 작전명령서 제2호 제4절에 의하야 무장을 해제하고 군대를 해산하니 그의 약사는 대개 이러하다.

본군대 연혁고[沿革攷]

1920년 5월 "우리동무군"

1920년 7월 "공산주의군"

1922년 9월 "고려혁명군 제1본대"

어떠한 혁명단체에서 "공산주의군"에 가입하였는가?

	단체일홈	연대	인원	중요인물
1	신길동 청년회	1920년 5월	73	최찬식, 황원오, 최추송
2	훈춘 한민회	1920년 10월	50	라형기, 오창우, 최성삼, 신광우[105]
3	중령 신민단	1921년 7월	20	신우여, 한경세, 윤형, 윤치학
4	노령 의군부	1921년 7월	20	허승환, 최태순, 장승옥, 림명선
5	간도 독군부	1921년 7월	30	황운정, 리재윤, 남극성, 최문학
6	간도 국민회	1921년 7월	50	문창흥, 리근선, 조백림, 박멈
7	시베창 사관양성소	1921년 7월	40	최준형, 안창득, 김병헌
8	간도 군정서	1922년 6월	100	김규식, 량규열, 리범석

---

[105] '리광우'의 오자.

"공산주의군대" 연혁상 각 시기의 중요인물

1. 우리동무군 시기: 대장 김동한, 중대장 최형식, 소대장 오병렬, 소대장 로재선

2. 공산주의군 시기

– 상반기: 사령관 최추송, 대대장 허승환, 중대장 리광우, 최형식

– 중반기: 임시사령관 신우여, 사령부관 스딴코프(Станков), 대대장 최준형, 특립대장 허승환, 기병대장 로재선

– 하반기: 사령관 김경천, 군정위원장 시시킨 아나톨리(Сисикин Анатолий),[106] 사령부관 스딴코프(Станков)

3. 고려혁명군 시기: 총사령관 김규식, 군정위원장 최호림, 정치부장 려인빈, 사령부관 강남일, 제1대대장 최준형=량규열, 제2대대장 신우여(그로제꼽으 지방 수비대장으로 임명됨), 특립대장 허승환, 기병대장 리범석

고려혁명군 제1대 편제도

```
포시예트 - 훈춘
러·고려(인)구역 간부                          무기부

           위생부      군정위원  총사령관    경무부
조직과
선전선동과        정치부      사령관         경리부      향무국
통신과                                                재무국
통계과                                                피복국
서무과                                                재봉국

        기관총대      제1대    기병대    치중대

        중대            중대            중대

   소대  소대  소대   소대  소대  소대   소대  소대  소대
```

비고: ДВК Партархив Фонд N.5 Дело N.9 Стран. 25~70. Секретные Сводки Политотдела Корреввойск при Реввоенсовета Партотрядов Приморья Корейцев.

---

106 '시시킨(Сисикин)'은 '쉬쉬킨(Шишикин)'의 오자이다. 뒷부분에서 최호림은 'Шишикин'으로 제대로 기록했다.

고려혁명군 사령부 예비무기 성기[省記](1922년 11월 20일)

장총	러시아식 557병 / 일식 70병
단총	러시아식 15병
군도	러시아식 38병 / 중국식 6병
예비탄약	장총탄자[彈子] 1만 100발(일식) / 7631발(러시아식) 단총탄자 100발(러시아식), 작탄 30개
기관총	1정 꼴니드,[107] 탄자 1000발

비고: ДВК Партархив Фонд N.5 Дело N.9 Стран. 8~11.

고려혁명군 사령부 성기[제1대대에만](1922년 10월)

군병(軍兵)	전투원	507명
	비전투원	9명
장관[장교]	전투원	24명
	비전투원	5명
총인원		555명
장관[장교]	사관 출신	12명
	군대 출신	6명
	위생대	14명
	측량수	3명
	승마	55필
	태마(駄馬)	6필

* 행리 차량, 탄자 12만 5696발, 군도 47병

비고: ДВК Партархив Фонд N.5 Дело N.9 Стран. 8~11.

---

107 콜트(кольт)식 기관총. 기관총의 일종.

고려혁명군 사령부 인원

번호	직임	성명	직업별	당별
1	총사령관	김규식	군인	비당원
2	군정위원장	최호림	교원	당원(Р.К.П.(б)[108]
3	사령부관	강남일	농민, 군인	비당원
4	제1대대장	최준형	군인, 농민	후보당원(К.К.П.)[109]
5	기병대장	리범석	군인	비당원
6	기관총대장	라만규		당원(К.К.П.)
7	위생부장	박성철	상인	비당원
8	군의관	유치일		비당원(К.К.П.)
9	무기부장	서룡욱		당원(К.К.П.)
10	경무부장	정통		당원(К.К.П.)
11	경리부장	최춘선		당원(К.К.П.)
12	치중대장	리철		후보당원(К.К.П.)

정치부 인원표

1	정치부장	러인빈	노동자	당원(Р.К.П.(б)
2	조직과장 겸 제1대대군정위원	석길언	노동자	당원(Р.К.П.(б)
3	선전과장	김우일(于一)		
4	통신과장	리계선		
5	통계과장	-		
6	서무과장	박인헌[110]		

비고: ДВК Партархив Фонд N.5 Дело N.9 Стран. 28~70.

---

108 러시아공산당(볼셰비키).
109 고려공산당.
110 러시아어본에는 '박기영 고려공산당원'으로 기재되어 있다.

"공산주의군"의 군자금 모집과 무장 등 군속품과 피복, 량말 등 공급

군대의 제반 경비는 군대에서 전담하야 군자금 모집으로써 원천을 삼았다. 이 군자금은 수비구역 내에 있는 일반주민(고려인)[의] 의연금[義捐金]도 모집하며, 부자들[에]게 일정한 부과금으로써 경비에 충용하였다.

무장 등 군수품은 처음에 있어서는 단체적으로나 개인적으로 구매하야 장총, 단총, 탄자[彈子] 등을 준비하였고 기타는 다른 혁명단체에서 가입할 때에 해[該]단체로 휴대한 것도 있으며, 기타는 전부 민간에 잠치[潛置]하야 있는 화기[火器]를 압수한 것과 백파와 토비들과 전쟁하야 전리품으로 얻은 것으로 되었으며, 피복은 군자금으로 중령 할빈[과] 동녕현을 경유하야 천을 사서 군대 재봉국에서 지어 공급하였고,[111] 양말은 대부분으론 군자금으로 중령 동녕현, 노령 쌍성시[雙城市, 니콜스크 - 우수리스크, 현재의 우수리스크]를 경유하야 사먹었으며 소부분은 수비구역 내 주민들의 의연미로써 공급하였다.

황하일군대[112]의 조직과 약사

황하일군대는 1920년 3월 말에 깔리닌 구역 이만 등지에서 박공세, 김덕보, 리원해, 김표돌, 황하일 등 동지들의 발기로 고려인의병대를 조직하야 황하일을 대장으로 삼고 여간[113] 무장을 준비하여서 일어나니, 군인은 120여 명으로 1개 중대를 편성하고 이만에 주둔하야 전술 무예를 연습하다가 바로 1920년 4월에 일본군의 반란이 일어나는 때에 러시아 붉은군대에서 무장을 더 얻어가지고 당시 하바롭스크 전선,

---

111 러시아어본에는 "피복은 산차거우와 하얼빈에서 재료가 공급되어, 이것들로 부대 안에서 피복을 제공하였다"라고 기술했다.
112 황하일군대는 이만에서 발족했기 때문에 통칭 '이만군대'로 불린다.
113 어지간하게.

즉 붉은의병대 야전총본영이 주재한 크라스노 레츠카 소역[小驛]에 와서 야전총사령관 불라코프(Буллаков) 동무의 지휘하에서 1개월 반 동안 하바롭스크에 반거[盤據]한 일본군과 대항전을 하다가 필경은 탄약이 핍진[乏盡]되야 전 군대가 퇴각하야 야전총본부가 흑룡강을 건너 암물주로 이거[移居]할 때에, 이 황하일 군대도 역시 암물주에 퇴각하야 올로차엡까[Волочаевка]역에 주둔하야 방어전을 하다가 1920년 8월경에 대장 황하일은 자유시 고려특립대대 경리부장으로 전근하고, 해[該] 중대 부관으로 근무하던 김표돌 동무가 대장이 되어 전대 80여 명을 영솔하고 서부전선에 출전하야 세묘놉우[Семёнов] 백군과 전쟁하야 까름이[Карымы]역에서 대승리를 하고 승승장구하야 치따를 향하야 거의 당도하다가, 엷은 복장을 입고 해어진 신발을 신은 군인들이 섭씨계로 40도 이상 50도에 가까운 한 혹[酷]한 치따 설한[雪寒]에 군인들의 손발을 얼구어서(凍傷) 다시 출전치 못하고 배면[背面]에[으로] 퇴둔[退屯]하야 동상병들을 치료하야 가지고 1920년 11월경에 전대[全隊]가 이전하야 자유시에 와서 자유시를 수비하고 있는 고려인특립대대에 편입하다.

본 군대 안에 당야체이까는 없었고 또는 고려인 중에 당시 공산당원이 희소한 것만치 중대 군정위원 김덕보는 당시에 비당원일지나 공산주의에 동정자라 하야 군정위원의 책임을 담임시키었으되 실수 없이 당의 지도대로 전군대를 운전하였으며, 장교들은 거반[居半][114]이나 이전 황제러시아 군대에 복무하던 장교들이며, 또는 구주전란시에 여러 번 출전하야 군사 이력과 전투실험이 구비하야서 전투에 실패가 적었고, 군인 억어[어게][115]에 능란하야 군기가 정제하고 질서가 정연하였다.

본 군대가 조직되어 출전할 때부터 내종[乃終, 나중]까지 무기 기타 군

---

114 거의 절반(가까이).
115 어거(馭車). 거느리고 바른길로 나아가게 함.

수품과 피복, 양말의 공급을 모다 당시 인민혁명군 공급부로서 공급을 받었고, 기타 고려인의병대와 같이 군대 제반 경비를 자담 지출을 하지 아니하였다.

본 군대는 조직시로부터 자유시 고려인독립대대에 편입할 때까지 16개월 동안에 안전지대에서 있지 못하고, 그대로 전전[輾轉]생활을 하였기 때문에, 전투선[戰鬪線] 복무가 해가[奚暇, 어느 겨를]을 주지 않아서 정치문화 사업을[은] 전무하였다 하여도 과언이 아니다.

최니꼴라이군대(다반군대)

1919년 상반기에 러시아 붉은의병대 사코프(Соков)군대가 한 조고마한 부대로(28명) 다반 산중에 주둔하여 있을 때에 최니꼴라이 동무는 항상 사코프군대와 연락을 맺어 있다가, 1919년 11월경에 하바롭스크에 반거한 백파대장 깔미코프(Калмыков)가 부하 500여 명으로 토벌대를 편성하여 가지고 사코프 의병단 토벌차로 온다는 급보를 접수하고 다반 주민 중 리여수, 김썹츄크, 리표돌, 김알렉싼들, 김메포지, 유니꼴라이, 남필닙, 오필닙, 고순덕, 최이완, 한안드레이, 김창락, 김니꼴라이, 장포마 등 17명으로 조그마한 소부대로 의병대를 조직하여 사코프 의병대의 지휘를 받었다(당시에 사코프군대는 500여 명에 달하였다).

최니꼴라이군대는 네베르스카야(Неверская)촌 부근에서 보도와 같이 깔미코프의 토벌대[를] 발견하고 요색[要塞]에 잠복하였다가 습격전을 개시한 수 시간 동안에 적군은 대패하여 퇴각한 후 전쟁 소제[掃除]를 하니, 백파 적군의 살상이 80여 명이오 기관총 3문을 빼앗었으며 기타 전리품도 적지 아니하였다. 이때에 사코프군대는 참전치 못하고 최니꼴라이군대가 한 이십 명 되는 소부대 단독으로 무기가 정제하고 사률[士律, 군사의 규율]이 밝은 500여 명 대부대와 대전하야 이와 같은 대승리를 한 것은 고금 전쟁기에 참으로 드문 일이었다.

1920년 3, 4월경에 와서는 최니꼴라이군대의 인원이 증가되야 128명에 달하였다. 동년 4월 일본 시베리출정군 반란정변이 일어난 때에, 최니꼴라이군대는 하바롭스크 부근 소역 크라스노 레치까 전선[에] 출병하야 붉은의병대 야전총사령관 불라코프 동무의 지휘를 받아 하바롭스크 점령을 도모하다가 탄약의 핍절로 인하야 전군이 퇴각할 때에 같이 퇴각하야 흑룡강을 건너 암물주 페트룝카(Петровка)와 에까체리노 - 니콜라엡스크(Екатерино-Николаевск)와 인노켄치엡스크(Иннокентьевск)와 인(Ин)정거장 등지에서 서너 달 동안 주둔하여 방어전을 하고, 노보 - 니콜라엡스크(Ново-Николаевск)에서 두어 달 동안을 지나 1920년 11월경에 흑하시[黑河市][116]에 이전하야 러시아 인민혁명군(Нар. Рев. Армия) 제8연대에 직속되어 고려인특립대로 있다가, 흑하시에 와서 주둔하였을 때에 제8연대 군정위원의 지휘로 당적 지도가 본 군대에 있었고, 또는 흑룡주 러시아공산당 간부 내 고려부의 직접지도와 연락이 있었으나 훈련이 오래지 못하야 당적 의식이 불족[不足]하였으며 군사교양이 미흡하야 군기[軍氣]가 대개[大槪, 대체로] 문란한 상태에 있었다.

1921년 3월에 흑룡주 마산놉으[Масанов]에 조직되는 사할린특립의용대에 편입되어 말경에는 대장 최니꼴라이가 무정부주의 의병대 싸할린 의용대 지휘자들의 영향을 받어 제일고려혁명군을 반대하야 일어난 폭동에 주모열성자 중 한 사람으로 되어서 반혁명적 행동이 있었다.

비고: Военый Архив Ревтрибунал 5 Армии в Иркутске по делу Восстания Сахпорт Отряд в Свободный в 1921 г.

림병극군대의 조직과 약사

림병극군대는 1920년 4, 5월경에 추풍 다부허 등지에서 의병대를 조

---

116 블라고볘시첸스크(Влаговещенск). 중국인들은 블라고볘시첸스크를 아무르강 맞은편(중국 쪽)의 흑하(黑河)에 견주어 '소흑하(小黑河)'라고 부르지만, 당시 한인들은 보통 '흑하'라고 불렀다.

직하였다가, 민족주의자 강국모에게 군대를 잃어버리고 다시 얼두거우 방면에 가서 군대를 조직하야 얼두거우에 본영을 두고 있다가, 1922년 9월에 연해도 고려혁명군이 조직될 시에 제1지대로 편성되어 있었다.

1922년 10월에 연해주에서 백파 잔당을 마지막[으로] 몰아내는 최후 전쟁 시에 러시아 붉은군대와 함께 참전하야 얼두거우로부터 연추까지 백파를 추격하야 악전고투하였다.

1922년 11월 10일 고려혁명군정의회 작전명령 제2호와 1922년 11월 25일자 제3호 명령에 의하야 군대를 해산하였다.

제3절 원동변강 국민전쟁 당시 고려인 부르주아민족주의의병대 조직과 약사 총론

1919년 고려 독립선언 이후에 고려를 일본제국주의 압박 밑에서 자주독립을 호창[呼唱]하고, 노령원동 각처에서 일어나서 주관[主觀] 목적이 고려독립만을 표방하고 무산혁명을 무관시[無關視]한 고려인 부르주아 민족주의 의병대들은 수이푼 지방에 강국모군대와 다부허[多富河]에서 일어난 의군부군대며, 그로제꼽으에 독립단군대, 자유시에서 일어난 안훈군대 등이다.

이상 군대들의 조직과 운동의 약사를 아래에 기록하려 한다.

강국모군대(혈성단군대)

강국모는 본시 이전 대한국 진위[鎭衛隊] 북청대 정교[正校]로 다년 복무하던 고려인 애국자의 한 사람이었다. 강국모가 노령 오호츠크[Охотск] 금광에 가서 노동하다가 고려독립선언이 되었다는 보도를 1919년에 듣고 군자금 얼마를 당지에서 모집하여 가지고 연해도 수이푼 지방 다부허에 와서 동지 김청남(金淸嵐은 大韓國鎭衛隊 正尉)으로 더불어 고려 독립군대 조직을 힘쓰던 중에 그로제꼼으에서 민란을 맞고 구축을 당하야 추풍 만석동에 와서 잠복하여 있는 "독립단"군대 일부 80여 명을 기본을 삼고 군대를 편성하야 중시베창[中西北廠]을 중심하고 있으니, 때는 즉 1920년 5, 6월경이더라.

1920년 10월경에 있어서는 간도토벌을 당하고 간도로서 노령으로 들어오는 "독립단" 조맹선[117]군대 100여 명과 "신민단" 군인 16명(김규면이 영솔하고 들어온 것)을 합하야 그 병세[兵勢]가 확장되니 전 인원이 350여 명에 달하였다. 이때에 일본 시비리출정군의 토벌의 위험을 피하여 채영 동무로 총사령관을 임명하여 가지고 10월 망간[望間, 음력 보름께]에 아누치나[Анучино]로 이전하야 들어갔다가 다시 야꼽울렙가[Яковлевка]와 추구예프카[Чугуевка]를 지나 뜨레찌 - 푸진[Треть Фудин]에 가서 1920년 10월 말에(음력으로 8월 29일) 노령 고려의병대 연합문제가 생기어 잠시간[暫時間] 통일이 되었더니, 본시 민족주의적 의병대 목적이 붉은의병대 목적과 직경이 판이한 까닭에 여러 가지 문제로 통일이 파열되어, 일부는 이만 등지로 가고, 일부는 올니가 방면으로 갈라져 가고 일부 강국모군대는 다시 추풍 등지 다부허로 이동하여 와서 1922년 7월경에 "공산주의군" 총사령관 김경천 군정위원 쉬쉬킨(Шишикин)과 사령부관 스딴코프[Станков] 등 7개 동지들이 군대통일 문제로 교섭간 것을 무조건으로 금고[禁錮]하고 총살을 도모하였다. 그때에 금고당한 7개 동지들은 야간에 탈옥하야 도망을 치어 화단[禍端]을 면하였다.

이와 같은 반혁명적[으로] 행동하는 혈성단 단장 강국모는 동년 9월경에 고려혁명군 사령부에서 그를 체포하야 영창에 금고하고 부하 군대는 무장을 해제하고 해산한 후, 강국모는 동년 9월 말에 고려혁명군

---

117 원문에는 '조맹성(趙猛省)'으로 되어 있으나 이는 '조맹선(趙孟善)'의 오류이다.

사령부 영창에서 파옥하고 탈주하야 중령으로 가니 강국모군대의 혁혁한 역사가 끝을 맺으니 군대가 형성되어 26개월 어간에 적병과 전쟁한 번도 하지 아니하고 다만 고려의병대 어간에 충돌을 내다가 만 것뿐이다.

강국모군대의 중요한 인물

대장	강국모
참모장	김청남
참모부원	김택준, 황익수, 조병권

군대 편성에 가입한 단체와 인원

1. 오호츠크에서 강국모와 동행한 동지 　　　14명
2. 그로제꼽의[에]서 나온 독립단 군인 일부 　80명
3. 간도로[부터] 들어온 신민단 군인 　　　　16명
4. 조맹선이 영솔하고 온 독립단 군인 　　　100명
5. 림병극군대를 [빼]앗아서 편입한 군인 　　130명

합계 340명

독립단군대(조맹선군대)의 조직과 약사

조맹선은 본시 1905년으로부터 조선 내지 평안남북도로 다니며 의병운동을 하야 일본제국주의와 가찰[苛察]하게 싸호던[싸우던] 황석대[118]의 부하로서 굴돗은 민족혁명자요, 임금[에]게 충성한 의병대장이며 보황주의자(консерватор[119])에 일흠[이름]난 사람으로 자기 부하를 영솔하

---

118 '황석대'는 '이석대(李錫大)', 즉 이진룡(李鎭龍)을 잘못 기록한 것이다. 이진룡(1879~1918)은 의암(毅庵) 유인석(柳麟錫)의 문인으로 한말 1910년대에 황해도, 서간도, 러시아연해주 등지에서 활동하다가 순국한 의병장이며, 안중근의 하얼빈 사건과도 관련 있는 인물이다.

고 노령으로 들어온 때에도 광무황제 국상을 입은 몸이 백창의[白氅衣][120]에 백립[白笠]을 쓰고 허리에 군도[軍刀] 찬 만화[漫畵]와 비슷한 용장이었다.

이 조맹선은 미리 자기의 아장[亞將] 최영호로 하야곰 무장을 엇어 멜[얻어 멜] 묘계[妙計]로 할빈 호르바톱으[호르바트, Хорват] 백파군대에 자원병으로 복무케 하매, 군이 수백여 명[러시아어본에는 200명]을 복역시키며 무장을 메고 탈영을 하여 나가 고려독립전쟁을 하려는 흉계가 여의[如意]히 되지 못한 까닭에, 그리로서[그곳으로부터] 비인[121] 몸들이 탈영하여 1919년[1920년의 착오] 초에 노령 그로제꼽으에 주둔하야 무장 없는 군인 한 백여 명으로 "독립단 군대"라 일홈하고, 사령관 최영호 이하 김종현, 전응호 등으로 농촌을 토색[討索]하며 양민을 학살하며 무례불측[無禮不測]한 행동을 하다가 그 지방 일반주민의 배척을 받어 필경은 주민측으로 반란을 일으켜 사령관 최영호와 그타 악행분자들을 타살하고 그 군인들을 구축하니, 일부는 흑룡주에 들어가 사할린의병대에 가입되고 일부는 추풍 만석동에서 두류[逗留]하다가 강국모군대에 편입되니 독립단군대 선발대는 이에서 자기 역사를 마치고, 후발대, 즉 조맹선이 친히 영솔하고 1920년 10월초에 노령 수이푼지방에 도착된 100여 명 군인은 당시에 강국모군대에 편입시키니 이에서 독립단군대의 일홈이 없어지었다.

이와 같은 모양으로 독립단군대는 조직된 이후로 일본 제국주의와는 한 번도 간과[干戈]를 겨루어 보지 못하고 중아[中俄] 양령으로 쫓겨

---

119 conservatist. 보수주의자.
120 벼슬아치가 평상시에 입던 흰색의 웃옷으로 소매가 넓고 뒤 솔기가 갈라져 있다. 러시아어본에서는 백창의에 대해서 구체적으로 묘사해 놓았다. "죽은 황제를 위한 상복(하얀 두루마기에 하얀 망건에 허리에 새끼줄을 감은 상복)."
121 할 일이 없게 된.

다닐 뿐이오, 전투의 역사라고는 전혀 없었고 도처에 충돌을 내고 오향[五向, 五方, 동서남북과 중앙]에 불평을 돌린 것뿐이다.

의군부군대의 조직과 약사

의군부군대는 기타 의병대에 비하야 그 역사가 자못 길다고 볼 수 있다. 간단히 말하면 1905년에 친러파 보황주의자 리범윤이 일즉[일찍] 조선 내지로부터 충의대를 조직하여 가지고 러시아 제국주의 그늘 밑에서 반일본제국주의 운동을 하다가, 노령 연해주 연추를 근거하고 소위 창의소[倡義所]를 조직하여 가지고 1908년경에 약간의 무력으로 조선 내지 북선지방에 침입하였다가 목적을 성공치 못하고 돌아와 해산된 후, 그 여파[餘派]가 노령 중령으로 망명하야 다니다가 1919년 고려 독립선언을 내지로서 발표한 뒤에 지나[支那] 북간도 방면에서 동지들을 모혀[모아] 군대를 편성하고 일홈을 "의군부"라 하였다.

1920년 9월에 일본 혼성여단이 북간도 토벌시에 북간도서[로부터] 퇴각하여 노령에 들어와서 일부는 다른 군대에 가입되고 일부, 즉 의군부 골자[骨子]들은 다시 추풍 다부허에서 1921년 봄에 리범윤이를 중심하고 최시종, 리윤, 연병무 등이 다시 군대를 형성하니, 군인 전부가 1개 중대에 2개 소대로 한 80여 명 좌우이었고 중대장은 ○○○로 임명되어 추풍 다부허[多富河] 등지에 주둔하여 붉은의병대와 투쟁하며(공산주의군과 반목질시[反目嫉視]하다가 야종[나중에] 1921년 11월경에는 고려공산당 주간부 선전부장 유진구 동무의 기숙사에 의군부 군인들이 돌입하여 구타할 뿐만 아니라 결박하여 가지고 다부허에 가서 위협 국문한 사실 등) 민간에 폐해를 끼치다가 1922년 봄에 와서 해산되고 말았다.

안훈군대(자유시 독립군)의 조직과 약사

1920년 3월 24일에 흑룡주 고려인대표회의를 소집하고 한인회중앙총회를 자유시에 설립하고 중앙총회내에 군무부를 두어 독립군대를 조직하기로 결정된 뒤에 동년 4월에 군대를 형성하니, 목적은 고려를 독립하는 것으로 중심하고 일어섰다.[122]

이때에 한인회 사업은 모다 독립군대를 확장하며 교육하며 지배하는 것으로 주력하야 군자금에 충용하려고 고려인에게 의연을 모집하야 가지고 당시 흑룡주정부(흑하시에 있는)와 교섭하야 무장, 탄약 등 군수품을 러시아 흑룡주정부로서 사오니 이태리야식 장총 90여 병과 러시아식 장총 약간 병으로 무장시키고 피복, 식량 등 일절 경비는 모다 한인회로서 지출하였다.

1920년 5월 말에는 연해주에 4월 일본군정변을 당하고 몰리어 간 붉은의병들과 러시아공산당원들이 자유시에 당도하야 고려독립군을 붉은의병대로 변하려는 운동을 하였다(이 운동의 주모자는 하마탕에 군대를 조직하였던 최호림이다. 최호림은 그때에 자유시 독립군대에 가서 붉은의병대화를 시키려는 선전을 자조[自助]하다가 고려독립만을 최후까지 주창하는 일파에게 최호림이 고려독립군을 러시아에 팔아먹으려는 악분자라는 비평뿐 아니라 타살하려는 운동이 있어서 산중에 가서 한 달 동안 숨어 있는 일까지 있음). 필경에는 동년 7월경에 러시아 인민혁명군 사령관의 명령에 의하야 독립군 군대를 해산하고 다시 편성하니 명칭은 자유시고려인특립대대라 하고 대대장은 당시 흑하시 위수사령관 서리로 있는 오하묵으로 군정위원장은 처음에 최고려, 그 다음에 최호림, 대대 부관에 김택권, 유선

---

122 1922년 8월에 '재로고려혁명군대(在魯高麗革命軍隊) 문명부(文明部)'에서 작성한 「재로고려혁명군대연혁(在魯高麗革命軍隊沿革)」에 따르면, 1920년 2월 27일에 러시아 붉은군대가 흑룡주 자유시를 점령하고 일본군이 3월 8일 연해주 하바롭스크로 철수하자, 3월 1일 흑룡주 주민들이 자유시에서 3·1독립선언기념식을 거행한 후 '흑룡주 고려주민대회'를 소집하기로 하고, 3월 20일 자유시에서 '흑룡주한인대회'를 개최해 '흑룡주한인총회'를 조직했다. 흑룡주 '고려인대표회의(한인대회)'의 대회 개최일에 대한 기록이 최호림은 3월 24일, 「재로고려혁명군대연혁」은 3월 20일로 차이를 보이며, 조직된 한인단체 명칭 역시 '한인회중앙총회'와 '한인총회'로 다르게 썼다.

장, 서리대대장 겸 제1중대장 전희세, 경리부장은 황하일, 제2중대장 김중회, 제3중대장 고명수 등이었다. 안훈군대의 군인 다수는 금광노동자들이다.

안훈군대 조직될 때에 모집되어 온 군인

1. 자유시 주민 중으로   34명   박재명, 리왈룡
2. 혹하시로[부터] 두 번에   38명   리주연
3. 비라[Бйра]지방[에]서   100명
4. 모고치[Могоча][에]서   16명   김병일, 김동훈
5. 우루깐[Уркан][에]서   40명   안훈, 김중회
6. 우루쌰[Уруша] 기타에서   120명

합계 448명

안훈군대 편제안과 중요인원[123]

사령관 안훈

제1중대장 승훈

제2중대장 김중회

"군비단" 군대 기의[起義] 연혁의 약사

본시 군비단은 중령 남만주 장백부[長白府]에서 부르주아 민주공화 좌익파인 민족혁명단체다. 그 단체의 성분과 연혁을 보면 어떤 정치적 단체인 것이 발각되는 것이다.

1919년 9월 9일에 군비단이 성립되었다가 1922년 9월에는 만주에

---

123 「재로고려혁명군대연혁」에는 참모부장에 안훈(安勳), 군정위원에 전희서(田希瑞), 대대장에 승훈(承勳) 등이 선임된 것으로 기록하고 있다.

있는 민족혁명단체들[이] 연합(聯合)되니, 부르주아 민주공화 우익(완진
파)인 흥업단과 고려 독립 후에 단군교로써 국교를 세우고 귀족정치를
주창하는 대진단(大震團)과 고려를 독립하고 구황실을 회복하려는 복
벽운동을 주장하는 "광복단"(리범윤을 중심한 혁명단체요, 리동휘를 중심한
광복단은 아니다), 이 네 혁명단체가 연합되어 "광정단"이라고 개칭하더
니, 1923년 3월로부터 동 6월까지 길림에서 다른 민족운동단체들과 연
합대회를 맺고 정의단(正義團)[124]이라고 지금 개칭한다. 이 성분을 보면
무산자 민주공화와는 직경이 아조 다른 민족혁명단체다.

이 단체에서 1921년 5월경에 도수군인[徒手軍人, 도수부대][125]이 80여
명을 전위 중대장 윤동선, 사령관 림표 동지의 지휘로 만저[먼저] 노령
에 군인을 파견하니, 이는 비교적 안전지대요 또는 혁명지대니 거절치
아닐 줄[아니할 줄로] 알고 무장 준비와 군사 교양을 목적하고 들어온 것
이다. 그 뒤에도 계속하야 군인들이 들어와서 그 수효가 거의 3~4백
명에 달하였다. 주둔지대는 이만을 중심하고 강 연안을 벋치어 놀리허
[한인마을][126]까지 각 고려인 촌락에 주둔하여 있었다.

이때에 흑룡주 자유시사변이 난 뒤에 무정부주의적 사할린의용대
여파[餘派]들이 탈주하여 온 군인들을 합세하니 군세가 자못 성대한 상
황을 이루었었다.

1921년 8월경에는 자의로 의용군사쏘베트(Партизанский Военный
Совет)를 조직하고 군제를 개정하야 전군은 1개 대대에 3개 중대로 편

---

124 광정단(匡正團)은 1922년 5월 창바이(長白)현에서 활동하던 군비단, 흥업단, 대진단, 광복단,
   태극단의 다섯 개 단체가 통합해 조직된 단체로 이후 1923년 6월에 조직을 개편했다. 최호림
   이 1923년 3~6월에 '정의단'이 조직되었다고 쓴 것은 이 시기의 광정단 조직 개편 사실과 혼돈
   한 것으로 보인다. 정의부(正義府)는 그 후 1924년 11월 남만주 각 단체가 통합해 조직했다.
125 '도수군', '도수부대'는 병정들이 총 등 무기가 없는 빈 손 상태에 있는 부대를 말한다. 특히 러
   시아연해주나 북간도에 비해 무기 구입이 어려웠던 서간도 지역의 무장단체들이 무기를 갖
   출 때까지 독립군들은 도수로 훈련하며 후일을 준비했다.
126 엘레 - 사스놉카(Эле-Сасновка) 마을.

성하고 쏘베트 안에는 사관양성 속성과를 두어 군사교육을 장려하다
가 러시아 인민혁명군 이만수비대장의 청탁에 의하여 1921년 겨울과
[1922년] 봄 동안에는 러시아 원동변강(안)[에서의] 국민전쟁에 참가하여
이만, 비낀, 인 등지에서 붉은의병대를 도와 힘있게 전쟁한 일도 있으
며, 1922년 봄에는 사령관 리용이 무장한 군인 200여 명을 영솔하고 중
령지로 탈주하고, 제2중대는 이만전쟁시에(1921년 12월 4일 하오 1시경)
전 중대가 전몰을 당하고 기타는 1923년 봄에 무장을 해제하고 해산시
키었다. 군비단은 군인 장교 병[幷]하여 전부 357명이었다.

의용군사쏘베트 임원

의원: 1. 마룡하, 2. 김덕은, 3. 박춘근, 4. 리용, 5. 림표, 6. 한운용, 7.
김홍일, 8. 정희언, 9. 김세빈, 10. 강이완, 11. 최태열.

총사령관 리용, 군정위원 강이완(자칭 군정위원), 외교원 박춘일, 김공
률, 리청룡, 리규선, 제1중대장 림표, 제2중대장 한운용, 제3중대장 김
홍일

1921년 12월 4일 이만전쟁기

1921년 12월 2일에 해삼에[을] 중심하고 웅거하여 있는 백파 육군대
장 몰차노프(Молчанов)가 북벌을 경영하고 침입하는 이때에 무라비웁
[Муравьёв] 정거장에 주둔한 붉은의병대 수비대장의 청병에 의하야 의
용군사쏘베트의 회의에서 붉은군대의 응원 요구에 대하야 응락하리라
는 결[정]을 지은 뒤에, 1921년 12월 2일에 일반 군대에 동원령을 선포
하야 전투선으로 행군하야 이만시에 도착하니 붉은군대에서 무장과
탄약을 공급함을 받아 가지고 적진[敵陣] 방향을 목표하고 3개 중대를 4
열 종대로 행군하야 가는데, 때는 이미 섣달이라 깔린 눈 위에 매운 바
람은 새벽을 만나 더욱 찬데 출전하는 군인의 기개는 뽐내는 거름에

피가 끓는다. 이렇듯이 행군하야 무라비욥을 지나 [이만]강 연안에 당도할 제, 전초병대에서 발서 우수리 정거장 부근에 적군의 척후 출몰을 관측한 전령사의 보도가 있다(무라비욥에서 우수리 정거장 입구가 3km 가량). 이때에 전 군대는 일전(一戰)에 승부를 결단하려는 기운을 내었으나, 출전총사령관의 거랍스크[Графский]까지 퇴각하라는 명령에 의하야(무라비욥에서 거랍스크는 3.5km 가량) 붉은군인은 철로선을, 고려의병대는 강 연안을 중심하고 산병선[散兵線]을 지어 방어케 하였다. 이때에 백파는 철로선을 경유치 아니하고 이만 좌편으로 돌입하야 배면[背面] 이만시를 공격하게 되고 붉은군대와 의병대들은 이만과 그랍스크 어간에 포위되었다.

이때에 의병대 제1중대와 제3중대는 이만시를 향하야 현금[現今, 현재의] 방어선에서 퇴각하고 붉은군대도 다 퇴각하야 이만으로 향하였는데, 의병대 제2중대만 단호히 그랍스크 방어선에서 방어를 고집하고 있었다.

1921년 12월 4일 상오 5시경에 대포와 기관총과 소총 소리는 연발하야 산악이 무너지듯 포연[砲煙]과 탄무[彈霧]는 이만 전시를 덮어서 백파 적군의 습격이 너무도 혹독하야, 붉은군대 사령부는 비낀으로 퇴각하고, 붉은군대 역시 퇴각하였으나, 이만 철교 월편[越便. 건너편] 거츤[거친] 들에는 고려의병대뿐만 남았다(제1중대, 제3중대만). 고려의병대 사령관 리용 동무의 명령에 의하야 제1중대 제1소대는 이만 철교변 요색지[要塞地]에서 수비하고 있는데 4일 상오 7시경에 발서 백파는 이만시를 점령하고 철교변에 당도하였다. 이때에 요색 수비소대장 윤동선 동무는 적군을 우군으로 그릇 보고 아모 대항책을 쓰지 않았는데, 적군이 졸지에 사격을 수비소대에 개시하야 불의에 소대장 윤동선과 분대장 주병록과 기타 군인 2명이 불행히도 적탄에 적중되어 순사[殉死]하니, 나머지 군인은 퇴각하여 본영에 돌아가 붉은군 야전총사령부 주재지 비낀으로 향하였다.

사세가 이리 되니 황막[荒漠]한 이만 벌판에는 백파 수천이 포위한 중에 한운용이 영솔한 고려의병 제2중대가 고독하게 남았을 뿐이다. 한운용 중대는 그랍스크에서 몇시[간] 동안 추후[追後]하야 떠나 이만으로 향하니 이때는 발서 붉은군대 야전총사령부와 군대 전부며 의병대 사령부도 비낀까지 퇴각하였다. 그러나 이만으로 향하야 들어오는 한운용 중대는 이만시가 적군의 점령한 것으로 인정치도 아니하고, 동 12월 4일 하오 1시경에 이만 시가로 직행하야 정거장에 입각[立脚]하니, 정거장 안에는 보병과 기병 수백 명이 움직거리며 시가에는 평민 인적이 고요하다.

적군을 우군으로 그릇 보고 행군하여 가는 한운용 중대는 일호[一毫]의 경계 없이 정거장으로 직행하고, 적군들도 한운용 중대인 것을 미리 살피지 못하야 상거[相距]한 백 메뜰[метр, 미터] 어간에야 비로소 한운용 대장이 적군인 것을 관측하고 이어 전 중대를 산개하여 적군을 목표하고 사격을 개시하야 일단 직심[直心]으로[127] 전투 약 20분 동안에 적군은 할 수 없이 한운용 중대장 앞에 백기를 들고 항복하였다. 이때 한운용 중대는 홍분에 계위[겨워] 전쟁[戰場] 소제를 한편으로 하고 적군 포로를 잡으려는 이때에, 백파적군의 응원대가 무라비욥으로부터 수천 병마[兵馬]가 이만시에 당도하였다.

이 형세를 보는 적군 항참병[항복한 병사]들은 백기를 떼고 죽었던 기운을 다시 살구어[살리어] 한운용 중대에 사격을 개시하니, 고려의병 중대는 철옹성 같은 포위 중에 싸여서 최후일각에 용맹을 일층 더 분발하여 혈전하리라는 결심으로 중대장 한운용 동무는 군인 일동을 더 단속하야 사격 구령을 높여 분투하나 적군 수천 명의 탄환이 사방으로

---

127 끈기 있게.

빗발치듯 퍼붓는 판에, 위선[爲先, 우선] 하진천 동무가 지휘하는 기관총 대가 전멸을 당하니 한운용 군대의 전세가 한 팔이 떨어졌고 러시아군 이 30여 명 중으로 절반은 살상은 당하고 절반은 포로 되었으니 더욱 이 한운용 군대의 힘이 약해졌다. 따라서 탄환이 핍절하여지니 더 할 수 없는 막다른 골목에 이르렀다. 그러나 결사로 한정하고 시작한 전 쟁이 그대로 항복치 아니하고 총창 없는 빈총을 들고 만세 일성[一聲]으 로 돌격하야 들어가서 봉란(捧亂)[逢亂]을 한참 겪다가 전멸의 참상을 당하였다.

때는 12월 4일 하오 1시경인데 한 시 전에 만세소래[소리가] 적군병의 색가슴에 냉담을 떼더니 숨 끊은 후 그 시체를 거두어줄 동무 없었다. 전쟁 성기[128]를 하니 의병대 측으로 살상이 52명이,[129] 적군 측으로 살 상 600여 명과 부상 200여 명이었다.

중대장 한운용, 소대장 강신우, 분대장 엄관호, 윤상운[윤상원], 한익 현 다섯 동무는 각각 중상이 되어 우군[友軍] 전망군[戰亡軍] 시체 속에 묻혀 있다가 적군들이 시체 수색을 할 때에 단포로서 적군 18명을 살 상하였고, 마충걸 동무는 총창에 12처를 찔리면서도 죽은 듯이 동지들 시체 속에 묻혀 있다가 야간에 도주하여 살아나고, 김치륜, 김덕헌 두 동무는 적십자대의 구원을 받어 입원하였다가 야간에 도주하여 생명 을 보전하였다.

그때에 전망[戰亡]한 고려의병 동지들의 시체는 3일 후에 이만 부근 고려농민들이 서산(西山)에 임시로 설장[雪葬]하였다가, 1922년 4월 6일 에 이만시 공동묘지에 매장하였다. 군비단 군대가 본시 민족주의적 의 병대[이]나 이만 전역에 쏘베트 주권을 위하야 혈전한 공적은 원동에

---

128 생기(省記). 간략하게 대충 줄거리만 따서 적음.
129 러시아어본에는 "빨찌산의 사망자 58명으로 밝혀졌다"라고 쓰고 있어 차이를 보인다.

국민전쟁 역사 폐[이]지 우[위]에 찬양치 아니치 못할 일이다. 그 의절을
잊어버리지 못할 일이다.

제4절 고려인 붉은의병대를 반대하며 일어난 토호 지방자위대

1922년 10월경에 수이푼 구역 황거우[黃口], 허커우[河口], 육성[六城]
세 촌의 토호들 대표로서 입헌민주공화당원인 염표돌과 유명한 토호
문안똔과 백파 장관[장교] 유가이며 유력한 토호 박운갑 등의 주최로 지
방자위대라 일홈하고 육성[六城]에 본부를 두고 황거우와 허커우에 지
대를 두었었다. 군인은 이상 세 촌의 청년들을 강제적으로 징모하여
세웠는데, 그 군대의 목적은 "자지방자위(自地方自衛)"라 하였다. 그러
나 내용 목적은 붉은의병대를 반대하야 일어난 것이다.

이 지방자위대가 일어난 원인을 말하지 않으면 모호한 "지방자위"라
는 그 군대 목적을 해독하기 어려운 까닭에, 위선 지방자위대가 일어
날 전제조건을 말하려 한다.

본시 황거우, 허커우, 육성 세 곳은 러시아 입적인들의 촌으로 보통
으로 경제형편이 넉넉한 상태에 있어서 고려인 토호농촌이라고 하여
도 과언이 아닐 것이었다.

그때 붉은의병대는 계급적 의식을 가지고 토호들에 대한 동정이 빈·
중산 농민들보다 판이한 것을 알고, 발서 이 토호들은 붉은의병대에
대하야 자기들의 원수로 보고 붉은의병을 붙잡아 일본군대에 넘겨준
일도 있으며, 붉은의병대 양말차[糧秣車, 군량 운송차]를 3, 4일 어간을 붙
잡아 두어 붉은의병대의 식료공급에 고장[故障]을 기친[끼친] 일과 붉은
의병대 모연부에서 모연을 청함에 거절한 일 등 반혁명적 행동이었다.

그래서 붉은의병대는 그들의 용서치 못할 행동에 대하야 괘씸하게
보아 오던 중에 그 촌중에 무장이 잠복되어 있다는 밀보를 받고 붉은

의병대(공산주의군) 사령부에서 제1대대장 최준형 동무에게 작전명령을 발하야 1개 중대[를] 출동시켜 황거우, 시화재, 허커우 등지에 잠복된 무기를 압송하라 하였다.

이 명령을 받은 제1대대장 최준형 동무는 1922년 10월 2일에 1개 중대를 영솔하고 해지방에 가서 무기를 압수하니 [다음과 같았다.]

황거우

러시아식 장총	41병
일본식 장총	3병

허커우

러시아식 장총	20병
일본식 장총	2병
러시아아식 베르단	37병
묵서가[멕시코]식 장총	2병

시화재

러시아식 장총	19병

이 중으로는 러시아식 베르단 37병은 해[該]지방에 환부하고 기타 68병을 붉은의병대 사령부에 제공한 일이 있었다.

이 뒤에 자기들이 태산같이 신앙하던 일본군대는 철병하여 가고 백파의 세력이 점점 미약하여지며, 붉은군대가 러시아 내지로부터 나온다는 말이 있고, 원동 붉은의병대가 점점 득세하여 가니 전과[前過]를 추억하면 아마도 장래로 승평[昇平, 承平]치 못할 것을 타산하고, 쏘베트 주권 앞에 눈가림을 하기 위하야 때 좋게 지방자위대라 일홈하고 군대를 편성한 것이 한 원인이오, 둘째로는 붉은의병대가 보수[報讐]하려고 할 때에 대항하려는 것과 붉은의병대에 물질적 방조를 주지 아니[하]려는 핑계거리로서 이 지방자위대가 설립되었다. 그런 까닭에 위선 이 지방자위대가 설립된 익일[翌日]에 지방자위대 명의로 붉은의병대 사령부에 모함하기를 전자에 황거우, 시화재, 허커우에서 압수하였던 무장을 전부 자기들 군대에 환부하여 달라 한 일까지 있는 것이 곧 혁명을 위하지 아니하고 자기 사산[私産]을 보호하려는 것과 붉은의병대를 반대하여 일어난 것이 증명된다. 이 지방자위대의 지도인물은 대장 문안똔(유력한 토호), 군정위원 염표돌(입헌민주공화당원, 당에서 알지 못할 뿐만 아니라 자칭 군정위원이 된 자)[이었다.]

비고: ДВК Партархив Фонд N.5 Дело N.9 Лист 8.

제5절 노령원동 국민전쟁 당시 고려인 의병대운동 중 무정부주의적 의병대 조직과 약사

1920년 정월 29일[130]에 무정부주의자 뜨랴삐찐의병대가 흑룡강구 니꼴라엡스크시를 점령한 후, 니꼴라엡스크시와 그 부근에 주거하던 고려사람들 중에서 이미 뜨랴삐찐(Тряпицин)[정확하게는 Тряпицын] 군대에 복무하는 유소심과 1919년에 비밀히 조직된 혁명단체인 대한독립청년회 주최로 고려인의병대를 조직하려고 뜨랴삐찐에게 청원을 제출하니, 뜨랴삐찐은 고려사람들이 니항에 주재하는 자 중으로 순무산자(룸펜프로레타리아트, лумпен-пролетариат)가 다수임을 보고 자기의 무정부주의 발전에 기본대가 될 것을 생각하야 청원을 응낙하니 이에서 고려인 의병대가 뜨랴삐찐군대에 생겨났다.

---

130 트랴피전 의병대가 니콜라엡스크 - 나 - 아무레(尼港)을 점령한 것은 1920년 '정월 29일'이 아니라 '2월 29일'이다.

이 고려군대를 자기의 기본대에 신입대로 만들기 위하야 뜨랴삐찐은 자기의 신용자 사소프(Сасов)로 고려의병대 대장을 임명하고 박윤천[朴允天, 박일리야]으로 부관을 임명하야 고려인특립의병대를 조직하니, 4개 중대에 430여 명의 인원이 편입되었다. 사령관 사소프(Сасов), 사령부관 박일리야, 제1중대장 유소심(그 뒤에는 고명수), 제2중대장 림호, 제3중대장 김인노껜찌, 제4중대장 안기석(그 다음에 김수현) 등이 임명되어 피복이나 무장 등을 최상품으로 또는 제1차로 공급하여 주었다. 그래서 일반 고려군인 일동은 모다 뜨랴삐찐의 공덕을 찬양하면서 니항에 충화[衝火]하고(니항에 충화는 1920년 4월 23일에 뜨랴삐찐 명령서 제86호에 의함)[131] 떠나 께르비[Герби, 켈비]에 뜨랴삐찐군대 본영을 옮겨갈 때에 사소프대대도 역시 이전하여 제1중대는 암물강 연안으로, 제2, 3, 4중대는 암군[Амгунь]강[132] 연안에 주둔하여 있으니, 때는 즉 1920년 5월 망간이다. 뜨랴삐찐의 행동은 니항[에서 일본군대 전부뿐 아니라 일본 평민까지 학살한 일과 러시아 백파뿐만 아니라 그의 가족까지 전멸한 일이며, 특히 쎄미트족[Semites, 셈족]을 미워하야 유대인을 학대한 일이며, 처녀들을 강간, 아동들을 학살, 쏘베트 사업가들을 학살한 일과 원동 붉은군대 총사령부의 명령을 불복하고 직접 중앙러시아에 연락을 맺으려 하던 일은 족히 써 우리 공산주의의 반대되는 무정부주의적 행동이 발각되는 이때에 뜨랴삐진군대 자체에서 혁명이 일어나 혼란주의자요 군대 총사령관인 뜨랴삐찐과 그 부관이며 사회혁명당 좌파인 니나 레베데바(Нина Лебедева)와 뜨랴삐찐의 오른팔이요 고려의병대장인 사소프와 포악무쌍한 뜨랴삐찐의 용장이오 왼팔인 랍따(Лап

---

131 뜨랴삐찐군대가 일본군의 상륙에 앞서 니항을 떠나기 전 니항을 충화(방화)한 이른바 제2차 니항사건은 1920년 5월 30일, 6월 1~2일에 일어났다. 니항 주둔 일본군의 뜨랴삐찐군대 공격으로 발생한 제1차 니항사건은 이에 앞선 3월 12일부터 18일까지 일어났다.
132 서쪽에서 동쪽으로 흘러 아무르강(흑룡강) 하구 근처에서 합류하는 아무르강 지류.

та)[133] 등과 기타 중요인물들 7명[앞서 처형된 "랍따 제외" — 러시아어본]을 체포하고 참으로 붉은 의병대 혁명군본부를 조직한 후 이상의 반혁명적 악분자들을 야전재판에 넘구어[넘기에] 사형에 선고하였다. 이 혁명이 일어나는 당시에 고려의병대는 다만 제3중대장 김인노껜찌 동무가 자기 중대를 영솔하고 혁명에 참가하였으나 이[것]도 말경에 참가되었다(처음에 반[反]뜨랴삐찐 혁명에 고려군대를 참가시키지 않은 것은 고려군대가 뜨랴삐찐의 앞에 기본대로 되어 있음이다).

그때에 러시아 혁명군 측으로 박일리야도 역시 뜨랴삐찐의 사랑하던 고려의병대 사령부관이니 그도 역시 야전재판에 넘구려[넘기려] 하는 것을 그때에는 고려인군인들의 계급적 각성이 투철치 못하고 민족적 감정이 팽창하였을 때요, 정치방면에 몽매하여 적·흑(赤黑)을 분간치 못하는 때며, 인종이 딴 외국사람으로 그 나라 언어를 통[通]치 못하는 그때에 박일리야(뜨랴삐찐이 니항을 점령한 며칠 전까지도 박일리야가 마가[Maro][134]라는 곳에서 로어 교원 노릇을 하였다)가 홀로 로어를 잘하는 사람으로 처음에 외교원이 되었던 것만치 모든 고려사람에 대한 문제를 박에게 경유하여 뜨랴삐찐의 정치 하에서 살아왔기 때문에 민족심으로 공덕심으로 그를 야전재판에 넘구지 않게 한 것이다. 따라서 그를 고려군대에서 천거하여 혁명군정의회의 임원을 삼으니 그때에 박일리야는 재판의 위험을 면하게 되었다. 뜨랴삐찐 반대 혁명이 일어난 뒤에 고려의병대를 다시 편제하였다.

대장 레아다르스키(Леадорский, 몇날 지나서 면임), 박와실리[135]

---

133 러시아어본에는 "뜨랴삐찐의 '제1사형집행인' 랍따(봉기 당시 분개한 빨찌산들에게 죽임을 당함)"라고 되어 있다.
134 니콜라옙스크 - 나 - 아무레(니항)의 서북쪽의 작은 도시로 아무르강의 하류 연안에 위치해 있다.

사령부관 김인노껜찌, 제1중대장 고명수, 제2중대장 림호, 제3중대장
ㅇㅇㅇ, 제4중대장 안기석

뜨랴삐찐을 반대하야 일어난 혁명 뒤에 괴수 7인은 야전재판에 넘구
어 사형선고를 하였거니와, 기타 군인 중으로 뜨랴삐찐 혼란주의에와
레베데바의 사회혁명당 좌파 주견[主見]의 치아[稚兒]가 되어 있던 악분
자 60여 명을 검속하야 흑하시로 압송하는데, 압송대는 고려의병대 제
4중대로 하였다. 이 압송대는 께르비에서 검속된 군인 죄수 60여 명을
압송하여 가지고 흑하시로 나오다가 중로[中路]에서 검속된 군인죄수
들과 압송대가 타협하고 산중으로 도망하였다는 보도가 대대본부에
왔다. 이 말을 들은 대대장 박와실리는 군인 한 소대를 친히 영솔하고
탈주한 압송대를 붙잡으려고 추종하였으나, 산이 높고 수풀이 깊은 산
중에서 십여 일을 추종하여서도 그들을 붙잡지 못하고 돌아왔었다.
박와실리가 돌아온 뒤에 께르비에 있는 고려군인 중으로 몇 사람이
전 군대를 선동하여 가지고 박와실리 동무를 사형선고를 하기로 하였
다. 그 원인은 박와실리가 이전 사관학교 학생인 것이오, 둘째로 대한
독립만 주창하고(뜨랴삐찐군대)("붉은군대")를 환영치 아님이오, 셋째로
는 고려사람으로 고려사람들을 잡아 죽이려고 압송대를 추종하야 10
여 일을 다니면서 군인들을 고생시킨 것 등이라 하였다. 이것을 본다
면, 정치적으로 고려군대에도 뜨랴삐찐의 무정부주의가 물이 들었던
것만은 사실이고, 다른 핑계로써 새로 혁명 후에 임명된 장교를 소제
함으로 뜨랴삐찐의 보복을 하려는 숨은 설계안이 발각되었다.
이 군대가 1920년 10월 4일에 자유시에 도착되는 때로 인민혁명군
제2군사령부 명령에 의하야 자유시에 주둔하고 있는 한인보병특립대

135 한국식 이름은 박병길(朴秉吉).

대에 직속되어 있을 때에도 군란을 짖[짓]고 말썽을 내어 군기를 문란이[케] 하는 일이 한두 번이 아니었고 전자에 말이 있던 박와실리를 암살한 사건도 족히 써 무정부주의적 행동의 하나이[가] 될 것이다.

1921년 6월 27일의 자유시사변은 즉 국제공산당의 직접 지도하에서 고려혁명군정의회가 조직되고 따라서 시비리혁명군사위원회 명령[136]으로 사할린특립의용군대는 고려혁명군에 편입하라는 것을 불복하고 최후 발악을 하였기 때문에 총사령관 깔란다라시빌리(Каландарашвили)로부터 사할린특립의용대 무장해제를 부득이하야 하게 된 데로서 이 사변이 일어난 것이니, 그들의 말과 같이 붉은혁명자요 공산주의를 봉대한다는 그 군대가 제3국제공산당의 결정을 부인함이 무슨 까닭이며 무산자 특권으로 세운 원동공화국 혁명군정위원회 명령에 불복하는 원인이 어디에 있는가? 이는 다만 겉으로는 고려혁명을 발표하야 일반 고려혁명군의 동정을 얻고, 안으로는 뜨랴뻐찐의 무정부주의를 실시하려는 사할린특립의용군대 지도층과 니항으로부터 올라온 기본대군인 얼마의 수단에서 생겨나온 것이니 이것이 역시 니항으로[부터] 일어난 고려군대가 무정부주의 흑색의용대인 것이 판명되는 것이다.

박일리야, 리광, 고성관 세 동무가 니항군대 역사를 썼는데, 『니항군대의 재건설』이란 제목하에 썼으되, "1921년 7월경에 자유시사변을 겪은 뒤에 박일리야 동무는 70여 명의 동지와 함께 중령 우윤을 경유하여 요하[饒河] 등지에 주둔하면서(이때는 한 30여 명 동지) 다시 의병운동을 준비하였다. 이때에 그곳을 반거하고 있는 토비(홍호적)[紅鬍賊] 천두산의 무리를 연락하고 당분간의 안전을 얻고 있다가…"라고 썼다.

이 역사를 읽어 볼 때에, 소위 "붉은의병대"로서 토비와 연락을 맺어

---

136 러시아어본에는 "사령관 명령 1220(оп)호와 683호, 그리고 원동공화국 총사령관의 명령"이라고 구체적으로 설명했다.

안녕이[히] 거류하였다니, 그때에 토비파에 열성적으로 가담되지 않았던가 하는 의심이 생긴다. 만일 토비파에 가담되었다면 혁명자라는 것이 면목을 잃어버린다.

사할린특립의용대 사건을 일꾸트스크[Иркутск, 이르쿠츠크]에 주재한 제5붉은군 육군혁명재판소에서 1921년 겨울에 판결하였는데, 사할린특립의용대를 반혁명적 군대라고 지적하고 주모자들에게는 자유 박탈을 선고한 일이 있다.

이밖에도 1922년 11월초에 박일리야가 군대를 영솔하여 가지고 중령 밀산현[密山縣]을 돌격하고 탈취하려는 일 따위는 반혁명이오 무정부주의자[의] 행동을 면치 못할 사실들이 증거를 선다. 이와 같이 니항에서 일어난 고려인의병대는 원동변강에 국민전쟁 당시에 있어서 만단[萬端]으로 폐해를 기치며[끼치며] 한 두어 번 이익을 주며, 특히 고려혁명사업상에서 많은 지장을 주다가 1922년에 원동변강을 흑색 보수주의자들 수중에서 회복시기고[시키고] 쏘베트 주권을 세울 때에 무장을 해제시키고 군대를 해산하였다.

비고: ДВК Архив Фонд N.582, Дело N.2, Лист 23.
Гражданская Воина М/Н о Корейском Добровольном Отряде М/Н 6/V 1922 г. Командиром Отряда Сасов Начальником Штаба Пак Илья Распаряжение по Войскам М/Н окр Об Утверждение Штата Штаба Отряда Сведения о Численности его Дела N/1ой Листы 23, 22, 45.
Телеграма Дальбюро ЦК РКП/б/ от 15/Ноября 1922 г. Вооружёный Бандитский Ильи Пак Разграблен Мирсанхен Китай его Отряд Был Направлен для Охраны Граница Воспользовавшись этим Занимается грабёжами т.н.к. Примосте Срочны Меры.
О Разаружении Бандитского Отряда Ильи Пак Телеграма от Комарм 5 Уборевича ДВК Единый Партархив Фонд 95, Дело 1ой, Листы 8, 9, 10.
ДВК Партархив Фонд N.23 Материалы о Коркомпартии. Доклад Главкома ДВР тов. Блюхер от 14 Апреля 1922 г. о Сахпарт Отряде РВС Сибир Воен Округ.

1920년 7월 9일 판결하고 동 10일에 사형에 선고한 뜨랴뻬찐 일파 7명
1. 뜨랴뻬찐(Тряицин) 아나키스트[137]

---

[137] Anarchist.

2. 레베데바(Нина Лебедева) 막시말리스트[138]

3. 하리코프스키(Харьковский) 아나키스트

4. 오브체빌리(Овцевилли) 아나키스트

5. 젤레진(Железин) 아나키스트

6. 베스팔루아드니이 사소프(Бесполуадный Сасов) 아나키스트

7. 뜨르드차노프(Трудчанов) 막시말리스트

비고: ДВК Партархив оп.1, св.2, N. 43. Переписка с Сахалиной Комчаткой Протокол Заседения Суда Сах. Окр. По Делу Тряпицина в с. Керби.

제6절 제4기 원동변강에 고려인의병대 통일: 총론

제4기, 즉 1920년 11, 12월경으로부터 1922년 12월까지의 어간에 있는 고려인 혁명운동의 사실이니, 이때에 있어서는 한편으로 지나[支那, 중국] 북간도에[서] 일본[군의] 토벌의 화를 당하고, 간도에 있던 민족혁명단체들에서 무장대가 노령으로 이전하여 오게 되고, 또 한편으로는 이미 노령에서 일어난 고려인 의병대들도 각처에 수다하게 되며, 또 다른 편으로는 새로 노령에서 의병대가 일어났다. 이때에 노령원동에 정치상 형편은, 꼴차크의 잔당 까뻴니[리]와 운게른[이]며 쎄묘놉 등 반적[叛賊]들을 외바이깔[자바이칼]주에서 토멸[討滅]하고 완충국으로 원동공화국을 치따로 수부[首府]를 삼아 동으로 우수리강으로 국경을 난호아[나누어] 원동공화국 내에 주둔한 각 의병대들은 발서 공화국 정식군대로 편성됨에, 고려인의병대들도 각자분립(各自分立)한 무질서 상태에 두지 아니하고 한덩이[한덩어리]에 단합하게 하며, 연해주 지대에 있어서는 아직 백파들이 점령하고 있으니 일본 시비리출정군이 웅거하

---

138 Maximalist. 타협을 모르는 과격파. 흔히 일본 등 제국주의자들은 볼셰비키를 맥시멀리스트라 불렀다.

여 있는 형편에서 국민전쟁이 날로 예민하여 있는 중에 있었다.

이때에 고려인계에 공산주의자들도 많이 생겨나고, 러시아공산당과 국제공산당에서 동양피압박민족에게 대하야 주의적 선전과 혁명적 지도가 날로 높아가는 그 시기었다. 그래서 특히 고려인 의병대운동에 대하야 공산당에서는 지도와 선전을 힘있게 하야 군인에게 계급적 각성을 주고 군대통일에 주력하여서, 제4기에 와서는 고려의병대운동에 가관[可觀]할 바가 첫째로 통일문제오, 둘째로 국민전쟁 최후 전역[戰役]에 적극적[으로] 참가한 사실을 말할 것이다.

원동공화국 흑룡주의 고려의병대 통일

1920년 말~1921년 초에 원동공화국 흑룡주 자유시에 고려의병대들이 지나[支那] 북간도로서와 노령 연해도로서 와서[오고] 노령 사할린 등지에서 고려의병대들이 집중하게 되었다. 이와 같이 자유시에 집중된 군대들은 인민혁명군 제2군사령관 세르셉프(Сершев)의 명령 제222호(1920년 12월 25일자)로 인하여, 이미 자유시에 주재하던 자유시 고려인 보병특립대대에 직속시키었다가 1921년 3월에 원동공화국 총사령관의 명령 36호와 37호로 사할린특립의용대라 일홈을 짓고, 고려인의병대들을 모다 그에 직속시키라 함에 의하야 사할린특립의용대가 조직되었다가 1921년 6월 27일에 무장을 해제하고 해산시키고, 1921년 3월 초에 제삼국제공산당의 지도하에서 전[全]시비리 육군관구 서리 총사령관 비밀명령서 제1220호/또 683호에 의하야 제일고려혁명군정의회[가] 조직되어 노령에 있는 전반 고려인의병대들을 그 군정의회하에 연합하여 1923년 8월까지 있다가 해산되니 이것이 흑룡주에 주재한 고려인의병대 통일의 약사다. 이제 그 군대들의 자세한 성분을 밝히면 대개 아래와 같다.

사할린의용대 조직

사할린특립의용대는 1921년 2월부터 동 6월까지, 즉 4개월 동안 생존[하였으나] 아모 혁명적 공적을 기치지[끼치지] 못하고 민간에 약탈과 토색 등 폐해를 기치고 말경에는 반혁명적 행동으로 제일고려혁명군정의회[139]를 반대하야 폭동을 일으키다가 필경은 무장해제를 당하고 주모자들은 제5붉은군 야전재판을 받으며 기타는 도망하여 중령 등지에 가서 토비를 연락하여 있다가 말경에는 중령 밀산부를 토색하고 무장해제를 받았다.

(이 위에 기록한 것은 너무나 생략하고 간단한 기록이기 때문에) 독자들에게 분명한 해독(解讀)을 주지 못할 거라는 의문이 있음으로 이 아래에 다시 사할린의용대와 제일고려혁명군 사이에 충돌된 사실을 더 자세히 기록하려 한다.

처음에 원동공화국 총사령관의 명령에 의하야 사할린의용대를 조직하고 고려인의병대는 모다 그 군대에 직속시키었더니, 그 군대의 사업이 혁명적으로 투철치 못하였기 때문에 다시 시비리 군사관구 총사령관 명령과 원동공화국 총사령관의 명령으로 제일고려혁명군정의회를 조직하고 흑룡주에 주둔한 전부[전체] 고려인의병대를 모다 고려혁명군정의회의 명령 하에 집중하라 함에, 이미 사할린의용대에 편입되었던 군대 중 장교들과 군인 4~5백 명은 명령에 의하야 복종하고 고려혁명군에 편입되었으나, 니항으로[부터] 올라온 무정부주의적 경향을 가진 사할린의용대 기본대와 그로제꼽으에서 민란[民亂] 맞은 독립단군대며 다반 최니꼴라이군대 등은 명령에 불복하고 고려혁명군정의회를 반대하야 폭동을 일으키어 소위 고려인계에 자유시사변을 지어낸 것이다.[140]

---

139 원문에는 '(제일)고려혁명군 군정의회'로 되어 있으나 통일을 위해 이하에서는 '(제일)고려혁명군정의회'로 수정했다.

140 러시아어본에도 같은 내용이 서술되어 있다. "시비리군관구 총사령관 비밀명령서 제1220과

사할린특립의용대 성분과 인원

군대 일홈	무슨 주의적 군대	군대 두령 성명	인원수
1. 사할린군대	무정부주의적	박일리야	420
2. 다반군대	붉은의병대	최니꼴라이	165
3. 이만군대	붉은의병대	김표돌	110
4. 총군부군대	민족주의	최진동	445
5. 군정서군대	민족주의	리청천	300
6. 국민회군대	민족주의	홍범도	150
7. 독립단군대	민족주의	전응호	100
8. 국민회군대	민족주의	안무	80
합계			1770명

이 가운데 700여 명이 고려혁명군에 넘어왔다.

사할린특립의용대 중요인물

총사령관: 김인선[141](비당원 제정시대 장관), 둘째 번 박창은(당원), 셋째 번 그리고리옙으(비당원, 제정시대 장관)

군정위원장: 박일리야(비당원, 지금 당원)

사령부관: 최빠벨[142](무정부주의자, 지금 해군소대장)

대대장: 박그리고리,[143] 최니꼴라이, 전응호, 고창률

683호의 새로운 명령이 내려졌다. 특립사할린부대의 일부는 명령에 복종하여 조직 중인 고려혁명군의 대열에 합류했다. 부대의 다른 일부(니콜라옙스크 - 나 - 아무레로부터 왔으며, 이전 뜨랴삐찐 부대의 병사들이었던 빨찌산들이 이 일부를 구성)는 명령에 복종하기를 거부하고 고려혁명군에 대한 반대를 분명히 했다. 고려혁명군사령부는 그들을 무장해제하여 사할린빨찌산부대의 반혁명기도를 분쇄해야만 했다. 이 부대에서 72명이 5군혁명재판소의 법정으로 넘겨졌다. 사할린부대의 일부는 만주로 도망하였다가 1922년 말 밀산부를 강도적으로 침입한 후 무장해제되었다. 시비리군관구 명령으로 세워진 고려혁명군정의회는 1923년 8월 해산에 관한 명령이 내려질 때까지 존속하였다."

141 김민선(金敏先)의 오류.
142 한국식 이름은 최성학(崔成學)으로 최재형의 차남이다.
143 한국식 이름은 박기석(朴基錫)이다.

제1고려혁명군 조직성분과 인원

군대 일홈	무슨 성질의 군대	군대 두령	인원
1. 자유시보병특립대대	붉은의병대	리종호[144]	355
2. 이만군대	붉은의병대	김표돌	110
3. 합동민족연대(Тонготский)	붉은군대	최메포지	373
4. 외바이칼 기병대	붉은군대	깔란다라시빌리	564
5. 간도군대 일부(이전에 사할린의용대에 가입되었던)	민족적의병대		570
합계			1992명

위에 나열된 부대에 대하여 러시아어본은 다르게 묘사하였다. 3. "이르쿠츠크에서 온 국제연대", 4. "카서스 기병연대." 5. 간도군대의 "군대 두령"으로 홍범도, 최진동, 리청천을 명기하여 놓았다.

제1고려혁명군 편제도

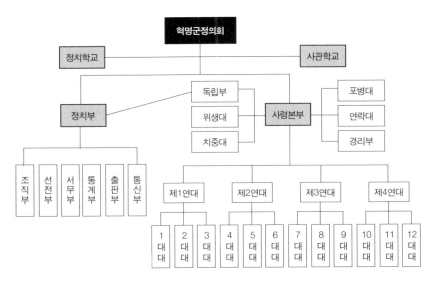

---

144 고려혁명군과 관련된 인물 가운데 리종호는 이제까지 전혀 알려지지 않은 인물이다. 거의 모든 문서에서 자유대의 지휘자로 오하묵을 기록하고 있는데 이해할 수 없는 점이다. 최호림 역시 그렇게 썼고 특히 고려혁명군 산하 사관학교 군정위원장으로 핵심적 위치에 있었던 인물이라서 추가적인 연구가 필요하다.

제1고려혁명군 중요인물

혁명군정의회의장 겸 총사령관: 깔란다라시빌리(Каландарашвили,
　　당원)[시베리아 빨찌산운동의 '할아버지' — 러시아어본]

혁명군정의회 의원: 오홀라(Охоло, 당원)[코민테른 대표], 최고려(당
　　원), 유동열(비당원)

의원겸 서리사령관: 오하묵(당원)

후보의원: 김하석(당원)

서기: 최성우(당원)

정치부장: 채동순[145](당원)

사관학교장: 리청천(비당원)

사관학교 군정위원장: 최호림(당원)

정치학교장: 채그리고리[146](당원)

사령부관: 유수현[147](비당원)

제1연대장: 전희세[148](당원)

제2연대장: 최메포지(비당원)

제3연대장: 황하일(비당원)

　흑룡주에[서의] 고려인의병대 통일이 당시 혁명사에 있어서는 어떠한
큰 영향을 주지 못하였으나, 장래 혁명사업에 정신상으로 각성을 고려
혁명자들[에]게 넣어 주었으며, 군사상 학식을 얻게 하였고 공산당원을
많이 산출하여서 지금 붉은군대에 복무하야 국방사업에 유수한 책임을
메인 고려인 장교들 중에 다수는 제일고려혁명군에 참가하였던 동지들

145　러시아어 이름은 채알렉산드르이다.
146　한국식 이름은 채성룡(蔡成龍)이다.
147　유수연(兪洙淵)의 오류이다.
148　전희세는 '전희서(田希瑞)'로 표기하기도 한다.

이며, 지금 원동변강에서 사회주의 건설사업에 열중하고 있는 고려인 중 늙은 당원은 거반이나 그때로부터 혁명사업에 생명을 희생하고 나선 동지들이다. 그러므로 이 동지들은 지금에 쎄쎄쎄엘[CCCP, USSR, 소련] 안에 사회주의 건설사업에만 성력을 다할 뿐만 아니라 장래 국제혁명 건설에 또다시 팔을 부르거두고[힘차게 걸어올리고] 나설 것이다.

연해주 고려의병대 통일과 최후 국민전쟁에 열성 참가: 총론

연해주에서 일어난 고려인의병대들이 1920년 9월에 지나[支那] 북간도에 일본군의 토벌이 난 뒤에 간도에서 일어난 민족주의적 고려의병대들이 노령으로 들어오게 됨을 따라 노령에서 일어난 의병대들과 뜨레찌 - 푸진[富錦]에 집중되어 처음 연해주 고려의병대 통일문제가 생기었다.

1921년 5월경에 붉은의병대 한창걸군대와 민족주의적 의병대 혈성단군대와 민족주의적 의병대 신민단군대와의 통일문제가 생기어 통일하고 군대 일홈을 연해주고려인통일의병대라 하였다.[149]

처음에 이상 군대가 통일될 때에 다만 군대통일이 중심이 된 것이 아니라, 그때 연해주에 고려인을 통어[統御]하는 혁명단체를 조직하려는 것이 목적이었다. 그래서 이상에 말한 바 여러 군대의 대표와 또는 평민계의 대표로써 마치 정부기관 비슷하게 단체를 형성하니 일홈은 "한인사회당"[150](이 사회당은 주의적으로 완전한 사회당이 아니라 어떠한 정책으로 가면 쓴 사회당이었다)[151]이라 하고 임원을 선정하였다.

---

149 이에 앞서 1920년 11월 한창걸군대와 북간도 훈춘에서 이동해 온 신민단군대가 합동해 '고려노농군회', 즉 '제1수청의병대'가 조직되었다. 이 제1수청의병대가 이후 추풍에서 이동해 온 강국모의 혈성단군대와 통합해 새로운 '제2수청의병대'를 조직했다. 이 제2수청의병대가 최호림이 1921년 5월경에 한창걸군대, 신민단군대, 혈성단군대가 통합해 조직했다고 한 '연해주고려인통일의병대'에 해당하는 군대이다.

150 '한인사회당'의 정식 명칭은 '한인사회당 연해주총회'(또는 '연해주 한인총회')이다.

151 러시아어본에는 "이 당에는 본질에 있어서 사회주의자는 매우 적었다. 부르주아적 민족주의자들이 자신들의 목적을 위하여 사회당의 명칭을 이용하고자 했다"라고 보다 구체적으로 서

한인사회당 집행부 간부

회장	강국모(민족주의자오 필경 반혁명자)
부회장	김종화
민사부장	강석붕(강백우)
군무부장	김경천
외교부장	한창걸
교육부장	박경철
재무부장	한일제

군무부 산하 군대 간부

총사령관	김경천
사령부관	김용준
중대장	신용걸, 리학운, 허용하

한인사회당 및 군대 편제도

술하고 있다.

이때에 사업성으로 공적이 될 일은 속성사관양성을 하기 위하야 학도대를 조직하고 사령관 김경천이 친히 4개월 동안 교육한 일이 있다. 이 사관양성소에서 4개월 동안 군사학 교육시일은 적었으나 군사학에 대한 보통 상식을 하등[何等, 얼마만큼] 군인들에 주어서, 이 속성과를 필업한 학생으로서 국민전쟁 최후까지 의병대 대대, 중·소대의 지휘자 노릇을 하였다.

그러나 이곳에 임시로 통일된 군대가 이면으로는 통일이 되었으나 내용으로서는 혁명의 목적이 빛(이)다르고[색다르고] 의병운동의 취지가 서로 다른 붉은의병대와 민족주의적으로 단지 대한독립만 표방한 군대들 사이에 장구한 통일을 다 같은 세력 범위 안에서 도저히 기대릴 수 없는 것이 사실이 되야, 1921년 9월경에는 이 통일이 파열되어서 한창걸군대가 따로 올니가로 가고, 강국모는 근친한 동지 얼마로 더불어 추풍으로 나오고, 김경천은 군대 전부를 영솔하고 아누친[Анучино]으로 행군하니, 뜨레찌 - 푸진에서 통일이 되었던 고려의병대는 다시 파열이 되야 분리되었다.

한창걸군대는 다시 확장되어 올니가, 수주허[蘇子河], 아누치나 방면에서 돌아다니며 백파들과 누차 투쟁하다가 1922년 10월에 와서는 이와놉까 최후전쟁에까지 참전하야 대승리를 하였으며 원동에 의회주권을 부식하고 고려혁명군정의회[의] 군대 해산명령에 의하야 수청 신영동에서 군대를 해산하고 그 뒤로는 당사업과 쏘베트 사업에 종사하였다.

사령관 김경천은 자기가 영솔한 2개 중대를 1921년 10월경으로부터 1922년 5월경까지 러시아 의병대와 함께 수청으로부터 아누치노 야꼽울렙까, 까르똔[Картон], 놀리허, 이만 등지를 다니며 계속하야 백파와 전쟁을 하다가 다시 수청에 돌아가서 안재[安在]하였다.

강국모는 다시 추풍 다부허에 와서 동지자 얼마를 영솔하고 혈성단 군대를 부활하여 가지고 있으며[있으면서] 공산주의군과 주의적 투쟁을 하다가 필경은 1922년 8월경에 반혁명군대로 간주하야 무장을 해제하고 군인을 해산시키고 강국모는 고려혁명군 영창에 수금[囚禁]하였더니, 1922년 9월경에 탈옥하야 중령으로 도주하였다.

올니가 전쟁 고려의병대 참전기

1921년 9월경에 김경천이 영솔하였던 제2중대가 올니가에 가서 수비하게 되었다. 그때 올니가에 주둔한 러시아 의병대는 오브체렌코(Овчеренко) 동무가 영솔한 기병 1개 대대와 신용걸 동무가 영솔한 고려인 보병 1개 중대 78명이 올니가(Ольга) 도시를 수비하는 중인데, 1921년 10월 15일에 해삼위의 백파 800여 군[병력]이 올니가에 있는 의병대 토벌을 와서 운송선 3척에 군인을 싣고 와서 항구에 하륙시키었다.

10월 14일 밤[러시아어본에는 10월 15일 밤]에 하륙한 백파들은 항구 서편 고지에 산병선[散兵線]을 전개하고 미효전[未曉戰][152]을 개시하야 올니가로 습격하여 들어오니 무의에[불의에] 화단[禍端]을 만난 의병대들은 졸지에 별취군[別聚軍]을 불러 전투명령을 반포하고 산개하야 항전하나 본시 약한 힘에 준비 없던 중에서 만난 적의 습격을 대항치 못하고 퇴각하야 올니가시 동부 8km 거리 되는 자라피몹까(Зарофимовка)라는 농촌에 가서 산병취군[散兵聚軍]을 하여 보니 중대장 신용걸 동무와 소대장 김식 동무는 전사되었다.[153]

익일 16일에 다시 러시아의병대 응원병과 고려의병대는 다시 전선을 가다듬고 올니가시 점령을 도모하야 습격을 시작하되, 고려중대는

---

152 동이 트기 전에 벌이는 전투. 러시아어본에는 "여명이 밝아오자 백군은 공격을 시작했다"라고 풀어서 써놓았다.

153 러시아어본은 이 부분을 다음과 같이 써놓았다. "퇴각 당시 중대장 신용걸과 소대장 림한준이 전사하였다. 신용걸은 포위당하였으나 포로가 되는 걸 원치 않아 스스로 목숨을 끊었다."

림한준 동무가 지휘하야 중앙으로, 우익에 러시아 의병대, 좌익에는 민병대로 전군이 합 500여 명의 힘으로 수 시[시간] 동안을 격전하야 백파를 구축하고 올니가시를 다시 점령하고 전쟁 소제를 하니 우군측으로 고려인 21명, 러시아인 4명 합 25명이 살상되고 적군측으로 96명이 살상되고 127명이 부상되었다.

올니가전쟁을 득승[得勝]한 까닭은 고려의병대에서 악전고투한 까닭이다. 만일 15일, 즉 첫날 전쟁에도 러시아의병대가 고려의병대처럼 악전[惡戰]하였더[라]면 올니가시를 백파가 그다지 용이하게 점령치 못하였을 것이다.

익일 16일 전쟁시도 고려의병대가 용감하게 전쟁한 것은 그때 올니가시 전부가 고려의병대의 전공을 앙축[仰祝]한 바요, 전사한 동무들을 올니가시 공원에 장사하니,

1. 중대장	신용걸(33세)	
2. 소대장	김식(31세)	
3. 분대장[154]	김병식(30세)	
4. 중대 서기	채미하일(45세)	
5. 고려문 서기	정운(25세)	
6. 군인	김양호(40세)	
7. 군인	리봉춘(24세)	
8. 군인	김금룡(22세)	
9. 군인	김수운(24세)	
10. 군인	김계립(25세)	
11. 군인	김상락(29세)	

---

154 러시아어본에는 "군정위원"으로 되어 있다.

기타는 14명 성명 불명. 총 25명[155]

김경천군대의 이만전쟁기 대개(大概)

김경천 동무는 1개 중대를 영솔하여 가지고 러시아군대와 함께 수청 신영동으로부터(1921년 10월로부터) 아누치나와 야꼽울렙까를 지나 1921년 12월 15일에 깔리닌 구역 깔똔(Картон)이라는 촌에 도착하야, 김경천 동무는 자기가 영솔한 군인 30여 명과 함께 깔똔서 즉일 떠나 놀리허에 가서 주재하고 제1대대는 대대장 셉첸코(Шевченко) 동무가 영솔하고 우수리로 향하고 깔똔촌에는 제2대[대대장은 빨찐(Пальцын)] 사령부가 주둔하였다.

동 15일 아츰에 백파가 깔똔촌을 포위하고 기병대를 습격하니 의병대 총사령관 레우쉰(Леушин)은 도망을 치고 제2대대장 빨찐은 백파에 항참[항복](빨찐은 본시 백파 연대장으로 오래 복무하던 자로서 발서 깔똔촌에 오기 전부터 백파와 비밀히 연락을 맺었던 자)하니 붉은의병대 제2대대는 불성모양[不成貌樣]으로 더러는 항참하고 더러는 탈주하고 더러는 전사되고, 남아지 십월적 정신이 투철한 군인으로 보병 60여 명과 기병 40여 명이 기관총 4문을 끌고 김경천군대 주재지 놀리허로 야간에 도착하였다.

그곳서 다시 김경천 동무가 고려군인 30여 명을 더 모집하야 석 달 동안에 산림 속으로 방황하며 장거리 행군하야 온 군인을 한 10여 일 동안 쉬여 가지고 다시 적군이 점령한 이만시를 습격할 작전 계획을 꾸밀 새 김경천은 사령관이 되고 뽈랴꼽으[Поляков]가 사령부관이 되니, 무선전신 기사(성명 부지[不知])[가] 군정위원장이 되고, 기병대장에 깔벤꼬[Калвенко], 기관총대장에 뻭쩨롭[Бекцеров]이 되어 1922년 1월 5

---

155 십월혁명십주년원동대긔념준비위원회 엮음, 『십월혁명십주년과 쏘베트고려민족』(1927, 53~ 54쪽)에는 신봉재, 김낙현이 추가되어 있고, 김양호가 빠져 있다. 박청림, 마기택 등의 회상에 서도 차이를 보이고 있다(제3부 제1장 '러시아지역 항일무장투쟁의 역사' 각주 151 참조).

일 밤에 이만시를 향하야 행군하여 이만시 동남편으로 산개선[散開線]을 벌려 가지고 야습하야 이만시를 들어오는데, 때는 이미 야반이오, 달은 서천에 멀리 떠서 뜰 앞에 쌓인 눈은 자귀[발자국]마다 소리를 내어 적군의 깊이 든 잠을 흔들어 깨우는 듯 가옥인가에 달을 등지어 어슬푸리[어슴푸레] 지은 그늘은 의병대 습격선에 엄폐물이 되었다.[156] 개[울]를 건너 이만시가에 들어서니, 적병의 사격이 발서 개시되야 김경천 사령관의 좌측에 섰던 사령부관 뽈랴꼽우 동무는 적환이 적중되어 길 위에 몸을 누이니 상처로[부터] 뿜는 피가 헤음없이 쏟아져서 쌓인 눈 흰 언덕을 붉은십월로 세례를 준다. 부관을 잃은 사령관은 분기를 참지 못하야 더 군세게 "앞으로"를 구령 주어 맹렬한 습격을 하니 한시[간] 동안에 발서 적병은 퇴각을 도모한다. 이때에 더욱 사격을 연속하니 적병들은 정거장에서 퇴각하야 이만 교외로 도망을 쳤다. 의병대는 급속히 정거장을 점령하고 우편국과 적군[敵軍] 사령부가 주재하였던 곳을 수색하고 전쟁 소제를 즉시로 필하고 전쟁 성기를 하니 우군 측으로 살상이 12명이오 적군측으로 살상이 40여 명이더라.

때는 발서 이미 오래 새날이 밝으려고 먼동이 희연하게[157] 터 와 먼 산이 보일락 말락 하는데, 난데없던 기관차가 우수리편으로[부터] 달려오더니 이만 남편 고지에 정거하고 군대를 풀어낸다는 초병의 급보가 있다. 이 군대는 우수리에 주재하였던 백파가 이만으로 응원병을 보낸 것이다. 수천 군[병력]의 습격 중에서 적은 힘으로 대항을 설계치 아니하고 미명[未明]에 이만시 동편으로 퇴각하여 나오니, 영구[永久]하게 이만시를 점령하고 주재치 못하였으나 전일[前日] 초전[初戰]에 대승리한

---

156 러시아어본에는 "관목숲의 그늘이 공격하는 빨찌산들에게 위폐물이 되어 주었다"라고 되어 있다.
157 '희번하다'의 함경도, 중국 길림성 방언. '희번하다'는 '동이 트며 허연 빛살이 약간 비쳐서 조금 훤하다'라는 뜻이다.

것은 연해주 의병운동전쟁에 드물[었]던 사실이었다.

김경천 동무는 이 이만전쟁 후에 다시 아누치나에 와서 뽀시예트 - 훈춘 군사구역 고려인의병대 총사령관의 임무를 1922년 6월 5일에 연해주의병대 혁명군사의회에서 받아가지고 취임하였다가 한 달 후에 해직되어 수청 다우지미에 돌아가 꼴호즈 사업에 종사하였다.

고려혁명군 편성과 연해주 고려혁명군정의회[158] 조직

뜨레찌 - 푸진에서 임시로 고려인의병대가 통일되었던 것이 파열되야 분리된 뒤에 러시아공산당(다수파) 연해주 주간부 내에 고려부가 1922년 8월경에 조직이 된 후 고려부의 주최로 연해주에 산재한 고려의병대 통일문제를 러시아인 연해주의병대 혁명군사쏘베트에 제출하야 토의한 결과에, 연해주에 주재한 고려의병대 통일을 하기 위하야 러시아공산당 주간부 대표와 러시아연해주의병대 군사쏘베트 대표와 각 고려의병대 대표로 연해주 고려인의병대 혁명군정의회를 조직하고 그 의회의 지휘 하에 고려인의병대를 통일 지휘케 하니 이것이 곧 고려혁명군 조직의 첫날이다(1922년 9월 5일에 아누치노에서).[159]

연해주 고려인의병대 혁명군정의회 임원

어느 기관의 대표로	책임	성명
1. 공산주의군대 대표로	총사령관	김규식
2. 연해주 당간부 대표로	군정위원장	최호림
3. 주 당간부내 고려부 대표로	사령관대리	안동백
4. 러시아연해주의병 혁명군정의회 대표로	의원	쓰딴꼽으[스딴코프]
5. 고려인의병대 대표로	의원	한창걸

비고: ДВК Партархив единый партийк Фонд 5 дело N.1.

---

158 원문에는 '고려인혁명군정위원회'로 되어 있으나 '고려혁명군정의회'로 통일했다.
159 러시아어본에는 "고려혁명군정의회 조직은 1922년 10월 5일에 성립되었다"라고 하여 한글본과 한 달 차이가 난다.

혁명군정의회가 조직된 뒤에 연해주에 주재한 고려혁명군을 다시 편재하야 2개 본대와 3개 지대를 두니, 제1본대는 뽀시에트 - 훈춘 군사구역에 두어 그 지방을 수비케 하고 총사령부를 겸하야 해[該]지방에 위치케 하고, 제2본대는 아누친 군사구역에 두어 제3지대 강알렉세이 군대까지 직속시켜 그 지방을 수비케 하며, 제1지대는 뽀시에트 - 훈춘 남부를 수비케 하고 본영을 얼두거우에 위치케 하며, 제2지대는 쉬꼬또보[Шкотово] 군사구역을 수비케 하며 본영을 쉬꼬또보에 위치케 하니 전군이 모다 2개 본대 3개 지대를 합치니 인원이 전부 1,542명이었다.

김규식군대	제1본대	677명
한창걸군대	제2본대	510명
림병극군대	제1지대	200명
김정하군대	제2지대	120명
강알렉세이군대	제3지대	35명

총 1,542명

고려혁명군 전쟁기

1922년 10월에 연해주에서 백파 잔당을 마즈막으로 몰아내는 최후 전쟁에 고려혁명군으로 참전한 사실은 제1본대는 김규식 사령하에서 뽈따웁까 군사구역에 주재한 오브체렌코(Овчеренко) 기병대와 합세하여 송왕령 전선에 출전하야 송왕령을 붉은 군대가 점령할 때에 서부전선을 지키었다. 제2본대는 한창걸 사령관하에서 이와놉까[Ивановка] 전선에 출전하야 적군을 대파하고 이와놉까를 점령하였으며, 제1지대는 림병극 사령하에서 붉은군대와 합세하에서 백파를 추격하야 뽀시에트까지 나가 적을 대파하고 연추령[煙秋營, 延秋營, 노보-키엡스크(Ново-Киегск, 현재의 크라스키노(Крслино)]을 점령하였다.

이와 같이 최후까지 고려혁명군은 국민전쟁에 참가하야 악전고투를 하고 의회주권을 원동에 세우니, 국민전쟁이 러시아사회주의의회연방공화국[CCCP, USSR, 소련] 내에서 근필[160]이 되고 프로레타리아트의 특권잡은 사회주의국가가 기지를 튼튼히 잡고 전쟁에[으로] 파산당하였던 경제를 회복하는 길에 들어서게 되었다.

고려혁명군대 해산

1922년 11월 초에 원동총사령관 우보레비치(Уборевич) 동무의 의병대 해산명령 제ㅇ호에 의하야 고려혁명군정의회 작전 명령 제2호, 제3호(1922년 11월 10일~11월 25일)로 연해주 고려혁명군대에 해산령을 반포하고 각 대를 해산할 때에 전[前]총사령관 김규식은 본시 고려독립만 주창하는 민족혁명자로 고려독립을 하기 전에 노령[에]서 무장해제하는 것을 불복하고 1922년 11월 17일 밤에 중시베창에 주재하였던 군대, 다시 말하면 자기가 중령으로부터 노령에 넘어올 때에 영솔하고 온 군인과 기타 민족주의적 정신을 가진 군인 250명을 영솔하고 무기를 휴대한 채 중령으로 도망하였다.

비고: Телеграфное Приказание Р.В.С. 5 Армией 13/XI 22 г.
Р.В.Совету Кор. Рев. Войск (Корпартотрядов Принморья) о Расформиривании Корпартотрядов Прморья.
1.ДВК Партархив Фонд 23, Опись 95, Лист 25.
2.ДВК Партархив Фонд N 5, Дело N 1 по Приказу от Реввоенсовета Партотрядов Сентября 1922 г. о Создании Р.В.С. Корпартотрядов
3.ДВК Партархив Фонд 5, Дело 9, Лист 161, 164. о Расформиривании Корпартотрядов Прморья по Приказу от Корреввоенсовета Партотрядов Приморья.

---

160 종결(終結).

제3편 원동변강 국민전쟁 당시와 이후에 있어서 고려인계에서의 공산당과 쏘베트 건설사업 총론

고려인계 공산주의운동이 시작되기는 국민전쟁 당시에 비롯하여서 차점[차츰][161] 발전을 가지었다. 그런 까닭에 원동변강 고려인계에 당사업을 두 시기로 갈라볼 수 있으니, 제1기는 국민전쟁 시기의 사업이오, 제2기는 평화건설 시기의 사업이다.

제1장 국민전쟁 당시 원강 변강 고려인계의 공산당과 쏘베트 건설사업

제1절 고려인 사회주의자동맹 조직과 해산

십월혁명이 러시아에서 성공한 뒤에 노령 각처에 고려 부르주아 민족주의 혁명자들이 방황하였다. 이때에는 러시아뿐만 아니라 전 세계가 혁명적 사조에 높이 파도를 짓는 때다. 그래서 고려혁명자들도 이

---

161 어떤 사물의 상태나 정도가 시간의 흐름에 따라 일정한 방향으로 조금씩 변화하는 모양. '차츰'보다 여린 느낌을 준다.

파도에 충동되지 아니치 못하여 고려 민족혁명자들이 정치의 따리[방향, 키]를 졸변[猝變, 돌변]하야 하바롭스크에서 1918년 4월경에 고려인 사회주의자동맹(Соц.[Социалистический] Союз Кореицев)[162]을 조직하니, 이는 고려인 여자로 러시아사회민주노동당(다수파)의 당원인 김알렉싼들아 스딴케비치(Станкевич)의 지도 하에서 조직되었다. 그때에 고려인사회주의자동맹에 참가한 사람들은 아래와 같다.

> 김알렉싼들아(Член РСДРП(б),[163] 1918년 11월에 피살됨[164])
>
> 리동휘(지금 비당원, 오랜 고려민족혁명자/상해정부 국무총리)
>
> 리한영(1920년에 병사되었음, 민족혁명자)
>
> 김립(열광적 민족주의자, 상해정부 법무차장,[165] 1921년 상해에서 암
> 살당함)
>
> 박애(당시 책임일군이더니 지금은 가면[假面]공산주의자요 반혁명자)
>
> 김종(교원, 민족혁명자)
>
> 유쓰뗴반(제정시대 장관[장교], 지금 비당원, 고려사범학교 부교장)
>
> 오성묵(1920년 당원, 지금은 원동변강 출판부 고려부 책임자)
>
> 리한신(비당원, 교원)
>
> 리광(1927년 당원)
>
> 주건(비당원, 교원)

---

162 '고려인(한인)사회주의자동맹'은 러시아어 표기를 한국어로 그대로 번역한 것이다. 1918년 4월 28일(러시아력) 한인사회당 창립 회의 당시 조직자들은 조직의 수준에 관한 이론적 문제와 관계없이 당시 한국식으로 '한인사회당' 명칭을 채택했다. 따라서 최초의 한인사회주의 정당으로 만든 조직의 명칭이 한국어로 '한인사회주의자동맹'이었다면, 이는 이러한 맥락을 전혀 이해하지 못한 데서 비롯된 오류라 할 것이다. 최호림은 한인사회당의 역사성을 비판하기 위해 의도적으로 '한인사회당'이라는 명칭을 쓰지 않은 것으로 짐작된다.
163 러시아사회민주노동당(다수파) 당원.
164 김알렉산드라가 하바롭스크에서 칼미코프 백위파에게 처형된 것은 1918년 9월 16일이다.
165 김립은 1919년 11월부터 1920년 9월까지 상해임시정부 국무원비서장을 지냈다.

림호(1920년 당원, 교원)

리인섭(1919년 당원)

강채정(비당원, 교원)

유동열(비당원 민족주의자, 일본정탐 혐의로 만주서 암살당한 자[166])

오하묵(1920년 당원)

오와실리(희랍교 신부, 비당원, 교원)

박진순(비당원, 고려의 부르주아 개량파인 천도교 봉대자)

　그때 고려인사회주의자동맹에 참가한 성분을 본다면, 노동계급의 인식으로 무산혁명을 근본 삼고 일어난 사회당이 아니라, 민족혁명을 주장 삼는 토대 위에서 어떠한 물리적[물질적] 급 정신적 완조[원조]를 사회주의러시아에서 얻으려는 정치수단으로 하메레온(хамелеон, chameleon)의 탈을 쓴 '고려인사회주의자동맹'이었다. 그때 '고려인사회주의자동맹' 회원[이] 되었던 동지들이 지금까지 우리 공산당원이 되지 않은 것이라던가, 혹시 공산당원이 되었을지라도 그때 이력을 가지지 아니하고 1920년이나 또 그 뒤 해의 이력을 가지고 당원[이]된 것이다. 당원증으로서도[당원 중에서도] 비당적이오, 또 반혁명적 행동을 하는 것이나, 또 사회상 신분이 당원[이] 되지 못할 자로서 회원[이] 된 것 등으로써 족히 그때 한인사회당을 완전히 고려인계의 공산주의운동에 비주[鼻祖]로 삼지 못할 것이다.[167]

　이 '고려인사회주의자동맹'은 1918년 11월경에 까사크 아따만 갈미코프의 반란이 일어나 하바롭스크가 백파 수중에 들어갈 때에 지도자 스딴케비치(Станкевич)는 백파에게 피살되고 기타 동지들은 사방으로

166　유동열이 일본 정탐으로 만주에서 암살당했다는 것은 오류이다.

167　국제주의적 공산주의자를 자임했던 최호림은 한인사회당을 한인 공산주의(사회주의) 운동의 효시로 인정하지 않는다는 입장이다.

도타[逃躱]하니[168] '고려인사회주의자동맹'은 해산되고 말았다.

제2절 해삼위의 한인사회당 조직

1919년 12월 15일에 해삼 신한촌에서 김진, 장도정, 박창은, 전희세, 최구여, 전일 등 동지들이 한인사회당이라 일홈하고 약법을 정하야 한 3개월 동안이나 경고문을 출판하야 일본군대에 뿌리거나 고려의병대를 연락하는 등 사업을 하다가, 1920년 4월 일본군 정변을 만나 동지 10여 명은 만저 하마탕에 주재한 최호림군대에 보내고 추후[追後]하야 김진, 장도정 두 동지는 중령을 경유하야 도보로 흑하시에 도착하여 만저 최호림군대를 경유하여 흑하에 도착한 동지들과 뒤에 동행된 여러 동지들로 하야금 흑하에 있는 러시아공산당(다수파)주[州]간부 내에 고려부를 두고 사업하며 "신세계"라는 신문까지 출판하니 이것이 곳 원동에 있어서 고려인계에 공산주의운동선에서 처음 열매가 맺힌 당 기관이었다.

제3절 흑룡주 고려인계의 당 쏘베트 건설 사업

흑룡주에 있어서 당 사업은 주[州]간부 내 있는 고려부에서 총지도하였으나, 본시 흑룡주에 고려인[이] 희소하게 있음으로 평민계에 대한 당사업에 주력[하]지 아니하고, 군대들이 그곳에 집중되어 있었던 것만치 군대 안에 당사업을 주력적으로 하여 왔다. 그러나 그때에 있어서 지도층으로서도 가조[假造]된[169] 당원들이오, 경험과 정치지식이 박약

---

168 도망하여 몸을 감춤.
169 임시로 만든.

한 것만치 지도가 투철치 못하였고 당적 영향이 원만한 보급을 주지 못하였다. 자유시에 주재한 고려인보병특립대대 안에 1920년 10월부터 공산당 야체이까가 조직되어 군인 90여 명을 망라하였으니, 이것이 그때에 있어서 다대수[大多數][170]의 장성을 가진 당 단체였었다. 이 야체이까는 인민혁명군 제1군 정치부에 직접 직할된 당 단체였다.

1921년에 와서는 제1고려혁명군이 편성된 뒤에는 고려혁명군 정치부에 직접 소속된 공산당 야체이까로서 3개 연대에 20여 개의 야체이까가 조직되었으며 300여 명 당원이 망라되었다. 이 군대 내에서 정치강연, 담화, 기타 정치문화 사업을 열성스러이[열성스럽게] 한 결과에, 당원들이 정치지식과 사업상 경험을 비교적 많이 얻게 되었고 그 뒤에 당학교를 설립하고 정치일군들을 양성하였기 때문에 고려인 사이에 당사업하는 기본일군을 많이 양성하였다. 그런 까닭에 지금[에] 와서도 고려인 사이에 늙은 당원은 거반이나 의병대 출신 당원이오, 그때로부터 자라난 당원들이다.

제4절 국민전쟁 당시에 있어서 연해주 고려인계에 당과 쏘베트 사업

연해주는 특히 최후까지 국민전쟁이 계속되었던 곳이므로 당사업이 비밀리에 잠기어서 의병대들과 같이 일정한 자리없이 편의하에 전의[轉移]하여 다니는 형편에 있어서 당사업이 대대적 활보[闊步]로 발전되지 못한 것은 우리가 지금 공인하는 바다. 더군다나 고려인계에 있어서는 특히 당원 기본일군들이 희소하여서 더욱 발전치 못한 형편에 있었다.

---

170 대단히 많은 수.

그러나 한창걸군대에는 당야체이까가 1920년에 조직되어 있었다. 당원 수효도 많지 못하거니와 정치지식이 거의 박약한 중에 경험도 겸하야 없는 단체로 사업상으로는 일홈만 가진 당야체이까였다.

추풍 솔밭관에 "고려공산당" 연해주간부가 1920년 7월 5일에 조직되어 "공산주의군"대 안에는 정치부를 조직하고 야체이까를 두었으며, 선전사업은 1920년 10월부터 "군성"이라는 신문을 113호까지 출판하고 "한살림", "공산주의문답" 등 잡지를 발간하고 "당강령", "군가" 등 소책자를 등사판에 발간하며 사업하였다. 그러나 이도 또한 넓은 지방에 전파되지 못하[고] 추풍지방을 국한되었었다. 그리고 이 고려공산당은 러시아공산당과 밀접한 연락이 없었던 것만도 사실이었다.

1920년 말에 뜨레찌 - 푸진에서 연해주 고려의병대가 임시로 연합되었을 때에 러시아 중앙으로[부터] 나온 러시아공산당원 손풍익 동무가 그곳서 당사업을 시작하였으나 불행히 세상을 떠났음으로 사업의 발전을 주지 못하였다.

1922년 6월에 러시아공산당 원동총국(Дальбюро ЦК ВКП(б))으로부터 20여 명 공산당원들이 원동변강에 파견받아 와서 흑하, 하바롭스크, 연해주 각처에 흩어 앉아 각 주간부당기관에 고려부를 설치하고 사업에 착수하니, 이것이 곧 원동변강 내에 있어서 고려인계에 공식으로 당사업 문이 열려진 것이었다.

그때에 러시아공산당 원동총국으로부터 당사업 일군으로 원동에 파견받어 나온 동지들과 그들의 사업적 책임은 아래와 같다.

1922년 7월 8일에 하바롭스크 주간부 안에 소수민족부를 설치하니, 그때 책임자들은 오성묵, 리백초, 리남두, 유영숙 등 동무오, 흑하시에는 최영훈 동무로 고려부장을 임명하야 1922년 1월부터 있었으며, 그뒤에는 연해주 간부에는 1922년 7월 21일에 주간부 내에 고려부를 조직하고 부장에 리영선, 지도원 박동희 두 동무가 있었고, 선전원으로 김덕영, 차도운, 선전사업으로는 "붉은긔"라는 중앙간부 기관보를 고려어로 출판하였는데, 책임주필에 최호림, 서무원 정일계 두 동무로 하고, 조직사업은 연해주 각처에 노농회 조직을 힘써 하였다. 1922년 8월 31일에 러시아공산당 연해주간부 결정으로 연해주고려공산당이라 명칭하던 솔밭관공산당을 러시아공산당(다수파) 뽀시에트 - 훈춘 구역간부로 곤치고[고치고] 그의 책임비서로 최호림 동무를 임명하였다. 뽀시에트 - 훈춘 구역간부 임원은 책임비서 최호림, 조직과장 최찬식, 통계과장 최성삼이었고, 그때에 뽀시에트 - 훈춘 구역에 속한 당단체는 야체이까가 17개소, 정당원 120명, 후보당원 322명, 동정자 700명이었다.

비고: ДВК Единый Партархив Фонд 5, Дело N 5, Страниц 34~52. Протокол Заседания Примгуббюра ВКП(б) и Доклад Цой Хорима о Положение Посьет-Хунчунский Раикома

절름발이 수청구역*

절름발이 수청구역(1)

다 아는 바와 같이 수청구역은 원동에 유명한 빨치산 기초지대오, 혁명적 구역이라고 간주하여 왔었기 때문에 만반 사업이 모다 다른 구역보다도 퍽 앞서 오리라고 추측하여 오던 바[이]더니 이번 곡물수매사업으로 나가서 나의 눈으로 목도하여 보니 믿던 바와는 아조 다르고 생각하던 것과는 퍽이나 틀려짐[틀어짐]을 보고 이에 그 사실을 쓰려 합니다.

농촌쏘베트사업

농촌쏘베트사업을 말하기 전에 만저 쏘베트 조직의 원측[원칙]부터 들어 말하여 봅시다. 물론 쏘베트 조직은 행정·사업상에 편리와 기능을 줄 만큼 한 일정한 지대 위에 세우는 것이 우리 다수파의 의회 조직 원측이건마는 수청구역의 고려인농촌쏘베트 조직을 본다면, 이 원측과는 아조 달라서 지대야 어찌 되었던지 민족적 표준으로 쏘베트를 조직하야 어떤 고려인농촌쏘베트는 동서가 70리오, 남북이 30리 되는 곳도 있습니다. (베료숩까 쏘베트)(다허양 쏘베트) 같은 곳.

고려[인]농촌쏘베트가 지대로는 이와 같이 널리 지방을 차지하게 되는 동시에 로시야농촌쏘베트가 3, 4개소 5, 6개소를 포함하게 되었습니다. 이것은 무토지[無土地]한 고려농민군중이 로시야 농민에게서 화리[禾利, 花利][1]로서나, 혹은 소작농을 하여 먹고 사는 고로 사방에 두루 널려 사는 고려주민을 망라하야 고려인농촌쏘베트를 조직한 까닭이다.

이러하다면 행정상으로나 사회공공사업상으로 편리와 신속과 효력[이] 있겠다고 생각할 수 없는 것이 사실이겠고, 또한 실지적[實地的]으로 사업하는 것을 볼 때에 의상[異常]한 감상이 일어나는 것은 로시야농

---

1   논이나 밭의 경작권을 주고받는 소작료.

촌에서 발서 구역집행부에 어떠한 지령을 받아 가지고 실행에 착수하는데, 고려농촌 어떠한 소촌락에서는 꿈도 꾸지 않은 일이 한두 번이 아님을 보았습니다. 이와 같은 경우에는 마치 고려인농민들은 딴 나라 백성과 같이 보여집니다.

그리고 고려사람 쏘베트 안에는 소촌락이 여슷[여섯] 부락으로부터 열세 부락까지 있으니, 이와 같이 흩어져 있는 촌락에 행정상으로는 무슨 편리와 신속이 있으며 사업상으로는 무슨 완전한 효과를 얻으리라고 생각하겠습니까?

이와 같이 된 형편이 금년에 처음으로 된 것이 아니라, 의회주권화가 원동변강에 시작되면서 오늘날까지 늘 이와 같은 형편에서 일하야 온 것인데, 그 구역 상급기관에서 이 일에 대하야 옳게 못된 것을 생각하야 보았는가? 생각하야 보았다면 개량할 생각을 품었던가?

로시야 일군들은 형편을 잘 알지 못한다는 데로 평계를 삼을 성하고[성싶고] 고려인으로 그 상급기관에 들어가 일하는 동무들은 이 형편을 잘 알면서 잘못을 고치고 옳게 일을 만들려는 뇌를 써 본 일이 있었는가? 나는 보는 바에 이편저편으로 도모지[도무지] 없었다고 간파합니다.

그리고 공사문부정리[公事文簿整理]와 사무집행은 구역집행위원회로부터 로시야말로써 하기 때문에 고려농촌의회도 따라서 로시야말로써 사무집행을 하게 됨을 의지하야 기어히[기어이, 기어코] 로시야말을 아는 고려인으로 그 쏘베트 임원을 내게 되는 까닭에 어떤 쏘베트에서는 발서 석 달 채 공문에 대한 처리를 하지 못하고 있는 곳도 있었습니다 (투두거우 쏘베트). 이는 로문 아는 사람이 없기 때문에 그랬다고 합니다. 그리고 로문 아는 사람을 요행 고빙하야 비서로 정하면 구역쏘베트에서 주는 월급 한 30여 원 되는 것으로는 타지방에 와서 살아가기 유족치 못함으로 한 두어 달 사무하다가도 그만 사면하게 되면 그 쏘베트 사업이 또한 여전히 거름을 멈추고 있게 됩니다. 혹시 이러한 난관을 면하기 위하야 그 지방 인민들[에]게 부과 부담을 시켜 한 50여 원 식[씩] 비서의 월급을 지불하게 하는 일이 고려촌쏘베트에서 90%는 점 령하니 이것이 농촌 재정정책에 위반이 아닐까? 이로 말미암아 고려사 람들은 무슨 상급기관의 결정과 지령을 철저히 알지 못하고 또 자기들 의 역할을 똑똑하게 깨닫지 못하는 데로서 사업에 열성이 없고 동작에 현황[眩慌, 炫煌]하는² 일이 우연한 것이 아니라 합니다.

수청구역 주민 41,000명 되는 중에 고려인이 21,000명이오, 로시야 인이 20,000명이 된다 하니, 50% 이상이 되는 고려사람들은 우리 의회 주권 앞에 마치 저녁에 들러 잠간[잠깐] 머물러 아츰[아침]에 길 떠나가 는 손님의 몸처럼 되고 있는 것이 수청구역 의회사업에 50%가 절름발 이 걸음을 하는 것이 아닐 수 없으며, 이를 따라서 사회주의 건설에 그 속도를 절반이나 감하여 가는 것이 아니라 못할 일이외다.

수청구역 상급기관의 당국자 동무들은 이것이 불완전한 점이며 사 업상에 많은 지장을 주는 사실인 것을 생각하얏는지요? 특히 고려인으 로 이 상급기관에 들어가 일하는 동무들로서 이 일을 아프게 생각하고 병 곤칠[고칠] 생각을 하셨던지요? 만일 그렇게 하셨다면 용혹무괴[容或 無怪]³어니와 만일 몽상도 아니 하였다면 이는 용서 없이 말하기를 일 군이 사업을 위하야 일하는 일군이 아니오, 자기 직업을 위하야 일하 는 사람에 지나지 아니한다고 할 수 있고 그 기관은 고려화[高麗化]에 대한 지령을 무시하고 이소사대주의(以小事大主義)를 주장하는 행동으 로 볼 수밖에 없다고 단언합니다. (또 있소)

- ≪선봉≫, 1930년 3월 3일자(410호), 3면

---

2 정신이 어지럽고 황홀한.
3 혹시 그런 일이 있더라도 괴이할 것이 없음.

절름발이 수청구역(2)

토지문제 해결

수청구역에 토지문제는 언제나 완전히 해결되런지. 지금까지는 완전한 해결이 없다고 봅니다. 의회주권이 원동에 선 지가 발서 8개년 오랜 성상[星霜]을 가졌지마는 수청구역에는 농민에게 제일 중대한 토지문제가 원만히 해결 못된 것이 큰 유감이외다.

앞에 보도와 같이 수청구역은 고려인이 21,000명이요 로시야인이 20,000명이 되는 구역에 고려사람에게 한하야는 토지를 측량하야 준 것이 아조[아주] 측량하여 주지 않았다는 것이 보이지 아닐 만큼한[만큼의] 핑계거리로 몇몇 곳을 측량하여 주었었지만은 이도 송곳산(하포수동), 보섭외(남향동, 한더지⁴), 달캉돌밭(다작골) 등을 요모조모로 가리여 측량하야 준 몇 곳뿐이고, 그 나마지 고려인들은 20,000명이나 남아도는 농민들이 로시야농민의 할양지를 소작농을 하여 먹노라고 37개소 되는 로시야[인]농촌쏘베트 안에 이 골작이[골짜기] 저 모퉁이[모퉁이] 두, 서, 너 호씩⁵ 농막[農幕]을 치고 살아가는 형편은 물개[물의 가장자리, 물가]와 초림[草林]을 따라 야생생활을 하던 옛길을 도로[또다시] 밟는 모양인지 참 알지 못할 일이외다.

아니외다. 고려사람도 곱은[고운] 토지에 고루거각(高樓巨閣)을 지어 놓고 큰 부락을 모혀[모여] 살림을 하여 감이 밤낮으로 소원하는 배[이]지마는 집 지을 기둥뿌리 박을 터가 없고 배채[배추] 한 포기 옮길 밭고랑이 없이 두루 몰려 단니며[다니며] 살아가는데 여지없는 착취를 식히우면서라도[줄여가면서라도] 농막뿌리를 박고 감이 요행이오 다행인 것

---

4 한다우자(재).
5 원문에는 '식'으로 되어 있으나 '씩'으로 바꿈.

을 알고 살아가는 것이라 하니, 이것이야 차마 우리 쏘베트동맹 안에 눈감고 지낼 일이라 할 수 있을까요?

보시오. 로시야 37개소 쏘베트 매호 30일경[一耕][6]분으로 토지를 측량하야 주어서 파종 지면[地面, 땅]이 유족[有足]하고 마소장[7]과 새밭[8]이 구비하야서 자기가 실큰[실컷] 농사를 부치고도 나머지 땅[9]은 고려사람에게 화리를 주어 착취까지 하여 먹으나, 고려사람에게 한하야는 농사 부처 먹을 따[땅]은 고사하고 집지을 텃자리도 없어서 저 산 밑 이 산둥[산허리]에 외채[10] 무진각을 짓고 살아도 구역집행위원회의 결정으로 매년 집텃세 5원식 공납[貢納]하고, 자빠져 썩은 나뭇가지를 주어 때여도 로시야땅의 비와 이슬을 맞아 자란 나무를 때인다고 소위 부수깨[부엌]전이라 하고 매호에 5, 6원씩 농촌쏘베트에서 받아가는 일과 절로 자라 썩는 일년초를 마소가 먹는다고 소위 풀새라 일홈하고 마소 한 머리에 3, 4원씩 최첨지 위 따뜻 따서가니, 이것이야 차마 어찌 의회국가의 피압박민족에게 대한 정책일까요.

밭화리를 하루가리[일경]에 28뿌대(콩, 옥수수, 채밀)로부터 60뿌대[11]씩이니 이와 같이 중화리[重禾利][12]를 물어주고 농사지은 고려사람은 무엇을 먹고 살겠는가? 이것이 착취가 아니겠는가?

이와 같이 하는 일을 다른 지방 사람들이 수청[에] 가서 보면 눈이 싯둥굴하여 질[휘둥그래질] 일이나 수청[에] 사는 로시야인이나 고려인들은

---

6 '一耕'은 소가 하루에 갈 수 있는 넓이의 농토. 하루갈이.
7 말과 소를 매어두거나 놓아서 기르는 곳.
8 새(草, 띠나 억새 따위)가 무리를 지어 자라는 들판.
9 원문에는 함경도 방언인 '따'로 되어 있으나 '땅'으로 바꿈.
10 단 한 채만으로 된 집.
11 푸드(пуд, pud). 러시아의 중량 단위로 1푸드는 약 16.38kg에 해당한다. 1푸드는 40파운드(Фунт, fund)이다.
12 무거운(높은) 경작 임대료(소작료).

이전부터 있던 일이니 예사[이]겠거니 하고 봅니다. 그래서 수청구역은 당원들까지도 이 일을 예사로 보아 농촌에 있는 농민당원이 모다 이와 같은 조건으로 자기 밭을 고려사람에게 화리를 주어 먹는 일이 있습니다. 위선[爲先] 수청 구역집행위원회(РЙК) 회장 사위즈끼(Завицкий) 동무나 동[同]부회장 크랍첸꼬(Кравченко)가 1929년도에 자기 밭 4일경을 예속적 조건으로 화리를 주어 먹은 일이 있는 것이 증거가 되는 일이외다. 사위즈끼나 크랍첸꼬 동무는 오랜 당원이오 구역 책임일군이오 구역집행위원회 임원이다. 그 안[집행위원회 내] 꼼푸락찌야[комфракция][13] 회원으로서 남이 그와 같이 하는 것을 옳게 지도하기는 고사하고 자기들이 그와 같이 하니, 그 다음 농촌 비당[원]농민군중들이야 더 어찌 가론[可論]하릿가.

내가 구역일군들과 토지측량에 대한 문제를 물어본 일이 있는데, 그에 대답하기를 지금 토지가 없어서 고려농민에게 측량하야 주지 못한다고 합데다. 나는 이에 대하야 생각하기를 그곳 일군들이 고려사람의 토지측량의 일을 등한히 보는 데로서 토지 없다는 핑계[이]지 토지가 없는 것은 아니라고 합니다. 형식적으로 보면 토지가 없다는 것도 옳은 말이지만은 사실적으로 본다면 토지가 넉넉하다고 합니다. 무엇을 보고? 예. 고려인이 수청에 50%가 되는 무토지한 사람들이 무엇을 먹고 생애[생계]를 하여 갑니까? 예. 이들은 모다 로시야사람의 토지를 예속적 조건하에서 화리농사를 지어 먹고 살아갑니다. 그렇다면 로시야 농민들이 자기가 농사를 실큰[실컷] 부치고도 화리까지 주어 먹을 땅이 있는데, 고려사람은 어찌하야 집지을 터 밭고랑도 없습니까? 예. 대로시야민족주의로서 로시[아]사람은 좋은 땅 또는 매호에 30일경씩 할양하야 주고 남은 땅이 없어서 고려사람은 주지 못하는 데로서 이러한

13　공산당 프랙션. 분파.

폐해가 생겨가는 것이외다.

그러하다면 토지분정[分定]을 다시 하면 고려사람까지 토지를 가지고도 나머지가 있음즉한 형편도 보이지마는 일을 그렇게 하지 아니하니 그 구역일군들은 대로시야민족주의자들이오 의회주권의 의의를 완전히 깨닫지 못한 동무들이오, 로시야공산당(P.K.П.)에게 큰 ○○을 받을 일들이라고 단언합니다. 그리고 지금 농촌의 꼴호즈화를 주창하는 이때인데 내가 수청 구역집행위원회에 가서 무토지한 고려빈·중산농민들로 하야곰 꼴호즈를 조직하야 토지를 얻어 주어 사업하게 함을 꼴호즈사업에 벽두[劈頭]로[14] 문제를 [내]세우라고 권고하니, 그 집행[부] 부회장 된 동무(크라첸꼬)는 말하기를 땅이 없는 사람들은 꼴호즈에 들지 못한다, 또 그들은 꼴호즈에 들어올 권리가 없다고 대답합데다. 여보시오, 수청 구역일군들이시여! 당신네 정치적 관찰이 옳읍니까? 로시야공산당(P.K.П.) 회장의 내말[에 대한] 대답이 가당[可當]합니까? 정치강연을 장황하게 할 것 없이 원측적으로 얼른 해결하여 봅시다.

십월혁명 전에 지주들[에]게 있던 토지는 무토지하던 농민들이 십월혁명 이후에 가질 수 없었겠습니다그려? 지금 농촌을 개인 살림을 마스고[15] 연합적 살림을 일구는 꼴호즈화가 농촌에 농산업적 혁명이 아닐까요? 만일 그렇다면 무토지한 농민들은 몬저[먼제] 꼴호즈화를 시켜 가지고 토지를 얻어 주는 것이 푸로레따리야국가에 벽두문제가 되는 것이며, 또는 수청구역에 50% 되는 무토지농민(고려농민)들을 꼴호즈화시키는 것이 발서 수청구역은 50%가 남아지지 아니하게 사회주의적 산업이 50% 이상이 될 것을 어디 보지 못하고 이런 무정견한 대답을 합니까?

---

14   맨 처음으로.
15   부수고. 망가뜨리고.

이 모든 것을 다 본다면 수청구역은 지금까지 절름발이 걸음으로 모든 문제가 해결되야 온 것만[은] 사실인데, 이제로부터는 모다 곤치야 되겠습니다. 이 일을 곤치는데 특히 고려사람으로 기관에 들어가 있는 동무들이 만저[먼저] 뇌를 썩이고 많이 궁리를 하야서 일하여야 될 것이다.

지금까지 고려인으로 고려사람에게 대한 일을 하라고 한 주의를 받아 가지고 현집행위원회 안에 전권위원이나 구역집행부 안에 임원들이나 다 무슨 일을 하야 왔습니까? 예. 제가 보는 바에는 밥버호리[밥벌이]를 하노라고 이런 문제를 세우면 대로시야주의자들 눈 밖에 날까 와서[봐서] 한편으로 골을 썩썩 긁으면서도 모다 당신네 의견이 옳다고 승인하고 말아서 이 문제가 불완전하게 해결되었다고 하겠습니다.

고려무산대표로서 고려인노력농민의 대표로서 각 기관에 들어가 일하는 동무들은 대로시야민족주의적으로 사업하는 자들과 당과 의회주권의 옳은 지도와 원측을 무시하며 위반하는 태업자들과 절대로 투쟁하며 사업하시오.

밥동량적으로는 일하지 마시오!

능력이 없거든 사면하시오!

경우에 틀리거든 비판하시오!

- 《선봉》, 1930년 3월 5일자(411호), 3면

절름발이 수청구역(3)

문화교육사업

수청구역에 일급학교 59개소요, 이급학교가 2개소인데, 민족별로 본다면 고려인 일급학교 23개소요, 로시야인 일급학교가 36개소며, 고려인 이급학교가 (7년제학교 알렉세예프카에) 1개소요, 로시야[인] 이급학교가 1개소외다. 그런데 고려인 일급학교를 시찰하여 보면 장관[壯觀]인 일이 많지요. 교육상 내정은 어떠하던지 고사[考查] 물론하고[16] 위선 교사(校舍) 정원(庭園)[17] 기타 실비[設備] 등을 관찰할 때에 외관상으로 눈에 거슬리는 일이 비일비재였어요.

23개소 학교를 다는 시찰하지 못하였으나, 그중 투두거우[頭道溝] 학교 중거우[中溝] 학교 황거우[黃溝] 학교 등 두서너 학교를 잠간 시찰한 바, 그것이 아동에게 문화교육을 시키어 주는 곳이라 할 수 없고 도로혀[도리어] 아동에게 폐병(肺病), 뇌병 등을 양성하여 주는 곳이라 하면 적당하다고 할 만한 형편에 있습데다. 이것은 무삼 까닭인가요? 몇 파센트는 물론 그곳 주민들의 적은 열성에 있다고 할 것이나, 다[대]부분으로는 아마 이를 지도하는 구역집행위원회의 불찰에 있다고 말하지 아니할 수 없는 것이외다. 그렇다면 수청구역 집행위원회는 고려인 교육사업에 등한시한 것은 사실이 증명하는 바이니 이 뒤로는 단단이 명심하야 일하여야 되겠습니다. 그달 월급을 월종[月終, 월말]에 잘 내여 주지 아니면[않으면] 눈을 붉히며 성을 내나, 문화교육사업이 고려농촌에 잘 되어가지 아니는 일에는 잘되게 할 획책을 연구하지 아니는[않는] 문화교육 일군들이여! 당신 어깨 우에 "농촌문화혁명"의 책임이 담부

---

16 자세히 생각하고 조사하는 것은 말하지 않고.
17 원문에는 '庭院'으로 되어 있으나 수정했다.

되어 있음을 시간마다 생각하여 보시오!

사회정치교양사업

수청구역에 사회정치교양사업이 합동민족주의적으로 된 것이 아니라 대로시야민족주의 토대 우에서 교양사업이 실시된 것만 사실이외다. 그리하여서 로시야사람만 사람이오, 소수민족은 사람의 값을 받지 못합니다. 그런고로 고려사람은 수청지방에서 놀림감으로 심심풀이로 간주하야서 주름을 피고 단니지[다니지] 못합니다. 학대가 곳곳이오 멸시가 큰 대접이외다. 소완재 황거우 아메리안까 등 세 로시야촌을 고려행객이 단닐 때에는 마치 범의 굴역[窟域]으로 지나가는 듯한 겁을 가지고 귀퉁[귀의 언저리] 한 개만 얻어맞고 지나가면 그날 신수는 다행이라고 생각한답니다. 이와 같은 형편은 구역집행위원회에서 다 알면서도 하등의 방지책을 연구하지 아니하는 것은 무삼 까닭인가요? 예. 아마도 소수민족이니 다수민족에게 그만한 괄시보는 것은 한 예사인가로 생각하는 황제정치에 침윤[浸潤]한 묵은 정견이 그곳 행정기관의 임원들 뇌 속에 갈앉어[가라앉아] 있는 까닭이 아니라고 볼 수 없는 것이외다.

제가 곡물매수사업으로 수청[에] 가서 [석]탄광, 즉 구역 중앙이지요. 행정기관이 좌우에 나열하야 있는 곳이오, 또는 노동자구역이라는 곳에 고려사람을 멸시 부대[푸대접]하는 일이 당금[當今] 내 몸에 이름[미침]을 보았습니다. 제가 농민숙박소(дом кресьянина)에 갔었는데, 그곳에 노동자들이 수십 명이 모혀 라지오를 듣는 중인데 제가 그 집에 들어가니 그 노동자들이 놀려주는 말이 "추미자[粟米子]하고는 첫뚝하는[18] 잘세[자일세] 안경 걸고 가죽 중태[망태기] 들고 아주 멋진데" 이렇게 멸시를

---

18   가장 뚝뚝하다. '뚝(뚝)하다'는 바탕이 거세고 단단하다는 뜻.

하니 저는 즉시 민경서[民警署]에 가서 그 사실을 신청하니, 그 민경서에서 그 노동자들을 호출하야 취조하고 보내니 이 일은 그만 끝나고 만 모양이여요. 그래서 저는 그 일을 격분이[激憤하게] 알고 차후에는 이런 몰각한 자들[에]게 방지책을 엄독[嚴督]히 쓰라고 민경서에 부탁한 후 구역 당간부에 가서 이런 사실을 간부 책임서기 대리 부로닌(Пронин) 동무에게 말하니, 그 동무는 천연히 말하기를 그런 사실이 한두[번]만[이] 아니라 여러 번 있었는데 방지책으로 모범적 재판까지 한 일이 있어도 거근[去根]할 수 없는 [것이] 이곳 사정[이]라 합네다. 그래서 저는 그 동무의 말이 옳은가 하야 살펴본 일이 있는데 고려사람을 로시야사람들이 모욕, 학대멸시하는 일은 날마다 있어서도 그를 방지할 획책으로 모범적 재판은[을] 한 일이 과거 8개년 동안에 한 번도 없었어요. 어느 공장 붉은구석 벽신문에도 이런 기사를 하야 붓그럼[부끄럼]을 준 일이 없었어요. 이것을 본다면 수청구역 농민이나 노동자 군중만 합동적 민족교양을 못 받은 것이 아니라, 소위 지도자며 책임일군이란 사람들도 다 한 따위들이라 합니다. 부로닌 동무가 말하는 것을 들어서는 그런 훌니간[хулиган, hooligan]들을 곤처낼[고처낼] 방책까지는 알지마는 실행을 하지 아니하니 무삼 까닭인가요? 예. 그가 그를 곤치자면 제가 그 버릇이 떨어지겟으니 곤칠 획책을 쓰지 아니한 것이 사실이겠습니다. "수청구역에서 훌니간들을 퇴치하여라", "이것을 퇴치할 정책을 쓰지 아니는 책임일군들은 자리를 내여라".

- ≪선봉≫, 1930년 3월 10일자(413호), 3면

절름발이 수청구역(4)

곡물매수사업에서의 대로시야민족주의의 폭로

수청구역에 곡물매수사업은 2월 7일까지 검정[檢定]숫자에 대하야 83%를 실행하였다. 이도 겨우 실행이 된 모양이다. 그런데 현[縣]¹⁹으로부터 배정한 검정숫자가 태고[太高]하야 곡물 매수가 원만이[히] 되지 못한 모양이냐? 아니다. 현으로부터 수청구역에 배정한 숫자는 수청구역 전 인구에 분[分]하여 놓으면 매 인구에 6뿌드 가령[가량]씩이나 돌아가는 헤윰[셈]이니, 이만한 숫자를 실행치 못하리라고 할 수 없는 사실인데 원만히 실행되지 못한 것이 까닭 없는 일이라고 할 수 없어서, 나는 그 까닭을 연구하야 본 결과에 다분히 곡물 매수사업에 한 도움이 될까 하야 이에 그 실책 조건을 말하려 한다.

곡물매수가 잘 아니 된 까닭이 곡물매수위원들[에]게 있는가? 그렇지 아니하면 일반주민들의 잘못에 있는가? 아니다. 곡물매수로 파견을 받어간 전권위원들은 밤낮을 가리지 않고 분주히 단니면서 정성을 다하여 일하였고 주민들은 별로 반항이 없이 진정을 다하야 실행하였다 할 수 있다. 특히 고려빈농민들은[이] 경탄할 만한 열성을 내어 곡물매수에 참가한 예를 든다면, 즉 남향동[한다우자] 쏘베트구역에서 동호[東湖村]의로 곡물을 실어 가는데 붉은순기[슬기, 수레]를 조직하여 실어갈 때에 빈농민들이 마차는 고사하고 우차도 없어서 두 뿌드 세 뿌드씩 등짐에 지어간 일이나 태산준령을 넘어서 말바리[마바리], 소바리²⁰에 걸치어 가던 것을 보았다 하면, 그 상관이 누가 그들[에]게 열성이 없었다

---

19 블라디보스토크현(縣). 수청구역이 속했던 현이다.
20 등에 짐을 실은 말이나 소 또는 그 짐. '바리'는 '마소나 나귀 따위의 등 좌우 쪽에 짐을 싣는 곳 또는 거기에 실은 짐'을 말함. 곽충구, 『두만강 유역의 조선어 방언의 사전』 1권(태학사, 2019), 1599쪽 참조.

하랴. 그뿐만 아니라 곡물매수위원들이 와서 앞서 대인[貸人] 곡물이 아직도 부득[不得]하니 더 곡물을 내어야 된다 하면, 모레 먹을 양식이 없을지라도 양재[糧材]를 다 퍼주었다. 이만하면 주민들의 열성이 곡물매수에 없었다고 할 수 있겠는가? 아니다. 수청지방에 작년도 곡물매수는 전혀 구역집행위원회에 과실이 있다고 단언한다. 이제 그 실례를 든다면,

1) 구역에서 각촌에 배정한 검정숫자가 적당히 되지 못한 것이었다. 앞서 보도한 바와 같이 수청은 민족열이 팽창한 구역으로서 곡물배정을 수확과 경작지면에 의지하여 검정표를 꾸민 것이 아니라, 고려사람에게는 키가 넘게 배정을 하면서도 로시야사람들[에]게는 실행하고도 여유의 곡물이 있으리만큼 배정한 "대로시야민족주의"적으로 구역 검정숫자를 꾸민 것이 잘못이다.

이제 예를 든다면: 푸로롭까[Фроловка] 로시야촌은 땅이 옥토요 주민들의 살림이 보통으로 부요하며 파종지면이 600일경이오, 인회[人戶]가 878명이나 검정숫자는 6,781뿌드로 배정하고, 니콜라에프카[Николаевка](신영거우)[新英溝, 新英洞] 고려농촌은 토지가 척박하고 빈농호들이 다수며 경작지면은 482일경이며 인구는 1,283명이다. 그러나 곡물 검정숫자는 16,650뿌드니, 이를 푸로롭까 로시야촌에 비례한다면 3배가 더한 모양이오. 뻬레찌노[Перетино] 로시야농촌은 토지가 수청으로도 북상[北上]되는 육로를 가졌으며 가세[家勢]가 거반 부농이요, 인구가 646명이며, 파종지면이 400여 일경이나, 검정숫자는 6,220뿌드요, 뻬레찌노촌 로시야사람들이 심으고 남아지땅 망전을 사성[私成]하여 화세[禾稅]를 주고 농작해 먹는 고려[인] 페레찌노촌에는 인구가 1,476명이며 파종지면이 338일경이나 검정숫자는 11,675뿌드다. 이도 고려농촌과 로시야농촌을 토지로나 인구로 비례하면 두 곱 이상이 고려사람에게 더 배정된 것이오.

로시야촌 예까쩨리놉까는 부촌이오, 인구가 875명이며 파종지면이 400일경이지마는 검정숫자는 3,000뿌드뿐이오, 한다우재[한다우자, 南向村]라는 고려농촌은 깃음[김]을 매다가 실족이 되면 사흘 전에 평지에 굴러 떨어지기 어려운 산비탈밭을 경작하야 먹는 척박한 토지에 사는 곳이지마는, 인구가 1,677명이오 경작지면이 321일경이지만 검정숫자는 15,118뿌드다. 이것은 너무도 억울한 것이니 더 말할 여지도 없다.

이와 같은 모양으로 곡물 검정숫자가 배정된 것을 보면, 수청구역에 로시야농촌쏘베트 37개소에서 실행할 것이 약 28.9%요, 고려농촌 18개소에서 실행할 것은 약 71.1%다. 그러면 농촌쏘베트 수효로는 로시야농촌이 두 곱이 더하고 곡물배정은 고려농촌이 로시야농촌에 비례하면 두 곱 반이 더한 모양이다. 이것은 전 구역적으로 통합하니, 단지 고려농촌이 로시야농촌에 비례하야 두 곱 반만 곡물배정숫자가 더한 모양이다.

이를 분구[分區]하야 본다면 더욱 억울한 일이 있는 것이다. 본시 수청구역에서 세 지방으로 난호아 분구하여서 곡물을 매수하였는데, 푸로롭까 분구에는 3개 고려농촌이 17개 로시야농촌과 같이 배정을 받았고, 블라지미르 - 알렉산드롭까[큰영, 大營] 분구는 7개 고려농촌이 11개 로시야농촌 보다 3배나 거의 더 배정을 받았고, 우지미[烏吉密] 분구는 9개 소[小]로시야농촌보다도 8개소 고려농촌이 7배 반이나 더 배정을 받았으니, 이것이 어디 적당히 된 검정표라 하겠는가?

이와 같이 구역으로부터 검정숫자가 적당히 되지 못함으로 인하야 유여[裕餘]곡물이 나올 곳에는 적게 배정하고 유여곡물이 적은 곳에는 많이 배정하였기 때문에, 곡물매수에 요란은 오롤로[오금으로, 오력으로] 쓰고도 매수는 하등[下等]으로 하였으며, 배가 부르게 살림하는 동리가 있는데, 배가 고파서 주으리는[주리는] 동리도 적지 아니한 것이다. 이 것을 보고 고의적으[로] 이 검정표를 꾸미었다면 대로시야민족주의적으로 한 것이 분명하고, 자연이[自然히] 된 일이라 하면 아모 궁리도 하지 못하는 두부골[頭部骨]을 가진 '일군'들이 구역집행위원회에서 일한 것이 옳겠다. 또 한 가지 민족주의적으로 일한 것을 례하면 아래와 같으다.

고려사람들이 벼농사 한 곳에 벼로써 화리를 받는 것은 모다 그 화리 벼를 로시야촌 검정숫자에 넣게 한 것이다. 사실은 고려사람이 농작한 데로서 화리벼가 나온 것이지마는 검정숫자에는 로시야농촌에 들어가니 로시야농촌은 헐하게 되고 고려농촌은 밥부게[바쁘게, 어렵게] 된 것이 아니야? 그러면 이것은 다만 대로시야민족주의로서 나오는 것이라 아니 할 수 없는 것이다.

둘째로, 곡물매수사업이 한참 흥성이[興盛히] 되야 나아가는 그때에 구역에서 지령을 주기를 화리로 곡물을 전주[田主]에게 줄 것은 소작인이 소작료외 곡물을 자기에게 배정한 미수수자에 채워 넣고 전주에게는 돈으로 회계하여 주라 한 후, 구역집행위원회(РЙК) 부회장 크랍첸꼬(Кравченко) 동무는 곡물 매수하러 지방에 나와서는 전주가 화리를 곡물로 받으려고 증명서 수십 장을 써 준 일이 있었다. 이 증명서를 가지고 전주된 로시야농민들이 고려소작인에게 가서 화리를 곡물로 받어오는[받아 온다는] 소문이 전파되야 각촌에서 로시야사람들이 떠들고 소작료를 곡물로 받었다. 그래서 로시야사람들은 자기 배정된 곡물을 얼마쯤은 소작료로서 실행하게 되고 고려빈농민들은 좌우로 곡물은 내어 놓고 인심은 인심대로 잃고도 대접은 미움으로 받은 셈이다.

셋째는, 사업에 일정한 규모가 없었고 일정한 방식이 없었다. 이를 례하면 곡물매수에 장애되는 일에 그를 퇴치함을 신속히 하지 못한 일이다. 다시 말하면, 소작료를 곡물로 로시야농민들이 받어가는 일에 구역집행위원회(РЙК)에 보고하였지마는 방지책을 급속히 쓰지 아니하여서 수다한 곡물이 개인의 수중에 들어가게 된 일이 있다. 또 곡물

매수에 대한 지령을 구역집행위원회에서 한결같이 주지 아니하고 한 달 어간에 5, 6번을 곤치어서 지방에서 일하는 사업자들이 두서[頭緖]를 가리지 못하게 되었으며, 곡물 매수사업을 4, 5삭 동안을 계속하여 하는 동안에 곡물매수위원들 협의회가 한 번도 소집이 못 되어서 위원마다 딴 방식이오, 위원마다 딴말을 하게 되야 주민들은 어느 매수위원의 지도와 말을 신용할 줄을 알지 못하야 방황하는 가운데서 여하간 곡물매수는 지체가 자연히 되게 되었다.

수청구역 일군아! 반성하여라! 대로시야민족주의를 바리고 합동민족주의의 옷을 입어라! "이소사대주의[以小事大主義]"를 벗어 바리고 민족적 차별이 없이 사회주의적 건설에 병가제치[倂家濟治]할 도리를 강구하여라. 나는 권한다. 수청구역 집행위원회에 이제로부터는 굴뚝세를 폐지하여라. 풀세를 폐지하여라. 텃세를 폐지하여라. 쏘베트조직을 지리상 표준으로 개조하여라. 소작료(화리)는 매일경에 십 원 이상으로는 받게[지] 말어라. 구역집행위원회에는 책임일군이나 기술일군까지라도 고려인으로 50% 이상을 넣어라. 각 대부조합에 고려인 책임일군이 꼭 들어가게 하여라. 인민재판소에 고려사람으로 판사를 두어라. 부득한 경우에는 번역원이라도 고려인으로 두어라. 이전에 계급적 행선을 탈선적으로 일하고 당의 궤도를 기울게 일하던 일군들은 모다 퇴치하여라. 명년도의 곡물매수에 고장이 생기지 말게 하기 위하야 경작지면, 수확고, 소작관계, 인구조사 등 여러 가지를 미리 통계, 등록을 할지며 토지측량과 이민문제를 제때에 해결하여서 절름발이 수청구역이 완전한 거름을 걷게 되기를 바란다.

- ≪선봉≫, 1930년 4월 18일자(427호), 3면

당정책을 악화하는 경향을 따리자

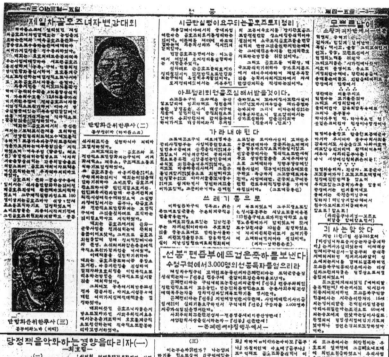

당정책을 악화하는 경향을 따리자(I)

1.

우리가 지금 자본주의적 열국들이 호랑[이] 같이 둘러 앉어 한쪽 눈으로 자체의 무리를 돌아보며 약점을 틈타느라고 으르렁거리며 또 한쪽 눈으로는 날로 진보되어가는 세계무산혁명의 기반인 쏘베트동맹을 꺽구러 바리랴는 억대한 궁리로 불을 타고 있는 이때에 우리 쏘베트동맹은 밖으로 몬저 인간도살장을 만들려 하는 야수화 자본주의의 새 전쟁 위협을 반대하며 안으로 힘써 사회주의적 산업을 건설하는 자리에 앉었으니 우리의 책임이 얼마나 고중[高重]하며 우리의 역할이 얼마나 거대한가?

국가적으로 우리 쏘베트동맹이 가진 책임과 역할이 이만치 고중하고 거대하니 만콤 우리 쏘베트동맹의 국민들은 혹 직접 혹 간접으로 ㅇㅇㅇㅇㅇ 책임과 역할이 고중하고 거대하다. 그런 중 특히 이 일에 인도자 되며 선봉장 되는 우리의 변강, 현, 구역의 책임일군들에게는 이 책임과 역할이 보통 동맹국 국민의 열곱, 백곱을 더한 것을 깨닫고 당면정책을 한 번 베풀 때에 멀리에게를 살피보고 가까이 내정을 헤아리어 밖으로 들이불 바람 없게 하고 안으로 내칠 화근이 없도록 할지며, 선전강연 한 마디 뿜을 때에 주위 환경과 말과 실행이 부합된 여부를 예측하여서 그 말이 사실로 군중 사이에서 신임의 열매를 맺도록 할지며 사업의 수완이 한 번 놀릴 때에 손닿는 곳마다 성적이 아림답고[아름답고] 팔 가는 데마다 굽은 일을 바로잡도록 하여야 될 터인데.

2.

우리 원동변강에 있어서 농촌에 사회주의를 건설하는 도정에 있어 맹렬하게 토호와 투쟁함과 전반적으로 꼴호즈화하는 데 있어 사회주의

건설 투사의 용맹한 기분은 경탄할 것이 많으나, 그 반면에 당 정책을 잘못 베풀어 외감(外感) 내모(內冒)가 들리는 일과 선전이 그릇 뽑기여 곧 못된 나무가 열매를 맺지 못하는 일이며, 사업에 손길이 의우(貽憂)[1][를] 돌리여 옳은 일이 그릇되고 성적[의] 효과가 병증을 내는 일도 적지 아니하여, 장단(長短)을 비교하여 보면 장점이 큰 것만큼 단처가 적지 않고 진퇴를 조준하여 보면 전진이 많은 것만콤 정체도 적지 않다.

사실[이] 그렇다면 이는 우리의 목적이 아니오 우리의 소원이 아니다. 우리는 전진하면 퇴보 없이 장성하면 감축이 없이 밖으로 비소[誹笑. 非笑]하는 입이 열리지 못하게 안으로 오해와 원한이 생기지 않도록 일하여야 되겠는데, 요즘 원동변강 특히 해삼현[海蔘縣][2] 안을 살펴보면 농촌구역에 당정책의 실시를 악화시키는 일이 적지 않다. 특히 고려인 농촌에 있어 그렇다.

3.

이는 무슨 까닭인가? 나는 생기[省記]하기를 현[縣]으로부터 각 구역에 있는 책임일군들 가운데 어떤 부분이 우리 당의 농촌정책의 중취선[中樞線]을 잘 연구하지 못하고 마치 눈먼 말이 원앙[워낭] 소리에 따르듯이 상급기관의 지령을 농촌 실제 사정에 응용하지 못하고 농촌에 나가서 따려부시라니[때려부수라니] 따려부시고, 거두어 들이라니 거두어 들이며, 한 곳에 모흐라니[모으라니] 한 곳에 모흐는 데 그치었다. 따려부시라니 토호를 따려부시라는 것이지 빈농민을 토호와 한 몽둥이에 따려부시라는 것인 줄 아느냐? 아니다! 만일 그렇다면 이는 사회주의건설의 일군이 아니오 파괴의 일군이며, 거두라니 식량을 기치지[끼치지][3]

---

1   남에게 근심과 걱정을 끼침.
2   '해삼(海蔘)'은 '해삼위(海蔘威)'의 약칭으로 블라디보스토크의 한자식 명칭이다. 연해주 남부지역은 행정적으로 블라디보스토크현에 속했다.

아니하고 몰수이[沒數이]⁴ 거두라는 말인 줄 아느냐? 농민들이 자기가 먹고 남아지 곡물을 국가에[서] 판다는 것이었다.

그런데 한까이, 그로제곱으, 뽀씨예트 등 구역에서는 특히 벼농사하는 농민들[에]게는 거각 두 달 먹을 식량을 기치지 아니하고 몰수이 거둔 농촌도 있으니 이는 당정책을 악화시킨 것이 아니냐? 지금 그 농민들이 어떠한 상태에 있는 줄을 생각하는가? 이것은 지도상 큰 착오다. 모흐라니 되는 대로 지방이 한정이오, 주민이 짐작이 되야 크게 하면 좋다더라고 높이 달리면 호사난다더라고 주민들이야 소원이고 말고 경제토대가 가능하거나 말거나 '전반적 꼴호즈화'하며 "이따가는 아마도 '꼼무나[коммунна, commune]'가 될 터인데 아초에[애초에] '꼼무나'로" 억제로[억제로] 꼴호즈화를 시키니, 이는 사업에 장수[將帥]되기보다는 잉수[剩數]도 아니 되는 일군뿐인가 한다.

4.

이제 농촌의 계급분열에 들어가서 보자! 각 구역 고려농촌에 사회성분을 가려 낸 것을 돌아보면, 당정책의 계급적 궤도에[서] 탈선된 일이 비일비재하다.

이제 실례를 들면, 깔리닌스크 구역 레닌촌에 사는 황하청이는 그 촌 토호의 아들 김삼용이를 사위로 삼은 혐의로 빈농민이 토호로 되고, 수청 구역 황거우에 사는 김용흡은 가세가 빈농민인데 본시 신병으로 인하여 약으로 아편을 먹은 일이 있다고 아마도 양관도 하였으리라는 취측[추측]으로 토호에 맨⁵ 일이며, 그로제곱으 구역 신남동에 사는 손국세는 계속적으로 고용농군을 두어 노력을 착취하였으며 1927~1928

---

3   기치(棄置)하지. 내버려두지.
4   있는 수효대로 모두 남김없이.
5   (사람이 사물에 가치나 등수 따위를) 어떤 기준에 따라 평가하여 정한다.

년도에는 음식요리점까지 보아먹은 자이며 고리대금업과 풍차를 세놓
아 먹은 사실이 있어 토호될 조건이 구비함에도 불구하고 중산농민의
일홈을 가진 일과 그 촌에 사는 남두필은 완전한 토호임을 공개적으로
승인하면서도 1928년도에 한해 여름에 어장에 가서 고기잡이를 하였
기 때문에 도시에 가서는 노동자요 농촌에 있어서는 중농민이나 된다
는 성분가림과 또 그 촌에 사는 최창원이는 부호로되 얼마 전에 그곳
삐요네르대[6]에 의연 5원을 하였으니 우리 사업을 찬성하는 자라 하야
부호가 중산농민이 된 일이며, 그 촌 유덕상은 본시 빈농민인바 그곳
농산조합에 들지 아니 하겠다 한다고 조합반대자니 토호로 지정한 일
등(농촌기자의 통신에 의한 것)을 살펴보면, 이 성분을 가릴 때에 거반 구
역에 파견된 지도자들과 자기지방에 있는 당원이나 공청회 회원의 지
도하에서 이러한 계급적 성분을 가리었다.

이렇게 "훌륭"하게 농촌성분을 가리어 놓고, "토호들을 계급으로 보
아 투쟁하라"라는 표어 하에서 따려부시게 되면, 빈농민들이 토호를
따리는 망치에 맞아 죽을 것이오, 토호들이나 부호들이 빈·중농민의
일산日傘, 우산 아래에서 비를 피하는 것이 아니겠는가?

현당간부와 구역당간부에서는 이와 같이 탈선된 농촌계급분열에 대
하야 다시 살피어 바로잡을 도리를 강구하여야 할지며, 구역으로부터
인도를 잘못한 책임자들에게는 빈농민들이 토호를 따리는 망치에 얻
어맞을 때에 아프던 것 만한 아픈 "상급"을 주어야 되겠다고 단언한다.

- ≪선봉≫, 1930년 3월 15일자(415호), 3면

---

6   피요네르(пионер)대. 공산소년단. 소년피요네르단.

당정책을 악화하는 경향을 따리자(II)

5.

꼴호즈화에 들어가 보자. 물론 꼴호즈화는 우리 농촌이 사회주의적 살림에 들어서는 첫거름이 되야 우리가 지금 5개년 산업발전의 설계를 실행함에 농촌을 꼴호즈화 시킴이 한날[하루]이 밥부고[바쁘고] 널러 있는 개인살림을 한 곳에 단합화 시킴이 시각이 밥분 일이다.

이와 같은 과업이 우리 앞에 서 있음을 깨닫는 원동변강 내에 고려농촌은 꼴호즈화에 열중한 사업이 각 구역마다 분주하야, 어떤 구역은 설계적으로 아모 날에는 아모 촌에 무슨 조합을 조직하고 아모 날에는 아모 촌에 무슨 조합을 조직하고 아모 날에는 아모 촌에 무슨 꼼무나를 조직하야 몇 날 동안에 꼴호즈화를 전구역에 전반적으로 성립하리라는 설계적 사업과 이 촌에 꼴렉집으[коллектив. collective]가 되면 저 촌에는 꼼무나가 되야 경쟁적으로 날을 다토아[다투어] 일어서는 농촌 살림 단합화는 실로 자랑치 아니치 못할 사실이다.

6.

그러나 아해를 낳기만 하는 것이 용한 일이 아니오, 그 아해를 잘 길러서 성인을 만드는 것이 문제가 되듯이 꼴호즈를 조직만 하는 것이 사회주의를 건설하는 것이 아니오, 그 꼴호즈가 과연 꼴호즈의 행사를 하며 꼴호즈의 의무를 실행하게 한 것이 문제가 되는 것이다. 그런데 어느 곳에 꼴호즈가 조직된다면 고려빈농민 다수가 무슨 전염병만치 겁을 내고 어느 곳에 꼼무나가 조직된다면 그곳 고려빈농민들 다수는 세간집[살림집]을 등지고[뒤로하고] 그곳을 떠나려 하니, 이것이 조합의 목적이 글러서 그러한가? 꼼무나가 살림에 해독을 주는 단체가 되어서 그러한가?

아니다. 이것은 순전히 그곳 일군들이 자기 다리[가] 긴 것만 생각하고 남이 앉은방[이]인 것은 생각지 아니하야 앉은방이더러 자기와 같이 보조를 마초아[맞추어] 걸으라는 것과 마찬가지로, 꼴호즈화에 대한 의의를 널리 군중에게 해석사업은 하지 아니하고 혹시 해석사업을 하였다 할지라도 어름 우에 박을 밀듯 대강 해석이라고 하는 것이 도로 의혹을 품게 하여 놓고 농민들의 소원이고 말고 발기자 몇 사람만 의합하면 전수가결[全數可決]로 결정이라 하고 회[의]록을 꾸민 이튿날부터는 우리 촌이 전반적 꼴호즈화에 넘어갔으니 가고 오는 일과 팔고 사는 것은 개인이 임의로 못할 것이며 본촌에 사는 주민의 동산[動産] 및 부동산은 모다 꼴호즈의 관활[관할]에 매인 것이라 성명하며 꼴호즈화를 시키는 것이 옳게 꼴호즈화를 시키는 것인가?

7.

이런 일을 실례로 든다면, 하바롭스크현 레닌구역 쓰딸닌촌 꼴호즈화가 곧 그런 것이다. 1925년부터 꼴호즈가 조직되어 있던 것인데, 금년도에 갑자기 꼼무나로 변경되면서 그 촌 주민을 망라하여 가지고 전반적 꼴호즈화가 되었다. 그런데 그 꼴호즈화를 내용을 해부하여 보면 일반 주민의 소원으로 된 것이 아니라, 이전 뽀씨예트 구역에서 우경병에 몰려난 서천민 동무가 그 지방 꼴호즈 분구 회장으로 있어서 지도한 바 소위 주민총회는 꼴호즈 회원이 다수로 출석되고 비회원 주민들은 다수로 출석치 아닌[않은] 이 총회결정이라 하고 쓰딸닌촌은 전반적으로 꼴호즈화에 넘어가려고 하였다라는 빙거[憑據] 아래에서, 주민들의 동부동산[動不動産]은 모다 꼴호즈의 것이오, 내왕출입과 좌작진퇴[坐作進退][7]를 모다 꼴호즈의 명령 아래에서 실행된다[고] 하기 때문에,

---

7 앉고 서고 나아가고 물러섬.

지금 쓰딸닌촌 빈·중산농민들은 거반이나 쓰딸닌촌을 떠나 다른 곳으로 이사하기로 경영[經營][8]이라 하며, 또는 그 꼼무나 안에서 서천민이 이와 같이 꼴호즈화에 대한 지도를 하는 것은 당정책에서 조금 탈선하는 일이 아닌가 하는 의문으로 쟁의가 있다니, 이것이야 어디 사업의 역사가 오랜 당원에게서 기다리던 일이라 하랴. 이것은 당정책을 악화한다는 것보다도 우경병에 걸린 환자가 치료법이 너무 과중하야 좌경에 치우치는 새 병증에서 나오는 행위가 아닐까 하는 의문이다.

동무들이여! 지도원들이여! 이와 같이 몽매한 지도와 맹간한 사업은 꼴호즈화에 악선전이 되고 당정책 실시에 고장을 기칠[끼칠] 일인 것을 어찌하야 깨닫지 못하는가? 만일에 이와 같이 억제적으로 꼴호즈화를 시키면 장래에 어떠한 결과를 얻을 것을 미리 생각하고 덜 일하는 멱신[멱서리인]가?

8.

그로제꼼으 구역 신남동 쏘베트 안에 울림동이라는 촌에는 꼴호즈가 되었는데 그곳에 꼴호즈가 새로 조직되었는데 그곳 빈농민들은 얼마가 그 꼴호즈가 무서워서 이사하여 가게 되었다. 이사하여 가는 사람들[에]게서 말을 들어보면 그 꼴호즈가 너무나 자기행사를 담[負擔]되게 한 듯하다. 례하면, 꼴호즈에 들지 아니하면 토지도 없고 식료도 주지 아니하고 비회원의 가산은 강제집행을 하여 꼴호즈에 붙이리라는 전설 하에서, 그 촌 빈농민들은 생각하기를 아마도 복스러이[福스럽게] 살지 못할 바에는 닭 울고 개 줏는[짖는] 다른 곳에 가서 살리라는 견지 하에서 무외에[無畏에][9] 이사군이 그곳서 떠나게 되었다.

---

8 기초를 닦고 계획을 세워 어떤 일을 해나감.
9 두려움 없이.

보아라. 사회주의적 살림을 건설한다는 곳에서는 빈농민들이 이사하여 가게 되니 이것이야 어찌 한심한 일이 아니겠는가. 만일 이사군들 말이 십상팔구[十常八九][10] 그릇되었다 할지라도 꼴호즈의 의의를 알지 못하고 그곳에 꼴호즈에 대한 해석사업이 없는 것만은 사실이겠고 꼴호즈를 환영치 아니하고 미워하는 기색이 있으니, 그곳 일군들이 꼴호즈화에 대한 사업을 옳게 못한 것만은 증명이 되는 것이 아니겠는가. 만일 이와 같은 방식으로 우리가 꼴호즈화를 시키다가는 장래 꼴호즈화 사업에 큰 고장을 기치여 한때에 기친 해독이 십년에도 풀 수 없는 큰 힘을 들일 터이니, 이미 지나간 허물은 지나갔거니와 이제 앞으로 할 일에는 많이 주의하여야 될 것이다.

9.

이제 또 다른 례를 하나 들면 이러하다. 레닌구역 크라스노 페레왈나[Красно Перевала, 붉은고개길]에 꼴호즈가 1929년도에 조직되었는데, 금년도에 와서 전반적으로 꼴호즈화로 넘어가는데 단거번에[단꺼번에, 한꺼번에] 꼼무나로 되었다. 1927년도에 대목밭을 개척하고 새 부락을 지어 살아가는 촌에 꼼무나를 조직하였다는 일은 말만 들어도 열성이 훌륭하고 이야기만 하여도 진보가 어지간한 모양이다.

그러나 한 번 더 깊이 들어 생각하여 본다면, 고려인, 중국인, 골리드(다재)[11] 세 민족이 섞여 사는 촌에 이상적 융화관계라던가 심산벽촌[深山僻村]에 새로 촌락을 이루고 두간모옥(杜間茅屋)도 겨우 건축하고 사는 형편에 경제상 토대라던가 모도[모두] 꼼무나를 조직하여 가지고 꼼무나가 완전한 꼼무나의 행사와 업무를 시킬 만한 형편이 보이는가?

---

10   열에 여덟이나 아홉 정도로.
11   골디족(Goldi, 나나이족).

예. 나는 말하기를 그곳에 꼼무나는 아직 일즉하다[이르다] 한다. 만일 그 꼼무나가 여러 가지 모양으로 꼼무나의 행사를 못하게 되면, 거룩한 꼼무나의 주의를 그릇치게 할 것이오, 참된 꼼무나의 위신을 손상케 하야 비소[誹笑, 非笑]거리의 재료가 될 것이니 이를 어찌 소홀히 할 일이며 가볍게 착수할 일이랴. 더군다나 그곳서 꼼무나를 조직할 때에 강제적으로 꼼무나에 들어오게 하는 일이 있으니 이것이야 어찌 꼼무나화하는 데 쓰는 정책이겠는가.

그곳 어떠한 빈농민들이 다른 곳으로 이사하여 가려는 것을 그곳 꼼무나에서 성명을 기록하여 쥐고 너는 꼼무나 회원이니 아모 데도 가지 못한다, 동무 동산은 모다 꼼무나 물건이니 자기가 지금 주인이라고 임의로 변동을 시키지 못한다 하며, 혹시 빈농민들이 이사하여 갈가 하는 의심이 있어 밤이면 보초를 서며 지킨다 하니, 이런 사실은 실로 꼴호즈화하는 당정책의 궤도에서 탈선되는 일이 아닐까?

동무들이여! 빈한농민들이 자기 단독한 힘으로 농업하는 것보다 여러 사람의 농장기구의 힘을 한곳에 합하여 연합적으로 경작력을 단결하는 가운데서 일반산업을 향상시키라는 견지 아래에서 꼴호즈를 조직하되 위선 농민들이 깁븐[기쁜] 마암[마음]으로 들어오게 하며 자발적으로 들어오도록 그 의의에 대한 해석사업과 선전사업이 쌍전[雙全]한 가운데서, 한편으로는 토대를 굳게 만들면서 한편으로 그 우에 건축물을 세울 힘을 쓸 것이다.

- ≪선봉≫, 1930년 3월 18일자(416호), 3면

10.

또 한 곳 실례를 든다면: 수이푼 구역 "태평양혁명자" 꼴호즈가 조직되어 있는데, 근방 큰 촌락을 망라하야 큰 둥어리[둥우리]를 만든 것만치 회원들도 적지 아니한데 어떠한 회원은 자기가 꼴호즈 회원인지 아

닌지도 분명이[히] 알지 못한다 하니(김미하일의 보고) 이 회원이 꼴호즈에 대한 회원의 책임을 지키지 못한다는 것보다 꼴호즈 회원이 될 때에 당국자의 지원 여부도 묻지 아니하고 곁 사람의 소개로써나, 그렇지 아니하면 전반적 꼴호즈화라는 결정으로 그 촌에 사는 주민은 누구를 물론하고 다 회원이 된다는 견지 하에서 부지불식간에 꼴호즈 회원을 만든 까닭이니 이것이 억제적 꼴호즈가 아닐까? 만일 억제적 꼴호즈라 하면 당정책의 궤도를 탈선케 하는 경향이 아닐까?

그렇다. 꼴호즈 회원이 되고 자기가 꼴호즈 회원인지 아닌지 알지 못하는 꼴호즈 회원이 어찌 꼴호즈 회원 노릇을 완전히 하며, 꼴호즈회원이 꼴호즈회원 노릇을 완전히 못한다면 그 꼴호즈가 어찌 완전한 꼴호즈 노릇을 하리라 하겠는가? 이와 같은 모양으로 꼴호즈화를 앞으로 길게 시키다가는 한심한 일이 한두 가지가 아니겠으니, 꼴호즈를 조직할 때에 해석사업과 준비사업을 원만히 하여 모든 인심이 각성적으로 농산업 향상에 기울어지고, 동리 여론이 자발적으로 농촌개혁의 사조가 발기될 때에, 다른 길로 말고 사회주의적 산업의 길루, 다른 집으로 말고 연합살림의 집으루, 길을 닦아주고 터를 잡아주어 준비가 원만하야 노력의 능률을 높이며, 따라서 수확의 고를 증식하는 동시에 산업이 은부[殷富][12]하여 우리 국가의 최후 목적을 성취하고 생애가 풍족하여 영소분리(零小分離)한 개인살림에 모범이 되게 하야, 지금은 꼴호즈가 싫다고 발버둥치던 것이 그때에는 꼴호즈에 들어오려고 골치기[13]하고 달려들게 하여야, 우리의 사업이오 옳은 지도요 바른 길이다.

꼴호즈가 귀엽은 것이 그 일홈이 특별한 데 있는 것이 아니라, 꼴호즈사업이 귀엽은 데 있는 것이오. 꼴호즈라는 일홈으로만 사회주의적

---

12   넉넉하고 풍성함.
13   이랑 만드는 일.

산업 건설이 아니다. 그의 사업이 사회주의적으로 되어 나가야 사회주의적 산업 건설이다. 그러므로 우리 농촌에 꼴호즈 조직을 수효가 얼마 되는 것으로 만족을 삼지 아니하고, 다만 그의 품질이 어떠한 것으로 자랑하는 것이다. 그러므로 일홈이 크고 실속이 없는 꼴호즈는 백천 개소가 있어도 그는 사회주의적 산업 건설에 능률을 높이지 못할 것이오, 일홈이 적고도 실속이 있는 꼴호즈는 다만 한두 개소에서 있을지라도 이는 사회주의적 산업건설에 상당히 능률을 높이리라고 단언한다. 이제 이것을 실례로 말하면, 1925~26~27~28년도에 쓰빠스크 구역에 고려사람 농산업 알쩰리[14]가 7, 8개소에 조직되었었다. 그러나 이 알쩰리들은 장수하여야 두 해요, 그렇지 아니하면 한 해도 겨우 생명을 유지하여 가다가도 그만 해산되고 만 일이 있으니, 이렇게 해산된 알쩰리들은 모다 기관에 빗[빛]을 지고 당금[當今, 현재] 먹을 양식이 없이 각산분리[各散分離]되야 유리개걸[遊離丐乞]하는 형편에 있었다. 그래서 이 알쩰리에 들었던 사람들은 알쩰리라고 말하면 니[이]에서 신물이 돈다고 말하고, 이 형편을 방관하던 농민들은 알쩰리를 범보다 더 무서워하는 경향이 있는 것은 내가 스빠스크 구역에서 목도한 바다.

여보 동무들! 이것을 우리가 잘 해부하여 볼 필요가 있으니 차점[차츰. 차츰] 연구하여 보자. 이 알쩰리들이 빗[빛]을 지기 소원이 있거나 마사먹기[15] 목적이 되어서 해산이 되거나 빗군[빛군]이 되고 만 것은 절대로 아니겠다.

첫째로, 자기 토지가 없이 조직되야 한곳에 살림살이의 뿌리를 깊이 박지 못한 것과 둘째로, 국가의 힘이 부족하야 그들의 요구를 원만히 수용하여 주지 못한 것이며, 셋째로 알쩰리 내부 정돈이 완전치 못한

---

14   알쩰리(артель). (노동자·종업원·산업·소비·신용) 협동조합, 동업조합.
15   부서지게 만들기.

등 여러 가지 결점으로 그 알쩰리들은 상사[喪事]나고 말았다. 그러면 지금에 와서는 이 세 가지 조건이 모다 원만하게 되는가? 만일에 원만하다면 물론 잘 될 것이겠다마는, 원만치 못하다면 누구던지 호상도감[護喪都監][16]을 떠멜 것이 아니겠는가? 그러니 농촌일군들은 특히 구역 일군들은 뒤에 온 길을 돌아보며 앞 발자귀[발자국]를 밟으며 눕을 자리를 보아가며 다리를 펴라는 권고를 올린다.

- ≪선봉≫, 1930년 3월 24일자(418호), 3면

---

16 초상 치르는 것과 관련한 일을 책임지고 맡아서 하는 직임. 또는 그 사람.

"선봉"의 과거와 장래

볼세비크 당의 총선을 위하여 투쟁하는 "선봉" 창간 14주년

우리 "선봉"은 14개년을 지나오는 어간에 당 기관지로서 많은 풍상을 겪어 왔다. 다시 말하면, 공민전쟁 당시에 야수적 백파 반역의 포악 무쌍한 만행 누습을 일일히 폭로하며, 붉은의병대의 용감한 무용과 쾌활한 사회주의혁명의 정신을 북돋우어 주며, 원동 연해주에서 쏘베트 주권의 부식을 위하여 노력군중을 조직 동원하는 투쟁을 하여 왔으며, 원동에 쏘베트주권을 부식한 뒤에는 군중에[의] 쏘베트화를 위한 투쟁을 하여 왔고, 경제복구 시기에 있어서 신경제정책 실시를 위하여 투쟁하였으며, 반혁명적 뜨로쯔끼즘을 반대하여 투쟁하였고, 인민산업 개조시기에 있어서 당의 충성을 위하여 좌·우경을 반대하여 투쟁하고, 특히 제일차오년계획안을 실현하는 시기에 있어서 전반적 꼴호즈화 하는 기초 우에서 착취계급의 잔재인 토호들을 계급으로 보아 청산하며, 농촌에 꼴호즈[집단농장] 숩호즈[국영농장]화에 대한 투쟁과 각 인민 산업부문에 있어 사회주의 건설의 속도를 위하여, 한편으로 주력대 운동과 사회주의 빅이[경쟁]를 조직·지도하며 쓰딸린 선생의 여섯 가지 역사적 훈시대로 성과 있는 사회주의 산업의 토대 완성을 위하여 투쟁하여 왔고, 이 시기에 있어서 가장 위태한 우경 기변주의[機變主義, 기회주의]와 무자비한 투쟁을 하였으며, 제이차오년계획안을 실시하는 이 시기에 있어서, 계급 없는 사회주의적 사회건설을 위한 투쟁에 있어서, 반혁명적 뜨로쯔끼즘과 지노비예프파의 잔재를 근본까지 제거하는 투쟁을 넓히 전개하야 전무후무한 유일 볼세비크당을 위하여 투쟁하여 왔다.

　특히 원동에 있어서 레닌 - 쓰딸린의 민족정책 실시와 일반 조선인 노력군중에게 국제 민족주의 교양사업과 원동변강을 각 경제 급 정치적 방면으로 우리 동맹 안에 선진 변강[邊疆]으로 변환하려는 모든 사업에 대한 정신 집중과 힘을 동원하는 일에 우리 "선봉"이 맵짠¹ 비판의 입을 가지었으며 [예]리한 토론의 혀를 가지었었다. 이 밖에도 동양 반식민지·완[完]식민지에 있는 제국주의자들의 야수적 착취와 파분하려는 야심의 탐욕을 발로시키며, 그 안에 혁명운동의 동기와 정세를 바로 우리 노력군중에게 보도하여 국제 정세를 소개하였으며, 쏘베트동맹의 평화정책이 강경하게 동요 없이 굳게 서 있음에 쏘베트국경 침공을 주장하야 밤낮으로 창궐하는 제국주의자들로도 불득이[부득이]하야 불[가]침조약²에 날인[捺印]하게 한 우리 사회주의 조국의 세력과 위신을 일반 노력 군중에게 옳게 알려 주며, 그들로 하여금 도처에 대적 없을 만한 관일[貫一]한 정신 가진 사회주의 조국[의] 보호병을 만드는 사업을 하여 왔다.

이 많은 사업, 이 모든 역할, 이 중요한 과업을 실현하여 온 그동안에 우리 "선봉"의 연혁을 참조하여 보면, 참으로 많은 변천, 높은 장성을 가졌다. 우리 "선봉"이 온흘[오늘] 창간 14주년을 맞으면서 지난 연혁과 사업의 장성을 잠간 회고하여 보자.

"선봉"이 처음으로 창간되기를 1922년 8월 16일에 제1호를 발간하였다. 이때는 바로 원동 연해도가 아직 백색 반동자들 손에 들어가 있을 때에, 도시에는 우리 공산당이 비밀리에서 사업할 때, 공민전쟁이 발발하여 산곡에는 붉은의병대가 야영을 치고 광야에는 백적[白敵] 반도들이 유진[留陣]하여 전쟁 풍운이 밤낮으로 농후하던 그때에, 지금 우쑤리주 아누친(도병하 - 다우비허)에 주재한 로시아공산당(다) 연해도뷰로 기관지로 처음 발간되고, 명칭은 "붉은 긔"라고 하였으며 극소한 역원으

---

1 짜고 매운. 사납고 매섭게.
2 1939년 8월 23일 소련이 독일과 맺은 불가침조약(Nonaggression Pact)을 말한다.

로 등사인쇄를 하니 매주 일간(一刊)으로 매간(每刊) 80도까지 발간하니 1922년에 도합 14호까지 발간되었었고, 1922년 10월 25일에 해삼위에서 백파 잔적들을 몰아내고 붉은 군대가 점령한 뒤에 인허[3] 연해도당뷰로가 해삼위에 이주하고 1923년 삼월 일일부터 그 일홈을 곧히어[고치에] "삼일"[4]이라 하다가 미구에 다시 "선봉"이라고 개정하였다.[5]

이제 우리 "선봉"의 장성을 잠간 살펴어 보면: 1922년 무기간[無期間]으로 일년도 발행홋수가 14호뿐이오 매간 80도였으며 외부에 노농기자는 전부 없었고, 1923년도에는 매주 일간으로 1년도 발행홋수가 34호에 매간 500도식 17만부를 발행하였고 노농기자 10명을 가졌으나, 1935년도에 와서는 격일간으로 1년도 발행홋수 180호에 매간 1만도식[씩] 일백팔십만 부식[씩] 발행되고 노농기자 2,080명까지 "선봉" 주위에 세웠으니, 그의 비상한 장성은 실로 자랑치 아니치 못할 것이다.

발서 지나온 사업은 이미 말하였거니와, 이제 앞으로 당면한 과업에서 우리 "선봉"이 당[의] 충성을 위하여와 계급 없는 사회주의 사회 건설을 위하여 무한한 경쟁을 하여 올 것은 자기의 벽두에 선 과업이겠거니와, 아직도 내부의 결점이 많은, 즉 인재양성과 기술상 미흡 등 기타 여러 가지 결점을 퇴치하는 일에 자체로 노력하여, 당이 자기의 노동계급과 연락을 맺으며 의사를 소통하는 완전무결한 무기가 되게 할 것을 언약하면서 귀중한 우리 노농청년 기자들이 밝은 계급적 안목과 정직한 사회주의적 이상을 가지고 우리 "선봉"의 주위에 묶어 서서 모든 투쟁 장리[掌理][6]에서 한 곡조로 함성을 치고 한 보조로 거름하기를

---

3   그로 인하여.
4   창간 당시의 정확한 신문지명은 ≪삼월일일≫이다.
5   ≪선봉≫의 기원과 발전과정, 그리고 러시아 한인사회에서의 위상 등에 관해서는 반병률의 「러시아지역 한인신문 선봉과 1920·30년대 한인사회」, 한국외대 역사문화연구소, ≪역사문화연구≫, 19(2003년 12월), 63~92쪽 참조. 이 책의 제3부 제3장에 수록.
6   (일을) 맡아서 처리함.

부른다.

1922년부터 1935년까지 "선봉"신문 장성의 일람표

연도별	발행횟수	발행돗수
1922년	1년에 14호	80도
1923년	1년에 34호	500도
1924년	1주 1간	2,000도
1925년	1주 1간	2,000도
1926년	1주 2간	2,900도
1927년	1주 2간	2,000도
1928년	1주 2간	2,000도
1929년	1주 2간	3,600도
1930년	1주 3간	6,900도
1931년	1주 3간	10,500도
1932년	격일간	11,700도
1933년	격일간	12,000도
1934년	격일간	10,000도
1935년	격일간	10,000도

- ≪선봉≫, 1935년 8월 27일자(1295호), 1면

시비리아철도행[*]

일만낄로메뜨로 머나먼 길을
앞에두고 떠나가는 나의걸음은
해삼위로 시작하여 모쓰크바루
직행하는 시비리아철도행이다.

금각만아 그동안에 너 잘있거라!
의의깊은 "원동공장" 후긔약맺자!
섭섭하다 생각말아 에껠셀드야¹!
훗날다시 맞나보자 "노위고" 만²아!

---

*   최호림이 1931년 창작할 당시의 제목은 「시비리철도행」이었고 고려인 독자들에게도 이 명칭
    으로 널리 알려졌다. 이는 우리에게 익숙한 시베리아(Siberia)가 러시아어로 시비리(Сибирь)
    인 데서 비롯된 것이다. 어떤 이유인지는 몰라도, 1935년 ≪로력자의 고향≫ 창간호에 발표된
    작품의 제목은 「시비리아철도행」이다.

1   에게르셀드(Эгершельд). 블라디보스토크가 위치한 무라비예프 - 아무르스키 반도의 서남
    단으로 길게 뻗어 있는 반도로 금각만으로 들어가는 입구에 위치하고 있다. 오른쪽으로는
    아무르만, 왼쪽으로는 금각만 입구 부분이다. 에게르셀드에는 운송선으로부터 하역하는 선
    착장이 있어 조선인 노동자들이 짐을 짊어 나르는 잡역에 종사했다. 홍범도 장군 등 의병 출
    신들 역시 후일을 준비하며 이곳에서 막노동을 했다.

2   '노위고'만은 블라디보스토크 주변에 위치해 있고 한인들과 인연이 많은 '만(灣)'일 것으로 짐
    작되나, 어느 곳을 지칭하는지 짐작할 수 없다.

쏘아가는 살과같은 빨은 차속에서
몸을실고 좌우옆에 내다보이는
오십여리 장거리에 피서 별장과
해수욕장 선유장[3]을 얼는지나서

우골리나야 역소[4]에와 길을멈추어
김이나는 만둑이떡[5] 얼는사먹고
수청탄광 가는지선 동으로보며[6]
떠나가니 아물만[7]도 고별을햇네.

나제스젠스크[8] 뚜넬[9]을 잠간 지나서
다다르니 니꼴리스크 - 우쑤리[10]역
잠간동안 시항[11]구경 단녀오려고
차에나려 두루-두루 살피어보니

---

3   뱃놀이를 할 수 있는 해변.
4   역소(驛所). 기차역. 우골리나야역(Угольная Станция).
5   만두기떡. 멥쌀가루를 익혀서 빚은 반달 모양의 피 안에 팥소를 넣어 만든 떡.
6   우수리철도는 아무르만(Амурский Залив)역에서 블라디보스토크로 가는 본선과 동쪽으로
    수청(현재의 파르티잔스크)으로 가는 지선이 갈라진다.
7   아무르만. 블라디보스토크 서쪽, 즉 무라비에프 - 아무르스키반도 서쪽의 만. 동쪽의 만은 우
    수리만(Уссурийский Залив)이다. '원동의 서울'이라 불리던 신한촌에서 바라다 보이는 바
    다가 아무르만으로, 이곳에는 고려인들의 삶의 애환이 깃들어 있다. 그리하여 아무르만은
    고려인들의 회상기와 문학작품에 많이 등장한다.
8   나제스진스크(Надеждинск).
9   туннел. 터널(tunnel)의 러시아어.
10 니콜스크 - 우수리스크(Никольск-Уссурийск). 현재의 우수리스크(Уссурийск). 전통적으
    로 송왕령(宋王領), 송황령(宋皇領), 소왕령(蘇王領), 쌍성자(雙城子) 등으로 불리었다. 1935
    년에 보로실로프로 개칭되었다가, 1957년 현재의 우수리스크로 개칭되었다.
11 시항(市巷). 시내 저잣거리.

붉은의병 본영뒷던 아누치나[12]는
동쪽으로 아즐하게[13] 멀리보이고,
힌중국과 마새많은[14] 중동철도는[15]
서쪽으로 련락되어 있는곧이다.

시 중앙에 웃둑-웃둑 솟은집덜은
정치, 실업 문화, 교육, 긔술배호는
십여소의 학원들이 설립되어서
연해주에 손곺이는[16] 문화중심지.

수이푼강 맑은 물에 목욕을하고
청도공원[17]류정[柳庭][18] 속에 산보하다가

12　아누치노(Анучино). 시베리아내전 시기에 연해주의병(빨치산)참모본부가 위치했던 곳. 니
　　콜스크 - 우수리스크로부터 동북쪽의 내륙에 위치한 도시. 한자로는 도병허(都兵河)라 표기
　　하며, 다우비허(Daubikhe)라고 발음한다. 최호림은 1922년 9월부터 12월까지 연해주의병본
　　부 산하에 있던 고려의병군정의회의 군정위원을 지냈다. 아누치노에는 러시아공산당 연해
　　주비밀간부와 연해주빨치산(의병대)본부가 자리잡고 있었고, 이영선, 최고려 등이 1922년 7
　　월에는 연해주비밀간부 산하에 고려부를, 9월에는 연해주빨치산본부 산하에 고려혁명군정
　　의회를 설치했다. 최고려는 당시 당의 고려부 기관지인 ≪붉은긔≫의 책임주필과 고려혁명
　　군정의회의 군정위원으로 활동했다.
13　멀리 까마득히 아물거리게.
14　말썽 많은. '힌중국'은 일본의 괴뢰국인 만주국 또는 국민당정부나 만주군벌 장쉐량(張學良)
　　을 지칭하는 것으로 보인다. '마새많은'은 여전히 중동철도를 둘러싸고 소련과 중국 간에 분
　　쟁이 계속되고 있는 상황을 말한다. 최호림이 1931년 「시비리아철도행」을 짓기 2년 전인
　　1929년, 장쉐량은 중동철도(동중철도)를 소련으로부터 회수하려고 무력을 사용했다가 소련
　　의 원동특립부대에 진압되었는데, 이 '동중철도사건'을 염두에 두고 있는 것으로 짐작된다.
15　중동철도는 '동청철도', '동중철도'라고도 하는데, 제정러시아에 의해 1903년 완공된 이래 러
　　시아혁명 이후 1929년의 동중철도사건, 1935년 만주국에의 매각, 1945년 소련 접수, 1950년
　　중국에의 반환 등 국제정세의 변화와 관련해 많은 사건이 발생한 철도이다.
16　손꼽히는.
17　淸島公園. 니콜스크 - 우수리스크의 시내에 위치한 공원이다. 고려인들의 추억이 담긴 공원
　　으로 회상기 등에 자주 등장하는 곳이다.
18　柳庭.

시중앙을 바로께어[19] 오는걸음에
원동 안에 처음열닌 사탕제조소,

기름짜는 꼼비나뜨[20] 얼는방문코
완보하여 정거장에 돌아나와서
몸을 다시 차에싯고 길을 떠나니
량만리의 먼여행이 계속되누나.

가는 길에 왼쪽으로 살펴보이는
자래산 밑 둘러짛는 저집들으는
원동안에 농작업을 크게 경영한
굉장하게 시설해논 모범장이다.

미할놉까 대촌중을 지나올적에
손일선의 이름으로 있는 숩호즈[21]
잠간들려 방문하고 한참 더가니
족으마한 역참으로 만줍까란다.

홍개호[22]로 직통하는 교통선로를
이곧에서 서북으로 지선벋으니

---

19 바로 꿰어(가로질러서).
20 콤비나트(комбинат). 종합기업. 종합공장. 복합단지.
21 순얏센(孫逸仙, 孫文) 명칭 숩호즈(국영농장). 미하일로브카 구역에 위치한다. 1930년대 초 김미하일 미하일로비치[김인]가 정치부장으로 일했던 곳이다.
22 중국 동북지방과 러시아 연해주의 국경을 이루고 있는 호수로 4/5가 러시아에 속해 있다. 한자로는 興凱湖(싱카이후), 영어로는 'Lake Khanka', 러시아어로는 '오제로 항카(озеро Ханка)'이다.

한까구역[23] 벼 농사에 운반이편코
밀산부[24]와 국외무역 역할이 크다.

여러 곧에 정거킬내 만도된[25] 차가
앞에 갈길 망속하여[26] 뽐내가는데
쓰빠쓰까[27] 역 당도하자 마자하여서
백일 청천 소낙소리 이 웬일이냐?

차창으로 목빼들고 치어다보니
공중에서 쇠솔갬이[28]-비행긔날고
서편으로 울려오는 긔적소리는
쩨멘트[29]의 공장에서 번가는[30]신호

이곧까지 겨우오니 해동갑[31]이오,
떠나가니 이앞으론 달동무[32]로다
뜨로즈도,[33] 스뱌기노[34] 두역 지나서

---

23 홍개호 주변의 구역. 호수 주변 지역은 평원에 호수로 흘러들어가는 하천들이 많아 물이 풍
    부해 벼농사에 편리하다.
24 밀산(密山, 미산). 홍개호 서쪽의 러시아와 국경을 이루고 있는 중국 동북지방에 위치한 곳
    으로, 한인들은 홍개호를 통해 왕래하면서 활발하게 무역을 했다.
25 만도(晩到). 늦게 도착한. 연착한. '여러 곧에 정거킬내 만도된'은 '여러 곳에 정차하느라 늦
    게 도착한'이라고 풀었다.
26 망속(忘速)하여.
27 스파스카(Спасска). 현재의 스파스크 - 달니(Спасск-Дальний).
28 '쇠솔갬이'. 철(쇠)로 만든 솔개. 비행기를 말한다. 고려인들은 (증기)기관차가 석탄을 때서 움
    직인다는 의미에서 '불술기'라 했다. 또는 쇠(철)로 만들었다고 하여 '쇠술기'라 하기도 했다.
29 시멘트(cement)의 러시아어 'цемент'.
30 당번을 교대하는.
31 '해(年)동갑(同甲)', 즉 '나이 동갑'.
32 달(月)동무.

스물셋재 적은[35] 역소 크로옙스크[36]

해삼위서 스물넷재 역소로오니
"인간천당" 거이되던 스마곱까촌[37]
혹세 무민 일을 삼덕 이전 수도원
지금에는 농업긔사 양성소로다.

까들니[38]와 우수리역 지나오기에
목이말은 긔관차에 물을 먹이려
바라하쓰크 역[39]에 잠간정거해
걸음 펴니 라조[40]지나 이만역[41] 왔다.

해돋는 쪽 헤요한곧[42] 이만강상류
놀리허[43]란 낡은 촌이 저긔있나

---

33 드로즈도브(Дроздов)역.

34 스비야기노(Свиягино)역.

35 출발역인 블라디보스토크역으로부터 스물셋째인 작은.

36 크라예프스키(Краевский)역.

37 슈마콥카(Шмаковка)촌(村). 슈마콥카역.

38 '카드리(кадры)'는 '간부'라는 뜻의 '카드르(кадр)'의 복수이다. '까들니와'는 '(군, 국민경제,
    학술, 문화, 행정 등 여러 활동부문에 걸친 사업과 시설에서의) 주요 간부들과 함께'라고 풀
    수 있다.

39 현재 쁘라하스카(Прохаска)역.

40 라조(Лазо)역.

41 이만(Иман)역. 현재의 달리네레첸스크(Дальнерченск)역.

42 헤아려 본 곳.

43 한자어로는 '老林河'. 러시아어 명칭은 엘레 - 사스놉카(Эле-Сасновка) 마을. '놀리허'는 다
    른 명칭으로 '라블류(Лавлю)' 또는 '루키야놉카(Лукьяновка)'라고도 했다. 동쪽으로부터 흘
    러내려와 이만(현 달리네레첸스크)에서 우수리강 본류와 만나는 이만강(현재의 발사야 우수
    르카 강, Большая Уссурка)의 중류 유역에 위치했던 마을이다. 원래 이 마을은 권업회가
    1912년 12월 러시아 하바롭스크의 연흑룡주총독부로부터 농업지단을 할당받아 조성해 1914
    년까지 100개가량의 한인가구들이 이주·정착했다. Ban, Byung Yool, *The Rise of the Korean*

흑색 보수 주의 손에 원동 있을 때
저 동리에 있던 살변 금즉도했다.[44]

일본 군벌 앞장석이 홍호적무리 -
포악하기 짝이 없던 코산이패가
저 동리에 한 달동안 웅거해슬때
부녀 강간 재물 탈취 례사이엇고,

무죄량민 벌거벗겨 달아매고서
사정없이 란타하던 란장소리는
산에섯는 나무들이 떨듯햇거던
매맞는이 애걸성이 어떠해스랴?

삼백여호 넘은 촌락 다때려먹고
나종 게서 떠나갈때 하직 솜씨로
성인두흘 골나내여 겁지벗기고,[45]
어린애기 배를갈나 두쪽내엇다.

Socialist Movement: Nationalist Activities in Russia and China, 1905-1921(Seoul: Hanul Academy, 2016), pp.141~142. 한인마을로 김경천 부대가 1920년 말경 일시 주둔했던 곳이다. 김경천 부대는 이곳에서 전열을 정비하고 난 후 1921년 1월 5일의 이만전투에서 백파군 대를 격파했다. 김경천은 '놀리허'에 대해 다음과 같이 구체적으로 묘사했다. "新年을 羅扶遺에서 맞는다. 羅扶遺을 일명은 놀니허라 한다. 이만에서 약3백여리가 되며 夏間에 교통이 깔돈까지 있으니 깔돈서 백리 되므로 도로가 없으니 通來가 없으니 혹 木船으로 위험을 무릅쓰고 上江함이 있으나 年에 1차도 있으나마나 하다. 冬節에 結氷하면 파리(썰매)로 다니나 百里長路이므로 잘못 걸으면 雪中에 寒中한다." 김경천, 『擎天兒日錄』D. 四二五五年(1922年) 1月 元日調 참조.

44 살변(殺變)이 끔찍도 했다. 놀니허에서 홍호적이 주민들을 상대로 자행했던 약탈과 학살 등의 만행을 말한다.
45 겁지는 '껍질'의 옛말. 성인(어른) 둘을 골나내여 껍질을 벗기고.

련합군이 원동에 와 주둔해슬 때
이와같이 따뜻하게 "보호해준걸"
그들게서 받은 "은혜" 높은것만치
시기오면 "은혜" 갑기 긔억이 깊어

저긔뵈는 풀언덕 높고나즌데[46]
붉은용장 한운용군 전망지로다.
의회주권 위하여서 혈전하다가
순사하니 그의 의용 위대하고나!

군과 같이 전망하신 오십여의사
무산게급 위하여서 뿌린 피방울
천추 만대 력사우에 말으지않어
훗자손게 게급정신 붓돋아준다.

구베로보[47] 지나올 때 먹은아츰밥
명치끝에 매달니어 불량한 소화
라쓰또츠까 역[48]에 약수평 들너
약수 한 병 사먹으니 저절루소화

보챠로보[49] 들리어서 담배피우고

---

46 여기서부터 두 문단은 1921년 12월 4일 이만전투에서 군비단 군대 제2중대 한운용 부대가 반
    혁명파 백군과 싸운 전투에서 희생된 사실을 추모하는 내용이다. 이하 최호림의 「원동변강
    고려인생활 역사초록」의 이만전쟁편(이 책 제1부 '원동변강 고려인생활 역사초록'의 '1921년
    12월 4일 이만전쟁기' 참조).
47 구베로보(Губерово)역.
48 라스토츠카(Ласточка)역.

들어서니 비낀강변 비낀역이라.
남엔 모기 사람 잡는 탐한동이오,
서엔 습개⁵⁰ 소를 먹는 샘물촌이라.

서루 터진 질펀한 저 넓은 벌판은
태발⁵¹이나 개구리의 풍류텀이요,⁵²
강억덕에 웃둑솟은 저 굴뚝들은
변강내에 제일가는 영림창⁵³이다.

수만년을 거저썩던 원동 삼림이
거취 없이 바려둠을 슳버하더니
의회주권 자리 잡던 그날 붙어는
무진 부원 개채업에 착수하여서

원동 삼림 채벌 사업 크게 확장해
방방 곡곡 빈틈 없이 목재소 두고,
올개-살개 거듭찾아 영림창 두니
그도 역시 생물이라 거천한다고.

긁을 뜨는 도끼소리⁵⁴ 나올적마다

---

49   보챠로보[Пожарово]. 현재의 뽀자르스키이(Пожарский) 역.
50   습개(濕疥). 진옴. 옴에 급성의 습진이 함께 나는 병.
51   태발(苔髮). 수염처럼 길게 자란 이끼.
52   풍류(風流)터임이요.
53   영림창(營林廠).
54   '긁'은 '(나무) 그루', '뜨는'은 '떼어내는'을 뜻한다. '긁을 뜨는 도끼소리'는 '나무그루를 떼어내
      는 도끼소리'를 뜻한다.

닢을 떨어 우줄-우줄 억게춤추고,
로꼬모빌 긔관톱[55]이 소리만나면
시모뜨기[56] 번차례로 널뛰음하네

[비]낀, 이만, 우수리강 덮어나리는
시모뜨기, 통모뜨기,[57] 저많은 떼목
가담-가담[58] 무리짛어 뭉켜싸이니
나려가기 슲중나서 떼를씀인가?

아니란다 사회주의 건설 할일에
어찌하면 남들보다 더잘할려고
사회주의 경쟁조건 꿈이어내고,
공격대원 저저마다 되기내기로

뒤떨어저 나려오는 떼목을 모혀
생산협의회의 함이 그러하다네
회의 맞고 나려가는 저 떼목들은
물굽이를 바로찾어 골을젓으며

녹수맞나 완완하게 평보하다도[59]
여울 보면 꾸불거려 달김박질해[60]

---

55 로코모빌(локомобиль)은 증기견인차(견인기관차)를 뜻하며, 로코모빌 기관톱은 증기기관
을 이용해 목재를 자르는 톱을 말한다.
56 시목(柴木)뜨기는 '땔감나무 떼어내기'를 뜻한다.
57 통목뜨기는 '통나무 떼어내기'를 뜻한다.
58 가다가다.
59 '녹수맞나 완완하게 평보하다도'는 '녹수 만나 완완(緩緩)하게 평보(平步)하다가도'로 푼다.

제가 만저 외국 가서 행세하려고
앞서거니, 뒤서거니 재도타온다.[61]

이곧붙어 돌라맥힌 산골 안으로
에돌고도 감돌아서 나가는길에
이 모퉁엔 노루 사슴 놀나뜀이오,
저 모퉁엔 땅뚜지는[62] 묏돝[63]의무리.

검어직직 그윽한 저 능폐속에는
외동곳이[64] 미록[65]들의 사양장[66]이오
시내물이 돌돌 흘너 가는언덕엔
삼지구엽 로방초°가 늠늠하고나

잦솔밭에 보이는, 저, 동피, 서피, 는
헐벗은, 손, 가옷 생각 부드득나고,
황새섞인 가둑 밭[67]에 기는 저 여호[68]
배자[69]짚어 안 닙은들 칩어하릿가.[70]

---

60   달음박질. '달김'은 '달리다'의 함경북도 방언인 '달기다'의 명사형.
61   재도(再度). 또 다시. '재도타온다'는 '또 다시 (물을) 타고 온다'는 뜻이다.
62   땅뒤지는.
63   '멧돼지'의 함경북도 방언인 '메톹'의 다른 표기.
64   외동고지. 홀로 높은 지대.
65   미록(麋鹿). 고라니와 사슴.
66   사냥장. 사냥터.
°   원주(原註): 인삼.
67   산누에를 치기 위해 가둑나무를 심어 가꾸는 밭.
68   '여우'의 방언.
69   추울 때에 저고리 위에 덧입는, 주머니나 소매가 없는 옷.
70   추워하리까?

가담-가담 나무 우에 집둥울이[71]는
모톨 곰과 가츠 곰의 갈처논게오,[72]
산비탈에 듬은-듬은 꺼겅껑소리
가투리[73] 찬 장꿩님의 우숨이로다.

딴데 없는 동식물이 풍부한 원동
인삼 록용 약재들과 산진 해산[74]은
사회살림 짖는 편수[75] 상차림이오.
제국주의 념위[76] 말릴 그림의 과실.

산수 병풍 어린 속에 산 그림 보며
네 역소를 지나서 뱌쎔스크[77]와
중화참[78]이 됨으로 점심먹고서
도름이돈돕까[79] 역과 웨르노[80]지나

그루글리꼬보[81]에와 정거하니깐

---

71 집둥우리. 짚이나 댑싸리 따위로 바구니와 비슷하게 엮어 만든 그릇 모양의 새둥지.
72 가르쳐놓은 것이오.
73 까투리. 암꿩.
74 산진해착(山珍海錯). 산과 바다의 산물(産物)을 다 갖추어 잘 차린 진귀한 음식.
75 공장(工匠)의 우두머리. '編首' 또는 '邊首'.
76 염위(炎威). 한여름 복중(伏中)의 아주 심한 더위, 또는 그 기세.
77 뱌쎔스키(Вяземский)역.
78 중화(中火). 길을 가다가 점심을 먹거나 쉬는 시간, 또는 먹는 곳.
79 도르미돈똡카(Дормидонтовка)역.
80 베리노(Верино)역. 호르(Хор)역에서 하바롭스크 방향으로 두 번째 역. 후일 1937년 중앙아
    시아로의 강제이주 당시 이주민을 태운 열차(505호 열차)가 마주 오는 열차와 정면충돌해 차
    량 일곱 대가 탈선·전복해 21명이 즉사하고 50명이 중상을 입는 사고가 발생했다고 전해지
    는 역이다.
81 그루글리코보(Другликово)역.

지선벋어 묏밭으로 줄곧나갓네
얼는보면 서겂으기[82] 짐작이없고
장래히망 보리라고 뜻못할지나

깜작 말고 기대려라 몇해 동안만
볼만한일 참많으리 이지선에서
쏩으가완[83] 보배 창고 열니어지고
암물강구 니항[84]에만 련락이되면

온세상이 욕심내는 갑많은 피물
너나 없이 침흘니는 오홋쓰크해산
모조리다 이길루서 실어내겟고
전수[85]가다 이철도를 경유할테며

쎄베르[86]에 은슿닭과 오호, 금마아지[87]
이길루 족돌-족돌 달아오겟고
화태도[88]에 원유, 석탄, 중요채굴이
이길루서 모조리 다 쏘아오리라

---

82 '서거프다'는 '서툴다'의 함경북도 방언.
83 쏩으가(Сопка). 러시아 시베리아와 원동지방에 있는 원추(圓錐) 모양의 산이나 언덕(대개
    화산)을 말한다. '쏩으가완'은 '쏩으가와는'으로 풀 수 있다.
84 니항(尼港). 니콜라옙스크 - 나 - 아무레. 바다로 들어가는 아무르강의 하구에 위치한 항구.
    1920년 3월과 5월, 두 차례에 걸쳐 이른바 '니항사건'이 일어났던 곳. 이곳을 점령했던 뜨랴삐
    찐 빨치산부대의 한인부대가 자유시로 옮겨가 사할린특립의용대의 주력부대가 된다.
85 전수(轉輸). 수송되어 온 물건을 다시 다른 곳으로 옮기는 행위 또는 활동.
86 세베르(Север). 북쪽 지방.
87 '은슿닭'은 '은수탉', '금마아지'는 '금망아지'를 말함.
88 화태도(華太島). 사할린.

시산하기[89] 짝이 없는 꼴폽스까야[90]
얼는지나 크라스나야 레치까역[91]
이십년도 사월 사변 슲은 력사를[92]
회상하며 바라보니 하바롭쓰크

세마르[93]가 긋준하게[94] 구릉지은곧
쇠 기둥에 돌 벽으로 층층 누각을
꽉박아서 짛엇으니 긔지[95] 튼튼코
십여만구 실엇으니 도회가 크다

내다뵈는 삼일촌[96] 가는길 역엔
무선전신 수신주가 공중에높고
옆에 있는 제정시대 포병 공창은
지금에는 굉장할사 원동농긔창

---

89 '시산하다'는 '스산하다'의 황해도 방언으로 '몹시 어수선하고 쓸쓸하다'라는 뜻.
90 콜홉스카야(Корховская)역.
91 크라스나야(크라스노) 레츠카역. 최호림은 1920년 일본군이 자행한 4월참변을 피해서 하마
    탕 부근 얼두거우에서 같이 활동하던 의병부대원 20명과 함께 하바롭스크 크라스나야 레츠
    카를 거쳐 아무르주(흑룡주) 자유시로 들어간 일이 있다. 최호림은 당시 자유시로 들어가기
    전에 크라스나야 레츠카에 위치한 러시아 붉은의병대 본영의 사령관인 불라코프 휘하에서
    잠시 일한 바 있는데, 이를 회상한 것이다(이 책 제1부 '원동변강 고려인생활 역사초록'의 '최
    호림군대의 조직과 연혁' 참조).
92 1920년 4월 4~5일에 일본군이 연해주 일대의 러시아혁명세력과 한인사회를 공격했던 4월참
    변을 말한다. 최호림은 4월참변을 피해 하마탕 얼두거우 일대에서 활동하던 자신의 의병대
    를 해산하고 하바롭스크로 이동했다.
93 세 개의 산꼭대기.
94 꾸준하게.
95 기지(基址/基趾). 건축물의 기초.
96 하바롭스크 크라스나야 레츠카 구역 근처에 있던 아무르 강변의 대표적인 한인마을. 이 마
    을의 많은 사람들이 우즈베키스탄 폴리타토젤 콜호즈(현재의 황만금 콜호즈)로 이주했다.

"군사산"한마르[97]에 엄연한 저집
원동특립군사령부 긔발이높고
공원 옆에 사층누각 직업동맹관
구주전란 포로병의 로력 긔념품[98]

이름높은 "꼴례수하" 저 큰 한길은
혁명범인 귀양살이 우리 동지들
박달 총상 가죽 채에 얻어맞으며
닦아놓은 유적이 완연하고나

시가중앙 웃둑솟은[99] 칠층고각은
철골 석피 신식 건축 쏘베트 회관,
변강내에 행정 사법 중요긔관이
거반이나 이집에 다 집중되엇다.

전 동맹국 건축공사 전람회에서
작도, 공사, 긔묘하다 일등상받은
마즘편에 반수정궁 원동은행집
삷여보며 완보하여 시공원가니,

삼십도나 경사지은 잔듸풀 밭에
교목스풀 그늘속이 피서가 좋고,
족음더가 무라비웁 동상터앞에[100]

97   '군사산'의 한 마루에.
98   제1차 세계대전 당시 독일, 오스트리아 - 헝가리 출신 포로들이 건설한 건물.
99   우뚝 솟은.

울장[101] 집고 살펴보니 경개가 절승.

굽어보니 발아래는 흑룡강이오,
쳐다보니 머리우엔 록엽산이라,
가지우엔 꾀꼬리가 벗을부르고,
물속에는 금리어[102]가 흐늑거린다.

강언덕에 단애 절벽 급한형세는
구경군의 머리같이 앗즉-앗즉코,
검어직직 흘너가는 흑룡강수는
사품지어[103] 누연누연 눈잔이핑핑

높고 낮게 멀니 뵈는 아즈랑 낀 산
히미하게 둘너있어 그림과같고,
앞 벌판에 원근 동리, 초림, 소택은
여상마치 화문놓은 돗자리로다.

부두가에 칭칭 매운 저선척들은

---

100 니콜라이 니콜라예비치 무라비욥 - 아무르스키(Николай Николаевич Муравьёв-Амурский, 1809~1881) 백작. 동시베리아총독 재직 시 아이훈조약(1858)과 북경조약(1860)을 체결해 청나라로부터 아무르주(흑룡주)와 프리모르주(연해주)를 러시아 영토로 확보했다. 이러한 관계로 그의 이름을 딴 지명이 많다. 대표적인 것이 블라디보스토크와 금각만이 끝자락에 위치한 무라비욥 - 아무르스키 반도이다. 하바롭스크 아무르강변(여객 선착장)에 위치한 우쪼스(Утёс) 언덕 위에 그의 동상이 아무르강을 내려다보고 있다. 그의 동상은 러시아혁명 후에 철거되었기 때문에 최호림이 찾아간 것은 그 '동상터'이다. 그의 동상이 재건된 것은 소련 붕괴 이후이다.
101 울짱. 말뚝 따위를 죽 잇따라 박아 만든 울타리. 또는 잇따라 박은 말뚝.
102 금리어(金鯉魚). 금잉어.
103 물이 소용돌이치다.

니항[104]으루 나려갈손 대하고있고,
검은 연긔 토하면서 떠가는배는
흑하시루 소상하는 정긔련락선

해지는 쪽 저긔 뵈는 먼산 넘어로
라하수수 강물우에 한때 살풍경,
송화 함대 벼락맞어 깨어지던일
어제런가 산꿈꾸며 돌아나와서

다시차에 몸을실고 거름짖으니
굉장하다 암물철교 스물다슷간
이쓱하게[105] 지나나와 도리켜보니
二三七六낄로메뜰 긴강건넛네

뽀크롭스까역[106]에 잠간머물어
한참가니 예가벌서 볼로차엡까[107]
들어서니 역소는 별로않크나
그력사는 천만고에 혁혁할너라

해삼위서 백파잔당 메르꿀로브가

---

104 니콜라엡스크 - 나 - 아무레 항구.

105 이쓱하게. 꽤 오랜 시간이 지나게.

106 뽀크롭스키(Покровский)역. 하바롭스크에서 아무르철교를 건넌 후 첫 번째 역. 유태인자치
     주에 속한다.

107 시베리아내전 막바지의 원동해방전쟁 당시 1922년 2월 볼로차엡카역 주변에 위치한 낮은 구
     릉인 이윤코란(Юнкоран) 고지에서 적군과 백군이 치열한 공방전을 벌였다. 적군에 가담한
     한인빨치산들이 이윤코란 고지를 점령하는 과정에서 혁혁한 공을 세웠다. 볼로차엡카 전투
     는 하바롭스크 해방과 이후 연해주 해방을 가져온 결정적인 전투로 기록되고 있다.

가정부[108]를 세우고서 최후전으로
련합군의 후원받아 흑룡강건너
수천병마 물미듯이 이곧침범해

쉴새없이 둘너놓는 대포 소리는
산악이 문허지듯 땅을들네고,
소낙빗발 퍼붓듯한 긔관총알은
눈뜨어볼틈없이 돌격해올때

포위중에 둘너쌔운 붉은 의용군
최후 용감다내어서 혈전사흘에
수천병마 적의군사 다못질너서
노루자리 잔두판[109]에 장사지내니

여간 남은 적의 군사 퇴각할적에
추격하여 흑룡강에 맞으장사코
승첩하여 승전고를 둥둥울니니
이것이 볼로차옙까 대전쟁이다.

[십]년 넘은 그때 풍진 아즐하것만
여긔-저긔 길어 있는[110] 참호 흔적과,

---

108 가정부(假政府). 임시정부. 메르꿀로프(Меркулов) 형제가 일본군의 지원으로 성립한 백파
    정권 연해주임시정부를 말하며, 1921년 5월부터 시베리아내전이 종결되는 1922년 10월까지
    유지된 연해주의 마지막 백파정부였다.
109 잔디밭.
110 남아 있는. 길다는 '남다'의 평안북도 방언.

가다-오다 남아있는 저 철조망이
그때 사정 내눈 앞에 현해보이고[111]

어젠듯한 의용군의 함성소리는
지금에도 귀에 엉엉 들니는듯해,
차에나려 두루-두루 살피어보니
형제 문엄 긔념비에 긧발소리다

애호롭다 저긔눕은 나의 형제들
길이-길이 평안하게 찬잠 자거라
너의 피로 대신한, 저 붉은 긔호[112]를
온 세계에 휘날니어 원한을 풀니

이렇듯이 조문하고 차에올나서
이벌, 저산 이리-저리 지점하면서[113]
찌혼까란 정거장에 당도를하니
비로비드잔 자치주의 수부로구나[114]

유태 민족 나라 망한 량천년간에

---

111 현(現)해 보이고. 나타나 보이고.
112 기호(旗號). 깃발로 나타낸 부호나 휘장.
113 손가락으로 가리켜 보이면서.
114 찌혼까야(Тихонькая)역. 찌혼까야역은 1912년 아무르철도선상의 역으로 설립되었다. 소련
     시대에 1928년부터 유태인의 정착사업이 시작된 후 1931년에 비로비잔(Биробиджан)으로
     개칭되었고, 1934년에 유태인자치주가 설립되면서 주의 중심도시로 성장했다. 현재 비로비
     잔은 유태인자치주의 주도(州都)로 되어 있다. 유태인자치주는 1933년에 형성되었으며, 동
     남쪽으로는 하바롭스크와 접해 있고 남쪽으로는 아무르강(흑룡강)을 경계로 중국 동북 3성
     (省)의 헤이룽장성(黑龍江省)과 접해 있다.

정부이름 가져본적 한날이없고,
만천하에 두루퍼저 살아갈지나
까닭 없이 몰니우고 미움 받더니

유태 민족 위하여서 정부를세운
비로비드산 자치주를 맞나볼때에
레닌주의 거룩하온 민족정책을
어느누가 박수갈채 아니하리까

스무 세긔 오란 세월 지나올동안
처음 보는 유태 민족 정부 향하여
민족적의 형식으로 것옷입고서
사회주의 내용으로 안을마추은[115]

비로비드산 유태 민족 자치주시여,
만세-만세 만만세를 향락하라고
모자벗어 손에들고 경축하면서
떠나가니 이앞으론 힌간지대[116]다.

잠시-잠시 물어보자 힌간-부레이
이때까지 어느곧에 무삼뜻으로
생철, 석탄 중요 광산 파묻엇다가
이제와서 엿소하고 내어놓느냐?

---

115 '민족적 형식과 사회주의적 내용'이라는 소련정부의 문화정책을 말한다.
116 힌간스키(Хинганский) 지대. 아무르주 힌간의 철과 부레야의 석탄 등 광산물 매장지대. 현재도 힌간스키 자파베드니크(Заповедник), 즉 보호구역(출입금지구역)으로 설정되어 있다.

"오백십륙 밀리온 똔[117] 생철광척[118]과
일백오십 밀리온똔 상품석탄은
사회주의 새로짛는 큰 살림에다
약소하나 보태쓰란 선물이래요"

강장코도[119] 겸손하온 힌간부레이!
네선물이 그다지도 약소치않다
생철남과 석탄녀를 부부맺어서
사회주의 살림살이 하는양 보려

대궐같은 꼼비나뜨[120] 집을짛으니
할호[121]속히 성례하고 입택하여서
아들, 딸이 물읍아래 와빠시시케
락을보게 힘을쓰라 부탁하고서

잇흘이나 차속에서 니치어온[122] 몸
지는해와 같이누어 깊이잠들어
코를골고 꿈도없이 달게자다가
깨여나니 여긔 발서 보치까료보[123]

---

117 백만 톤.
118 광척(廣拓).
119 강장(强壯)하고도.
120 꼼비나트(комбинат). 종합공장(기업).
121 하루.
122 잊혀온.
123 보치카료보(Бочкарёво)역. 현재의 보치까룝카(Бочкарёвка)역.

에서 붙어 남쪽으로 지선벋으니
아물주에 첫재가는 큰도회로서
혁명 풍진 분분할 때 력사가 많은
불라고베쎈스크 넷날감영도.

한쪽으로 흑룡강이 흘러나리고
또한편엔 제야강이 합수되어서
두 큰 강수 두어간에 반도로 생겨
운수교통 수륙으로 편리한데다

북쪽으론 제야시의 큰금광 끼고,
대안에는 북만대도 흑하시두어,
안으로는 철괴속에 생금을쌓고,
박으로는 대외무역 흥성한데다

로령에서 대한 독립 만세주최턴
국민의회 여기와서 숨 끊은데오[124]
무산 혁명 선봉으로 처음닐어난
원동 한인 당긔관이 움돋던데다[125]

---

124 1918년 6월, 원호인 중심의 고려족중앙총회(1917년 6월 조직)와 여호인 중심의 한족중앙총
     회(1918년 1월 발기)의 통합조직으로 전로한족중앙총회가 성립되었고, 1919년 2월 25일에
     임시대한국민의회로 확대·개편되었다. 3·1독립선언 후인 3월 17일 대외적으로 (독립)선언서
     를 선포하고 만세시위운동을 전개함으로써 국내외 최초의 임시정부적 중앙기관으로 정식
     선포되었다. 1920년 4월참변을 피해 아무르주의 블라고베시첸스크로 이동해 그해 9월 공산
     주의노선을 선포했고, 임시고려혁명군정의회가 조직되면서 1921년 4월 소멸되었다.
125 1920년 일본군이 자행한 4월참변을 피해 블라디보스토크로부터 이동해 온 장도정, 김진, 최
     태열 등 한인사회당 간부들이 아무르주 러시아공산당 내에 고려부를 조직하고 ≪신세계≫
     를 발간한 사실을 말한다. 최호림은 이를 한인공산주의운동의 "처음 열매"라고 했다.

보츠까료보강[126]언덕에 저 큰 쇠달이
일본 토벌군의 손에 마사젓더니[127]
총을 메고 망치든손 천신만고로
회복하니 지금에는 넷말을한다

오래 동안 지체한차 빨니 돌아라
어둡기전 자유시에 들어가보자
벨로노꼬보[128] 역소를 얼는지나서
바라보니 저기발서 제야강 철교

반가워라 제야강에 큰쇠달이여!
어듸보자 수라셉까[129]가 너잘있더냐?
낡은 면목 세로워라 저자유시야
넉여보자 동상맑에 쏠레이극장

너와 함께 인연깊던 고려 혁명군[130]
와글-와글 끓던일이 어제같은데

---

126 보츠까룝카강(Речка Бочкарёвка). 현재의 톰강(Речка Томь).
127 부서졌더니. 파괴되었더니.
128 벨로노꼬보(Белоногово)역.
129 수라셉카(Сурашевка). 제야강가에 위치한 작은 역으로 1921년 6월 자유시참변의 현장이다.
     최호림은 자유시참변 당시 이르쿠츠크파의 (제1)고려혁명군 소속 사관학교 군정위원장을
     맡았던 관계로 이 사건에 대해 이르쿠츠크파의 입장을 옹호하고 있다.
130 국제공산당 동양비서부(원동서기국)는 1921년 5월 '(제일)고려혁명군'과 그의 지도부인 고려
     혁명군정의회를 조직했는데, 이에 앞서 1921년 3월 상해파의 주도로 한인빨치산과 독립군
     부대들을 통합해 조직된 사할린특립의용대를 무장해제하는 과정에서 자유시참변(흑하사건,
     아무르사건)이 발생했다. 고려혁명군정의회가 이끄는 합동민족군대와 원동공화국 제2군이
     연합으로 무장해제를 반대하는 사할린특립의용대 측을 진압했다. 최호림은 고려혁명군 측
     간부로서 자유시참변과 관련해 이르쿠츠크파의 노선을 정당화하는 입장을 취하고 있다.

손을곱아 헤여보니 십년이남고,
돌아보니 지난 자춰 아득하고나!

저긔뵈는 언덕 우에 그때 련병장
군마 발굽 소리끊자 농장이 나고
군정의회 사용하던 낡은 터에는
돌보리가 이삭나고 화서[131] 유유타

모혀드니 한때 긔운 장쾌하더니
비극으로 문 다드니 격분햇고나!
일로 인해 늣긴회포 적지않으리.

고려 혁명 성공 못한 많은 유감을
비관으로 보아서 늣기지말고
무산자의 국제 혁명 본영를 둔 땅
사회주의 조상나라 쎄쎄쎄르의

계급업는 새사회의 건설하는데
밤낮 없이 성의다해 주력하다가
주객관의 모든 형편 성숙해올때
지난오유[132] 밟지않고 성공을 뜻해

미하일로 체스노꼽쓰까야 역소[133]야,

---

131 화서(火黍). 벼와 기장.
132 오류.
133 미하일로 체스노꼽스카야(Михаило-Чесноковская)역. 현재의 체르니콥카(Черниковка)역.

너는부대 잘있거라! 하직하고서
차실속에 푹파묻혀 뜨어나서가니
이앞으론 두메산골삼림속이다.

지하에는 황금 광맥 얼크러지고,
지상에는 상춘수목 무성한중에
만리 청산 주인공은 산즘승이오,
천곡 벽계 목욕군은 산천어로다.

열나무를 버혀내도 별하나 못볼
이깔, 저술, 송, 백재와 검은, 부은비
꽉 들어선 나무속을 헤치고나와
다다르니 이곧인즉 네베르¹³⁴란다.

산 기슭에 돌나앉은 적은역소가
자랑거리 무엇이랴 보잘것없다.
침목, 시목, 목재업이 굉장이크고
알단 금광¹³⁵ 가는한로 예서통햇다

매마르기¹³⁶ 짐작 없는 이곧을 떠나
할흐 반에 당도하니 구엔가¹³⁷란다.

---

134 네베르(Невер)역. 스코보로디노(Сковородино)시에 위치한 작은 역.
135 알단(Алдан) 금광.
136 메마르기.
137 쿠엔까(Куэнга)역. 아무르강의 지류인 실카(Шилка)강으로 흘러들어가는 쿠엔까강이 만나
      는 지점에 위치한 작은 도시의 역이다.

이도 역시 묏골 안에 있는 역소나
구역 중심 되리만치 시설이 크다

이곧까지 당도하니 우수리 철도[138]
량천칠백 류심여 낄로메뜨르
여긔까지 끝 맞히고 이앞으로는
자바이깔 철도선이 계속된다네

이곧에서 남쪽으로 지선 벋으니
오십낄로 메뜰[139] 가면 스레쩬스크[140]
이도시는 실가강[141] 연안에있어
흑룡강을 통하여서 강운이좋고,

보기 듬은 중석광과 연, 금광이며,
몰니부젠[142] 중요 광산 발견되어서
시비리에 손꼽히는 채굴업으로
한때 이름 높고높은 생산중심지

구엔가서 자바이깔 철도를 타고

---

138 정확히 말하면 '우수리철도'는 블라디보스토크에서 하바롭스크까지이고, 하바롭스크에서 이
르쿠츠크까지의 철도를 '아무르철도'라 한다. '자바이깔철도'는 '아무르철도'의 일부로 쿠엔까
에서부터 이르쿠츠크까지이다.

139 메트르(метр). 미터(meter).

140 스레쩬스크(Сретенск)역. 최호림은 스레쩬스크가 쿠엔까로부터 남쪽으로 50킬로미터에 위
치해 있다고 했다고 착각했다. 스레쩬스크는 쿠엔까로부터 2시 방향의 동쪽으로 가는 철도
지선에 위치하고 있다.

141 실카(Шилка)강.

142 몰리브데넘. 휘수연석(輝水鉛石), 즉 몰리브데넘의 황화물로 이루어진 황화 광물.

뿌리스꼬와야[143] 역에 당도하여서
오래동안 아물 금광 중심이 되던
넬첸스크[144] 가는 지선 전별하고서

백구십오낄로메뜰 지나나오니
까림스까야역[145] 여긔로구나
오래동안 안보이던 저곡식 밭에
반가울손 농부들의 김매는놀애

심산 유곡 적적한저 페소박으로
삼사일을 울적하게 지나오다가
사방 열닌 넓은벌에 굴너나오니
눈정신이 번들나고 흉금이상쾌

만주리[146]루 떠나가는 급행렬차야,
"만주국"을 지나갈 때 내말 전해라!
나는 급해 못들리고 지나가지만

---

143 뿌리스꼬바야(Присковая)역. 현재 뿌리스꼬븨(Присковый)역. 뿌리스꼬븨역의 서북 방향
으로 가는 철도 지선의 첫 번째 역이 네르친스크(Нерчинск)역이다.
144 네르친스크(Нерчинск). 1689년 제정러시아와 청나라 간에 맺어진 중국 최초의 근대적 조약
으로 알려진 네르친스크조약이 체결된 장소이다.
145 카림스카야(Карымская)역. 현재 카림스코예(Карымское)역.
146 만주리(Маньчжурия)역. 러시아와 만주의 국경에 위치한 만주의 도시. 치타에서 중국 만주
로 들어가는 동중철도의 첫 번째 역. 동중철도는 치타에서 연해주의 포크라치나야역에 이르
기까지 북만주를 가로지르는 철도로 1903년에 완공되었고, 러시아와 중국의 공동관리체제
로 운영되었다. 1929년 만주 군벌 장쉐량이 소련 관리들을 축출해 발생한 동중철도사건 이
후 소련 적군이 이를 진압하고 소련 관할로 넘어갔다. 1935년 소련이 만주국(일본)에 매각했
으며, 제2차 세계대전 후인 1950년 중소친선우호조약이 체결된 후 영구적으로 중국에 반환
되었다.

이십사년 북경 조약 살아있다고[147]

이붓아부 홍패메고 춤추는 부이[148]!
제일다한 마부르가 넨줄아느냐?
지금일시 눈가리어 어물거리나
조만간에 제이 조선되고말리라

아니꼽다 저 일본의 제국주의야
말만해도 괘씸하다 바수는뜻이
무인지경 길가듯한 만주 점령이
이 세상에 대적 없는 젠가싶어서

곰방달이 난장이팔 휘둘너내며
곱지않은 자태쓰며 버물이는말
대일본의 제국 판도 강역 계획이
바이깔호 이남까지 포함된다지?!

가스롭다 그놈들의 공중루각이,
어리석다 저이들의 게란가리가
땅 임자는 뉘게주련 뜻도없는데

---

147 1924년 5월 중화민국과 소련 양국 간에 수교 협정을 체결한 후 동중철도(중동철도)에 대한
    소련 소유가 인정되었다. 이에 불만을 가진 만주의 장쭤린(張作林) 군벌 정권은 중화민국 정
    부와 별도로 1924년 9월 소련과 협정을 체결했다. 1929년 동청철도 이권을 잡고자 한 장쭤린
    의 아들 장쉐량(張學良)은 소련의 협정 위반을 이유로 소련군행정 실무자들을 추방해 동중
    철도사건이 일어났으나 블류헤르(Блюхер)가 이끄는 원동특립군대의 반격으로 실패했다.
148 청의 마지막 황제 푸이(博儀)를 뜻한다. 일본은 만주사변 후 만주국을 세웠는데 만주국의 첫
    번째 황제로 푸이를 세웠다. 푸이는 제2차 세계대전 직후 만주에 진주한 소련군에 체포되어
    하바롭스크에서 5년을 지낸 후 중국으로 귀환했다.

도적놈은 가지기전 깃붙어내어!

참새 새끼 황새 거름 하게들면은
다리구간 찢어짐이 의심이없고
진동남게 낫을 걸러 못버힐것은
저도 아마 명확하게 알것이엇만

오개년을 계속하여 줄곳나오는
미증유의 대공황에 빠진그몸이
칼을 박고 뛰음 뛰기 하는셈으로,
줄탄광대 하직살판 하는격으로,

되면 되고 말면말지 큰맘을먹고
최후발악 해보려는 작정이지만
평화 정책 굳게 잡은 무산 독재를
공연하게 건다리어 분내게말아!

노한 팔이 솜씨내어 휘둘니면은
욕심 쓰던 혀 줄기가 한자나오고,
우줄대던 허리 동강 세토막나서
땅속으루 들어갈줄 미리알아라

손을들어 의회 중국[149] 멀리향하여:

---

149 의회중국, 즉 중화소비에트공화국(1931~1937)은 1931년 11월 7일 강서성(江西省) 루이진(瑞
     金)에서 수립되었다. 최호림은 중국의 관내에서 혁명이 성공해 동북지역(만주지역)이 일본
     제국주의의 지배로부터 해방되기를 촉구하고 있는 것이다.

본부혁명 얼는 속히 성공한뒤에
맹수발에 밟히우는 만주군중을
구제하기 발원한다 부탁하고서

서쪽으루 몸을돌려 방향 받구어
인고다강[150] 옆에 끼고 올라려가다가
다라순[151] 역 당도하여 정거하길래
바라보니 탕장[152] 행객 인산인해라

나도역시 려행 걸음 방문할차로
행객들을 따라서서 그곳을 향해
허동 지동 헤갈아서[153] 탕수장가니
열곧으로 숏아나는 탄산화수다.

제일호의 용천에는 독탕 용이오
그남아지 아홉 용천 음료 용인데
그온도는 섭씨로서 5도가되니
마이기나[154] 목욕하기 딱알맞고나.

광천수를 병에넣어 들고보면은
깨긋하기 증류수도 못딸으련만

150 인고다(Ингода)강.
151 다라순(Дарасун)역.
152 탕장(湯場). 온천장을 말한다.
153 헤쳐 가르고.
154 마시기나.

한병물에 탄산가스 평상포함이
세-그람 이상되어 긔압이세다

이물 먹고 심장병을 곤친사람이
원동안에 얼마인지 그수 많것만
지금에도 매년와서 치료하는이
오백여명 이상이 된다고한네

여러 동무 잘게시라 하직하고서
돌아나와 차를타고 한참 오다가
모래 바탕 송림속에 두렷한 도시
륙만칠천 인구실은 치따성[155]이다.

공민 전쟁[156]그당시에 한참 이곧서
까삭크의 아따만 쎄묘노브가
극동 병권 잡아쥐고 오래동안을
흑색 학살 기탄없이 실행하다가

일천구백 이십년도 엄동설한에
붉은 군대 제5군과 아물 의용군
동서 협공 하는바람, 맹렬하여서
비행긔로 도망치어 숨살던데고,

___

155 치타(Чита). 자바이칼주의 주도(州都)이다.
156 러시아인들이 시베리아내전을 부르는 말. 국민전쟁(гражданская война)이라고도 한다.

련합군의 힌세력이 원동을 덮고
쏘베트의 붉은주권 채못맞을때
원동에는 림시정책 완충국두어
소위원동 공화정부[157] 섯던 곧이다.

송림 속에 간조롭은 대륙성긔후
페병 환자 료양처로 유명커니와
치따 근방 탕치장[158]과 광천수들은
사회주의 건설투사 료양소이다.

치따에서 동남으루 멀지아닌 곧
스물한 낄로메뜰 나아가면은
라찌윰성 광천수가 콸콸솟는 곧
몰로꼽까[159] 요양지를 얼는 보고서

치따에서 닐곱낄로메뜨르되는
우그단 합수호[160]에 찾아가아서
백객따르[161] 거이되는 도리늡역[162]에

---

157 소위 원동화정부는 1920년 3월의 니항사건을 계기로 일본이 북사할린을 점령한 상황에서
     미국과 일본 간의 갈등을 활용해 일본군의 시베리아 철병을 이끌어내기 위해서 소비에트정
     부가 1920년 4월 창설한 일종의 완충국(Buffer State)으로, 자본주의 민주공화정을 채택했다.
     일본군의 시베리아철병이 완료된 직후인 1922년 11월 소비에트정부에 편입되었다. 창립 당
     시 원동공화국의 수도는 베르흐네우진스크(현재의 울란우데)였으나, 1920년 10월 세묘노프
     군대가 철수한 치타로 수도를 옮겼다.
158 탕치장(湯治場).
159 몰로꼽카(Молоковка).
160 우그단(Угдан). 치타로부터 북쪽으로 7킬로미터 정도 떨어진 지역의 소도시. 이곳에서 두
     강이 만나 형성된 합수호(合水湖)를 말한다.
161 100객다르(гектар). 100헥타르.

물강지[163]로 목욕하는 사람들보고,

여보동무 무얼하오 물어보니간
깡치[164]쓴몸 허연눈을 힛득뜨면서
절반 대답 절반꽂중 얼는 하는 말
"무에라니 보시구려 병곧히지요!"

무안하나 이상하여 다시물기를:
"동무의게 무슨병이 그리 흉측해
치료 법이 그다지도 루추합니까?"
그때에야 그동무가 자세한말로:

습상, 각통, 신경통등 모든 질병을
치료하는 최신발명 이러하다고
모든 설명 들은 위에 치따돌아와
차를타고 떠나가니 여행이게속

예서붙어 복선이 깔닌철도로
가는길에 오는차를 련불절보며[165]
원동변강 점점 멀리 뒤에두고서
들어선곧 동시비리 새변강[166]이다.

---

162 특정 지명이 아니라 늪과 같은 형태의 넓은 노천 약수탕을 말하는 듯하다.
163 물깡치. 물밑에 가라앉은 찌꺼기나 앙금.
164 밑에 가라앉은 찌꺼기나 앙금.
165 연불절(連不絕)보며. 연이어 끊이지 않고 계속 보며.
166 새 변강(邊疆).

술기 거는 토끼 따고 발귀 거는 토끼 따다*

* 이 작품은 최호림이 '삼산렵부'라는 필명으로 1924년에 쓰고 1936년 1월 6일자 ≪선봉≫을 통해 발표한 글이다. 제목에서 '술기'는 수레, 달구지를 말하며, '따다'는 '붙어 있는 것을 잡아 떼어놓다'는 뜻이다. '발귀'는 눈이 많이 내리는 북부 산간지역에서 사용하는 바퀴 없는 수레를 말한다. 발귀는 소가 끌고 주로 참나무로 만들며, 눈 내린 산길이나 비탈길에서 땔나무 등 짐을 실어 나를 때 많이 쓴다. 중앙아시아 고려인들은 발귀처럼 바퀴가 없는 수레를 '파리'라고 하는데, 발귀보다 좀 작고 채도 짧으며, 주로 얼음과 눈 위에서 사람이 짐을 운반할 때 쓴다고 한다. 대부분 말이 끌기 때문에 '말파리'가 많고 '쉐(소)파리'는 거의 없다고 한다. 곽충구, 『두만강 유역의 조선어 방언 사전』 1(태학사, 2019), 1633~1634쪽 참조.
이 작품은 "다음호에 계속"이라고 한 점에서 알 수 있듯이 연재해서 발표할 예정이었다. 그러나 불행히도 최호림이 소련 내무인민위원부에 의해 체포되면서 발표되지 않은 것이 분명하다. 이 작품은 그리하여 1937년 8월 18일자 ≪선봉≫에 게재된 '문화행진브리가다 발기단' 명의의 「원동 조선인 로력자들에게(경고문)」에서 혹독한 비판을 받는다. 제2부 참조.

수중대왕 호랑장군
엄동설한 치운날에
십유여일 굶은몸이
날저물기 고대하여

인간촌락으루 향해
밤산영¹을 나려가며
단침굴떡 삼키면서
혼자곰 궁리키를

사족백어 유얼넉이
삿꿀레쓴 준달마고
젓박뽑어 녹어거리
쌍죽막어 항등굴이

큰가마귀 청삽살이
황에눈이² 독선이고
구대독자 혼사츠릴
삼년길은 정령이고

큰아바님 환갑상에
궤웨[3]들일 쫄쫄이를
한번 것핏 막다들면
령락없이 물어제쳐

한밥실큰 먹으면은
열흘남아 굶던원쑤
단거번에 다하리라
이렇듯이 설게하며

재를 넘고 벌을께어[4]
인간촌락 찾어들어
집집마다 들러나고
골목골목 넘탐해도

마구간에 채정놓고
도투굴[5]엔 굴문놓아
깜작달싹 못게하고
엇질방위[6] 없게햇다.

그렇다고 할지나마

---

3   '궤웨'는 '게우', 즉 제사 때 쓰는 식기(食器)를, '쫄쫄이'는 은어로 '술'을 말함.
4   벌(판)을 가로질러서.
5   도투굴. 돼지를 가두어 기르는 곳(돼지우리). 곽충구, 『두만강 유역의 조선어 방언의 사전』 1
     권(태학사, 2019), 1034쪽 참조.
6   방위하는 데 어긋나지 않도록 함.

향여나 분복[7]있어
요긔거리 생길가고
이리저리 눈살피며

각담밑에 은신하여
밭고랑도 살펴보고
바재[8]그늘 의지삼아
울안내정[9] 숨을뜨나[10]

아모흔적 근근하고[11]
날은밝어 새어온다
그날밤새 산영성적
아모효력 못얻고서

인간촌락 하직하고
벌을지나 입산할재
곱을도랑[12] 길을찾어
한마르루 올라서니

어대서온 토끼한놈

---

7   分福. 각자 타고난 복.
8   '울타리'의 함경도 방언.
9   울타리 안뜰.
10   '뜨다'는 '무엇을 들으려고 청각의 신경을 긴장시키다'는 뜻이다. 따라서 '울안내정 숨을 뜨나'
     는 '울타리 안뜰의 사정을 알아내려고 숨(호흡, 숨소리)을 가다듬고 정신을 바짝 차리고 살폈
     으나'로 풀이할 수 있다.
11   근근(僅僅)하고. 겨우 그저 그러하고.
12   고불도랑. 고부라진 도랑.

박달자홍 팔니마에
짜작채[13]에 참나무살
술기거리[14] 하고있다.

굶주우린 호랑장군
밥거리가 생겻다고
깃븐김에 토끼보고
입다시며 하는말이

요놈인재 잘맛낫다
보름근히 밥못먹고
허한산영 갓다오다
요행너를 맛낫으니

너를잡아 먹어야만
든초긔[15]를 면하겟다
이렇듯이 말을하며
단박뛰어 달려들어

날랜앞빨 리한톱[16]에
토끼놈을 붓웅키고
주홍같은 입을벌여

13　　짜작: 자작나무, 채: 발긔, 달구지, 수레 따위의 앞쪽 양옆에 댄 긴 나무.
14　　술기(수레)를 거는 일.
15　　스며들어온 초기(抄飢), 즉 요기(療飢, 시장기를 겨우 면할 정도로 조금 먹은 것)를 말함.
16　　예리한 발톱.

윗삭씹으려고할때

간사한 이토끼란놈
앞발싹싹 부비면서
아즈반예[17] 아즈반예
애걸복걸 비는말이

아즈반예 아즈반예
내가지금 아즈반께
목숨닦아 바치는게
조곰치도 원한없오

그렇지만 아즈반예
맞으막의 나의말을
한마듸만 들어주고
나를잡아 잡수시오

호랑장군 가만이서
궁리를 하야보니
내게리한[18] 말이라면
들어낭패 없을게고

---

17 '아즈반네'. '아즈바니'를 부르는 말. 여기에서 '아즈바니'는 남남 사이에서 남자어른을 예사롭
    게 이르는 말로 쓰였다. '아즈바니'는 여러 경우에 사용된다. 즉, 작은 아버지(삼촌, 숙부), 이
    모부, 고모부, 형부, 시숙, 외삼촌, 당숙 등을 칭하는데, 일반적으로 아버지 항렬의 사람을 말
    한다.
18 내게 이로운.

또한해한[19] 말이라면
안들으면 그만이오
얻은이밥 녹칠수는[20]
만무한 이일이라

얼는얼는 리해하고
선선히 허락하야
토끼에는 언권주어
말하게 하는구나

이때에 토끼란놈
당돌하게 번듯소사[21]
너래방석 큰돌우에
생캉뛰어 올라앉아

그러할듯 하다싶어
연설찍어 나리우되
굶주우린 호랑귀에
쏙들어가게 말을한다

아즈반예 아즈반예
아즈반예 우둔하오
아즈반님 식량보고

---

19   해로운.
20   놓칠 수는.
21   번뜻 솟아.

내몸생긴 체대[22]보오

서근못된 이내몸이
아즈반님 식량에는
두입채못차겟으니
뭇은요긔 되오리까

아즈반이 말과같이
여러날채 굶은몸이
적은나를 잡아먹고
공연하게 위놀래여

초긔들믈[23] 재촉말고
내말대로 하시면은
아즈반이 배부르고
내가목숨 살아날길

좋은도리 있사오니
그리하면 어떠하오
만일그일 하야보고
뜻과같이 안되거던

그때에는 나를잡아

---

22   체대(體大). 몸의 크기.
23   초긔(初飢)를 듦을, 요기를 하는 것을.

잡수신다 할지라도
시긔 늦을것도없고
나도원한 없을테니

그리하면 어떠하오
이렇게 말을하니
굶주우린 이 호랑은
토끼말을 들어보니

배불으게 먹을도리
있단말에 정신낫어
토끼먹을 생각없어
토끼다러 묻는말이

어듸자세 말을해라
그도리를 들어보자
요망슬언 요토끼가
감짝슬에 하는말이

저긔뵈는 저촌중에
삼대어부 톱개손이
큰강우에 어름끄고
어름궁게²⁴ 쥐낫²⁵놓아

---

24   얼음구멍.
25   쥐낚시. 주낙. 물고기를 잡는 기구의 하나. 얼레에 감은 낚싯줄에 여러 개의 낚시를 간격을
     두고 달아 물살을 따라 감았다 풀었다 하여 물린 고기를 잡는다.

할흐밤만 쇠게되면
그일흔날 쥐낫츨때[26]
송어질귀 해별어연어
장치자치 니면수를

무수하게 잡아내어
질머지고 감을보앗오
온흘마참 톱개손이
쥐낫놓지 않앗으니

이제우리 거긔가서
그어름 구멍에다
아즈반이 꼬리박고
몇시동안 기대리면
아즈반이 꼬리 끝에
수다한 고기달리거던
그고기를 끄어내어
단장생선 잡수시면

아즈반 배불으고
나도역시 당신덕에
해삭[27]맛을 보게되면
절대영광 될터이니

이리하는 좋을도리
어대다시 있으리까
나는매양 그를보고
넘우붇버[28] 침흘리나

사주팔자 박복하야
꼬리없이 생겨나서
고기한개 못잡고서
싸리움[29]을 널어먹소[30]

여북좋소 아즈반이
몸날래고 힘이세어
수중대왕 위의[31]쓰고
산진[32]으로 반찬하되

여북좋소 아즈반이
꼬리길고 터리좋아
때때로 들에나려
강가에 노닐다도

꼬리로서 쥐낫놓아

---

28 분량이나 수효가 너무 많아서.
29 싸리나무의 새로 돋는 싹.
30 이로 쏠거나 씹어서.
31 威儀. 위엄이 있고 엄숙한 태도나 차림새.
32 산해진미(山海珍味).

고기잡아 끄어내어
별식삼아 맛맛으로
해삭으로 속닦으니

이런분수 가진어룬
산중에는 턱없으니
이렇다시 춰세우며
감언이설 휴인하니[33]

부어하신 호랑장군
토끼에게 속이어서
토끼따라 강가으루
쥐낫놓이[34] 나려온다

이렁저렁 나려와서
강가에 당도하니
이곧사는 인간들이
음요수를 깃느라고
(다음호에 계속)

- 《선봉》, 1936년 1월 6일자(1358호), 3면

---

33 유인(誘引)하니. 흡인(吸引)하니. 꼬시니.
34 쥐낫 놓으러.

벼농사 타령

(곡조는 옛날 고려농부가 곡조대로)

에라농군아 말들어라
농군아 말들어라
금년파종 깜빠니야¹엔
벼농사나 지어를보자
에헤에헤루 상사지여
어헐널널널이 벼농사야

에라농군아 말들어라
농군아 말들어라
광주분원 사발벼며
진포옹진 밀다리를
여긔저긔기다 심엇더니
오복소복이 잘되엇네

에라농군아 말들어라
농군아 말들어라
혼자먹었다 도투벼며
많이먹어 동트긔를
여긔저긔다 심엇더니
오복소복이 잘되엇네
에라농군아 말들어라

---

1   깜파니야(кампания). 캠페인(campaign). 운동.

농군아 말들어라
려주의천 자체벼를
로인공양 할양으로
여긔저긔다 심엇더니
오복소복이 잘되엇네

에라농군아 말들어라
농군아 말들어라
빛이곱은 오다댁이
일즉먹는 조상대를
여긔저긔다 심엇더니
오복소복이 잘되엇네

에라농군아 말들어라
농군아 말들어라
무병하다 강토리와
소작많은 북해도를
여긔저긔다 심엇더니
오복소복이 잘되엇네

에라농군아 말들어라
농군아 말들어라
옥자강과 곡량도는
내년량식 할양으로
여긔저긔다 심엇더니
오복소복이 잘되엇네

에라농군아 말들어라

농군아 말들어라

거츤힌벼 목옴추락

외국수출 할량으로

여긔저긔다 심엇더니

오복소복이 잘되엇네

(끝)

(주석) 사발벼, 밀다리[密稻], 도투벼, 동트긔, 자체벼[자채벼, 자최벼, 細稻], 오다닥(댁)이, 조상대, 강토리,
북해도, 곡량도, 옥자강[玉悉光, 玉糟稻], 거츤힌벼, 목옴추락[목옴쵸피, 縮項稻] — 은 모두 벼일홈이다.

- ≪선봉≫, 1930년 4월 13일자(425호), 4면

제2부

《선봉》에 실린 최호림 관련 주요 기사

이전의 붉은 빨치산 리제동무의 회상담

리제

위대한 10월혁명 15주년과 원동에 쏘베트주권 수립의 10주년 긔념을 맞으면서, 나는 간단히 연해주에서 고려의병운동의 붉은10월의 지반을 튼튼히 하는데 얼마마한 역할이 있엇던 것을 략설하고저 하노라.

나는 1916년 구라파 전쟁 당시에 백로시야 민쓰크에 가서 로력하다가 몇 동지로 더브러 옴쓰크에 나오아 붉은 국민병에 참가하는 동시에 옴쓰크도 볼세비키 공산당단체에 입당하엿다. 1919년 11월에 국제당의 사명을 받아 지도자 뽈쏘크 동지로 더브러 해삼에루 나오아 비밀히 당사업을 하다가, 동지들 중에서 선우정은 올긴에루 손풍익은 수청에루 파견되엿으며 정해는 해삼에서 사업하엿고 나는 송왕영 쑤이푼으로 가게 되엇다.

그때 쑤이푼, 십여창, 다부허에 리중집, 유해상,[1] 최찬식, 최추송, 김병묵 등 동무들이 군인 16명으로 처음 군대를 조직하고 군대의 명칭을 "우리동무군인"이라 하엿으며, 그의 지도로 한인사회당을 조직하엿던 것이다. 나는 그 동무들과 손잡고 함께 사업을 하게 되면서 해삼에서 비밀로 당사업을 하는 뽈쓰크 동무와 협의하여 한인사회당을 고려공

---

[1]   유해산(柳海山)의 오자. 즉, 유진구(柳震九)를 말한다.

산당으로 변경시키고 인장까지 받엇다. 당책임서긔 - 리중집, 선전부 - 리제, 조직과 - 유해상, 집행부위원으로서는 최찬식, 최추송 들로 선정되엇던 것이다.

당은 군대의 정치 - 문화사업을 지도하엿으며, 그 후 군대를 확장시키는데에는 사령장 신우여, 참모장 최추송, 참모부원으로 유해상, 리제 긔타 동무들이 임명되엇다.

나는 그때에 당의 사명으로 쑤이푼 지방, 그로제꼽, 한까이 등 지방을 삶이며 수비하는 데에 책임을 맡어 일하엿다. 군대는 그 일홈을 다시 "솔밭관 공산당군대"라 하엿다. 당시에 각 구역에 잇엇던 학교들의 교육제도를 사회주의 방면으로 변경시킴에 애를 쓰엇으며, "우리"라는 신문을 발간하엿으며 군대는 얼마큼 정치상으로 튼튼하여젓다. 백파와 일본군대와의 전쟁을 여러번 하엿다.

추풍사사(四社)의 토호배에 괴수이엇던 최노야[2]와 염표돌은 일병을 교충하여 토벌의 앞잡으로서 공산당 군인을 포착하는 족족 일본헌병대에 넘기어 주면서 군대의 량미를 끊으며 백방으로 저해를 주엇다. 그러나 고려빈농민과 로시야촌 빈농민들은 비밀로 군량을 적지 않게 보장하여 주엇음으로 우리 사업을 계속하엿다.

"솔밭관군대"의 중요 책임자로는 리중집, 최찬식, 최추송, 유해상, 김병묵, 신우여, 황원오, 최성삼, 쓰딴꼽[스딴코프], 최춘선, 최호림 긔타 동지들이엇다.[3]

의병교원 슬료트에서―리제

- 《선봉》, 1932년 11월 10일자(832호), 3면

---

2 노야(老爺)는 전통시대 마을의 지도자를 말한다. 최노야의 실제 이름은 현재로서는 알 수 없다.
3 솔밭관공산당은 1922년 8월 31일자 러시아공산당 연해주간부의 결정으로 "뽀시에트 - 훈춘 구역 간부"로 고치고, 책임비서로 최호림을 임명했다. 당시 조직과장은 최찬식, 통계과장은 최성삼이었다.

"로력자의 고향"에 대하여

오창환

쏘베트 원동 조선인 문예 작품집으로 "로력자의 고향"이 세상에 나아
오앗다. 우리의 모든 생활이 사회주의적으로 개조되며 급속히 장성되
는 그 걸음에 비하여 우리의 문예운동은 넘우나 어리고 미약하엿다. 여
긔에는 력사적 조건 - 과거의 문화적 유산을 남들처럼 풍부히 가지지
못하엿던 것 하나와 새 창작가들을 배양할만한 지도 - 조직자 및 유리
한 방편을 잘 리용하지 못하엿던 것이 그 중요한 원인으로 되엇다. 그
러나 우리의 실제 생활이 비록 미약하엿음에도 불구하고 문예운동을
배태시기엇음은 물론이다. 이러한 배태작용이 필경 온흘의 "로력자의
고향"을 산출하엿다. 적적하던 우리 문단에 첫 산물로서 첫 신호를 보
인 이 "로력자의 고향"이 걸음 - 걸음 자긔의 몸집과 목소리를 더 훌륭
히 가질 것은 의심없는 일이다. 그리고 우리가 그의 발전과 장성을 위
하여 볼셰비크적 투쟁과 로력을 꾸준히 하여야 함도 닛어서는 안 될 일
이다.

그런데 "로력자의 고향"의 첫 모양과 그 소리가 어떠한가? 우리는 그
의 충실한 발전과 승리적 성공을 위한 애독과 고평적 방조를 주어야
하겟다. 위선 그에 대한 우리의 직감을 말하려 한다.

근 4~5삭을 두고 기다리던 "로력자의 고향"을 차자 맞날 때, 그의 모양 - 표의가 우리의 예상을 직각적으로 허물어 놓았다. 우리가 35년도의 사람임에도 불구하고 그는 우리에게 30년대의 낡은 것으로 보인다. 더구나 많은 독자의 사랑을 받으며 받아야 할 그로서 일점홍적 아무 특점도 직각시기지 못한다. 그 장정, 제자, 자긔의 본체를 보이는 쎄쎄쎄르의 지도의 빛깔 혹은 선까지 모다 그러하다. 이것이 그 편즙자 및 발안자로부터 "로력자의 고향"을 값있게 하도록 함에 대한 의장상 주의가 약하엿다는 증명인가 한다.

그러나 우리는 사물을 형식으로만 취하지 않는다. 더구나 "로력자의 고향"은 우리의 고대하던 그것이다. 그래서 그의 속갈피를 살피려고 마음에 들지 않는 그 표의를 왼목으로 읽으며 페짓장을 살작 살작 날리어 보앗다. 몇 개의 삽화가 인돌거리고 맞으막으로 스미트 박사의 사진이 보인다. 이 사진도 내가 스미트의 사진을 눈녁겨 본 까닭에 그의 사진으로 보게 된 것이다. 만일, 유명한 "첼유쓰낀" 탐험단과 련쇄하여 스미트의 사진을 눈녁겨 보지 못한 독자라면 이 사진을 "공중의 영웅, 바다의 영웅" 작자 - 조동규 동무로 인식할 것이다. 이것들이 또한 나에게 소망 아닌 불쾌를 주엇다. 그렇다고 나는 그에 실린 작품들을 닑어보지 않을 수 없엇다. 그 중의 절대다수는 "선봉" 및 다른 긔회를 통하여 일즉 닑어본 이전것, 새것들이다. 나는 "로력자의 고향"에서 새것인 새 작품들과 이미 닑어본 작품들을 두세 번 정독하엿다. 그리고 작품들에 대한 나의 평, 솔직하게 말하면, 독후감을 쓴다. 그런 중에도 지면관게로 인하여 자긔의 늣김임에 불구하고 게통적으로 말하지 못하고 노루뛰임을 하게 된다. 작자 및 독자들의 량해를 밀우[1] 빌어둔다.

위선 "막심 고리끼는 젊은 작가들에게 무엇을 가르치는가"란 론문은

---

1 '미루'는 '미리'의 함경도 방언이다.

"사실주의"를, "현실주의"라고 쓰는 등, 용어상 착오와 때로 불자연을 늣기게 하는 어법이 있음에 불구하고, 어린 작가 및 일반동가들에게 많은 유익을 주는 글이다. 나는 퍽 자미있게 넑엇다.

"곡식도적"(진우 작)은 - 사회주의 건설과정에서 연출되던 농촌 계급 투쟁의 한 장면을 실사한 좋은 작품으로 보인다. 여긔에서도 직감적으로 눈에 걸리는 것은 실제와 부합되지 않는 몇 개의 긔술적 착오들이다. 마냐가 장국에 간맞후는 장면이 무대로 된 것(25페지), 방에 들어가아 저녁을 갖훈다는 것(26페지 4행) 및 긔타 어법상 불자연한 몇 모멘트 등.

"해산"(김와실리 작)은 "로력자의 고향"에서 일점홍 같은 산문인 편으로도 자긔의 빛을 내어 놓앗다. 그리고 그 제재, 암시 - 건설을 위한 귀엽은 투쟁, 이 투쟁에서의 진실한 선공후사적 정신(김오르만)의 국제교양적 활동(골랴다의) 및 긔교방면으로도 자미있는 작품이다. 그러나 작가가 조선인임에도 불구하고 작품이 번역으로 되게 되면서, 작자의 본래 긔교를 손상시킨 것이 대단한 유감이다. 례하면 7페지의 첫줄, 78페지의 닐곱재 줄 - "이러한 사람들이…" 등 구어들이 그것이다.

그리고 "로력자의 고향"에 실린 작품의 절대다수가 시들이요, 또는 그것이 여러 사람의 작품인 것 만큼, 대강이나 일일이 말할 수 없다. 대체로 보아 모도 내어놀 만한 작품들이다. 그중의 많은 젊은 작자들은 만일 그대로 계속적으로 로력을 한다면, 상당한 성가를 발휘할 소질의 소유자로 예감된다. 특히 한아나똘리 같은 동무는 그 제재의 배포시형, 말의 선택 등에서 자긔의 예술적 소질을 확실히 예감시키는 것 같다. 그러나 "짓밟힌 고려"(조명희 작) 및 긔타 몇편의 작품 외에는 여러 작품이 다 깊이의 묵에[무게]가 약한, 그리고 예술적 그림이 불족한 억센 산문적 인상을 준다. 웨, 굳센 의지만이 움즉이고 보들압고[부드럽고] 섬세한 그러나 철장같은 굵은 감정이 그 제재들을 "용틀임"처럼 휩싸고 나아가면서, 자긔 독특의 새심포니를 울리지 못하엿는가?

마즈막으로 "시비리아 철도행"에 대하여 말한다. 이 작품의 작자 - 최호림 동무는 우리 "문단"의 선진 인물 중 한 사람이요, 현재나 장래도 우리의 젊은 작가들을 지도 - 교양시길만한 처지이며 "시비리아 철도행"이 아직도 다 실리지 않은, 장편인 것만콤 좀 더 말하고 싶다.

"시비리아 철도행"은 격렬한 공민전쟁을 격고 역시 그만 못하지 않은 력강한 투쟁으로써 사회주의를 건설하는 나라의 장거리 려행긔를 창가화한 작품이다. 창가가 시로 될 수 있고, 시가 창가로 불리울 수 있지만, 창가와 시가 쌍둥이는 아니다. 그러므로 이 작품을 늙을 때에 창가로 늙어야 그 본맛이 울어난다. 그렇다고 이 작품에 시적 모멘트가 아주 없는 것은 아니다. 그런데 이 작품을 창가로 볼 때 밎어 첫 - 두절을 다 늙기도 전에 "한양아 잘 있거라…" 한 "세계일주가", "울엉차게 토하는 긔적소리에…" 란 "경부철도가" 및 "조선 일주가" 등의 낡은 로맨틱한 감념을 받게 된다. 물론, 그 재료 취급 또는 작자의 견지가 "세계일주가"의 그와는 전혀 딴 것임은 우리가 공인한다. 그리고 이만여 리의 려행을 맨 놀애로만 쓰려고 한 까닭에 현대적 우리에게는 지리한 염증을 예감시킨다. 그렇다고 우리가 장편을 혐긔한다는 의미는 아니다. 차랄히 작자는 이러한 장편적 재료를 취급할 때 산문적 에피쏘드를 좀 - 좀 끼우거나 그렇지 않으면 놀애의 음조나 노트를 잦우 변화시키어야 할 것이다.

그런데, 작자는 이에 주의없이 그저 천편일률격으로 쓰엇다. 그래, 10여 일 려행에 정서가 이렇듯 단조롭이오며 눈에 빛의고[2] 귀에 들리는 모든 산 재료들이 그렇게 단조롭은 감흥을 주엇더란 말인가? 문예가의 주는 그림은 보통 사진이 아니라, 활동사진적 필림이라야 하며 문예가의 주는 소리는 보통 "넉둘이"가 아니라, 고상한 곡조의 곡주거

---

2   비추이고.

나 심포니적 대음악이라야 한다. 그런데, "시비리아 철도행"에는 우리의 요구하는 이것이 약하다. 그러나 작자에게 감사를 올릴 것은: 시비리아 철도 연안에 대한 지리적, 력사적 및 경제적 재료를 놀애로써 보이어 준다. 해삼 - 모쓰크바 래왕자가 많앗음에도 불구하고 일즉 한사람도 쓰지 못하엿던 이 작품을 쓴 그것이다. 누구나 한 번 끝까지 닑어 보아야 할 작품이다.[3]

이제 결론으로 넘어가자. 결론은 길지 않겟다. "로력자의 고향" 제일 집이 자긔의 서문에 예고한 모든 것을 꾸준하게 실행하도록 투쟁할 것을 믿으면서, 우리의 견지를 그에 더 첨부한다.

첫째, 편즙당국으로부터는 우리가 이상에 지적한 모든 결점들을 참고하면서, 보담[보다] 더 미술적인 의장으로써 "로력자의 고향"의 몸맵씨, 차림새 및 속갈피의 모퉁이 - 모퉁이가 모든 독자들의 사랑을 끌도록 할 것이다.

둘재, 조선인 로력자들은 로력자의 고향에 사는 것만큼 "로력자의 고향"을 다토아 가며 닑어야 하겟다. 맛있는 음식도 먹어보지 않으면 맛을 모르는 것 모양으로 좋은 작품도 닑어 보지 않으면, 그 흥미와 값을 발견하지 못한다. 먹어 볼시록 딴맛을 얻음과 같이, 닑어 볼시록 새 맛을 발견한다. 당신들이 "로력자의 고향"을 닑어보아야 그 중에서 자미있는 작품 또는 마음에 맞는 작가를 찾을 것이며 이리하여야 이 작가들은 당신의 요구를, 당신들의 고상한 환심을 사기 위하여 열정과 재능을 발휘할 것이며, 이리하여야 "로력자의 고향"이 당신들의 생활과 함께 넓은 날애를 펴며 날칠 것이다.

셋재, 작가들은 "예술가는 그의 나라, 그의 계급의 감각긔관이며 그

---

[3] "시비리아철도행"에 대한 오창환의 평은 2년 후인 1937년에 조명희가 쓴 「최호림의 "씨비리아 철도행"에 대하여」가 매우 비판적인 것과 대조적으로 대체로 우호적인 논조로 되어 있다.

의 귀와 눈이요 심장이며 그 시대의 소리다", "높이 닐어설사록 그만치 더 보이리라"를 긔억하면서, 실제에서 이 임무를 감행하기 위하여 많이 닑으며 깊이 파며 잘 볼 줄 알며 잘 그릴 줄 알기에 력강한 투쟁을 하여야 하겠다. 이것의 표현으로는 "로력자의 고향"에 실리는 당신들의 작품일 것이다.

넷재, "로력자의 고향"은 앞으로 현재의 우리 생활만 반영할 것이 아니라, 공민전쟁 또는 그 이전의 생활을 묘사하는 작품들도 실어 주며 시나 놀애 뿐 아니라 산문적 예술품들을 많이 실어야 하겠다. 현재의 우리 정도로는 시 보담도 산문들이 많은 독자를 포괄하며, 그것으로써 독자들의 문예생활을 더 낫게 조장할가 한다. 그러나 이것이 시를 과소평가하는 의미의 일은 아니다. 소설, 시, 놀애 및 긔타 온갖 형식의 작품으로써 군중의 문예생활을 조장하며 향상시기어야 하겠다.

"로력자의 고향"아, 조선인 로력군중의 사랑하는 벗이 되어라!

조선인 로력 남녀들아, "로력자의 고향"의 애독자 - 열성적 지지자가 되자!!

- ≪선봉≫, 1935년 1월 18일자(1188호), 2~3면

"로력자의 고향" 제2호에 대하여

변강 작가동맹

"로력자의 고향" 제2호[1]의 기본적 내용으로는 원동 조선인 로력자들의 과거 및 현재 생활과 동시에, 일본제국주의의 조선에서의 로력대중의 처지와 사회주의의 나라 - 쏘베트동맹 내에서의 조선인 로력자들의 처지를 사회주의적 레알리즘에 긔초하여 보이어줄 그것이 된다.

이와 함께 이 잡지의 의의는, 이 잡지가 위대한 세계적 쁘로 작가 - 막씸 고리끼에게 선물로 들일 잡지인 이것으로써 더욱더 커진다.

그리하여 변강작가동맹은 이 잡지의 이러한 중요성을 타산하면서 재료수집과 또는 재료선택(들어온 가운데서)에 착수하엿는바, 이 잡지의 구체적 내용은 다음과 같이(대체적으로, 종결적으로 재료가 다 수집된 후) 정하엿다.

이 문예에 대한 학리상 론문으로는, "문화에 대하여"란 막심 고리끼의 론문을 번역 긔재할 것이며, 조선 조선민속학에 대한 오창환의 론문이 실리게 되며, 또 이 잡지가 정론 - 문예잡지인 것만침 "연해주 조

---

1   ≪로력자의 고향≫ 제2호는 예정대로 간행되지 못했다. 1936년 초 이후 한인엘리트들, 특히 ≪로력자의 고향≫의 편집을 맡았던 최호림, 오성묵, 김와실리가 반혁명분자로 숙청되었기 때문이다. 그리하여 1937년 제호를 바꿔 ≪로력자의 조국≫으로 간행되었는데, 조명희, 서재욱, 윤세환이 책임편집을 담당했다. 조명희는 최호림 등 ≪로력자의 고향≫ 편집자들을 신랄히 비판했다.

선인"이란 최호림 동무의 장편 론문이 실릴 것이며 이외에도, "두만강의 이쪽과 저쪽"이란 제목 하에서 리문현 동무가 쓴 상서한 잡보가 실리게 된다.

산문방면(다부분으로 소설)에서는 조명희, 김와실리, 강태수, 태장춘, 조동규 등 동무들이 참가하게 되며, 시가 방면에서는 한아나똘리, 유일룡, 연성룡, 김화선 등 동무들이 참가하게 된다.

이외에, 중국 쁘로시인 에미쌰오의 작품, "사천으루 가는 길"이 번역(김긔철 동무가 번역) 긔재되며, 또 원동조선극단에서 상연한 각본 중 특수한 각본 하나를 발표할 것이다.

"로력자 고향" 제2호 발간에는 특히 미술가들이 많이 참가하게 되는바, 레닌그라드 미술학원 출신 김형윤, 끼가이 야꿉브, "선봉"사 미술가 김쏘프론 등 동무들의 작품이 발표될 것이다.

- ≪선봉≫, 1935년 10월 6일자(1313호), 2면

시인 최호림 동무와 그의 작품[*]

작자의 문예활동의 리력과 창작품의 년대

해삼시 조선인 작가 그루빠

1915년 : "우리의 한탄"(장편 산문시)

동년 : "회개"(서정시적 우의소설)

1926년 : "녀자 대표"(가극)

1927년 : "복돌이"(력사적 장편 서사시)

1928년 : "야침봉"(5백 52절의 장편 서정시적 서사시)

1929년 : "'불사조' 생활"(장편 서사시)

1930~32년까지 모쓰크바 작가동맹회원인 동시에 국제혁명작가 동
　　양비서부의 비서로 활동

1931년 : "시비리[아] 철도행"(장편 서사시)

1932년 : "술기 거는 토끼"(우의 소설)

1934년~지금까지 원동변강 작가동맹의 검사위원으로 활동

가극 "녀자 대표"에 대하여

이 각본은 1926년도의 시대상을 근거하여 원동 조선인농촌에 있는

---

*　　최호림의 창작연대기를 실은 '해삼시 조선인 작가 그루빠' 명의의 이 기사는 1937년 8월 18일
　　자 ≪선봉≫에 게재된 '문화행진브리가다 발기단' 명의의 「원동 조선인 로력자들에게(경고
　　문)」에서 혹독한 비판을 받았다.

아시아적 봉건풍습과 사회주의적 지도, 과도긔에 있는 쁘롤레따리야의 새 풍습과의 투쟁을 극으로 표현한 것이다. 이 각본의 첫 막에는 현대 농촌 쁘로레따리아트의 가정 성립과 그의 생활 상태를 낳다내엇고,[1] 제 이막에서는 이전 고려에 있엇던 봉건시대의 낡은 풍습에 함양되어 있는 촌민 가정의 고집불변한 면목과 그 가정 안에서 널어나는 계급투쟁 풍운의 진상을 소개하엿고, 제 삼막에는 이 계급투쟁이 성숙되어 이전에 비하여는 조직적이며 자각적으로 되어 필경은 쁘롤레타리아트의 풍습이 승리의 긔치를 세움으로써 끝맺후엇다.

"녀자 대표" 제 이막의 한부분

박정희(조선인 농촌의 구식가정의 며느리)… 한탄

68.
애고애고 내신세야
애고애고 내신세야
내신세는 어찌되어
이다지도 긔박하냐

69.
우리부모 나를낳아
금지옥엽 길러내어
시집이라 보낼때는
몸잘되어 마음편ᄒ게

---

1 나타내었고.

70.
하시느라 하섯건만
이지경이 웬일이냐
내신세는 어찌되어
이다지도 박복하냐

71.
시집온후 첫날붙어
온흘까지 오도록이
서리같은 엄령하에
맘못놓고 있엇고나

72.
목을 놓아 말못하고
의견대로 일못하며
일의쉬움 시간없이
이게무삼 내팔자냐

73.
시집살이 굴레쓴몸
삼종벅쉬 매달리어
나단일데 못나가고
꼼짝달싹 못햇어라

74.
내신세는 어찌되어

솔비²더덕 친구삼고
가마목³을 명당삼아
한뉘⁴세상 다보내나

75.
우리집에 있을때는
우리부모 사랑하여
치면 부서질가하고
불면 날아날가하여

76.
애지중지 하시더니
시집이라 온뒤에는
재깍하면 난장이오
번득하면 욕설이지

77.
닷근자리 구들비⁵는
내매맞는 취장⁶이오
서말들이 물함박은
내가쓰는 독갓인지

---

2   '솔비'는 '솥솔'(솥을 닦는 솔)의 함경도방언.
3   가마솥이 걸려 있는 부뚜막이나 그 둘레.
4   한평생.
5   방비(방을 쓰는 비)의 북한 방언.
6   箠杖. 볼기를 치는 데 쓰던 형구. 회초리와 지팡이를 아울러 일컫는 말.

78.
삼단같이 많던머리
두자길이 헐신터니
시집손에 다빠저서
줌못차는 소초리되

79.
참항라 겹저고리
누린내에 다괄아서
등골시 다터질지나
어느누가 말려주리[7]

80.
메꽃같은 이내몸이
시집삼년 살고나니
주글주글 하게된게
호박꽃이 되엇고나

81.
시집살이 삼년동안
배혼것은 하나없고
다만 얻은것이라곤
눈치질과 겁먹기지

---

7   마름질해주리.

제삼막의 한부분

조직원(녀자대표) 리순회

1.

지금은 시간이 다 되엇으니

여자대표 회의를 열터인데

회원되신 여러동무 다오섯는가

명부를 점고할테니

2.

이름부른 여러동무는

제차례로 대답하고

하나둘식 들어와 앉으신뒤에

정식회의를 열겟소

3.

중중시하 가시영문을

중중시하 가시영문을

중중시하 가시영문을 헤치고 나선

박정희동무 게왓오?

(이 아래의 대답 구절들은 다 생략함 _편자)

5.

제권리를 다차자낸

제권리를 다차자낸

제권리를 다차자가지고나선

오목정동무 게왓오?

7.

낡은습관 다바리고
낡은습관 다바리고
낡은습관 다바리고 새풍조에
운신하는 신운신

9.

저녁밥은 못먹어도
저녁밥은 못먹어도
저녁밥은 먹지못하고라도
회의에 꼭오는 한순영

11.

주의견지 참굳세다
주의견지 참굳세다
주의견지 굳세기는 참굳세다
튼튼할사 장안나

13.

공공사업 어찌잘햇던지
공공사업 어찌잘햇던지
도 집행위원회의 천망받은
김순애 김순애 김순애
(이하는 생략함 _편자)

- ≪선봉≫, 1935년 4월 2일자(1224호), 3면

가극 "여자대표" 랑독야회의 광경

일기자

　해삼시 조선인작가 그루빠의 주최로, 3월 30일에 사범대학 구락부에서 우의 작품 랑독야회가 열리엇다. 군중의 문화수준이 높아감을 딸아 문예에 대한 요구도 더 한층 돋아진 이때며, 또한 이와 같은 한 사람 작가로써의 창작 야회를 열음은 우리 문단에서 처음 있는 일이엇다. 그리하여 정각이 되자 구락부 안은 군중이 넘치도록 들어차이엇다.

　작가 그루빠 서기 김긔철 동무의 개회사가 있은 후 림시집행부가 선거되엇으며, 그 다음에 최호림 동무의 작품 랑독이 시작되엇다. 청중은 숨소리 좇아 줄이어가며 귀기울이어 들어내리어 가다가, 자미스럽고 웃읍은[우스운], "쉬"자음, "귀"자음을 날아내리는 모퉁에 니르러는 그야말로 웃음은 꽃밭을 이루고 박수는 소낙비같이 쏟아지엇다. 이 모양은 쉬지 않고 계속되엇다. 그와 같이 긴 삼막의 가극도 얼마 홍에 끓는 작자의 표정, 동작, 목청 속에서, 또는 긴장된 군중의 충각 속에서 랑독을 끝맞후엇다.

　그 다음에는 토론이 시작되엇다. 정춘혁, 끼가이, 오창환, 한아나똘이, 채게도의 여러 동무들이 등단하여 각각 자긔의 의견을 토하엿다. 그들은 이 작품의 장점을 말하는 동시에 미비점도 지적하엿다. 그리고 나서 어장 문화브리가다의 출연으로 이 가극 첫막의 실지 그림을 뵈이어 주엇으며, 또 뒤들어 올으는 음악소리에 무도가 벌어지엇다. 이렇도록 군중은 밤이 깊음도 잊어버리고 예술적 유희에 취하엿섯다.

- ≪선봉≫, 1935년 4월 2일자(1224호), 3면

원동 조선인 로력자들에게(경고문)

"문화행진 브리가다" 발긔단

1.

원동이 쏘베트화된 지 15년간에, 전체 쏘베트동맹 사회주의 문화건설의 장성과 함께, 전체 원동변강 사회주의 문화건설과 함께, 우리 조선인들의 문화도 미증유의 속도로 장성되엇다.

쎄쎄쎄르 내에 있는 모든 민족들과 한가지로 우리 원동 조선인 로력자들도 사회주의 내용에 민족적 형식을 가진 조선인 민족문화를 건설하고 발전시키고 있다.

지금 일본의 조선에서는 모국어 교수가 매장되고, 모든 진보적 문사들이 옥중생활에서 신음한다.

세계에 오직 하나인, 우리 조국 - 레닌 - 쓰딸린의 민족정책을 실시하는 사회주의 나라에서만 수백만의 로력자들을 위한 진정한 민족문화가 발전될 수 있다.

우리는 원동에 이주하여 들어온 지 70~80년 간에, 오직 맞으막 15년에야 자긔 민족문화를 발전시킬 만한 모든 가능을 가지게 되엇다. 15년 전까지, 차리즘 시대에야 빈궁에 쫓기고, 압박과 착취와 민족적 학대의 채쭉 아래에서 휘몰리어 다니던, 조선인 로력자들에게 무슨 문화생활의 여유가 있엇을가?

오직 쏘베트만이, 오직 혁명적 십월만이 우리에게 민족문화 발전의 넓은 길을 열어주엇다.

2.

15년이란 짧은 긔간에 새로 창설된 우리 교육긔관, 군중 - 문화긔관들은 우리 문화건설이 얼마나 빨리 되엇는가를 무엇보다 명백하게 증명하여준다.

지금 와서 우리에게는 사범대학이 있으며, 300여 개소의 소학교, 60여 개소의 초급중학교, 20여 개소의 중등학교 및 전문학교, 150여 개소의 군중 - 문화기관들이 있다. 우리의 출판물은 수천여 종에 달한다. 이 모든 것은 원동조선인 로력자들의 구체적 실태에서 다시 한번 우리의 민족정책이 옳음을 말하여준다.

이렇다고 해서, 이 성과들에만 취하고, 이 성과을 만족히 녀기고, 그 뒤에 있는 결점들을 보지 않는 것은 전혀 볼셰비크적 태도가 아니다. 비록 이 모든 성과들이 아모리 크다 할지라도 풍족하고 자유롭고 행복스럽은 생활을 건설하는 일반 로력자들의 수요를 아직 다 수응하지는 못한다. 비록 이 모든 성과들이 아모리 많다 할지라도, 우리가 문화건설 방면에 있는 수많은 가능을 다 리용한 것은 못된다.

더구나 우리의 문화긔관들에는 오랫동안 인민의 원쑤들이 들어 앉아 있엇다. 원동 국영출판부 내 조선부에 오성묵, 리광, 라공 등이 들어 앉아 있엇고, 사범대학에 오가이, 한보리쓰, 박모이쎄[이], 최니꼴라이 등이 있엇으며, 한동안 "선봉"사에도 최호림, 리문현 등이 있엇다. 이 이 융흉한 원쑤들은 문화긔관들에 틀어박히어서 자긔네의 해독사업을 적지 않게 하여 놓앗다. 지금까지 원동 국영출판부 내 조선부에 자긔의 고정적 번역원은 전혀 없고 고정적 편즙원 몇 사람만 있는 것이 무엇을 의미하며, 우리 출판물들의 질이 형편없고, 군중이 알기 어렵은,

그 외에도 오류가 많은 서적들이 함부로 나돌아 다니는 사실은 무슨 까닭인가?(파제예브작 "파괴": 역자 김준, 편자 오성묵, 고리끼 작 "첼까스": 역자 겸 편자 오성묵).

조선인사범대학임에도 불구하고, 모국어 교수에 대한 문제가 날카롭게 닐어섬에도 불구하고, 전교를 통하여 모국어 교수에 대하여 주의하지 않은 것은 무슨 까닭인가?

물론 여긔에는 대학생과 교원들의 과실도 없지 않다. 로시야인 교원들은 할 수 없이 로어로 교수할 것이지만, 조선인 교원으로서, 앞으로 조선인 로력자들을 위하여 일할 인재들을 양성하는 사람들로서 조선어를 등한시하고, 시간에 조선말도 아니고, 로시야말도 아닌, 소위 섞애말로 강연을 하며, 모든 조건들이 갖음에도 불구하고 조선어를 연구하지 않는 것은 너무나 무책임적이라고 할 수 있는 일이다. 지금 언어 - 문과에서, 장래의 조선어 - 문학 교원들을 양성하는 곳에서 조선어에 대하여, 문의시하나[1] 다름없는 것도 또한 범죄다. 우리의 형편에서, 더구나, 조선어의 자연을 떠나서, 일종, 로어를 "모방"하여 꿈이어 놓은 오창환의 문전이 전체 원동의 교원과 학생들을 공연히 괴롭게 구는 지금 형편에서, 언어 - 분과는 자긔의 어깨우에 묵업은[무거운] 짐을 메고 나아가야 할 것이다.

우리는 항상 계급적 경성심에 대하여 말한다.

지금, 인민의 원쑤들은 각 생산 부문에 기어드는 동시에 사상 전선에도 기어드는 것이다. 인민의 원쑤 최호림이 "선봉"사에 들어 앉아서 "술기 거는 토기 따고 발귀 거는 토기 따다"고 떠버리고, 그「꽁장한」창작 연대긔를 발표하엿다. 동무들, 그때에 우리의 경성심은 어대루 갓댓는가?

---

1   문외시(門外視)하는 것이나. 전문영역 밖의 일로 간주하는 것이나.

이외에도 우리의 문화건설에서 결점이 많으며, 아직 우리의 눈이 믿히지 못한 결점들도 있을 것이다. 만일 우리가 우리의 출판물을 검열하여 본다면, 물론 그 속에서 수많은 오류와 죄과들을 얻을 것이다. 위선, 우리의 출판물이 군중화되지 못하며, 어느 한도까지 우리의 말을 어즈럽힌 것은 누구다 다 공인하는 바이다. 그리고 보면, 우리는 교수상에서 무딘 칼로서 싸호는 셈이 되고 말지 않는가?

그리고 웨, 지금도 우리의 정서법과 술어들이 통일되지 못하엿는가? 웨, 지금토록, 몇 가지의 변변치 못한 번역문을 제외하고는 우리에게 문예서적이 없는가? 어째서 통속 - 과확[학] 서적은 전혀 없는가? 무슨 까닭에 십여 년 로어를 연구하면서도 방정한 교과서 하나도 없엇던가? 학생들이 7~8년식 로어를 공부하여도 그 다수는 끝내 모르고 마는 원인은 어대에 있는가?

진정한 쏘베트 국민의 량심이 있는 사람들로 누구던지 이 모든 것을 거저 묵과할 수는 없을 것이다.

3.

원동 조선 로력자들아!

지금은 우리 나라 전체가 십월혁명 20주년을 준비하고 있다. 생산의 각 부문에서마다 새롭은 성과와 새롭은 선물로서 20주년을 맞으려고 분주히 준비한다. 진실한 쏘베트 국민은, 누구나 할 것 없이, 새롭은 쓰따하노브적 성과로서 이 20주년을 맞으려고 힘을 다하여 투쟁하여야 할 것이다.

우리는 이 20주년을 어떻게 맞으려는가?

물론, 각 생산에서 자긔의 생산계획을 넘치어 실행하도록 진력하여야 할 것이다.

그러나, 우리 문화건설에 있는 이 결점들을 보고서, 어떻게 가만이 있는다고 말거냐?! 15년간 우리는, 민중은, 민중의 문화적 수준은, 쏘베트의 깃발 아래서 자라낫다.

그렇다면, 동무들아! 맹렬한 비판과 자긔비판의 정신도, 우리가 얻은 바의 장점 중의 하나이다.

날카롭은 비판과 자의비판의 무긔로서 우리는 이 20주년을 맞아보자!

우리 문화건설의 각 방면을 검렬하여 보자!

무슨 까닭에 이런 결점들이 지금까지 있으며, 어떻게 하엿으면 이 결점들을 퇴치할 수 있을가?

우리의 출판물들을 검렬하여 보자!

우리의 군중 - 문화긔관들의 형편은 어떤가?

이것은 한 - 두 사람이 할호 - 인홀[하루 - 이틀]에 할 일이 아니다.

이것은 전체 민중이 여러 달을 계속적으로 하여야 할 일이다.

이것은 민중의 조직적 행동으로서야 할 것이다.

우리는 이 20주년을 맞으면서 십월의 이름으로서, "문화행진 브리가다"를 조직하여 가지고, 이 모든 검렬사업에 착수하자.

동무들아! 우리 브리가다에 성원이 되어서, 함께, 조직적으로 이 거대하고 책임있는 사업에 착수하자!

우리는 원동조선인 로력자들을 향하여 우리의 성원이 되라고 부른다.

함께 일하여 보자!!

- ≪선봉≫, 1937년 8월 18일자(1633호), 2~3면

최호림의 "씨비리아 철도행"에 대하여[*]

조명희

우리의 예술 - 볼쉐비크적 예술은 사상과 감정이 건전하고 재료가 실지다우며 따라서 표현하는 기교가 어디까지든지 순실하고도 능란한데다가 또한 과거 시대의 낡은 방식을 추리고 거기에 새것을 더한 창조적의 것이라야 할 것이다.

『로력자의 고향』에 실린 작품들 중에서 (중략) 최호림 작 「씨비리아 철도행」은 내용에서 정치적 중요한 실착을 거듭하였으며 기교에서 소졸함을 발견할 수 있으니 (중략) 이 작품이 발표된 그 당시에 이런 오착들을 집어내지 못하고 이제 와서 발견함을 큰 유감으로 생각한다. 사실 내가 「씨비리아 철도행」을 겨우 두서너절 밖에는 더 읽지를 아니하였었다. 그 작품이 마음에 맞지 않기 때문에 (중략)

첫째로, 「씨비리아 철도행」의 내용에 대한 검열을 하여 본다면 – 이 글 제6절 "흰 중국과 마새 많은 중동 철도"라고 하였으니, 누가 흰 중국과 더부러 마새를 일으키였다는 말인가? 원쑤들만이 마새를 언제나 시끄럽게 이르키는 것은 세상이 다 아는 바이다. 그럼에도 불구하고

---

[*] 이 글은 황동민 엮음, 『조명희선집』(모스크바: 쏘련과학원 동방도서출판사, 1959), 509~513쪽에 실려 있으나, 『로력자의 조국』(1937년)에 발표된 「이류분자들의 작품을 따로 떼어서」에 포함되어 있다.

거저 "흰 중국과 마새많은"이라고 하면, 이 글 뜻이 언제나 평화를 위하여 투쟁하는 우리까지 마새를 이르키였다는 의미로 나타나는 것이다. 이것은 원쑤들이나 우리를 무함하고 악선전하는 용서 못할 말따위이다.

그리고 또 제19절과 20절을 보자.

> 일본군벌 앞장석이 홍의적무리
> 포악하기 짝이없던 코산이패가
> 저동리에 한달동안 웅거했을때
> 부녀강간 재물탈취 례사이였고
>
> 무죄량민 벌거벗겨 달아매고서
> 사정없이 란타하던 란장소리는
> 산에섰는 나무들이 떨듯했거든
> 매맞는이 애걸성이 어떠했으랴?

"애걸성"! 일본침략주의의 앞잡이군 코산이 패에게 매맞는, 압박과 강탈을 당하는 로력군중의 "애걸성"! 이것은 봉건이나 자본사회에서 기름을 다 짜이고 난 찌꺼기 같은 실업자 – 거지가 부자를 향하여 돈 한푼 자선하라는 애걸성, 또는 종이 형벌하는 상전 – 원쑤에게 용서하여 달라는 애걸성이다. 이것은 노예심리를 가진 – 자각없는 일부 로력자의 비렬한 데에서 나오는 소리이다. 계급의식이 뚜렷한 로력군중으로서 패씸한 원쑤의 손에 형벌을 당할 제, 이가 갈리고 눈에 불이 돋는 그의 심정에서 애걸하는 소리가 나아올가? 아니다! 살이 찢어진다고 하여라, 뼈가 불어진다고 하여라, 그렇다 하더라도 애걸은 하지 않을 것이다. 만일에 애걸한다고 하자, 그러면 이것은 원수에게 항복하는 것이다. 자기 계급의 빛난 깃발을, 의리를 더럽히는 것이다. 배의자의 행위이다.

일본침략자들의 개들인 코산이패에게 매맞던 로력자들 가운데에 이러한 자각없는 비렬자가 있었다고 하자. 그렇다고 하더라도 자각있는 피압박, 피착취자들의 행동은 그렇지 않았을 것이다. 그런데 이 글의 뜻은 그때 피압박, 피착취계급의 전체를 대표하여서 한 말이 분명하다. 이 "애걸성"이란 것은 매에 못이기여 거저 소리치는 것과는 구별하여 보아야 할 것이다. 이 글도 참으로 용서 못할 일이다. (중략)

그리고 또 이 글에서 사실 취급을 허황하게 한 것을 볼 수 있으니 장거리 려행객으로서 니꼴리쓰크 역에서 잠시 중도하차한 사람이 어느 겨를에 "수이푼강에 목욕하고 청도공원에 산보하고 또 사탕제조소, 기름짜는 꼼비나트를 방문"하였을가? 이런 것이 다 진실성을 떠난 짓이다.

이제는 이 작품의 기교에 대하여 말하자. 수삼십년전 고려에서 떠돌아다니던 소위 『한양가』인지, 『세계 일주가』인지 하는 음조에 맞추어서 "화란춘성, 만화방창"[1]식의 때묻고 곰팡이 낀 문체로 유치하게 쓴 글이 이것이다. 우리 고려 말에는 어음의 고저가 잘 알리지 않으며 따라서 관능어라는 토사가 말꼬리에 달리게 됨으로 다른 민족어의 시에서 많이 사용하는 정형률(定型律)의 운문시를 쓸 수 없고 다만 내용률의 자유시를 사용하게 된다. 고려의 신시가 여기에서 십수년을 두고 발달되어 왔다. 어음의 고저가 없는 데에서는 싯줄의 치[2]소곰(размер)도 일정하게 가질 수 없다. 그러면 이 「씨비리아 철도행」이라는 시의 전체가 4, 4, 5조로 되었으니, 한 절을 읽고 나서, 소리의 변화가 없는, 단조한 똑같은 것이 두 번째절부터는 싫증이 나서 더 읽을 수 없다. 『각설이

---

1   花爛春盛 萬化方暢. 꽃이 만발(滿發)한 한창 때의 따뜻한 봄날에 온갖 생물이 나서 자라 흐드러진 상태.
2   치수금(치수를 재어 그은 금). 크기.

타령』을 듣는 것이 오히려 웃읍기나 하지, 이 시는 참아 읽기가 괴롭다. 우리가 만일 장편 서사시를 쓰자면 반드시 음조를 자주 갈아대여야 할 것이다.

우에 말한 그 따위 음조에다가 용어라고는 거의 다 "백일청천", "방방곡곡"이라는 한문식 묵은 문자를 사용하였고 다만 한마디라도 새로운 감각, 시적 감흥을 주는 말이라고는 얻어 볼 수가 없다. "냉이(註) 꽃도 꽃이냐?"라는 말과 같이, 이렇게 육두문자로 막우 쓴 괴글도 시라고 할가?

'강'을 '가람'이라거나 '우주'를 '누리'라고 하는 최남선식의 문화상 민족주의도 우리가 절대로 배척하는 일이지마는 "푸른산 흰구름"이라고 쓸 때에 "청산백운"이라거나 "검은 밤 별떼" 대신에 "암야성군"이라고 하여 살고 향기나는 말 대신에 죽고 썩은 말을 사용하는 것도 반대이다.

이 「씨비리아 철도행」의 평은 이러하다. 그런데 이 글의 작자는 이 따위, 4, 4, 5조와 유치한 문체를 가지고 우리 어린 문단에서 폭군모양으로 전제[3]를 쓰려 하였다. 그리하여 다른 형식의 시는 시가 아니라고 배척하였으니 유일룡, 한아나똘리, 김해운 동무들의 시가 『선봉』 편집부에서 전부 이 자에게 퇴자를 당하였었으며 어린 시인들의 자라나아가는 싹을 잘르려 하였다. 이와 같이 우리의 문예운동에 해독을 고의적으로 주던 일이 온홀의 그자의 행위를 보아 우연한 일이 아니었었다.(『로력자의 조국』 2호에서)

註: '냉이'는 조선 서울의 리언인데 "나시"라는 말이다.('리언(俚言)'은 '항간에 떠돌며 쓰이는 속된 말'이다.)

---

3   전제(專制). 다른 사람의 의사는 존중하지 않고 제 생각대로만 일을 결정함.

제3부

러시아지역 항일무장투쟁과
한인사회의 변화

러시아지역 항일무장투쟁의 역사

1. 3·1운동과 항일무장투쟁노선의 확립

항일무장투쟁노선은 무력항쟁을 통해 일본의 식민통치체제를 타도해 민족의 주권을 회복하고 자유를 쟁취하기 위한 최고 단계의 독립운동노선이었다. 항일무장투쟁노선은 3·1운동으로 표출된 항일독립운동세력이 주도했으며 중국 만주와 러시아 원동지역의 동포사회를 근거로 했다. 항일무장투쟁노선은 또한 한말 의병세력과 애국계몽운동세력이 1910년대 해외 동포사회를 기반으로 전개했던 교육, 문화, 종교, 언론 등을 통해 축적한 민족운동 역량과 실천적 교훈의 성과가 반영되었다는 점에서 그 자체가 오랜 항일투쟁의 성과물이었다.

국내와의 지리적 인접성, 광범한 동포사회의 존재, 역사적 연고성, 일본과 중국, 러시아 간의 국제관계와 정세 등 여러 가지 요인에 의해 무장투쟁노선은 3·1운동 이후 만주지역과 러시아지역의 독립운동단체들 사이에서 지배적인 항일독립운동노선으로 정립되었다. 만주와 러시아 원동지역의 항일민족운동세력의 대부분이 무장투쟁노선을 채택한 것은 가까이는 3·1운동 과정에서 취했던 독립선언 발표와 만세시위운동의 평화적 방법과 파리강화회의를 겨냥한 외교적 방법의 실패로부터 얻어낸 통렬한 자기평가의 소산이었다.

이 지역의 무장투쟁노선은 한말 이래 1910년대에 점진적인 교육, 실업, 종교운동을 중심으로 한 점진적 방법의 방략과 급진적인 무장투쟁을 준비·실천해 왔던 만주와 러시아 원동지역 민족운동세력의 운동적 경험에서 획득한 교훈이었다. 즉, 3·1운동 이후 만주와 러시아지역의 항일민족운동선상에서 지배적인 노선으로 확립된 항일무장투쟁노선은 한말 이래 국내와 해외에서 전개된 무장투쟁운동의 전통과 성과가 3·1운동으로 종합된 것이었다. 러시아연해주지역과 서북간도 지역은 다른 지역과 달리 무장투쟁노선이 주도적인 유력한 항일독립운동노선으로 자리 잡게 되었는바, 이는 한말 이래 이 지역에서 추진되어 온 무장투쟁의 전통이 계승된 측면에 더해 3·1운동 이후의 경험적 교훈에서 비롯된 것이다.

한말 이래 1910년대에 일어난 대표적인 항일무장투쟁의 사례를 들면, 1908년 여름 러시아연해주에서 감행한 동의회(同義會)의 국내진공전, 1910년 국망 직전 창설된 13도의군(十三道義軍), 제1차 세계대전 발발 전에 조직되어 활동한 대한광복군정부(大韓光復軍政府), 1918년 여름 연해주 이만전투에 참가했던 한인사회당(韓人社會黨) 적위군 등이 있다.

같은 맥락에서 재일역사학자 김정미(金靜美)는 3·1운동 이후 만주와 러시아 원동지역에서 형성된 항일무장조직의 성격에 대해 세 가지로 정리한 바 있다. 첫째, 1907년 이후 1909년에 전개된 반일의병전쟁의 전통을 계승하고, 둘째, 한인사회를 대상으로 정치, 문화, 교육, 언론 등을 통한 독립운동의 경험과 성과를 기반으로 하며, 셋째, 시베리아를 침략한 일본군에 맞서 러시아적위군과 연합하거나 독자적으로 조직된 한인빨치산부대의 무장역량이 반영되었다는 것이다.[1]

무장투쟁을 중시한 만주와 러시아연해주지역 독립운동세력의 이러한 노선은 3·1운동 당시 발표된 독립선언서에도 반영되었다. 1919년 3월 17일 대한국민의회가 의장 문창범(文昌範), 부의장 김철훈(金哲勳), 서기 오창환(吳昌煥)의 명의로 선포한 독립선언서(제1선언서)에서 "우리들은 그 독립과 자유의 생존상 신성한 권리를 획득하기 위해서는 필요에 따라 어떠한 다대한 희생을 지불하더라도 이를 사양치 않을 것이다"[2]라고 선언했던 것이다. 또한 대한국민의회는 3월 17일 이후 3월 훈춘(3월 20일) 등 러시아 원동과 북간도 각지의 독립선언과 시위운동과정에서 배포된 제2독립선언서의 결의문 제5항에서, "본 의회는 만일 이상 목적을 달성치 못하면 이는 한족이 인도의 평등을 얻지 못함이라. 그런고로 일본에 대하야 혈전을 선포하리니 이를 인하야 참화가 나되 그 책임을 지지 아니할 것"이라고 대일혈전을 선포했던 것이다.[3]

3월 13일, 북간도 용정촌의 집회, 3월 17일 니콜스크-우수리스크(소왕령)와 블라디보스토크 신한촌에서의 독립선언 집회와 시위, 3월 20일 훈춘의 독립선언 시위운동에서 이러한 혈전에 의한 독립쟁취방략이 천명되었고, 이는 이 지역 한인사회에서 널리 공유되었다. 특히 훈춘에서는 대한국민의회 독립선언서가 배포되었고, 오후 1시에는 소총을 가진 500명과 기타 무기를 휴대한 200명 총 700명의 한인들이 훈춘 일본영사관에 집결해 일본국기를 끌어내려 가져갔다.[4]

이후 길림의 독립의군부(獨立義軍府)가 주도해 3·1운동 후인 3월 말 39명의 민족지도자들이 서명해 발표한 「대한독립선언서(大韓獨立宣言書)」[이른바 '무오독립선언서(戊午獨立宣言書)']는 "자, 우리 동심동덕(同心同

1   金靜美, 「朝鮮獨立運動史上における1920年10月: 靑山里戰鬪の歷史的意味を求めて」, ≪朝鮮民族運動史研究≫ 3(1986年 3月), 朝鮮民族運動史研究會, p.108.
2   梶村秀樹·姜德相 編, ≪現代史資料(朝鮮 2)≫ 26(みすず書房, 1977), p.45.
3   국사편찬위원회, 『한국독립운동사 자료편』 4권(1983), 308쪽.
4   金靜美, 「朝鮮獨立運動史上における1920年10月: 靑山里戰鬪の歷史的意味を求めて」, pp. 112~113.

德) 2천만 형제자매여 국민의 본령(本領) 자각한 독립인 것을 기억할 것이오 동양의 평화를 보장하고 인류의 평화를 실시하기 위하야 자립인 것을 명심하게끔 황천(皇天)의 명명(明命)을 지봉(祗奉)하고 일체의 사망(邪網)으로부터 해탈(解脫)하는 건국인 것을 확신하야 육탄혈전(肉彈血戰)하여써 독립을 완성할 것이다"라며 독립전쟁을 선포했던 것이다.[5]

일본첩보자료에 의한 것이지만, 3·1운동을 전후로 대한국민의회를 비롯한 러시아지역과 서북간도 지역의 한인독립운동세력이 수립한 3단계독립운동계획은 독립선언·시위운동(제1단계운동) → 무력시위운동(제2단계운동) → 파리강화회의에서의 외교활동(제3단계운동)으로 기록되어 있다. 이 방략에서 국내외의 다른 지역과 차이가 나는 점은 제2단계의 무력시위운동단계이다. 제1운동은 독립선언서 발표, 태극기 게양, 가두시위운동 등을 통한 평화적 시위운동단계, 제2운동은 국내외의 무장세력(구한국시대의 해산군인, 조선보병대, 한인경찰관, 헌병보조원, 의병출신자들 및 러시아에 입적한 한인군인들)을 통한 국내 진입의 무력시위운동단계, 제3운동은 무력시위운동과 동시에 미국으로 하여금 일본에 간섭케 하고 파리강화회의 파견대표가 진정서를 강화회의에 제출하는 외교활동단계였다.[6]

이 독립운동의 최종목표는 파리강화회의의 주의를 환기시켜 한국의 독립문제를 하나의 의제로 상정하는 데 있었다. 강화회의의 주의를 환기시킨다는 것은 국내를 '병란지(兵亂地)'로 만들어 연합국으로 하여금 '하나의 교전단체(交戰團體)'로 승인케 하는 것이었다. 이를 위해서는 "노령, 동중철도 연선지역, 간도, 훈춘, 서간도 지방에 산재한 동지 가운데 1만 명을 모집해 국내로 진입하는" 무력시위운동이 전제되어야

---

5 국사편찬위원회, 『한국독립운동사』 3(1983), 564쪽.
6 반병률, 「노령에서의 3·1운동」, 『한민족독립운동사』 3(국사편찬위원회, 1988), 470~471쪽.

248 제3부 러시아지역 항일무장투쟁과 한인사회의 변화

했다.[7] 1만 명이 국내에 진입하는 방안은 일찍이 1910년 8월 말 국권강탈 반대투쟁의 일환으로 이범윤(李範允)이 제의해 노령 독립운동가들의 회합에서 채택된 바 있었다.[8] 이처럼 노령, 간도지방의 독립운동의 무단적(武斷的) 전통이 반영된 국내진입론은 이 지역 독립운동세력이 한말과 1910년대의 운동경험을 통해 평화적 시위운동이나 단순한 외교활동에 대한 한계를 인식한 결과이기도 하다.

1917년 러시아혁명, 특히 1918년 일본군의 시베리아 침략과 점령 이후에는 러시아혁명세력과의 연대와 협력을 통한 항일투쟁노선이 채택되었다. 특히 러시아 원동지역과 시베리아지역에서는 미국 등 서구열강이 일본과 함께 러시아혁명을 저지하기 위해 간섭군을 출병시켜 러시아백위파세력을 지원하고 있었는데, 이러한 상황에서 러시아지역의 민족운동세력 간에는 러시혁명세력과의 연대투쟁노선이 힘을 얻고 있었다. 특히 파리강화회의에서 한국독립문제가 상정조차 되지 못하게 되자, 일부 독립운동세력이 추구했던 평화적인 독립운동노선이나 외교론은 급속하게 영향력을 상실했다.

파리강화회의 이후 평화적 시위운동, 외교운동으로는 더 이상 독립을 달성할 수 없다는 사실이 명백해지자 서북간도와 러시아지역에서 무장운동이 활성화되었다. 서북간도 지역의 무장독립군 단체나 독립운동단체의 군사조직 대부분이 1919년 여름 이후 조직되어 본격적인 무장활동에 나선 사실에서 이를 확인할 수 있다.

3·1운동을 계기로 국내외에서 독립운동 분위기가 한껏 고조되고 있던 상황에서, 특히 서북간도와 러시아연해주지역에서는 항일무력투쟁을 준비·실행하기 위한 급진적 단체들이 청년학생들을 중심으로 조직

---

7   같은 글, 471쪽.
8   劉孝鐘, 「極東ロツァアにおける朝鮮民族運動」, 『朝鮮史研究會論文集』22(綠蔭書房, 1985), pp.139~140.

제1장 러시아지역 항일무장투쟁의 역사   249

되었다. 이들 급진적인 청년단체들은 서북간도에서 3·1운동 이후 우후죽순처럼 등장한 항일독립군단체들의 강력한 인적·물적 기반이 되었다.

북간도지역에 근거를 둔 급진적인 청년단체의 대표적인 사례가 충열대(忠烈隊)이다. 충열대는 3·1운동이 발발하기 이전에 조직된 단체로 북간도 허룽현(和龍縣) 타이라쯔(太拉子)에 소재한 명동학교(明東學校)와 정동학교(正東學校)의 학생들을 중심으로 조직되었는데, 대원 수는 1919년 4월 당시 320명이었으며 지도자는 김학수(金學洙)였다. 3·1운동 전인 1919년 1월 길림의 중국인 배일단체 베이룽투안(白龍團)으로부터 기관총 1정을 구입해 은익하는 등 무장투쟁을 염두에 둔 급진노선의 비밀청년단체였다. 3월 13일 용정촌에서 전개된 시위운동에서는 대원 전원이 참가하고 참가한 대원들의 과반수가 권총을 소지하고 있었을 정도로 적극적인 무장투쟁을 지향한 단체였다. 일본총영사관 경찰서에 체포된 충열대 단원 강진우(姜鎭宇)가 소지하고 있던 사령장(辭令狀)에는 조선독립운동충열대(朝鮮獨立運動忠熱隊) 법부(法部) 사령부(司令部)가 강진우를 충열대 제2연대 부단장으로 임명한 것으로 되어 있는데, 이 사실을 통해 충열대의 정식명칭이 '조선독립운동충열대'이고 충열대가 법부 등 행정조직과 사령부 등 군사조직을 갖추고 있었음을 짐작할 수 있다.[9]

우리가 주목해야 할 또 다른 단체가 자위단(自衛團)인데, 자위단은 3·1운동 이전에 북간도 국자가(局子街) 중국 도립중학교(道立中學校)의 한인재학생과 졸업생을 중심으로 조직된 단체이다. 자위단의 단장은

---

9   국사편찬위원회, 「在外鮮人의 獨立運動槪況」, 『한국독립운동사』 3, 533~534쪽. 일본첩보자료에 간도 명동학교에서 교사 강봉우(姜鳳羽) 등 3명이 조직하고 3월 29일까지 50명을 모집해 총기 120정을 은익하고 있었다는 결사대 역시 충렬대와 깊은 관계가 있는 단체로 짐작된다. 국사편찬위원회, 「독립운동에 관한 건」, 『한국독립운동사』 3, 601쪽.

최경세(崔經洗)였고 단원은 1919년 4월 당시 1100여 명에 달했다. 단원들은 5연발총 40여 정을 소지하고 있었다고 한다. 3월 13일 용정촌에서 발발한 독립선언시위운동 당시 30여 명의 단원이 권총을 소지하고 있었는데, 중국군대가 시위대에게 발포해 사망자가 발생하자 이에 대응하려고 했으나 운동 지도자들이 만류해 그만둘 정도로 조직의 성향이 매우 급진적이었다.[10]

러시아연해주의 경우 소년모험단(少年冒險團)이 대표적인 급진적 무장준비 단체이다. 소년모험단은 3·1운동 직후 연해주 블라디보스토크 신한촌의 채성하(蔡成河) 집에서 김운학(金雲鶴), 홍파[본명 이민환, 이승], 박춘근(朴春根), 김봉기, 김형식 등 18명의 혁명적 애국청년들이 혈서로 맹약하고 조직했다[단장 김운학, 총무 이승, 위원 박춘근, 김봉기]. 이들은 "조선독립운동은 다만 무력으로만 조선을 해방시키고 조선인민들이 자유와 독립을 찾을 수 있다"라며 무력투쟁을 당면과제로 설정했고, 국내의 일본인 건물 파괴와 주요한 일제기관 간부 암살을 행동강령으로 설정했다. 소년모험단은 중국과 러시아 각지의 한인 거주지에 소년모험단 지단을 조직했으며, 폭탄, 단총 등 무기를 매입하기로 하고 단원들을 각지에 파견했다. 그리하여 단장 김운학은 오호츠크에 가서 120명의 금광노동자들로 지단을 조직했다. 이후 소년모험단 오호츠크 지단 단원들은 의연금으로 금 4푸드를 모아 구한국 장교 출신인 강국모(姜國模)에게 맡기고 블라디보스토크나 북간도 방면에 가서 무장운동을 전개할 것을 요청했다.[11]

이어 1919년 여름 소년모험단은 블라디보스토크에서 모금한 자금으로 폭탄을 구입했는데, 채성하의 소개와 정연필, 최태성 등의 주선으

---

10 국사편찬위원회, 「在外鮮人의 獨立運動槪況」, 533~534쪽.
11 홍파, 「소년모험단: 해삼 신한촌에서 '소년모험단'과 '적기단'을 조직지도하던 리승(홍파)동지 회상기」(1959.3.27), 10~11쪽. 강국모는 무장단체 혈성단을 조직한다.

로 폭탄 6개를 구입해 원산의 이장로(李長老) 집으로 운반했다. 원산으로 폭탄을 운반한 단원은 박춘근, 김형식으로 일본기선 태을환(太乙丸)에서 일하는 한인 수부들의 도움을 받았다. 당초 이들은 폭탄을 서울까지 운반하려던 계획을 변경해 후일 노인들이 운반을 담당하기로 하고, 폭탄 4개와 단총 2개는 박춘근이 장백현으로 옮겨서 군비단의 무장활동에 활용했다.[12] 소년모험단 단원들이 원산까지 운송한 폭탄은 이후 노인동맹단(老人同盟團) 단원 강우규(姜宇奎)가 서울로 가져가서 서울역 앞에서 새로 부임하는 조선총독 사이토(齊藤)에게 투척했다.

2. 러시아지역 항일빨치산부대의 형성과 발전

1) 1920년 4월참변 이전 시기

(1) 한인사회당 적위군

한인사회당(韓人社會黨)은 1918년 4월 28일(러시아구력, 신력으로는 5월 10일) 한인사회당의 정식창립을 위한 한인사회당 중앙위원회 확대총회를 개최하고 중앙간부를 선출했다. 대회에서는 소비에트러시아와의 연대와 반일(反日)·반제(反帝)의 사회주의 노선을 내용으로 하는 한인사회당의 강령을 채택하고, 중앙위원들을 선출했으며, 조직, 선전, 군사 등 주요 부서를 설치했다. 이동휘가 중앙간부위원장으로 선출되었으며, 그 밖의 중앙위원에는 부위원장으로 김알렉산드라의 남편인 오와실리(러시아문 서기 겸임), 청년부의장으로 오성묵, 한글서기 겸 기관지 자유종 주필로는 김립, 군사부장겸 군사학교장으로 유동열, 재무부

---

12 같은 글, 12~13쪽.

장 겸 선전부장으로 이인섭(이반) 등이 선출되었다. 한인사회당은 군사부장인 유동열을 교장으로 하여 장교훈련을 위한 군사학교를 설립했으며, 김알렉산드라를 중심으로 블라디보스토크 주둔 일본군 병사들을 상대로 한 반제·반전 활동을 전개했다. 또한 한인사회당은 적위대(赤衛隊) 활동에 참여했다. 일본이 1918년 4월 5일 일본인 2명이 살해된 사건을 빌미로 하여 육전대를 블라디보스토크에 상륙시키자, 크라스노쇼코프(Александр Краснощеков)와 이동휘 등 한인사회당 중심 인물들은 일본의 시베리아 출병에 대처하기 위한 공동대책을 논의했고, 독일 포로장교들 또는 중국의 길림장군 멍시웬(孟思遠) 등과 대일공투(對日共鬪)를 협의했다.[13] 한인사회당은 7월 한인의병대(적위대) 조직을 결정했다. 그리하여 한인사회당은 원동인민위원회의 승인과 지원하에 하바롭스크, 이만, 러시아·중국 국경지대의 니콜스크 - 우수리스크, 바라바시, 연추 등 각지에 이동휘, 유동열, 김립, 이한영 등 한인사회당 간부들을 파견해 활발한 적위대 모집활동을 전개했다.[14]

일제의 한국 강점 이후 최초로 조직된 한인무장부대라 할 수 있는 한인적위대는 처음에는 100여 명의 대원으로 구성되었다. 이 부대는 러시아 적위군(赤衛軍)과 합세해 백위파 깔미코프군대와 무력간섭군에 맞서 뱌셈스크, 크라스나야 레즈카 등 하바롭스크 방위전투에 참전했다.[15] 이만전투에서 유동열, 전일이 이끌던 한인사회당의 한인적위대 대원 100여 명 가운데 30여 명이 전사했다.[16] 한인사회당 적위군은 독자적인 별도의 부대로서 조직된 것이 아니라 볼셰비키당과 노농병 소

---

13 劉孝鐘, 「極東ロシアにおける十月革命と朝鮮人社會」, p.32.
14 반병률, 「대한국민의회의 성립과 조직」, ≪韓國學報≫ 46(1987년 봄), 139~140쪽.
15 김승화, 「쏘베트정권수립을 위한 투쟁에서 조선인국제주의자들(1917~1922)」, ≪레닌기치≫, 1972년 8월 30일자.
16 「露領方面情況彙報」(1918년 10월 5일자), 『不逞團關係雜件 朝鮮人의 部 在西比利亞』, 제7권.

비에트의 지도하에 합동민족부대로 조직된 것으로, 이 합동민족군대에는 한인을 비롯해 러시아인, 중국인, 헝가리아인, 세르비아인, 라트비아인 등 여러 민족이 참여했다. 당시 중국인 순지우(孫緝吾)가 결성한 중국인부대는 따로 조직되어 있었다.[17] 한인사회당 적위대는 이후하바롭스크가 백위파와 무력간섭군에게 점령되면서 해산되었다.

한인사회당 적위군가 창설된 시기보다 조금 늦은 1918년 10월에는 아무르주(흑룡주)의 블라고베시첸스크에서 박이반 다닐로비치가 조직한 무장유격대가 활동했다고 하나, 그 활동에 대해서는 잘 알려져 있지 않다.

(2) 다반군대 또는 청룡군대

다반군대는 연해주 북부의 하바롭스크주 라줍스키 구역 한인 원호촌인 다반촌(알렉산드르 미하일로브카)에서 조직된 한인의병부대이다. 이곳을 우리말로 '다반'이라고 불렀던 관계로 이 군대 역시 '다반군대'라 불렀다. '청룡(靑龍)부대'라고도 불린 것은 가까운 우수리철도 정거장(베르나야역, 현재의 베리노역) 주변 이름을 중국인이나 한인들이 청룡이라 부른 데서 비롯되었다.

다반촌에는 1919년 여름부터 일본군 수비대 1개 중대가 주둔하고 있었고 학교를 병영으로 만들었다.[18] 당시 다반촌과 안반촌 사이에서 러시아인 사코프와 트카쵸프가 조직한 러시아빨치산부대(28명)가 활동하고 있었다. 다반촌 주민들은 이들 러시아빨치산부대에 무기와 식료품을 비밀리에 가져다주었다. 이 마을에는 1918년에 조직된 한인사회당의 창당 발기인이기도 한 유스테판이 살고 있었고, 최니콜라이 세

---

17 이인섭, 『한인사회당 참고자료 1』.
18 김승화, 「쏘베트정권수립을 위한 투쟁에서 조선인국제주의자들(1917~1922)」.

묘노비치(쟁바우), 박춘봉(니콜라이 페트로비치), 김억활 등이 거주하고 있었다. 특히 최니콜라이는 제1차 세계대전 당시 징병되어 복무하다가 10월혁명 후에 제대해 귀환한 기병 출신이었다. 이들은 처음에는 러시아빨치산부대에 군기와 식료를 비밀 공급하는 공작에 참가했다. 그 후 일본군 토벌대가 다반촌에 와서 학교를 점령한 후 불태워 버리고 무고한 청년을 독립운동을 한다는 명목으로 잡아다가 악형을 가하는 만행을 저지르자 봉기를 결심했다. 이어 1919년 11월경 하바롭스크의 백위파 칼미코프군 500여 명의 토벌대가 사코프 빨치산부대(당시 500명 규모)를 토벌하러 온다는 급보를 받자, 다반촌 청년 17명은 숨겨 놓았던 무기들을 모으고 최니콜라이를 지휘관으로, 박춘봉을 중대장으로 하여 빨치산부대를 조직했다.[19] 최니콜라이부대는 불과 20명의 대원으로 네베르스코이 마을 부근에서 칼미코프 토벌대를 상대로 한 습격전을 전개했는데, 이 최초의 전투에서 적군을 대파해 80여 명을 살상했으며 기관총 3문 등 적지 않은 전리품을 획득했다.[20]

다반군대는 러시아빨치산들과 연합해 1919년 11월 하바롭스크로 가는 도중의 호르(Xop)강 부근 삼림지대로 유인해 일본수비대 1개 연대를 섬멸해,[21] 러시아 농촌을 백위파와 일본군들로부터 해방시켰다. 하바롭스크로 연결되는 우수리철도의 청룡정거장에서 러시아빨치산부대와 다반군대가 연합해 '하바롭스크 합동민족부대'를 형성했다. 당시 다반부대와 합작하던 러시아부대의 병력은 1000여 명에 달했다. 하바롭스크를 떠나 도피하던 백위파 칼미코프는 하바롭스크 합동민족부대

---

19 이인섭, 『한인사회당 참고자료 2』. 당시 다반군대를 조직한 17명의 주민은 이여수, 김섭추크, 이표돌, 김알렉산드르, 김메포지, 유니콜라이, 남필립, 오필립, 고순덕, 최이반, 한안드레이, 김창락, 김니콜라이, 장포마 등이었다. 최호림, 『遠東邊疆高麗人生活 歷史抄錄』, 第一冊(하바롭스크: 手稿本, 1932), 73쪽 참조.

20 최호림, 『遠東邊疆高麗人生活 歷史抄錄』, 73~74쪽.

21 김승화, 「쏘베트정권수립을 위한 투쟁에서 조선인국제주의자들(1917~1922)」.

에 포위되어 중국령으로 도망했지만, 기다리고 있던 러시아빨치산부대에게 잡혀 총살되었다. 1920년 2월 13일의 일이었다. 1920년 3월 13일 하바롭스크가 합동민족군대의 수중에 장악되었는데, 당시 다반군대는 인원이 증가해 128명에 달했다.[22]

다반군대는 1920년 4월참변이 일어날 당시 하바롭스크 근교 우수리강쪽의 작은 역인 크라스나야 레츠카(붉은 강)에 위치한 러시아적위군 총본영으로 가서 러시아 야전총사령관 불라코프의 지휘하에서 당시 하바롭스크를 점령하고 있던 일본군과 전투했다(크라스나야 레츠카 전투).[23] 이 전투에서 다반군대는 황하일의 이만군대와 연합했다.[24] 이 '하바롭스크 해방전투'에서는 고순덕, 김알렉세이, 이세르게이 등의 다반군대 군인이 전사했다.[25]

하바롭스크 탈환 전투에서는 결국 탄약이 부족해 전 군대가 퇴각하면서 러시아적위군 야전사령부가 아무르강을 건너 아무르주로 이동했는데, 이때에 다반군대도 아무르주(흑룡주)로 후퇴해 페트로브카, 에카테리노 - 니콜스크, 인노켄치옙스크, 인(Inn)정거장, 노보니콜라옙스크 등지에서 2개월여를 체류했다. 이후 다반군대는 1920년 11월경 흑하시(블라고베시첸스크)로 이전해 러시아 인민혁명군 제8연대에 직속된 고려인특립대로 있다가 1921년 3월 아무르주 마사노프에 조직되었던 사할린특립의용대에 편입되었다.[26] 당시 다반군대의 지휘자는 최니콜

---

22   이인섭, 『한인사회당 참고자료 2』; 반병률, 「러시아혁명과 한인사회의 변화」, 국사편찬위원회, 『러시아·중앙아시아 한인의 역사』 상(2008), 134쪽. 한편 다른 기록에는 1920년 2월에 다반군대의 군인수가 200여 명이었다고 기록했다. 십월혁명십주년 원동긔념준비위원회 엮음, 『십월혁명십주년과 쏘베트고려민족』, 61쪽 참조.

23   최호림, 『遠東邊疆高麗人生活 歷史抄錄』, 74쪽.

24   ≪선봉≫, 1930년 11월 2일자 4면.

25   십월혁명십주년 원동긔념준비위원회 엮음, 『십월혁명십주년과 쏘베트고려민족』, 62쪽; 반병률, 「다반군대」, 독립기념관 한국독립운동사연구소 엮음, 『한국독립운동사사전: 운동단체편』 3권, 641쪽.

라이, 박춘봉, 김억활, 이두일, 백수동, 이금돌, 박노순, 이성천, 김안드레이, 조영인, 이표트르 등이었다.[27]

(3) 이만군대 또는 황하일부대

이만군대는 1919년 11월경 이만시 근처의 칼린스키구역에서 황하일이 박공세, 김덕보, 이원해, 김표트르 등 15명의 동지들과 발기해서 황하일을 대장으로 하여 조직한 군대였다.[28] 황하일이 이끄는 이 부대는 창설된 지역 이름을 따서 이만부대라 부르기도 했는데 1920년대 말 서간도에서 이동해 온 군비단 군대를 제2이만군대, 황하일부대를 제1이만군대라 구별해서 부르기도 했다. 황하일의 이만군대는 120명으로 1개 중대를 구성했고, 이만에 주둔하며 훈련했다. 황하일부대는 1920년 4월참변 당시 인민혁명군(적군)으로부터 무기를 충분히 공급받아 하바롭스크 근교 우수리강 쪽의 작은 역인 크라스나야 레츠카에 위치했던 러시아적위군 총본영으로 가서 러시아 야전총사령관 불라코프의 지휘 하에 당시 하바롭스크를 점령하고 있던 일본군과 1개월 반 동안 전투했다. 앞에 언급한 것처럼, 황하일군대는 이때 다반군대와 연합해 전투했다. 탄약 부족으로 전 군대가 퇴각하면서 러시아적위군야전사령부가 아무르강을 건너 아무르주로 이동할 때에 황하일부대 역시 함께 퇴각해 볼로차옙카역에 주둔하면서 방어전에 임했다. 1920년 8월경 대장 황하일이 자유시고려인특립대대 경리부장으로 전근하자, 중대 부관이던 김표트르가 대장이 되어 전 대원 80명을 이끌고 서부전선(치타전선)에 출전해 세묘노프 백위파군과 전투했다. 카름이역에서 대승

---

26 최호림, 『遠東邊疆高麗人生活 歷史抄錄』, 74~75쪽.
27 십월혁명십주년 원동긔념준비위원회 엮음, 『십월혁명십주년과 쏘베트고려민족』, 62쪽; 반병률, 「다반군대」, 641쪽.
28 ≪선봉≫, 1930년 11월 2일자 4면; 최호림, 『遠東邊疆高麗人生活 歷史抄錄』, 70쪽.

리를 거둔 후 치타로 전진했으나, 대원들이 제대로 피복을 공급받지 못한 관계로 영하 40도가 넘는 상황에서 동상자가 속출해 후방으로 물러나야 했다. 부상병들을 치료한 후인 1920년 11월경 자유시[29]에 도착해 고려인특립대대에 편입되었다.[30]

(4) 사할린군대 또는 박일리야군대

니콜라옙스크 - 나 - 아무레(Nikolaevsk-na-Amure, 尼港)가 러시아빨치산부대에 의해 점령된 것은 1920년 2월 29일이다. 니콜라옙스크 지구 러시아빨치산부대는 다른 지역에 비해 늦게 편성되었다. 1919년 11월 2일 하바롭스크 교외 아나스타시옙카(Анастасьевка)촌에서는 인근 빨치산부대들의 대표자 협의회가 개최되었다. 이 협의회에서는 니콜라옙스크 항구를 '해방'하기 위해 빨치산부대의 재편성이 결의되었다. 이후 러시아빨치산부대는 아무르강 하구로 거슬러 올라가면서 농촌과 금광으로부터 농민과 노동자들을 모집했고, 이로써 급격히 병력이 증강해 대부대를 형성했다. 러시아빨치산부대는 금속공 출신의 아나키스트 뜨랴삐쩐, 레베데바, 나우모프 등이 이끌고 있었다. 이들이 이끄는 빨치산부대는 아무르강 하류로 이동하면서 병력을 증강시켜 1920년 1월 말에 이르러 약 2000명에 달했고 니콜라옙스크항을 완전 포위해 일본군과 백위파군은 완전 고립되었다. 당시 니콜라옙스크 - 나 - 아무레에는 러시아인 8800명, 중국인 1400명, 한인 900명, 일본인 730명이 거주하고 있었다.[31] 일본주둔군 이시카와 마사가(石川正雅) 소좌는

---

29 제정러시아 시기 아무르철도가 건설되면서 1912년 당시 황태자인 알렉세이의 이름을 따서 알렉세프스크시로 건설되었으나, 2월혁명 후 시민들의 신청을 받아들여 1917년 6월 스바보드니, 즉 자유시라는 새로운 명칭으로 바뀌었다.

30 최호림, 『遠東邊疆高麗人生活 歷史抄錄』, 70~72쪽.

31 John J. Stephan, *The Russian Far East: A History*(Stanford: Stanford University Press, 1994), p.144.

러시아 백위파 부대장의 만류에도 불구하고 러시아빨치산부대 측과 1920년 2월 29일 협정을 맺었는데, 협정의 내용은 일본군의 무장을 보장하는 대신에 전투 없이 빨치산부대가 시내로 입성한다는 것이었다. 그리하여 뜨랴삐찐의 빨치산부대가 노동자, 시민들의 열렬한 환영 속에 니콜라엡스크항에 무혈 입성했고 곧바로 소비에트권력을 부활시켰다.[32] 이후 혁명정권은 백위파군 장교와 자본가들을 체포·처형했는데, 처음 며칠 동안에 체포된 자가 400명 이상이었다. 빨치산부대에는 중국인, 한인, 하층노동자들이 대거 참여하고 있었다. 3월 12일경 빨치산부대에는 600명, 300명으로 구성된 두 개의 중국인 부대와 500명으로 편성된 한인부대가 활동했다.

'사할린군대(尼港軍隊)' 또는 '박일리야군대'로 불린 한인의병대는 조직배경이 다른 두 개의 한인부대가 합동한 것이다. 그 중 하나는 뜨랴삐찐부대가 사할린섬과 그 건너편 아무르강 연안 일대를 '해방'시키자, 사할린의 한인학교 학감이던 애국자 유소심이 조직한 한인빨치산부대이다. 유소심은 뜨랴삐찐부대에 복무하면서 한인청년들에게 빨치산부대에 입대하도록 선전했고, 이에 어업노동자들과 금점꾼들이 자원입대해 1919년 12월 말에 200명의 대원으로 결성되었다. 유소심의 한인빨치산부대는 1920년 2월 29일 뜨랴삐찐부대와 함께 니콜라엡스크 항구를 '해방'하는 데 참여했다. 이 부대는 니항 입성 후에 확대·재편되어 고려인특립의병대를 조직해 그 규모가 4개 중대 430여 명이었다. 대장(사령관) 사소프, 부관 박일리야, 제1중대장 유소심(이후 고명수), 제2중대장 임호, 제3중대장 김인노겐치, 제4중대장 안기석(이후 김수현) 등이 임명되었다. 한인들 가운데 러시아어를 잘 아는 사람이 없어서

---

32 Mukhachev B. I., *Istoriia Dal'nego Vostoka Rossii*, kniga 1(Vladivostok: Dal'nauka, 2003), p.348; 原暉之, 『シベリヤ出兵-革命と干渉 1917~1922』(1989), p.521.

러시아빨치산들과 연락하는 사업을 위해 마가촌(Maro, 馬家村)의 러시아어 교원인 박일리야가 부관으로 초빙된 것이다.[33]

한인빨치산부대원들의 압도적 다수는 금광노동자와 어업노동자들이었고 청년단 단원은 극소수였다.[34] 이와 아울러 중국인빨치산군대도 400~500명으로 조직되어 함께 전투했다.

뜨랴삐찐의 러시아빨치산부대가 니콜라옙스크 항구를 '해방'한 이후에는 또 다른 한인부대가 편성되었다. 이 부대의 근간은 1919년에 니콜라옙스크 항구에 거주하던 청년들로 조직된 자유단(自由團)이다. 자유단의 전신은 1919년 3월에 조직된 청년회라는 비밀단체이다. 청년회는 6월 25일 결사대로 개칭했는데, 당시 임원은 회장 박병길, 부회장 장규식(張奎植), 평의원 이기종(李基鍾), 간사 김복만(金福萬), 이사 박선봉(朴先奉), 이사 박미스카 등이었다. 이 결사대는 대한국민의회 주도하에 각지에 조직된 것으로 블라디보스토크, 하바롭스크, 블라고베시첸스크, 스바보드니(자유시), 제야, 보츠카료보, 스파스카야 등지에 조직되어 있었다. 이후 박병길, 이지택(李智澤), 홍의표(洪義杓), 안기석(安基錫), 차재형(車載亨), 연지영(延志英) 등이 40세 이하의 한인청년들로 비밀결사 자유단을 조직했다. 자유단은 ≪자유보(自由報)≫라는 신문을 매주 2회씩 발간해 한인들에게 배포했는데, 주민들의 대단한 환영을 받았다. 자유단은 러시아빨치산부대 내에 한인중대를 창설했는데 그 인원은 380여 명이었다. 자유단의 간부 가운데 주목되는 인물은 박병길(박와실리)인데, 그는 한인자치기관인 대한인거류민회(한족연합회, 1918년 조직)와 청년회를 조직한 사람이기도 했다. 그는 러시아사관학교 출신으로 25세의 청년이었는데, 건장한 체격과 호방한 성격의 소유

33　최호림, 『遠東邊疆高麗人生活 歷史抄錄』, 102~103쪽.
34　김승화, 「쏘베트정권수립을 위한 투쟁에서 조선인국제주의자들(1917~1922)」.

자로 한인들의 호감을 사고 있었으며, 주로 러시아 관청과의 교섭을 담당했다. 자유단은 무장을 결정하고 뜨랴삐찐의 러시아빨치산부대와 교섭해 독립된 1개 중대를 편성했다. 독립된 중대를 편성한 이유는 아무르강이 해빙된 직후에 있을 일본군의 공격과 보복에 대비해 가족들을 뜨랴삐찐부대와 함께 안전하게 피난하고 또 식량 등 생계문제를 해결하기 위해서였다. 박병길, 김케샤, 이지택 등 자유단 교섭위원들은 러시아빨치산사령부로 뜨랴삐찐을 찾아가 다음과 같이 협정했다.

1. 뜨랴삐찐의 군사지휘권은 하바롭스크 이북지역에까지 국한하고, 그 이남지대에서는 한인중대의 자유행동을 인정할 것.
2. 뜨랴삐찐군대의 군기(軍旗)는 인정하나 한인중대도 별도로 태극기를 자유로이 휴대·사용할 수 있도록 인정해 줄 것.
3. 한인중대의 내부인사는 한인중대 자치에 맡기고 사령부에서는 간섭하지 말 것.
4. 무기를 포함한 모든 군수물자의 공급을 러시아군대와 동등하게 처우할 것.
5. 한인 군인 가족의 처우도 러시아인 군인 가족과 마찬가지로 대우할 것.

편성 직후 한인중대의 간부는 중대참모 박병길, 중대장 김케샤(김만우), 중대 교관 김홍준, 중대 선임하사 이지택, 중대 연락병 연지영, 제1소대장 홍의표, 제2소대장 안기석, 제3소대장 차재형이었다. 편성될 당시 제2한인중대의 대원 수는 120명이었다.

트라피친의 빨치산부대는 약 2000명에 달했는데, 한인부대의 병력은 약 1000명으로 두 개로 나뉘어 편성되었고, 중국인 부대 역시 600명, 300명으로 두 개로 나뉘어 구성되었다. 박일리야, 임호, 고명수, 김인노겐치 등이 이끄는 제1한인부대는 러시아 2개 중대와 함께 대대장 랍따가 지휘하는 제1혼성대대에 소속되었고, 박병길의 제2한인중대는 대대장 싸손이 지휘하는 대대에 배치되었다.

(5) 니항사건[35]

1919년 1월 당시 니콜라옙스크항의 총인구는 1만 2248명으로 1919년 당시 300여 호의 한인가호와 918명이 거주하고 있었다. 거주한인들은 주로 농업과 상업에 종사했고, 주변의 금광에 일을 찾아온 노동자(금전꾼)들이 5000~6000명에 달했다. 1919년 1월의 조사에 따르면, 중국인은 2329명, 일본인은 291명이 거주하고 있었다. 니콜라옙스크항에는 1918년 9월 시베리아에 출병한 일본군 보병 1대대를 기간으로 하는 수비대가 배치되었다. 니콜라옙스크항의 츠늬라흐(Чныррах) 요새에는 1개 중대가 주둔했다. 또한 당시 니콜라옙스크 항구에는 얼어붙은 강물 때문에 중국군함 4척이 정박해 있었다. 또한 50명으로 축소된 백위파군이 병력 보충을 위해 조직한 자경단(自警團)이 있었는데, 중국인이나 한인들은 전혀 참여하지 않았고 일본인들만 참여했다.

니콜라옙스크 - 나 - 아무레 항구로 접근하는 빨치산부대가 승승장구하면 백위파군의 탈영과 도피가 늘어났다. 니콜라옙스크 항구를 장악하고 있던 백위파 병력이 50명 규모로 축소되어 1920년 1월 중순 이래에는 일본군이 사실상의 수비와 치안을 담당했다. 그리하여 일본군 수비대는 1월 11일부터 니콜라옙스크 항구 주변 지역에 출동해 빨치산군과 교전했다. 일본군은 1918년 9월 이래 니콜라옙스크 항구에 주둔했는데, 보병 1대대를 기간으로 하는 수비대가 배치되어 처음에는 제12

---

[35] 이 항목은 별도의 표시가 없는 한 반병률, 「니항사건」, 독립기념관 한국독립운동사연구소 엮음, 『한국독립운동사사전: 운동단체편』 3권, 634~636쪽 참조.

사단의 일부가 주둔했지만, 1919년 6월부터는 제14사단의 보병 제2연대 제3대대(대대장 이시카와 마사가 소좌)로 교체되었다. 그 가운데 1중대는 요새 경비대로서 츠늬라흐에 주둔했는데, 츠늬라흐에는 해군 무선전신대가 배치되어 있었다. 아무르강은 11월경부터 결빙해 다음해 5월 초 또는 중순까지 항행이 불가능했다. 1920년 1월 중순 이래의 전투에는 츠늬라흐 요새 경비대로부터도 1소대만 남기고 병력을 출동시켰다. 1920년 1월 24일 빨치산군 사자(使者)가 일본군 수비대에 와서 화평을 제의했으나, 일본군 수비대장은 빨치산군을 '하나의 강도단'이라고 간주하고 그 제의를 거절했다. 그뿐만 아니라 수비대장은 이 사자를 헌병대에 유치했다가 러시아백위군의 방첩부에 넘겼는데, 방첩부에서는 이 사자를 살해했다. 2월 2일 러시아빨치산부대가 니콜라옙스크의 요충지인 츠늬라흐 요새를 점령하고, 일본군 병영에 포격을 가했다.

블라고베시첸스크에 주둔하던 일본군 시라미즈(白水) 제14사단장이 중립원칙을 고수할 것을 반복해서 요청했으나 일본군 수비대는 이를 따르지 않았고, 일본군 수비대는 2월 28일 러시아빨치산부대와 중립 고수와 백위군의 완전무장해제를 핵심으로 하는 평화협정을 체결했다. 이어 2월 29일 빨치산부대가 한인과 중국인을 비롯한 노동자, 시민들의 대대적인 환영을 받으며 니콜라옙스크항에 입성했다. 러시아빨치산부대 내에는 '니항군대', '사할린군대', 또는 '박일리야군대'라 불리는 약 500명에 달하는 한인부대가 편성되어 있었는데, 아무르강 주변의 금광에서 일하는 노동자(금점꾼)들이 주축을 이루었다. 빨치산부대는 소비에트를 조직하고 임시집행위원회를 설치했으며, 백위파 옴스크정부의 관리, 장교, 자본가를 체포해 재판에 회부해 처형했다. 3월 5일에는 백위군의 무장해제를 단행했다. 빨치산측이 3월 12일 정오를 시한으로 무기와 탄약의 인도를 요구하자, 일본군 수비대와 영사관은 러시아빨치산부대를 공격하기로 결정했다. 그리하여 3월 11일 저녁 빨치산본부에서 개최된 연회에 참석했던 일본군 수비대장 이시가와 영사 이시다(石田)는 12일 1시 30분 빨치산참모본부를 기습 공격했다. 이 공격으로 뜨랴삐찐은 수류탄에 발을 부상당했고, 참모장 나우모프 는 중상을 입고 다음날 사망했다. 곧이어 빨치산부대가 반격에 나서 일본군은 2일 만에 제압당했으며 3월 18일 항복했다. 당시 아무르강에 정박하고 있던 중국함대 4척은 일본군을 공격하고 일본영사관에 포격 을 가해 빨치산 측에 힘을 보탰다.

당시 일본 거류민들은 일본군과 함께 전투에 참여했다가 거의 다 사 망했다. 즉, 3월 12일 발발한 제1차 니항사건(尼港事件)에서는 러시아 빨치산부대가 무고한 거류민을 학살한 것이 아니라, 일본 거류민들이 전투과정에 참여해 전사한 것이었다. 당시 일본군의 병력은 육군 전투 원 288명, 육군 비전투원 32명, 해군 무선전신대 43명, 그 외 재류민 자 위단, 재향군인으로부터 구성되었는데, 살아남은 병력은 100여 명(거 류민 13명)이었다.[36] 이 전투에서 살아남은 일본인 136명은 여자, 아이 들과 부상자들이었고 이들은 감옥에 감금되었다.[37]

일본군의 전멸사건은 「니항참극(尼港慘劇)」이라는 제목으로 일본 언 론에 크게 보도되었다. 이로써 일본 국민들 사이에서 고조되고 있던 시베리아출병군 철병 주장이 힘을 잃고 러시아혁명세력에 대한 보복 을 주장하는 여론이 강화되었다. 캄차카반도의 페트로 파블롭스크 일 본영사관은 3월 18일 니콜라옙스크항으로부터 온 전보를 다음날인 3 월 19일 본국 외무성 본부에 타전했다. "3월 18일 니콜라옙스크에서 온 내전(來電)에 따르면 이곳에서 일본군과 과격파 간에 2주에 걸친 격

---

36   原暉之, 『シベリイヤ出兵-革命と干渉 1917~1922』, p.524.

37   John J. Stephan, *The Russian Far East: A History*, p.145.

전이 있었고 그 결과 당지 주둔 군대 및 재류민 약 700명이 살해되고 남은 약 100명이 부상해 사령부 영사관 기타 방인(邦人) 가옥은 전부 불타버렸다"라는 내용이었다. 3월 29일 외무성이 접수한 이 전보의 내용이 일본 국내의 각 신문에 보도되면서 "니항(尼港)의 참극(慘劇)"에 관한 비보가 알려졌다. 이에 일본 대중들의 분노가 극에 달했고 1~2월에 분분했던 철병론이 가라앉으면서 "과격파의 폭학"에 분개하는 여론이 팽배해졌다.[38]

이에 일본정부는 "일본인민의 생명을 보호한다"라는 구실하에 원동 러시아에 대한 무장간섭을 더욱 강화했다. 아무르강의 통행을 가로막고 있던 얼음이 풀리기 시작하는 1920년 5월 말 일본원정군의 니항 입성이 임박하자, 5월 24~25일 러시아빨치산부대는 니콜라옙스크항을 철수하면서 136명의 일본인 죄수들과 약 4000명의 러시아인(어른, 아이들)을 학살했고, 5월 30일 도시를 완전히 불태웠다. 니콜라옙스크항에 입성한 후 일본은 7월 3일 북위 51도 이북 사할린을 점령하고 '니항사건'이 해결될 때까지 철수하지 않겠다고 선언했다.[39]

1920년 4월 4~5일 밤에 일본군에 의해 연해주 각지에서 러시아혁명 세력과 한인들에 대한 대대적인 학살과 공격이 단행되었는데, 이는 니항사건에 대한 일본군의 보복적 만행이었다. 일본정부는 4월 9일 니콜라옙스크 항구에 증강된 군대를 파견하기로 결정했다. 5월 중순 아무르강의 얼음이 녹는 해빙기가 다가오면서 니콜라옙스크항의 긴장이 고조되었으며, 뜨랴삐쩐의 빨치산부대는 니콜라옙스크로부터의 철수를 준비했다. 러시아빨치산부대는 주민들을 암군강 계곡의 켈비촌으로 이동시켰으며 부대도 이 방면으로 퇴각했다. 켈비촌에서 산을 넘어

---

38 原暉之, 『シベリヤ出兵-革命と干渉 1917~1922』, p.525.

39 John J. Stephan, *The Russian Far East: A History*, p.146. 일본군이 사할린 북부에서 철병한 것은 소일협약이 체결된 1925년 1월의 일이다.

아무르주의 블라고베시첸스크로 갈 예정이었다. 뜨랴삐찐은 블라고베시첸스크로 들어가 이 지역의 맥시멀리스트들과 합류해 원동공화국안(완충국안)에 반대하는 투쟁을 전개하기로 계획했다. 6월 3일 니콜라옙스크항에 도착한 일본구원대에 의해 이 뜨랴삐찐의 만행소식이 일본에 크게 보도되자 러시아혁명에 대한 적개심이 고취되었다. '니항사건'은 일본침략군에 대한 철병 여론을 되돌리고 이에 더해 일본군이 사할린 북부를 점령할 명분을 제공하는 결정적인 전환점이 되고 말았다.

(6) 사할린군대의 자유시로의 이동

아무르강의 해빙과 함께 일본군의 대대적인 보복공격이 예상됨에 따라 빨치산부대는 니콜라옙스크 철수를 결정했다. 한인부대는 두 방향으로 나뉘었는데, 주력부대인 박일리야부대는 뜨랴삐찐의 빨치산부대 본대를 따라 암군강 켈비로 향하는 길을 취했고, 박병길의 한인중대는 아무르강 본류를 거슬러 올라가며 일본군과 전투한 후 1920년 8월경 아무르주의 인(Ин)에 도착했다. 이 한인부대는 고명수(高明秀) 등 3명의 대표를 블라고베시첸스크의 대한국민의회에 파견했으며, 뜨랴삐찐부대와 동행해 켈비로 간 본대가 올 때까지 국민의회 휘하의 자유대대 1중대로 임시 편입되었다. 이는 원동공화국 인민혁명군 제2군단의 승인을 얻었다.

한편, 암군강 켈비로 향했던 뜨랴삐찐 빨치산부대 내부에서 반뜨랴삐찐파에 의한 쿠데타가 일어나 7월 3~4일 밤에 트리야피친 일파 17명이 체포되었다. 뜨랴삐찐 등의 죄목은 니콜라옙스크항에서 학살과 방화 등의 만행을 자행함으로써 일본과 외교문제를 일으키고 원동공화국안을 반대하는 등 소비에트정부와 원동공화국의 정책을 반대한 것으로, 이로 인해 볼셰비키당이 뜨랴삐찐 일당 제거공작에 나선 것이었다. 7월 6일 병사총회에서는 쿠데타가 승인되었고, 7월 8일에는 니콜라엡스크에서 철수한 주민 5000명의 대표들로 구성된 '103인의 법정'에서 뜨랴삐찐과 그의 부인 레베데바 등 7명이 총살형을 받아 다음날 처형되었으며, 그 외 10명은 10년 장기징역을 언도받고 치타로 호송되었다. 사할린군대 지도자들은 뜨랴삐찐 일파의 처형문제와 관련해 서로 다른 입장을 취했는데, 박일리야 등은 뜨랴삐찐을 혁명적인 애국자라고 간주해 그를 처형한 것에 불만을 표시함에 따라 새로 구성된 빨치산지도부에서 배제되었다. 이에 반해 박병길 등은 쿠데타세력 측에 동조해 뜨랴삐찐 처형에 찬성했으며 7명의 임시혁명위원회에도 위원으로 선출되었다. 이후 박일리야부대는 1920년 10월경 아무르주의 자유시에 도착했는데, 원동공화국 인민혁명군 2군단 제19연대에 제3대대(대대장 임호)로 편성되었다.

(7) 수청지역 한인빨치산운동(4월참변 이전)

러시아혁명 후 수청지역[40] 역시 정치적 변혁의 과정을 겪었다. 10월혁명 이후 각 민족의 평등과 자유가 선포되자 수청에서 수청한인(고려인)총연합회가 조직되었다. 이후 철혈단 단원들이 중심이 되어 주민자치와 고려청년동지의 규합을 목표로 내세웠는데, 당시 철혈단의 활동가는 275명에 달했다.[41] 철혈단 활동가들은 러시아혁명 이후 수청지역의 한인빨치산운동에서 지도적인 역할을 수행했다.

1917년 10월혁명 이후 러시아 원동지역의 여러 곳에 소비에트가 조

---

40 수청지방에 관한 지리적 설명은 제3부 제2장 '2. 수청지역 초기 한인마을의 형성과 변화'를 참조할 것.

41 십월혁명십주년원동대긔념준비위원회 엮음, 『십월혁명십주년과 쏘베트고려민족』, 50쪽. 1918년 6월에 개최된 제2회 특별전로한족대표회의에 '수청 연합회 대표'의 명의로 최고려가 축하전보를 보내 대회 3일째에 낭독되었다. 전보에는 "회의를 축하하오며 본대표는 유고하여 나가지 못하오나 수청 1만 2백 99명이 이번 회의에 결정한 일을 복종하기로 이에 증언함"이라고 썼다. 반병률, 「제2회 특별전로한족대표회의(1918년 6월)와 러시아한인사회」, 326쪽 참조.

직되었을 때, 한인들도 소비에트권력의 조직에 참여했다. 한인마을 중에서는 1918년 4월 수청의 대표적인 원호촌(러시아 입적민 마을)이자 여호인(餘戶人, 비입적 한인)들이 섞여 살고 있던 신영동(니콜라예프카, 石人洞) 마을에서 첫 촌소비에트가 조직되었다.[42] 신영동 소비에트 조직의 지도자는 제1차 세계대전에 출전했다가 제대하고 귀향한 한창걸(韓昌傑, 그리고리 엘리세예비치)이었다.[43] 한창걸은 공립협회, 국민회, 권업회 지방회 활동에 참여한 바 있는 애국적 인물이었다.[44]

당시 수청지역에서는 석탄광지역의 소비에트 외에는 소비에트가 조직되어 있지 않았다. 25명의 위원으로 구성된 신영동 소비에트는 부농(富農, кулак)과 후토르(хутор, 독립자영농민)들의 소유지를 몰수해 러시아 입적 여부에 관계없이 한인 농민들에게 토지를 분배하고자 했다. 그러자 부농과 후토르들이 소비에트 위원들을 공격하거나 테러를 감행했다. 부농 김기옥이 이 테러공격의 조직자로 4월 말에 체포되어 블라디보스토크로 압송되어 가다가 도망했다.[45]

2개월여 후인 1918년 6월 28일, 블라디보스토크에서 체코군의 반볼

---

42 한창걸(Khan Chan Ger), 「Vospominanie tov. Khan Chan Ger(한창걸 동지의 회상)」.

43 原輝之, 『シベリア出兵: 革命と干涉, 1917~1922』(筑摩書房, 1993), pp.486~487. 한창걸(그리고리 엘리세예비치, Григорий Елисеевич)은 1892년에 니콜스크 우수리스크군 얀치헤면 한청거우 마을의 원호민 농민 가정에서 탄생했다. 1910년 한일합병 후 한인반일청년회에 참가해 조선 독립을 목적으로 활동했다. 한창걸은 1915년 러시아군대에 징병되어 제1차 세계대전에 참가해 복무하다가 키예프사관학교를 졸업하고 하급장교가 되었고 1917년 12월에는 기관총부대 지휘관으로 천거되었다. 1918년 2월 제대한 후 연해주로 돌아온 한창걸은 볼셰비키 지원자로 소비에트 주권을 찬동해 선전사업을 했다. 한인마을 최초의 소비에트인 신영동(니콜라예프카) 소비에트를 조직하고 회장으로 피선되었다. 그 후 그는 조선빨치산부대를 조직 지도했는데 능숙한 전술을 많이 발휘했다. 한창걸은 회상하기를 자기 부대는 "공산당원이라고는 한 사람도 없었고 자기가 부대지휘자로 러시아공산당들의 지도를 받아서 사업했는데 그들의 지도에 의해 선전문을 출판해 군대 안에도 산포하고 민간에도 나누어주었다"라고 했다. 이인섭, 「한인사회당 참고자료 1」 참조.

44 반병률, 「'전면적 집단화' 시기 러시아연해주 수청(水淸)지방 한인 농촌사회의 제문제」, 한국외대 역사문화연구소, ≪역사문화연구≫ 30(2008년 6월), 170쪽.

45 한창걸(Khan Chan Ger), 「Vospominanie tov. Khan Chan Ger(한창걸 동지의 회상)」.

셰비키 반란이 일어나자 신영동 소비에트는 마침내 해산의 위기에 봉착했다.[46] 체코군은 신영동에 볼셰비키들이 있다는 부농들의 밀고를 받고 수청지역에 출동해 소비에트위원들을 체포하고자 했고, 신영동 촌소비에트 위원들을 산림지역과 인근 농촌마을로 도피·잠복했다. 이어 체코군을 구원한다는 명분으로 1918년 8월 러시아를 침공한 일본군이 10월 수청에 도착했고, 김기옥 등 부농들과 지주들은 일본군에게 소비에트위원들의 은익처를 알려주었다. 이로 인해 신영동 소비에트 위원들의 가족은 박해의 첫 번째 대상이 되었다. 신영동 소비에트위원들은 도피하던 중 일류호프(Илюхов)와 메치카(Мечика)가 이끄는 러시아빨치산부대와 연락했는데, 러시아빨치산부대는 한인 주민들을 상대로 자신들이 준비한 삐라와 선전사업을 진행하고 총과 탄약을 모아 러시아빨치산군대에 보급했다.[47] 스미르노프 장군이 이끄는 백위파군 역시 러시아 농촌과 한인 농촌에 대한 살인, 고문, 방화를 자행함으로써 러시아인과 한인 노동자 농민들의 반발을 불러일으켰다.[48]

수청지역에서는 백위파군과 시베리아간섭군에 저항하는 비합법조직이 1918년 10월 중순 이후 활동을 시작했는데, 이 조직의 활동계획에 따라서 마을마다 무장대가 조직되었다. 이 조직의 지도자는 무당파의 농촌교원인 일류호프와 메치카였다. 3·1운동이 일어난 1919년 3월 수청지역에서는 프롤로브카촌(평사우)에서 빨치산부대 대표자대회가 열려 올가군 빨치산제부대임시혁명본부가 설치되었다. 이 기관은 군사지

---

46 반병률, 「'전면적 집단화' 시기 러시아연해주 수청(水淸)지방 한인 농촌사회의 제문제」, 170쪽.

47 한창걸(Khan Chan Ger), 「Vospominanie tov. Khan Chan Ger(한창걸 동지의 회상)」. 신영동소비에트 위원들을 중심으로 한 한인들이 일류호프가 이끄는 러시아빨치산부대에게 제공한 이러한 물질적·정신적 후원은 빨치산운동에 대한 한인들의 후원의 첫출발이었다. 최호림, 「遠東邊疆高麗人生活: 歷史抄錄」, 第1冊(手稿本)(1932), 43~44쪽 참조.

48 한창걸(Khan Chan Ger), 「Vospominanie tov. Khan Chan Ger(한창걸 동지의 회상)」.

휘뿐만 아니라 행정일반도 관장하는 지역의 최고 권력으로, 의장은 슬린킨(Слинкин), 사령관은 일류호프, 작전부장은 이바노프였다.[49]

한인사회에서도 1918년 말 철혈광복단 명의로 한인부가 조직되어 '독립군의병대' 조직에 착수했다. 한인부는 박춘성, 한창걸, 강백우, 김광진, 박창섭, 한성걸, 황석태, 정재관, 박진순 등이 발기해, 평사우(프롤로브카)의 러시아임시혁명사령부(셉첸코부대)와 연계를 갖고, 내외수청 올긴 지방 대표 40여 명의 동의를 얻어 조직되었다. 임원으로는 박춘성, 강백우, 한창걸, 윤와실리가 피선되었다.[50] 한인부의 주도하에 한인빨치산부대원들을 모집해 수청지역의 대표적인 원호촌인 신영동과 다지우미마을에서 한인빨치산부대가 조직되었다.[51]

신영동에서는 소비에트 위원들을 중심으로 한 최초의 한인빨치산부대가 조직되기에 이르렀다. 1919년 2월 한창걸, 김정호, 김세폰, 이라브렌치, 박문호 등 신영동 소비에트 위원 5명이 러시아빨치산부대에 가담했고, 이후 4월까지 활발한 선전선동 활동을 벌인 결과 35명을 대원으로 하고 은닉했던 무기로 무장을 갖추어서 한인빨치산부대를 창설했다.[52] 한창걸을 대장으로 한 이 부대는 연해주에서 최초로 조직된 한인빨치산부대였다. 신영동 한인빨치산부대의 간부는 군무 겸 러시아빨치산부대와의 연락에 한창걸, 참모에 중국사관 출신인 승훈(承勳), 교련관에 박세르게이, 참모부원 김병규, 강꼴랴(니콜라이), 최세폰, 박창하, 박창극 등이었다.[53] 1919년 5월경 한창걸은 평사우에 있는 러시

---

49 原輝之, 『シベリア出兵: 革命と干涉, 1917~1922』, p.481.
50 「강호여가 이인섭에게 보낸 편지」(1962.1.31); 강호여, 「연긔우 의병대와 수청빨찌산대에 참가한 강호여 동지 회상긔」(1963.7.7).
51 강호여, 「연긔우 의병대와 수청빨찌산대에 참가한 강호여 동지 회상긔」(1963.7.7).
52 한창걸(Khan Chan Ger), 「Vospominanie tov. Khan Chan Ger(한창걸 동지의 회상)」. 신영동 소비에트는 6월 수청석탄광 소비에트로부터 체코군의 봉기소식에 접하고 수청광산 노동자들과 함께 블라디보스토크를 공격할 준비를 했으나 이미 때가 늦어 실행되지는 못했다. 하지만 이는 이후 한인빨치산부대를 조직할 때 중요한 자산이 되었다고 한다.

아빨치산본부에 가서 참모장 슬린킨, 사령장 이바노프, 일류호프, 셉첸코(Шевченко) 등과 협의해 군사와 민사에 관한 14개항의 비밀협정을 맺고 각 지방에 3700여 인원의 지방대를 설치했으며, 50명은 직접 러시아빨치산부대에 참여했다.[54] 올가군 빨치산제부대임시혁명본부에는 군사작전부, 내무부 등과 함께 민족부를 두었는데 한창걸을 부장으로 하는 사실상의 한인부였다.[55] 민족부에서는 ≪우리의 생활(생명)≫이라는 신문을 발간해 한인촌락에 배포했다.[56]

1919년 4월 수청지방의 나홋카(Находка)항을 중심으로 일본군은 해안지역을, 미군은 석탄광과 철도를 장악했고, 백위파 대장 유진은 군함 18척을 이끌고 와 주변의 러시아 농촌마을들(브란겔 등)을 포격했고, 동맹파업한 게잡이 노동자 3명을 나홋카에서 공개·처형했다.[57]

신영동의 한창걸부대는 1919년 5월 백위파군과의 첫 번째 전투에 나섰다. 콜챠크군(백군)이 블라지미로 - 알렉산드로브스코예(Владимиро-Александровское)(大營, 큰영)에 부대를 상륙시켰을 때, 한인빨치산부대는 일류호프의 지휘하에 러시아군과 함께 쇠완재(페레치노)로 옮겨갔다. 여기서 치열한 전투가 벌어졌다. 그 결과 그들은 150명 이상의 사망자를 버려두고 블라지미로 - 알렉산드로브스코예로 퇴각했다. 두 번째 전투는 새제련(카잔카) 교외에서 미국군과 벌어졌다. 미군 역시 150명 이상이 죽었고(지역 농민의 보고에 따르면 미군은 시체를 40개의 짐마차에 싣고 갔다고 한다), 한창걸부대는 퇴각해 산곡에 주둔했다.[58]

53 강호여, 「연긔우 의병대와 수청빨찌산대에 참가한 강호여 동지 회상긔」(1963.7.7).
54 십월혁명십주년 원동긔념준비위원회 엮음, 『십월혁명십주년과 쏘베트고려민족』, 51쪽.
55 原輝之, 『シベリア出兵: 革命と干渉, 1917~1922』, p.487.
56 이인섭, 「한인사회당 참고자료 1」.
57 강호여, 「연긔우 의병대와 수청빨찌산대에 참가한 강호여 동지 회상긔」(1963.7.7).
58 한창걸(Khan Chan Ger), 「Vospominanie tov. Khan Chan Ger(한창걸 동지의 회상)」. 미군들은 카잔카마을을 점령한 후 학교를 불태웠다.

강호여의 회상에 따르면, 1919년 초 우지미마을에서도 한인빨치산부대가 조직되었다. 이 부대에 참여했던 강호여는 우지미 한인부대 대원수가 60여 명이었고, 간부로는 참모 박창섭, 외교 황석태, 교관 박야곱, 조직부장 박춘성이었으며, 국내에서 망명해 온 이수영, 이백구, 강호여 등이 있었다고 한다.[59] 우지미 한인부대 역시 1919년 4~5월 두바제리가 이끄는 러시아빨치산부대와 연합해 나홋카 해안지대에서 일본군과 전투를 벌였으나, 중과부적이었다. 이 전투에서 이백구가 전사했다.[60]

1919년 6월 신영동에서는 한인노동자대회가 개최되었다. 7월 초에는 빨치산부대조직과 노동주민 조직 문제를 논의하기 위해 올긴군노동자대회가 예정되어 있었는데, 한인노동자대회는 바로 이 대회에 대비하는 차원에서 한인 노동주민들 간의 협의를 위해 평사우에 있는 러시아임시혁명사령부가 소집한 것으로, 한창걸이 혁명사령부로부터 위임을 받았다. 대회에는 한인민족단체 대표들과 부농대표들도 참석했다. 이 대회에서는 빨치산부대의 조직문제와 관련해 두 가지 노선이 대립되었다. 박춘성 등은 오직 백위파군 및 일본군과 싸워야 하며 미국군에 대항해서 전투해서는 안 된다고 주장했다. 한창걸 등은 백위파군, 일본군뿐만 아니라 미군을 포함한 모든 간섭군과 싸워야 한다고 주장했다. 박춘성 등은 한창걸의 한인빨치산부대의 활동이 파리강화회의에 파견한 대한국민의회 대표의 활동에 해를 끼칠 수 있다고 경고했다. 결국 대립된 두 주장에 대해 대회는 최종결정을 내리지 못하고 해산되었다.[61] 3·1운동 이후 파리강화회의 및 미국 등 시베리아내전에 참전한 서구열강에 대한 정책과 노선을 둘러싸고 수청지역 한인지도

59 강호여, 「연긔우 의병대와 수청빨치산대에 참가한 강호여 동지 회상긔」(1963.7.7).
60 같은 글. 이인섭은 강호여의 회상에 대한 주해에서 블라디보스토코프가 지도하는 또 다른 한인부대가 수청석탄광을 점령하고 있던 일본군을 섬멸하고 탄광을 해방시켰다고 했다.
61 한창걸(Khan Chan Ger), 「Vospominanie tov. Khan Chan Ger(한창걸 동지의 회상)」.

자들 사이의 입장 차이가 여실하게 드러난 대회였다고 할 것이다.

이 대회에 참가했던 한창걸의 회상에 따르면, 대회 후에 박춘성 등이 독자적인 한인빨치산부대를 조직하기 위해 프롤로브카의 혁명사령부를 방문했는데, 혁명사령부는 실질적으로 한창걸의 빨치산부대와 함께 투쟁한다는 조건으로 부대조직을 허락했다. 그리하여 다우지미(大烏吉密) 마을에 한인빨치산부대가 조직되었는데, 대원 수는 30~35명가량이었다.[62] 한편 최호림이 정리한 바에 따르면, 1919년 6월 다우지미 마을에서 유인노겐치를 대장으로 하고 러시아인 야료멘코(Яроменко)를 정치적 지도자로 하여 주민 48명이 1개 소대를 편성하고 큰영(블라지미로 - 알렉산드로브스코예) 전투에 참가했다. 이 전쟁에서 일부 대원이 살상을 당하고 퇴각한 후 해산했다.[63] 다우지미 마을의 한인부대와 관련해서는 회상기들 간에 혼선이 있다. 즉, 강호여가 회상한 1919년 초의 우지미의 한인부대와, 한창걸이 회상한 1919년 7월경 박춘성 등이 조직한 한인부대, 최호림이 회상한 유인노겐치의 한인부대가 서로 별개의 부대인지, 아니면 동일한 부대인지가 명확하지 않다. 아마도 다우지미에서 조직된 동일한 한인빨치산부대를 달리 회상하고 있는 것이 아닌가 추정된다.

하여튼 1919년 상반기에 활동했던 한인빨치산에 대해, 올가군 러시아빨치산부대의 총사령관이었던 일류호프는 "한인부대는 규율, 대의(大義)의 전심(專心)과 경애(敬愛)의 모범을 보였다. (중략) 한인 사이에

---

62 같은 글. 한창걸은 또한 다우지미 한인빨치산부대가 큰영(블라지미로 - 알렉산드로브스코예)으로 이동하라는 혁명사령부의 명령에 따르지 않아 그 부대원들이 지휘관들의 정책에 불만을 품고 한창걸부대로 대거 이동한 결과, 1919년 7월에 한창걸부대 대원 수가 70~80명에 달했다고 회상했다.

63 최호림, 『遠東邊疆高麗人生活 歷史抄錄』, 56쪽. 이 부대에 참가했던 몇몇 대원은 다른 의병대에 참가해 국민전쟁 당시 연해주 각처에서 붉은의병대에서 활동했고, 나머지는 귀가해 토비(土匪)의 습격으로부터 마을을 방어하기 위해 '지방대'를 조직해 활동했다.

서 규율에의 불복종, 명령불이행, 니취(泥醉)한 사례를 우리는 알지 못한다. 이 점에서 이들은 모범적인 혁명전사였다"라고 회상했다.[64]

1919년 7월 일본군과 미군을 주축으로 한 연합간섭군과 백위파군이 수청 상류지역에 대한 총공세에 나서자 빨치산부대들은 공습을 견디지 못하고 산림지대로 퇴각했다.[65] 러시아빨치산부대는 다우비허(都兵河, 아누치노)로 이동했고, 산중에 도피했던 한창걸부대는 피복과 양말이 떨어져서 산에서 내려와 농촌지역에 잠복했다.[66] 빨치산부대들은 소부대로 분산되어 작전지역을 할당받았는데, 한인부대는 신영동, 노비츠코예, 크라스노 폴례 지역을 할당받았다. 할당 지역에 도착한 한인부대는 식량조차 없는 심각한 어려움에 처했다. 마침내 사령부는 7월 말 상황이 좋아질 때까지 모든 활동을 중지하고 부대를 해산하라는 결정을 내렸다.[67] 이후 신영거우와 다우지미의 한인빨치산 가운데 집을 갖고 있던 농민은 각자 집으로 돌아가 농사에 착수했고, 그 외에 학생, 노동자, 3·1운동 후에 간도로부터 온 망명자들은 대한국민의회 군무부장 대리 김하석(金河錫)의 주선으로 동중철도의 백위파 호르바트군에 모집되어 갔다.[68] 이로써 3·1운동 이후 일시 활기를 띠었던 신영거우와 다우지미의 한인빨치산운동이 일시 해산상태로 들어갔다.

수청지역 한인빨치산운동의 지도자 한창걸 역시 1919년 8월 블라디보스토크로 떠났다. 블라디보스토크에서 한창걸은 현지에서 비밀활동 중이던 한인사회당과 연락을 맺고 한인부대를 재조직했다.[69] 대한국민

---

64 原輝之, 『シベリア出兵: 革命と干渉, 1917~1922』, p.486.
65 한창걸(Khan Chan Ger), 「Vospominanie tov. Khan Chan Ger(한창걸 동지의 회상)」.
66 최호림, 「遠東邊疆高麗人生活: 歷史抄錄」, 44~45쪽.
67 한창걸(Khan Chan Ger), 「Vospominanie tov. Khan Chan Ger(한창걸 동지의 회상)」.
68 이인섭, 「늙은 빨찌산들 회상기 초집」, 『한국독립운동사자료집: 홍범도편』(한국정신문화연구원, 1995), 392쪽.
69 최호림, 「遠東邊疆高麗人生活: 歷史抄錄」, 45쪽.

의회 간부인 문창범, 김하석, 한명세 등은 (러시아) 사회혁명당(에스엘)로부터 자금과 물자를 지원받아, 한창걸과 ≪한인신보≫ 주필 김하구 등에게 "만일 군사정변을 조직해 승리하면 조선인군대를 조직해 가지고 연해주에서 왜놈을 따라 쫓는다고 기망하"였다. 그리하여 한인빨치산부대를 동원했던 한창걸은 11월 18~19일 러시아 에스.엘(사회혁명당)과 멘셰비키의 지원을 받은 체코군 사령관 가이다(Rudolf Gaida)가 주도한 반(反)로자노프 봉기에 참여했다가 체포되었다.[70] 당시 체포되었던 한인은 모두 11명으로 러시아정부군(백위파)에 체포되어 일본헌병대에 인계되었다가 1월 30일에 석방되었다.[71] 강호여의 회상에 따르면, 한창걸, 김하구, 배능백 등은 일본총영사관의 밀정 박병일(朴炳一)의 주선으로 석방되었다고 한다.[72] 한 논자는 당시 외수청 슈코토보에 집결해 있던 한인빨치산 "1천여 명이 수백 명의 희생을 당하고 헤어져 큰 실패를 당한 것은 우리 빨치산운동에 큰 실책"이라고 비판했다.[73]

이후 한창걸은 블라디보스토크에 설립된 러시아혁명군정의회를 찾아가 의장 라조(Сергей Лазо)와 일류호프를 만나 한인빨치산부대 조직의 임무를 부여받았다. 한창걸은 신영동에서 300명으로 한인부대를 조직했는데, 부대 사령관은 한창걸, 사령부 책임자는 채영이었다. 이후 이 부대는 슈코토보(치머우)로 이동했다.[74] 1920년 2월 23일 한창걸부대는 일류호프를 연대장으로 하는 제1원동소비에트연대의 제1대대

---

70 「강호여가 이인섭에게 보낸 편지」(1962.1.31). 로자노프(Розанов)는 당시 백위파 연해주임 시정부의 실권자였다.

71 「鮮人의 行動에 關한 件」(1920년 2월 14일자), 『不逞團關係雜件 朝鮮人의 部 在西比利亞』, 제9권.

72 「강호여가 이인섭에게 보낸 편지」(1962.1.31). 친분이 있는 배능백으로부터 들었다는 강호여의 회상에 따르면 박병일에게 한창걸 등의 석방을 주선한 것은 아편장사인 임창학으로, 그는 한창걸과 잘 아는 사이였다고 한다.

73 이인섭, 「한인사회당 참고재료 1」.

74 한창걸(Khan Chan Ger), 「Vospominanie tov. Khan Chan Ger(한창걸 동지의 회상)」.

로 재조직되어 일류호프를 연대장을 하는 연대 제1대대장으로 임명되었다. 부대는 정규군으로서 피복을 공급받고 무장했으며, 병영에 주둔하게 되었다.[75]

(8) 추풍지역 얼두거우의 최호림 의병대

1919년 2월 최호림은 남부 우수리지역 하마탕(현재의 라즈돌리노예) 서남쪽의 얼두거우(二道溝)에서 주민 허재명, 김준, 양기영, 최익화, 방춘삼, 유응규 등과 협의해 의병대를 조직했는데 장교와 군인을 합해 35명이었다. 얼두거우 의병대는 주민들이 소지하고 있던 무기(장총 35 정과 탄약 3000여 발)를 가지고 얼두거우 산골에서 숙영하면서 군사훈련을 하는 한편, 대원들을 모집했다. 3·1운동 이후 중국령 각지와 러시아 추풍, 블라디보스토크 등으로부터 자원자들이 몰려오면서 8월까지 대원 수가 120여 명으로 늘어났고(러시아인 4명), 러시아식 장총 124정, 탄약 3만 발을 블라디보스토크로부터 구입해 무장력도 강화했다. 그러나 투두거우(頭道溝) 주재 일본군과 하마탕 주둔 백위파가 의병대를 토벌한다는 소식을 접하고 중국령 차무정재(草募頂子) 산곡으로 퇴각했다. 이곳에서 얼두거우 의병대는 조선의 독립만을 목적으로 하는 '민족혁명파'와 러시아혁명을 방조해 완전한 승리를 얻은 뒤에 러시아의 힘을 합해 조선의 독립혁명을 성공하려는 '국제혁명파'로 갈라졌다. 다수파인 독립파(대장 성하영, 참모장 임병극)는 중국령 왕청현으로 이동하고, '국제혁명파' 최호림은 일부 대원과 함께 1920년 1월 얼두거우로 돌아와서 다시 대원들을 모집해 150여 명의 부대를 조직했다.[76]

---

75 같은 글; 최호림, 「遠東邊疆高麗人生活: 歷史抄錄」, 45쪽. 한편 1919년 9월 신영동에서 150여 명이 모여 한창걸을 사령관으로, 채영동을 참모로 하여 김만겸 등 세 명이 슈코토보에 주둔하고 있던 러시아빨치산부대 참모부와 교섭해 각처 한인부대들을 슈코토보에 집결시키니 총인원이 250명에 달했다는 기록이 있으나 이는 시기를 잘못 기술한 것으로 보인다. 십월혁명십주년원동대긔념준비위원회 엮음, 『십월혁명십주년과 쏘베트고려민족』, 50~51쪽 참조.

1920년 1월 말 연해주가 백위파로부터 해방되자 최호림은 하마탕 수비대장 코슬로프, 군정위원 두브로빈과 교섭해 의병대를 하마탕 군용지 제2호 영방(營房)으로 이주했고, 이후 다시 니콜스크 - 우수리스크(현재의 우수리스크) 러시아빨치산 총사령관 안드레예프와 협의한 후 그 휘하의 러시아빨치산부대 내 '고려인특립연대'로 편성되어 하마탕 수비대장 코슬로프의 지휘를 받게 되었다. 그리하여 니콜스크 - 우수리스크 빨치산부대에서 모집한 한인의병들은 모두 최호림부대에 편입되었고, 무기, 피복, 양말 등의 군수품은 하마탕수비대에서 보급받았다. 1920년 3월에 이르러 최호림의 '고려인특립연대'는 대원이 280여 명에 달했으며, 일본식 장총 500여 정과 탄약 120여 상자, 피복, 포탄 등 상당한 군수품을 보급받았다. 최호림군대는 1개 대대 규모로 3개 중대, 매 중대 3개 소대로 편제되었으며, 그로데고보와 블라디보스토크로 군인모집위원을 파견했다. 1920년 4월참변 직전에 일본침략군 총사령부의 교섭으로 니콜스크 - 우수리스크 빨치산총사령부에서 하마탕수비대를 통해 무장해제하라는 명령이 내려왔다. "아무르주(흑룡주)에는 적군(赤軍)의 힘이 견고하니 아무르주로 이동해 고려인의병운동에 힘쓰라"라는 하바탕 수비대장 코슬로프의 권고에 따라 아무르주로의 이동을 결정했다. 그리하여 최호림은 무장해제한 군인들에게 무기휴가를 주어 해산하고 혁명적 열정이 있는 동지 20여 명과 함께 아무르주로 이동했다. 최호림부대는 대대본부에 대대장과 대대부관 외에 경리부(경리부장, 재무원, 향관, 피복감, 모연원), 무기부(부장, 부원)의 부서를 두었으며, 3개 중대, 9개 소대 외에 공병대와 치중대를 두었다.[77]

---

76   최호림,『遠東邊疆高麗人生活 歷史抄錄』, 52~53쪽.
77   같은 책, 53~56쪽.

(9) 추풍지역의 혈성단

러시아연해주 수이푼에서 결성된 대표적인 민족주의적 한인빨치산 부대가 추풍(秋豊 또는 綏芬) 지역의 혈성단(血誠團)[78]이다. 오호츠크 거주 한인 약 300명은 1919년 1월 니콜스크 - 우수리스크 전로한족중앙총회장 문창범의 무선통신을 받고 독립운동에 착수해 상해임시정부에 보낼 군자금을 모집했고, 강국모, 김종화(金鍾和), 우파벨 3명을 상해연락 파견원으로 선출했다. 이후 1919년 7월 블라디보스토크에 있던 홍범도(洪範圖)와 김찬오(金讚旿) 두 사람이 강국모에게 통신하기를 "블라디보스토크에는 허다한 독립단이 있으므로 상당한 인물을 동반하여 오라"라고 했다. 강국모, 김종화, 우파벨 3명은 오호츠크에 거주하는 한인 300명이 3·1독립선언을 한 이후 모금한 사금(砂金) 3800원(円)과 1만 루블을 휴대하고 1919년 10월 3일(음력. 양력으로는 1919년 11월 25일) 블라디보스토크 신한촌에 도착했다. 이들은 당시 독립운동단체 인사들의 반대로 상해행을 포기했다.[79] 이들의 블라디보스토크행에는 오호츠크에 거주하는 한인 14명이 동행했다.[80]

그리하여 이들은 독립군을 조직하기 위해 휴대했던 자금으로 무장을 구입하는 데 착수했다. 강국모, 김종화는 블라디보스토크 도착 직후인 1919년 12월 신한촌 거주 주홍익(朱鴻益)[81]과 소총 70정과 폭탄 여

---

78 혈성단의 정식 명칭은 '대한국민혈성단'으로 자료에 따라 '대한독립혈성단', '대한독립군혈성단', '대한국민혈성대'로 기록되어 있다.

79 「血誠團副團長 金鍾和 取調狀況에 關한 件」(1922년 4월 10일자), 『不逞團關係雜件 朝鮮人의 部 在西比利亞』, 제13권. 김종화는 강원도 고성 출신으로 어려서 부모, 양부모를 잃고 함남 안변의 석왕사에 들어가 1년 한학을 공부해 13세에 니콜라옙스크(니항)로 갔다. 금광에서 상업을 하면서 3년간 한학을 배웠으며, 1915년 오호츠크로 가서 2년 동안 금광에 종사했다. 일본관헌은 김종화가 언뜻 인격을 갖추고 있지 않은 것 같지만 담력 있고 부동의 독립사상이 치열해 회오의 기색이 없다고 평가했다. 김종화는 金應昊, 金鍾化, 金鍾夏, 金宗化 등의 다섯 개의 별칭을 갖고 있었다고 한다.

80 최호림, 『遠東邊疆高麗人生活 歷史抄錄』, 79쪽.

81 주홍익은 1922년 4월 당시 일본헌병대에 체포되어 원산감옥에서 복역 중이었다.

러 개를 구입해 마차로 1920년 2월까지 신한촌 대안인 '마아산' 산중에 운반해 은닉해 두었다.[82] 강국모와 진학신(秦學新)은 체코군으로부터 총 130정을 구입했는데, 강국모는 1920년 1월 14일 대설로 인해 행인이 적은 것을 이용해 신한촌에 거주하는 이행극(李行極)에게 신한촌에서 얼어붙은 아무르만을 건너 '바라바시' 부근 암밤비로 이 총들을 수송케 했다.[83]

이와 동시에 대한제국 시절 북청진위대 정교(正校)를 지낸 강국모는 수이푼 지방의 다부허(多富河)로 가서 대한제국 진위대 정위(正尉)를 지낸 김청남(金淸嵐)과 함께 독립군 조직에 착수했다.[84] 그리하여 1920년 1월(음력) 강국모는 오호츠크로부터 동행한 14명과 더불어 수이푼지역 한인촌락 자피거우에서 남만주 서간도로부터 그로데고보에 와 있던 독립단원 80명을 기본으로 삼아 혈성단을 조직했다.[85]

당시 독립단은 독립단 부단장인 최영호(崔永浩)가 그로데고보에서 지방 한인부호(토호)들의 음해로 러시아군에게 살해되어 지도자가 부

---

82 「血誠團副團長 金鍾和 取調狀況에 關한 件」(1922년 4월 10일자), 『不逞團關係雜件 朝鮮人의 部 在西比利亞』, 제13권. 이후 김종화와 주홍익은 추가로 무기 구입에 나서 1920년 6월 1일 블라디보스토크에서 체코군 장교와 교섭해 38식 군총 100정과 탄약 18만 1800발(120상자)을 1만 1000원에 매수하기로 약속하고 이날 추르킨반도 남단 우수리만까지 체코군 화물자동차로 운반케 했다. 그 후 이곳에서 다시 범선으로 신한촌 대안의 마산으로 수송했다. 김종화는 이들 무기를 수령한 후 산중에 은닉하고 4일간 절식하며 파수하고, 주홍익은 대금을 치르기 위해 신한촌으로 가는 도중에 도피했다. 김종화는 이후 간도로부터 블라디보스토크에 무기를 구입하기 위해 온 신민단원 고상준(高尙俊)에게 총 100정, 탄약 70상자를 1만 600원에 양도하고, 나머지 탄약 30상자는 8월 7일 수이푼으로 운반해 강국모에게 넘겨주었다.

83 「鮮人의 行動에 關한 件」(1920년 1월 29일자), 『不逞團關係雜件 朝鮮人의 部 在西比利亞』, 제9권.

84 최호림, 『遠東邊疆高麗人生活 歷史抄錄』, 77쪽.

85 「血誠團副團長 金鍾和 取調狀況에 關한 件」(1922년 4월 10일자), 『不逞團關係雜件 朝鮮人의 部 在西比利亞』, 제13권. 한편 최호림은 혈성단이 1920년 5~6월경에 성립되었다고 했다. 최호림, 『遠東邊疆高麗人生活 歷史抄錄』, 77쪽 참조. 일본첩보기록에 따르면, 혈성단은 대한청년연합의용부(大韓靑年聯合義勇部)에서 조직되어 처음에는 의용단(義勇團)이라 했다가 1920년 4월 2일(음력, 양력 5월 19일) 스파스크의 강국모 방에서 제2회 총회를 열고 명칭을 혈성단으로 개칭했다.

재한 상태였다. 이로 인해 독립단원의 일부는 아무르주(흑룡주)로 가고, 다른 일부는 그로데고보를 떠나 수이푼의 만석동(萬石洞)에 도피해 있었다.[86] 이 독립단원들은 모두 학식이 있었으며, 반 이상이 평안도 출신으로 일본어를 해득했다고 한다.[87]

1920년 3월 10일 강국모, 김종화는 '마아산'에 은닉해 두었던 무기로써 혈성단을 무장시켰다.[88] 강국모가 독립단 단원들을 기본으로 해서 혈성단을 조직하고 그 단장에 선임된 것은 대한제국 장교 출신으로서 군자금을 소지하고 있었고 이 군자금을 기반으로 신한촌에 도착한 후 활발하게 구입한 군용병기를 갖추고 있었기 때문이다.

(10) 동중철도의 조선인국민대대[89]

조선인국민대대(朝鮮人國民大隊)는 조선인독립대대, 조선인특별대대, 조선국민대대 등 여러 명칭으로 불린 한인부대로서, 동중철도(東中鐵道) 총재이자 원동최고집정관인 백위파의 호르바트(Хорват) 휘하의 동중철도수비대에 소속된 한인만으로 구성된 대대였다. 러시아의 관할 하에 있던 영토에서 조직된 유일한 백위파 계열의 한인군대였던 조선인국민대대에는 2개 대대가 있었다.

제1조선인국민대대의 한인장교 원미하일 이바노비치 소위는 1918년 9월 23일 당시 체코군 사령관이자 러시아군 사령관이던 가이다 소장으로부터 러시아 입적 한인들만으로 구성된 조선인국민대대를 편성

---

86 최호림, 『遠東邊疆高麗人生活 歷史抄錄』, 77쪽.
87 「鮮人武裝團體와 馬賊의 衝突에 關한 報告書 送付件」(1921년 3월 15일자), 『不逞團關係雜件 朝鮮人의 部 在西比利亞』, 제11권.
88 「血誠團副團長 金鍾和 取調狀況에 關한 件」(1922년 4월 10일자), 『不逞團關係雜件 朝鮮人의 部 在西比利亞』, 제13권.
89 별도의 각주가 없는 한 이 항목은 반병률, 「조선인국민대대」, 독립기념관 한국독립운동사연구소 엮음, 『한국독립운동사사전: 운동단체편』 6권, 584~585쪽을 참조했다.

하도록 허가받았다. 그리하여 원미하일은 9월 27일 러시아신문 ≪고로스 프리모야≫(연해주의 소리)에 러시아 볼셰비키혁명 후 군대가 해산되어 귀휴 중인 한인병사들을 모집하기 위해 "장교 및 병사인 동포에게 고한다"라는 제목의 광고를 냈다.[90] 러시아군 장교 출신인 원미하일은 이후 연추지역에서 최재형의 도움을 받는 등 한인군인 모집에 착수했다.[91] 1919년 2월 당시에는 8명의 장교와 120명의 한인병정을 두고 있었는데 원미하일은 일반 병정 수 400명 내지 600명, 장교 40명을 목표로 했다. 조선인국민대대의 대기(隊旗)는 러시아국기인 3색기의 상변에 태극을 그려 넣었는데, 이는 러시아군대의 군기가 3색기의 상부에 일단 왕관을 그려 넣은 것에서 따온 것이다. 조선인국민대대에 대한 재정지원자는 명목상 호르바트 장군으로 되어 있었지만 실제는 영국이었다. 러시아에 대한 보은(報恩)만을 강조하고 독립운동에 대한 열의가 적었던 원미하일이 대대장을 맡은 제1조선인국민대대는 일본에 대한 태도가 애매모호하다 해서 대한국민의회로부터 친일파라는 의심을 받았다.

1919년 5월, 대한국민의회는 군무부장대리 김하석으로 하여금 호르바트 장군과 계약을 체결해 3000명을 목표로 한인청년들을 동중철도 수비부대에 편입해 군사훈련을 시키기로 했다. 이 계약에 따라 제1조선인국민대대에서 분리해 조직된 것이 제2조선인국민대대이다. 제2조선인국민대대는 동중철도연선지역인 에호(掖河)에 있었다.

제2조선인국민대대는 러시아 입적자들만으로 받아들이고 보수적인 원미하일의 제1조선인국민대대에 불만을 가진 김표트르 이바노비치 2

---

90 「조선국민군대대에 관한 건」(1918년 10월 1일자), 『不逞團關係雜件 朝鮮人의 部 在西比利亞』, 제7권.
91 「在煙秋露兵及鮮人募兵狀況에 관한 件」(1918년 10월 14일자), 『不逞團關係雜件 朝鮮人의 部 在西比利亞』, 제7권.

등대위가 1919년 4월 대한국민의회 군무부와 협의해서 동중철도연선의 에호역에 별도의 특별부대로서 조직한 것이다. 제2대대의 장교들 대부분은 혁명 후 진급한 자들이 많았고, 일반대원들도 혁명적인 정치 성향을 갖고 있는 청년들이 많았다. 제2조선인국민대대는 국내나 서북간도에서 온 러시아 국적 미취득자들의 입대도 허용했다. 또한 당시는 러시아 백위파정권이 18세 이상 35세 이하 장정들을 대한 동원령을 내린 상태였으므로 러시아 입적 한인장정들은 러시아군에 징집되어 주의가 같은 볼셰비키 토벌에 나서기보다는 차라리 조선인국민대대를 지원했다.

서간도에 근거를 두었던 독립단 역시 3·1운동 이후 국내로부터 몰려온 수백 명의 한인장정들을 제2조선인국민대대로 보냈다. 또한 북간도와 연해주를 근거로 활동하고 있던 철혈광복단 소속 청년들 역시 국민의회의 모집과 파송으로 대거 제2조선인국민대대에 지원했다. 이러한 사정으로 제1조선인국민대대의 병력은 50~60명으로 급격히 감소한 반면, 제2조선인국민대대를 지원하는 한인장정들의 수는 급증해 1919년 6월경에는 대대병력이 500명에 달했다. 제2대대의 복장은 미국식이었으며, 미국의 후원을 받는 것으로 알려졌다. 제2조선인국민대대에 소속된 일반병정의 월급은 60루블이었고 피복을 제공받았다. 제2조선인국민대대에 참가한 한인청년들 가운데는 독립운동에 참여한 관계로 러시아와 중국 당국의 추적을 받게 되어 도피해 온 자들도 많았다. 또한 이들 가운데는 군사훈련을 받은 후 적당한 시기에 무기를 휴대하고 부대를 탈출해, 무기 부족에 직면해 있던 이동휘 등의 독립군을 지원하려는 자들도 많았다. 이러한 이유로 일반 한인들은 제2조선인국민대대를 러시아군이 아닌 한국의 독립군으로 간주하기도 했다.

그러나 제2조선인국민대대는 한인청년들이 기대한 바와는 달리 점차 군사훈련 이외에 청소, 취사 등 일반 잡역에 동원되었고, 그러자 일부 비판적인 한인청년들 중에는 "우리들은 차라리 한국독립을 위해 군사교육을 받을 목적으로 입대한 것이지, 이같이 비속(卑俗)의 노동을 배우기 위한 것이 아니다"라고 주장하면서 부대를 이탈하는 자가 속출했다. 그리하여 1919년 7월에 이르러 대원 수가 150명으로 급감했다. 이른바 '에호사건'이라 불리는 이러한 사태에 직면하자 국민의회는 군무부장 대리 김하석을 에호에 급파해 수습에 나서게 했다.[92] 조선인국민대대의 한인장병들이 집단 탈주하는 상태에서 서간도의 독립단에서도 이동휘, 홍범도와 협의한 후 부단장인 최영호(崔永鎬)와 윤덕배(尹惠培)를 급파해 국민대대에 속해 있는 단원들을 이끌고 연해주의 그로데고보 지방으로 이동시켜 유격대 조직에 착수했다.[93]

사실상 해체된 이후 하얼빈의 제1조선인국민대대는 제26중대, 제27중대의 두 개 중대로 개편해 경비중대라 불렀다. 제26중대에는 원미하일이, 제27중대에는 김 미하일 니콜라예비치 중위가 중대장으로 임명되었다. 마찬가지로 제2조선인국민대대의 잔존병력은 웨이샤혜로 이전했는데, 장교는 12명, 일반병정은 18명에 불과했다.

2) 4월참변 이후의 한인무장활동

(1) 4월참변

1918년 8월 이후 '체코군 구원'이라는 명분하에 러시아혁명에 무력개입해 백위파를 지원해 러시아혁명정권을 붕괴시켰던 일본군은 1919

---

92 김하석, 「리동휘동무의 쓰쁘랍까를 부인한다」, ≪선봉≫, 1930년 2월 8일자. 김하석은 "이에 나도 후원하던 한 분자로서 무장을 가지고 도망하려던 그 비밀이 탄로되어 목적을 달하지 못할 것을 보고 여러 동무들과 협의한 결과에 내가 국민의회 재정을 가지고 가서 그 군대를 해산식히엇다"라고 회고했다.

93 「大韓獨立團의 略歷」, ≪독립신문≫, 1921년 4월 2일자 1면; 반병률, 『성재 이동휘 일대기』 (범우사, 1988), 189~191쪽.

년 말 러시아혁명세력이 득세하면서 일대 위기에 직면했다. 특히 그동
안 안정적인 식민지조선 통치를 추구하던 일제당국에게 매우 위협적
인 존재였던 러시아의 한인독립운동세력이 러시아혁명세력과 결합하
면서 일본당국의 위기의식은 고조되었다.

1919년에 캐나다, 프랑스, 이탈리아, 영국, 중국 군대가 일정에 따라
이미 철수한 상태였고 체코군도 1920년에 들어와 9개월에 걸쳐 철병
을 추진하고 있었다. 미군은 1919년 말에 자바이칼주에서 철수한 데
이어 1920년 1월 20일 윌슨대통령이 미군이 철병할 것이라고 선언했
다. 이러한 상황에서 일본도 마지못해 3월 31일 시베리아출병일본군
을 철병할 계획임을 선언했다. 마침내 1920년 4월 1일 러시아 주둔 미
군 사령관 윌리엄 그레이브스(William Graves) 이하 미국 군대 2300명이
필리핀을 향해 블라디보스토크를 떠났다. 그리하여 '체코군 구원'이라
는 명분을 내세우고 러시아혁명에 무력개입했던 연합국 가운데 일본
만 홀로 남는 상황이 되었다.

이러한 상황에서 일본은 블라디보스토크의 러시아임시정부에 압력
을 가해 자국군대의 안전을 확보하려 했다. 즉, 일본군당국은 4월 3일
부터 연해주자치회와 협상을 벌여 (1) 일본군 주둔에 편의를 줄 것(수
송교통에 지장이 없게 할 것), (2) 종래 군사상 제 조약을 존중하고 군의 보
조원에 대해 방해하지 않을 것 등을 요구했던 것이다.

일본군사령관은 4월 2일 블라디보스토크의 러시아임시정부에 대해
한인들에게 무기를 공급하는 일이 없도록 할 것을 경고했다.[94] 이와 함
께 일본정부는 블라디보스토크 정부에 항의전문을 보내 친일적 한인
들이 피살, 피습, 납치되는 일이 빈번하게 발생하고 있는 사실을 적시

---

94 ≪독립신문≫, 1920년 4월 15일자, 3면; 「浦參第의三0六號 續行하여」(1920.3.29), 『不逞團關
係雜件 朝鮮人의 部 在西比利亞』, 제9권.

하면서 러시아 경찰관헌이 이러한 "일본제국의 신민"인 한인들의 생명 재산을 보호하지 못할 경우, 부득이 일본군이 그 일의 책임을 담당할 것이라고 경고했다.[95] 한인들에 대한 취체를 주장하는 근거는 대한제국의 신민(臣民)이었던 한인들은 러시아에의 귀화 여부에 관계없이 일본제국의 신민이라는 것으로, 일본의 억지 주장이었다.[96]

같은 4월 2일, 일본군이 연해주정부에 "일본군의 주둔에 필요한 제반의 사항, 즉 숙영, 급양, 운수, 통신 등에 관해 지장을 주지 말 것" 등 6개항을 요구했고, 연해주임시정부는 일본군의 요구를 수용하기로 하고, 4월 5일 조인하게 되어 있었다. 러시아혁명군사령부는 각 부대에 경계태세를 해제할 것을 지시했고, 4월 4일은 휴일로서 지휘관 다수가 주말 휴가에 들어갔다. 이날 밤 일본군 블라디보스토크 사영(舍營)사령관 무라타(村田信乃) 소장은 오오이(大井) 군사령관의 지시를 받아 블라디보스토크 혁명군(연해주 정부군)에 대한 무장해제를 전격적으로 단행했다. 4월 5일 새벽 오오이 군사령관은 제13, 14사단장, 남부 우수리파견대장에게 각지의 혁명군을 무장해제하도록 명령했다. 즉, 우수리철도연선을 중심으로 해서 연해주지역 내의 모든 주둔지에서 일본군이 총공격을 개시했던 것이다. 일본군의 전투행동은 4월 4일 밤에 시작되어 5일 또는 6일까지, 스파스크에서는 8일까지 계속되었다.[97]

일본군의 전투행동은 하바롭스크와 니콜스크-우수리스크에서 가장 대규모로 진행되었다. 일본군은 투옥된 백위파 정치범들을 석방하는 한편, 다수의 빨치산대원들과 민간인들을 체포했고, 체포한 혁명파 간부 일부를 백위파에게 넘겼다. 4월 9일, 연해주임시정부 군사위원회

95 ≪독립신문≫, 1920년 4월 15일자, 3면.
96 「浦參第의三0六號 續行하여」(1920.3.29), 『不逞團關係雜件 朝鮮人의 部 在西比利亞』, 제9권.
97 原暉之, 『シベリイヤ出兵—革命と干涉 1917~1922』, p.529.

위원장이며 적위군 원동총사령관인 라조, 루츠키(Луцкий), 전 블라디보스토크 소비에트 서기 시비르체프(Сибирцев), 안드레예프(Андреев) 등이 일본군에게 연행되었다. 5월 말에 확인된 것처럼 일본군은 라조와 동지들을 우편 행랑에 집어넣어 돈 카자크 기병대의 대장 보카레프의 백위파부대에 인계했다. 이들은 무라비요프 - 아무르스카역(현 라조역)으로 이송된 후 EL629 기관차에 화실에 살아있는 채로 집어넣어져 불태워졌다.[98] 러시아 측 기록에 따르면, 일본군과의 전투에서 군인, 혁명군 전사, 일반 주민 등 약 7000명이 사망했다.[99]

러시아혁명군에 대한 무장해제를 개시하면서 시작된 4월참변에서 한인들은 일본군의 주요 공격대상이 되었다. 블라디보스토크에서는 4월 5일 오전 4시 일본헌병대(헌병 40명, 보병 15명)가 블라디보스토크 신한촌을 습격해 한민학교에 주둔 중이던 러시아군(50명)을 무장해제했고, 한인단체 사무소와 가택을 수색해 서류들을 압수했으며, 60여 명의 한인을 체포했다. 한민학교와 한인신보를 비롯해 개인 집들이 불에 전소되었다. 일본군은 헌병대분견대를 주둔시키고 자위대(自衛隊)라는 헌병보조기구를 창설했다.[100] 당시 체포된 주요 인물은 전일, 채성하, 박모이세이, 김신길, 이재익, 조윤관 등이었다.[101] 상해의 ≪독립신문≫은 일본군이 부녀자와 아이들까지 무자비하게 체포하는 등 블라디보스토크에서 체포된 한인이 380명에 달했다고 보도했다.[102]

한인들에 대한 일본군의 공격은 잔인하기 이를 데 없었다. 당시 목

---

98 原暉之, 『シベリヤ出兵―革命と干渉 1917~1922』, pp.530~531.

99 Mukhachev B. I., *История альнго Востока, книга*, kniga 1, p.369. 존 스테판에 따르면, 일본군이 자행한 4월참변으로 볼셰비키가 대부분인 러시아인 3000명의 사상자가 발생했다고 한다. John J. Stephan, *The Russian Far East: A History*, p.145.

100 梶村秀樹·姜德相 編, ≪現代史資料(朝鮮 3)≫ 27, p.283; 原暉之, 『シベリヤ出兵―革命と干渉 1917~1922』, p.534.

101 梶村秀樹·姜德相 編, ≪現代史資料(朝鮮 3)≫ 27, p.331.

102 ≪독립신문≫, 1920년 4월 20일자, 2면.

격자는 다음과 같이 회상했다. "한인촌은 블라디보스토크 변두리에 있었는데 엄청난 강도와 폭력을 체험했다. 야만적인 일본군들은 한인들을 마을에서 쫓아가면서 소총으로 구타했다. 포로들은 신음하고 비명을 지르고 있었고, 거의 반죽음의 상태였다. 블라디보스토크는 끔찍한 곳이 되고 말았다. 포로들이 피투성인 채 찢어진 한복을 정리하지 못하고 간신히 일본군을 따라갔다. 모든 지하실, 감옥들은 포로들로 꽉 찼다. 그날 살인범들이 몇 명의 한인을 죽였는지 짐작하기조차 힘들다."[103]

후일의 기록이지만, 블라디보스토크에서 간행된 한글신문 ≪선봉≫은 4월참변 6주년이 되는 1926년 4월 4일자에서 다음과 같이 밝혔다. "1920년 4월 4일에 일본군벌은 소위 연합군이 시비리에서 철퇴함을 불구하고 오히려 강도적 행위로 해항(海港, 블라디보스토크)을 점령했다. 그때 광경은 일본군대가 해항, 소왕영, 이만, 수청, 하바롭스크, 니콜라옙스크 - 나 - 아무레(니항)에서 일시에 총불을 걸고 로시야 적위군과 혹은 의병대들과 싸우며 무고한 평민까지 학살, 총화, 강탈 등 잔포한 행동들은 우리의 기억을 새롭게 한다. 더욱 고려사람에게는 이 틈을 타서 여지없이 박멸하려는 흉악으로 해항에서 수백 명을 체포하며 학교를 불질음으로 연추, 수청, 소왕영, 하바롭쓰크에서 40여 명을 모다 일본군벌의 총칼에 맞아 죽었다. 로시야 국민의 손실은 직접 간접으로 다 기록할 수 없으나 니콜라예프쓰크에 대참살도 그 원인이 일본군벌에게 있는 것이다."[104]

1920년 4월 4~5일 밤 일본군은 연해주 일대의 러시아혁명세력과 한

---

103 엔.아. 부쩨닌·엔.데. 부쩨닌, 「러시아내전에서의 한인들의 참전」, ≪역사문화연구≫ 24 (2006년 6월), 99~100쪽.
104 「일본군벌이 해항을 점령하든 六년전 四월四일을 맞으면서」, ≪선봉≫, 1926년 4월 4일자, 1면.

인사회를 무력적으로 공격해 러시아인과 한인들을 체포, 구금, 학살을 자행한 4월참변을 일으켰고, 이로써 연해주지역 한인독립운동의 기반이 송두리째 파괴되었다. 블라디보스토크의 주요한 한인단체인 대한국민의회, 한인사회당, 노인단, 애국부인회 등의 주요 간부들은 러시아 혁명세력이 장악하고 있는 흑룡주(아무르주)나 만주 또는 농촌지역으로 도피해 재기를 도모하게 되었다.

4월참변 후 김진, 최의수, 김하석 세 사람은 수청(水靑, 스챤)의 청지거우마을(청지동)로 피신했고,[105] 부인독립회의 주요 간부인 이의순, 채계복, 우봉운은 이홍삼 등 한인지도자들과 중국과의 국경지대인 이만의 한인부락인 다반촌으로 도피해, 노인단 재무인 한승우(韓承宇)의 보호를 받았다. 4월참변이 발발하고 난 한참 후 이의순과 우봉순은 블라디보스토크로 귀환했으며, 채계복은 정신여학교의 남아 있는 과정을 마치고 졸업하기 위해 1920년 8월 10일 블라디보스토크를 출발해 경성으로 갔다.[106] 우봉운은 새로 개교한 삼일여학교의 교사로 복귀했다. 국민의회 간부들은 블라고베시첸스크로 이동해 국민의회 조직을 재건했다.[107]

니콜스크 - 우수리스크에서는 일본 헌병대가 보병 1소대의 지원을 받아 5일과 6일에 걸쳐 배일선인의 가택수색을 실시해 76명을 체포했다. 이 가운데 72명은 방면했지만, 최재형 등 4명의 애국지사는 4월 7일 처형되고 말았다. 한인사회당의 통신원 최위진도 희생되었다.[108] 니콜스크 - 우수리스크에서 일어난 4월참변의 희생자들을 추모하는 기념

---

105 梶村秀樹·姜德相 編, ≪現代史資料(朝鮮 3)≫ 27, 331쪽.

106 「鮮人의 行動에 關한 件」(1920년 6월 5일자), 『不逞團體雜件 朝鮮人ノ部 在西比利亞』 10권; 반병률, 「러시아연해주 지역 항일여성운동, 1909~1920」, ≪역사문화연구≫ 23(2005년 12월), 119~120쪽.

107 梶村秀樹·姜德相 編, ≪現代史資料(朝鮮 3)≫ 27, 296~297쪽.

108 金規免, 「老兵 金規勉의 備忘錄에서」(手稿本), 16쪽.

비는 현재 빨치산 70여 명이 묻힌 우수리스크시 꼬마로바 - 노보니콜
스크 거리 모퉁이에 세워져 있다. 당시 니콜스크 - 우수리스크에서는
약 250명이 일본군에 의해 피살되었다.[109]

블라디보스토크와 니콜스크 - 우수리스크의 중간에 위치한 교통의
요지 라즈돌리노예에서도 일본군이 러시아혁명군을 공격했다. 일본군
보고에 따르면, 당지 주둔의 일본군 수비대는 4월 5일 오전 4시 당지
러시아혁명군을 공격하고 일본군 중대 병력은 러시아혁명군의 퇴로를
차단하는 임무를 담당했는데, 러시아혁명군 약 200명과 싸워 약 150명
을 희생시켰다. 중대 본부 정면에서는 러시아혁명군 800명을 포로로
잡았는데, 일본군은 이 전투에서 병졸 2명, 장교 1명이 전사했고, 3명
이 부상을 당했다.[110] 4월 21일 헌병대는 신한촌에서 제2차 검거에 나
섰다. 총독부 파견원들은 라조, 루츠키 등은 백위파에게 넘겨주었지만
한인들은 일본군이 직접 제재했다.[111]

4월참변은 1919년 3·1운동 이후 만주와 러시아연해주에서 독립군
부대들이 우후죽순처럼 등장하고 한인청년들의 독립군 참여와 무기수
집이 활발해지는 등 항일무장투쟁운동이 강화되자 일본 측이 자행한
반동적인 역공세였다. 1919년 여름 이후 독립군 부대들이 압록강과 두
만강을 건너 일본수비대를 공격하는 일이 잦아지자 식민지조선 방위
에 위기를 느꼈던 것이다. 다른 한편으로는, 1919년 말 이후 1920년 초
에 걸쳐 러시아지역에서 볼셰비키당을 주축으로 한 러시아혁명세력이
득세하고 시베리아와 원동러시아지역에서 일본과 서구열강의 지원을
받는 백위파 정권들이 붕괴되자 일본제국주의자들은 국제적 고립상태
에 빠졌는데, 4월참변은 이 같은 상황에서 일본이 러시아혁명세력과

---

109 엔.아. 부쩨닌. 엔.데. 부쩨닌, 「러시아내전에서의 한인들의 참전」, 99쪽.
110 「電報譯」(1920.4.7), 『不逞團關係雜件 朝鮮人의 部 在西比利亞』, 제9권.
111 原暉之, 『シベリイヤ出兵—革命と干渉 1917~1922』, p.534.

한인독립운동세력의 연대를 두려워해서 일으킨 몸부림이었다고도 할 수 있다. 4월참변은 이후 서북간도의 한인사회에 일본이 자행한 공격, 즉 경신참변(간도참변)의 예행연습이자 전주곡이었다.

(2) 아무르주의 자유대대

1920년 2월 17일 러시아적군이 아무르주의 자유시를 점령해 자유시는 러시아혁명세력의 치하에 들어갔다. 3월 8일에는 일본군이 연해주 하바롭스크로 퇴각했다. 아무르주의 한인들은 3월 1일, 3·1독립선언 기념식을 거행하고 흑룡주한인대회를 소집하기로 했다. 이에 따라 3월 20일에 개최된 흑룡주한인대회(발기인 최고려, 박주운, 이훈, 이영섭, 최군실, 김진보, 김인현 등)에서 조직된 흑룡주한인총회의 군무부에서 편성한 한인군대는 4월, 448명의 1개 대대를 러시아적군방식대로 편성했다. 이에 따라 사령관 안훈, 군정위원 전희서(田希瑞), 제1중대장 승훈, 제2중대장 김중회를 선임했다. 이후 이 부대는 4월참변을 피해 5월경 연해주로부터 도피해 온 대한국민의회 군무부로 인도되었다. 무기는 흑룡주정부에서 구입해 이태리식 장총 90여 정, 러시아 장총 약간이었고, 피복과 식량 일체는 한인총회에서 부담했다.[112]

1920년 5월 대한국민의회가 연해주에서 이전해 와서 흑룡주정부의 후원하에 같은 사업을 추진했고, 이에 두 단체가 상호 연락해 7월 1일 흑룡주한인총의회 제2차 대표회 결의로써 대한국민의회를 봉대하기로 함과 동시에 군대를 인도했다. 국민의회는 원동공화국 정부의 인민혁명군 제2군단에 교섭했다. 그리하여 한인군대를 제2군단 관할의 특립대대로 재편했다. 다만 한인군대의 정신적 지도는 국민의회가 맡았

---

112 露高麗革命軍隊文明部, 「在露高麗革命軍隊沿革」, 김준엽·김창순 엮음, 『한국공산주의운동사 자료편』(고려대학교 아세아문제연구소, 1980), 제1권, 5쪽; 최호림, 『遠東邊疆高麗人生活歷史抄錄』, 84~85쪽.

다. 이어 제2군단에 교섭해 흑하지방 수비대장(위수사령관 서리)으로 있던 제2군단 제6연대장 오하묵을 본직을 사면시키고 대대장을 맡게 했다. 9월경 군대를 개편해 한인보병자유대대(고려인보병자유대대, 고려인보병특립대대)라고 하고, 군대 내에 공산주의를 선전하기 위해 각 중대마다 야체이카를 조직했다.[113] 자유대대의 주요 간부는 군정위원장 최고려(이후 최호림), 부관 김택권, 유선장, 서리대대장 겸 제1중대장 전희세, 경리부장 황하일, 제2중대장 김중회, 제3중대장 고명수였다.[114]

하바롭스크 남쪽에 위치한 한인마을 다반에서 활동하던 최니콜라이 군대와 이만 일대의 황하일군대는 하바롭스크 부근의 작은 역, 크라스나야 레츠카(크라스노 레츠카) 전선에 출병해 러시아빨치산부대 야전총사령관 불라코프의 지휘를 받아 하바롭스크 점령을 도모하다가 탄약이 다해 전군이 퇴각할 시에 같이 퇴각했다. 다반군대는 아무르주 각지에서 활동하다가 1920년 11월경 블라고베시첸스크로 이전해 러시아인민혁명군 제8연대 직속의 고려인특립대로 있었다. 그러다가 1921년 3월 아무르주 마사노프에 조직되는 사할린특립의용대에 편입되었다.

이만군대 역시 아무르주로 퇴각해 볼로차옙카역에 주둔해 방어전을 하다가 1920년 8월경에 대장 황하일이 자유시고려인특립대대 경리부장으로 전근하게 되자, 중대부관으로 근무하던 김표돌이 대장이 되어 전대 80여 명을 영솔해서 서부전선에 출전했고 세묘노프 백군과 전투해 까름이역에서 대승하는 등 승승장구했다. 동상병들을 치료한 후 1920년 11월경에는 자유시로 이동해 자유시를 수비하고 있던 한인보

---

113 같은 글, 5쪽.
114 최호림, 『遠東邊疆高麗人生活 歷史抄錄』, 85~86쪽. 처음에 안훈군대가 조직될 당시에 모집된 군인들은 자유시 주민 34명(박재명, 이왈룡), 흑하시(2회) 38명(이주연), 비라지방 100명, 모고치 16명(김병일, 김동훈), 우루깐 40명(안훈, 김중회), 우루샤 등 120명 총 448명이었다. 이들 다수는 금광노동자였다.

병자유대대에 편입되었다.

(3) 혈성단

1920년 여름 상하이의 임시정부에서 북로사령관으로 임명된 바 있는 채영(蔡英) 일행 15명이 추풍 자피거우에서 강국모와 만나 혈성단에 가담했다.[115] 최호림의 기록에 따르면, 당시 혈성단의 단원 수는 약 340명이었는데, 이들은 그로데고보에서 온 독립단 80명, 간도에서 온 신민단 군인 16명, 최영호의 피살 이후 독립단을 이끌기 위해 1920년 8월 서간도에서 추풍으로 온 독립단 총단장 조맹선 휘하의 독립단 군인 100명, 임병극 군대에서 강국모가 강제로 편입시킨 130명이었다.[116] 뒤에서 살펴보겠지만, 임병극은 1919년 2월 성하영, 최호림과 얼두거우에서 빨치산부대를 조직해 1919년 8월 북간도로 갔다가 북간도의 국민회, 서간도 장백현의 군비단에서 활동했으며, 1921년 말 또는 1922년 초에 추풍지역으로 왔다. 이후 임병극은 1922년 가을 얼두거우로 이동했다. 최호림에 따르면, 임병극은 1920년 4, 5월경에 추풍 다부허 등지에서 의병대를 조직했다가 강국모에게 군대를 잃고 다시 얼두거우 방면으로 가서 군대를 조직했다. 이후 얼두거우에 본영을 두고 있다가 1922년 9월에 연해주 고려혁명군이 조직될 때 제1지대로 편성되었다고 했다.[117] 1920년 4, 5월경에 다부허에서 빨치산부대를 조직했다는 것은 1922년을 잘못 기록한 것이 아닐까 한다.

---

115 「鮮人武裝團體와 馬賊의 衝突에 關한 報告書 送付件」(1921년 3월 15일자), 『不逞團關係雜件 朝鮮人의 部 在西比利亞』, 제11권.

116 최호림, 『遠東邊疆高麗人生活 歷史抄錄』, 79, 81쪽. 여기에서 최호림은 당시 혈성단의 간부로 대장 강국모, 참모장 김청남, 참모부원 김택준, 황익수, 조병권이었다고 했다. 일본첩보기록에 따르면 조맹선이 이끌던 독립단원 수는 30명이었다. 「不逞鮮人의 行動에 關한 件」(1921년 1월 20일자), 『不逞團關係雜件 朝鮮人의 部 在西比利亞』, 제10권 참조.

117 최호림, 『遠東邊疆高麗人生活 歷史抄錄』, 96쪽.

창설 이후 혈성단은 추풍의 산간 여호촌(餘戶村, 비입적인 마을)인 시베창(西北倉)에 근거를 두고 활동했다. 1920년 8월 18일 혈성단은 서남쪽 산간지역의 또 다른 여호촌인 자피거우로 본부를 이전했다. 혈성단은 자피거우 마을의 가호당 아편 5량씩을 징수해 비용을 충당했다. 당시 자피거우(니콜스크 - 우수리스크 동남쪽 6리), 황거우(黃溝, 니 - 우시 서북쪽 2리), 시베창(니 - 우시 서남쪽 10리), 당어재골(니 - 우시 서북쪽 약 4리), 솔밭관(니 - 우시 서북쪽 10리), 다보프(니 - 우시 동북쪽 3리) 등에는 전체 주민들을 대원으로 하는 지방대들이 조직되어 있었다. 주민들이 지방대를 조직한 목적은 독립군들의 강요에서 벗어나고 향후 독립군이 국내로 진입할 때 함께 군사활동을 해서 한인의 의무를 다하기 위함이었다. 9월 16일에는 이들 마을의 대표자 각 2명이 자피거우에 집합해 지방대 조직에 관한 일반사항과 향후 방침에 관해 협의했다. 이러한 상황에서 혈성단은 9월 12일 자피거우를 떠나 본부를 시베창으로 다시 이전했다.[118]

니콜스크 - 우수리스크 주둔 일본군 보병 제30연대 제1대대의 보병 제1개 중대 병정 약 100명과 기병 반(半)개 소대는 기관총 1문을 휴대하고 한인부락 정찰과 시위를 목적으로 9월 14일부터 18일까지 포크로브카 지방을 행군했는데, 9월 16일 오후 1시경 10여 명의 독립군과 충돌했다. 이 독립군들은 자피거우 마을 남방의 하곡으로 다급하게 도피했는데, 이들의 배낭에는 수기장(手記帳, 조국가, 전진가, 독립군가 등의 노래와 독립군 명단이 기재된)과 태극기가 들어 있었다. 주민들은 일본군에게 이들 독립군이 "서간도에서 온 자가 단장이며 주민으로부터 물품을 징발하고 작년 봄부터 마을에서 매일 교련을 행하고 있다"라고 말

118 「鮮人의 行動에 關한 件」(1920년 10월 7일자), 『不逞團關係雜件 朝鮮人의 部 在西比利亞』, 제11권.

했다. 이에 일본행군부대는 이들 주민에게 "일본군은 금후 누차 불령선인의 소굴을 기습할 계획으로서 오늘 밤중에 다시 올 것이다"라고 선전했다. 포크로브카에 와서 숙영한 후 9월 17일 오전 6시 포크로브카를 출발해 기병은 북방으로부터, 나머지는 남방으로부터 자피거우를 향했다. 남방으로부터 행군하던 보병들은 기병과 함께 포격을 가하면서 전진해 근거를 자피거우 남방 고지에 설치하고 하곡일대 한인부락을 수색하고 주민 2명을 심문했다. 당시 이들이 입수해서 기록해 놓은 정보를 보면, 1920년 9월 당시 혈성단의 상황을 짐작할 수 있다.[119]

자피거우 하곡에 있는 무장단체의 [단원]수는 약 3백 명으로 제3군에 속하고, 제2군은 시베창(남방 2리), 제1군은 우시고우(서방 3리)에 있다. 제2군을 통솔하는 대장은 강(姜, 이름 不詳이지만 강국모일 것)이라 하고 제3군 대장은 채(蔡)모이다. 이 단체는 주로 혈성대에 속하고 의민단, 국민단에 속하는 자 소수이다. 단원은 청지(靑地)의 군복을 착용하고 완장(腕章)과 모장(帽章)에(혈성단 인가) 대한국휘장을 쓰고 또 조선복을 착용하고 농경에 종사하거나 혹은 도로를 배회하여 촌락에 들어오는 일본군 간첩 및 밀정의 체포에 임하는 자도 있다. 그리고 단체는 16일 오후 3시경 중국 마적 내습의 소문이 있고 계속하여 일본기병이 온다는 정보가 있기 때문에 저장해 온 무기를 3대의 마차에 싣고 토착 한인장정들로 하여금 동행케 하여 다급하게 남방으로 도피했다. 자피거우 무장단체는 모두 총 1정씩을 소지하고 기관총 2개, 대포 2대(비행기 사격용)를 갖고 있다. 두목 강(姜)은 늘 부하를 블라디보스토크 및 니-우시에 파견하여 일본군의 행동을 내정(內偵)하고 아울러 무기의 구입을 명령

119 같은 글.

하고 있다. 블라디보스토크로부터 반입하는 도로는 남방 산지를 선택하고 니 - 우시로부터 반입되는 도로는 니 - 우시로부터 코르사코프카로 통하는 도로를 사용한다.

1920년 9월 당시 강국모와 채영의 통솔하에 혈성단이 3개 부대로 나뉘어 배치되어 있었고 상당한 무장력을 갖추고 있었음을 알 수 있다. 일본첩보자료에 따르면 1920년 9월경 추풍 일대에는 혈성단을 비롯해, 의민단, 광복단, 국민회군, 일세당, 군정서, 독립군 등 7개 단체가 있었는데, 이 가운데서 혈성단이 600명으로 가장 세력이 있었다고 한다.[120]

또 하나 주목해야 할 사실은 임시정부가 북간도 독립군 전체를 총지휘하게 될 북로사령관에 임명한 바 있는 채영이 혈성단에 가담해 있다는 사실이다. 이는 국민회 제1중부지방회장 대리(부회장)인 서상용(徐相庸)이 국민회중앙총회장 구춘선에게 보낸 1920년 7월 21일자 편지에서도 확인된다. 즉, 서상용은 "임시정부에서 선정한 북간도 총사령관 채흥(蔡興, 蔡英의 잘못)이 노령 추풍 시베창에서 사관학교를 설립하고 교수 중이다"라고 보고하고 있는 것이다.[121]

채영이 가담한 얼마 후인 10월 하순 혈성단은 아누치노 동북쪽에 위치한 코로빈카 마을(Коробинка, 현재의 파블롭카와 안토놉카의 중간지점)로 본거를 옮겼다.[122] 깊은 내륙지방인 아누치노 일대의 코로빈카로 혈성단이 근거지를 옮긴 이유는 두 가지였다. 첫째, 1920년 훈춘사건 이

---

120 「鮮人의 行動에 關한 件」(1920년 9월 18일자), 『不逞團關係雜件 朝鮮人의 部 在西比利亞』, 제10권.
121 梶村秀樹·姜德相 編, ≪現代史資料(朝鮮 3)≫ 25, 89쪽.
122 「鮮人武裝團體와 馬賊의 衝突에 關한 報告書 送付件」(1921년 3월 15일자), 『不逞團關係雜件 朝鮮人의 部 在西比利亞』, 제11권. 이 책의 지도 '혈성단 등 한인의병대 주둔지역' 참조.

후 일본군이 대대적으로 추풍의 독립군을 공격할 계획임을 알게 되었기 때문이고, 둘째, 추풍지방(허커우, 황거우, 육성촌)의 한인 원호인들이 독립군을 약탈자로 규정하고 니콜스크 - 우수리스크 일본수비대를 끌어들여 육성촌 박승관 집에 주둔케 하고 자피거우의 혈성단 등 독립군들을 빈번하게 토벌했기 때문이다.[123]

코로빈카 현지에서 모집한 10여 명의 독신자를 합해 총 130명으로 1개 중대 4개 소대를 편성했고, 채영이 중대장에 선임되었다.[124] 보병 4개 소대의 1개 중대 외에 기병 2개 소대, 모연대, 적십자대, 피복대 등을 두었다. 당시 중대 규모로 편성되었던 혈성단의 간부구성을 보면, 단장은 강국모(무기국장 겸임)였고, 지휘자(중대장)는 중국 절강성(浙江省) 항주(杭州)군관학교 출신인 채영, 참모장은 함흥 출신의 사회운동가 한일제(韓一濟), 재무장은 왕재호였다.[125]

그리하여 제1소대, 제2소대는 코로빈카 서북쪽에 위치한 사마르카 마을(약 20호 규모의 한인마을)에, 제3소대, 제4소대는 강국모와 함께 코로빈카에 주둔했다. 이후 중대장 채영은 단장 강국모의 반대에도 불구하고 코로빈카로 이동한 지 약 1개월 만인 1920년 12월 10일, 부하 14명과 함께 블라고베시첸스크의 사관학교로 간다며 떠나갔다.[126] 12월

---

123 「박청림이 이인섭에게 보낸 편지: 혈성단의 연혁」(1962.3.2).

124 「鮮人武裝團體와 馬賊의 衝突에 關한 報告書 送付件」(1921년 3월 15일자), 『不逞團關係雜件 朝鮮人의 部 在西比利亞』, 제11권. 중대장 채영 외의 간부들은 소대장 이창선(李昌善), 참모 김규(金奎) 등이었다고 한다. 「不逞鮮人의 行動에 關한 件」(1921년 1월 20일자), 『不逞團關係雜件 朝鮮人의 部 在西比利亞』, 제10권 참조.

125 「박청림이 이인섭에게 보낸 편지: 혈성단의 연혁」(1962.3.2). 박청림에 따르면 강국모는 함남 북청, 한일제는 함남 함흥, 왕재호는 평안도 출신이었다.

126 「鮮人武裝團體와 馬賊의 衝突에 關한 報告書 送付件」(1921년 3월 15일자), 『不逞團關係雜件 朝鮮人의 部 在西比利亞』, 제11권. 채영과 강국모는 적대적인 관계가 되었고 강국모는 채영이 주민들로부터의 여비를 기부받는 것을 방해해 채영 일행은 무일푼으로 출발했다고 한다. 한편 박청림은 채영을 수행한 군인들은 조맹선 휘하의 독립단원이었다고 회상했다. 「박청림이 이인섭에게 보낸 편지: 혈성단의 연혁」(1962.3.2) 참조.

중순 독립단 총단장 조맹선이 사망했다.[127]

이후 신한촌에서 요양 중이던 김종화가 혈성단 본부에 가담했는데, 이는 채영의 이탈에 따른 지도부 약화를 보강하기 위한 것이라 보인다. 그리하여 1920년 12월 29일 김종화가 코로빈카의 혈성단 본부에 합류해 혈성단의 부단장겸 총무에 취임했다. 김종화는 당시 혈성단의 대원 수가 270여 명이었다고 회상했다.[128]

혈성단은 1921년 3월 1일 코로빈카에서 3·1독립기념식을 성대하게 개최했다. 단장 강국모는 단원 전체에게 축의를 표할 것을 명령했다. 그리하여 3명의 단원이 연설을 했고, 지방청년들도 이에 응해 연설한 후 독립가를 부르고 폐회하면서 전원 독립만세를 불렀다. 각자 태극기를 내걸어 축의를 표했고 마을에서는 소 한 마리를 잡아서 군인들에게 제공해 밤늦도록 성대하게 연회를 개최했다.[129]

혈성단은 1921년 2월 중순 러시아혁명군 임시본부가 하바롭스크에서 아누치노로 이동한 이후 러시아혁명군본부와 밀접한 관계를 맺게 되었다. 혈성단이 러시아혁명세력과 관계를 맺은 후 처음으로 벌인 활동은 중국마적, 즉 홍호적 토벌이었다. 혈성단은 러시아혁명본부의 명령에 따라 마적토벌에 나서 1921년 2월 20일 마적 4명을 체포했고, 혈성단이 마적 두목들의 석방요구를 거절하자 3월 2일 새벽 4시 마적들은 혈성단의 제1소대, 제2소대 주둔지 사마르카 마을을 야습했다. 해질 때까지 양측은 사격전을 전개했고, 혈성단 단원이 마적 진영에 수

---

127 「不逞鮮人의 行動에 關한 件」(1921년 1월 20일자), 『不逞團關係雜件 朝鮮人의 部 在西比利亞』, 제10권. 일제첩보기록에 따르면 조맹선이 사망한 후에 혈성단(대)원인 윤와실리가 단장으로서 독립단원들을 이끌었다고 한다.

128 「血誠團副團長 金鍾和 取調狀況에 關한 件」(1922년 4월 10일자), 『不逞團關係雜件 朝鮮人의 部 在西比利亞』, 제13권.

129 「鮮人武裝團體와 馬賊의 衝突에 關한 報告書 送付件」(1921년 3월 15일자), 『不逞團關係雜件 朝鮮人의 部 在西比利亞』, 제11권.

류탄을 던지자 기세가 꺾인 마적들은 점령했던 다섯 가구의 가족과 어린아이들을 강제로 데리고 스비야기노(Свиягино)로 철수했다. 이 전투에서 혈성단의 외교원이자 소모계인 오여덕(吳汝德)이 동락(東樂)을 두목으로 하는 마적에게 체포되어 일본군에 넘겨졌다.[130]

아누치노 지역의 이포마을에 있을 당시의 혈성단의 위치와 간부진에 대한 일본첩보보고서(1921년 8월 4일자)에 따르면, 혈성단은 단원이 약 1000명에 달했고, 약 400명이 단소재지에 주둔하며 각자 소총 1정씩 탄약 350발을 소지하고 있었다. 간부진은 단장 겸 무기국장 강국모, 참모부장 김광서(일본사관학교 졸업생으로서 기병중위), 중대장 채영, 소대장 이학운(李學雲), 박창훈(朴昌訓), 김택진(金澤鎭), 이홍식(李洪植), 신태용(申泰用), 이창선(李昌善), 외교부장 한일제(韓一齊), 총무부장 김학준(金學俊), 통신부장 김춘홍(金春洪), 위생국장 이정수(李正洙)였다.[131]

러시아빨치산 셉첸코부대는 일본군의 공격을 초래할 것을 우려해 한인무장대의 주둔을 원치 않았기 때문에 혈성단은 다시 추구에프카(Чугуевка) 구역 뜨레찌 - 푸진(Третье-Фузин)이라는 한인부호촌으로 이동했다.[132] 수청지역으로 이동한 혈성단의 활동은 수청빨치산운동의

---

130 같은 글. 1920년 11월경 혈성단 단원이 의류 구입을 위해 스파스크에 파견되었으나 도중에 마적에게 습격당해 구입비용 모두를 강탈당한 적이 있다. 이후 러시아혁명본부가 하바롭스크에서 아누치노로 올 때 중국공산당원 50명이 함께 와서, 이후 러시아혁명본부의 지시로 니콜스크 - 우수리스크에 근거한 고산(靠山), 스파스크의 중국 마적 두목 동락(東樂), 산천(山川) 등에게 마적을 아누치노로 집결해 공산당과 합세할 것을 요구했다. 그러나 이 마적들이 시기가 겨울이라 불편해 날씨가 풀리면 이동하겠다며 거부하자, 러시아혁명군은 혈성단에게 마적 토벌을 명령하고 러시아군 증파와 기관총 등 무기 대여의 뜻을 전해왔다. 그리하여 2월 20일 혈성단이 니콜라이 미하일로브카에서 마적 4명을 체포했다. 이에 마적들이 협상대표를 보내 강국모에게 마적의 석방을 요구했지만 불응하자 3월 2일 사마르카에 주둔하고 있던 혈성단을 습격했던 것이다.

131 金正柱, 『朝鮮統治史料』, 8권(韓國史料硏究所, 1971), 90~91쪽. 한편 김규면은 자신이 혈성단의 명예단장이었으며 김청남이 참모장이었다고 회상했다. 김규면, 『老兵 金規勉의 備忘錄에서』, 18쪽 참조.

132 「박청림이 이인섭에게 보낸 편지: 혈성단의 연혁」(1962.3.2).

중요한 부분이 되었다.

(4) 수청 빨치산운동(4월참변 이후)

4월참변 직전인 4월 2일, 2월 23일 재조직된 제1원동소비에트연대 제1대대장에 임명된 한창걸은 연대정치전권위원 레베데프로부터 12시간 내에 무장해제하라는 비밀명령을 받고 해산했다. 일본과의 외교 관계를 고려한 러시아혁명군의 결정이었지만, 결국 4월 4일 밤 시작된 4월참변으로 일본의 간계였음이 드러났고, 로마노브카로 향하던 한창 걸부대는 일본군의 공격을 받았다. 수청의 신영동에서 한창걸부대는 산림지역에 주둔하던 한인무장부대를 만나 재정비했다.[133]

수청 빨치산운동은 1920년 4월참변 이후 일본군과 백위파의 공세가 강화되어 타격을 받고 1920년 말까지 침체상태에 빠졌다. 4월참변 이후 수청지방의 한인무장활동에서 주목할 것은 홍호적[紅鬍賊, 홍후즈 또는 紅衣賊(홍의적)] 토벌 활동이다. 1920년 4월참변 이후 8월까지 한인빨 치산부대들은 한인마을의 지방대와 연합해 홍호적 소탕에 나섰다. 제정러시아 시기부터 한인 농민들을 약탈하고 괴롭혔던 홍호적은 1920년 4월참변 이후 빨치산부대에 대한 일본군의 공세가 강화되자 일본군의 적극적인 후원을 받아 한인 농촌마을을 습격했다.[134] 일본군은 홍호적을 조직하고 후원함으로써 한인빨치산부대의 후방을 공격하고 한인 주민들을 약탈해 그 경제적 기반을 없애고자 했다[135](수청지방 한인들의 마적 토벌 활동은 이 책 제3부 제2장 "전면적 집단화' 시기 러시아연해주 수청지 방 한인 농촌사회의 제문제'를 참조).

수청지역의 빨치산운동은 1920년 여름 이후 침체상태에 빠졌다. 한

---

133 한창걸(Khan Chan Ger), 「Vospominanie tov. Khan Chan Ger(한창걸 동지의 회상)」.
134 「水淸紅衣賊亂實記(1)」, ≪독립신문≫, 1923년 1월 17일자 3면.
135 한창걸(Khan Chan Ger), 「Vospominanie tov. Khan Chan Ger(한창걸 동지의 회상)」.

창걸부대는 홍호적 토벌에 참여한 이후 아누치노로 퇴각했다. 일본군
이 수청을 다시 점령했고 식량도 떨어졌기 때문이었다. 아누치노에 도
착한 이후 한인부대는 아무런 전투도 하지 않았다. 한인빨치산들은 농
민들을 도와 들판에서 일했다.[136]

  1920년 11월경, 혈성단, 신민단, 독립단의 세 부대가 아누치노로 이
동해 왔다. 이들의 병력은 총 200명이었고 채영이 사령관이었다. 아누
치노에 집결해 있던 한인무장부대 사이에서는 통합문제로 의견이 갈
렸다. 한창걸은 모든 무장부대를 단일한 지휘 아래 통합시키는 문제를
제기했다. 통합된 무장세력은 러시아혁명사령부의 지도를 받을 예정
이었다. 그러나 이 부대들은 "조만간 중국으로 돌아갈 것으로 생각하
며 누구도 통합하거나 러시아의 지도아래 복종하려고 하지 않았다".
한창걸 측은 "여기에는 여기의 사업이 있고, 중국에는 중국의 사업이
있으며, 여기에서 간섭군 역시 일본의 압제로부터 조선을 해방하는 것
을 방해하고 있다"라며 채영 등을 설득했으나 실패했다. 그리하여 이
들 부대는 각각 독립된 상태에 처해 있었다. 무장부대의 이동문제를
둘러싸고 부대들 사이에 분열이 일어났다. 한 그룹, 특히 간도로부터
이동해 온 그룹은 이곳은 형편이 좋지 않기 때문에 이만으로 옮겨가야
한다고 주장했고, 한창걸을 지도자로 하는 다른 그룹은 이만으로 갈
이유가 없으며 이곳에서 적들과 싸워야 한다고 말했다. 결국 채영 등
은 이만으로 떠나갔다.[137]

  남은 약 30명의 사람들은 한창걸, 박경철, 이승조를 지도자로 해서
수청지역에서 가장 오지인 동쪽의 수주허(蘇子河) 지방으로 이동했다.
중국령으로부터는 간도사변(경신참변)을 피해온 박경철(朴景喆), 이승

---

136 같은 글.
137 같은 글.

조, 고상준(高尚俊) 등 신민단 간부 5명, 다우비허로부터는 한창걸, 이병수 등 8명, 그리고 수청의 지방대 위원인 강백우, 김용준, 우시하 등의 지도자들은 수주허 홍두거우(홍두동)에 모여 한인의 자치 및 군사단체를 조직했는데, 이것이 고려노농군회(高麗勞農軍會)이다. 고려노농군회의 주력은 신민단원 70명이었다. 고려노농군회의 조직은 회장 박경철, 군무 한창걸, 재무 이승조, 민사 강백우, 교육 강호여, 선전 우시하, 모연 고상준 등이었다. 고려노농군회는 민적등록과 학교 설립을 추진했으며 1개월 만에 100명의 군인을 모집했다. 고려노농군회 소속의 이빨치산부대는 철혈광복단이 조직한 한인부(한인사회당 참모유격대)와 신민단 소속 유격대가 주축이었으며, 제1수청의병대라 불리었다(이는 한창걸군대와 신민단군대가 결합한 것이었다).[138]

이와 아울러 내수청으로부터 온 정재관이 수주허지방의 김준(金俊), 안영진(安永鎭) 등과 협의해 수주허지방 한인총회를 조직해 일반 거주민들의 산업과 식산을 도모하고 군사와 교육에 대한 후원을 추진케 했다. 총회장 최학진(崔鶴鎭)을 비롯해 박문우(朴文友), 김석준(金錫俊), 강희덕(姜熙德) 등이 간부로 선출되었다. 수주허 한인총회는 전 지방을 12개 행정구역으로 나누어 각 구역에 지방회를 설립하고 구역마다 소학교 하나를 설립하도록 했으며, 8세 이상 남녀에 대해 의무교육을 실시했다. 이로써 수주허 한인총회는 "소자하지방의 신기원으로 혁구종신(革舊從新)의 길로 나아가게 된" 시원이 되었다.[139]

수청에서는 연해주한인빨치산부대들의 통합운동이 처음으로 시도되었다. 즉, 1921년 봄 추구예프카 구역의 뜨레찌 - 푸진촌에 주둔하고

---

138 십월혁명십주년원동대긔념준비위원회 엮음, 『십월혁명십주년과 쏘베트고려민족』, 51쪽; 반병률, 「고려노농군회」, 독립기념관 한국독립운동사연구소 엮음, 『한국독립운동사사전』 3 (2004), 241쪽.
139 黃郁, 「在外各地方狀況 4 蘇子河地方情況(2)」, ≪독립신문≫, 1923년 5월 2일자 4면.

있던 혈성단의 강국모와 한일제가 수주허 홍두동(興頭洞)에 본부를 두었던 고려노농군회와 통합해 활동할 문제를 협의하러 온 것이다. 양단체는 통합에 합의해 김경천을 사령관으로 하는 통합부대가 조직되었는데 병력 수는 약 300명이었다.[140] 수청지역에서 창립되어 활동해온 한창걸군대, 훈춘에서 이동해 온 신민단군대(이 두 군대는 이미 고려노농군회로 통합되었다), 그리고 추풍에서 옮겨온 혈성단군대가 통합된 것이다. 이들은 단순히 군대를 통합하는 것뿐만 아니라 연해주지역의 "고려인을 통어하는 혁명단체를 조직하려는" 목적에서 군대대표와 지방대표들에 의한 단체를 창설하는 것을 목표로 했다.[141]

수청 다우지미에 있는 김경천(金擎天)과 저명한 민족운동가 정재관을 초청해 군무와 사관양성을 맡기기로 하고 통합된 새로운 단체를 조직해서 한인사회당 연해주총회(연해주한인총회)라 했다. 1921년 4월 27일의 일이었다(강호여의 회상기에는 6월 30일로 기록되어 있다). 창립 직후의 연해주한인총회의 간부는 총회장 강국모, 부회장 김종화, 군무부장 겸 사령관 김경천, 고문 정재관, 재무부장 한일제, 민사부장 강석봉(姜石鳳, 강백우), 외교부장 한창걸, 교육부장 박경철 등이었다.[142] 당시 러시아 야코르니코프의 기병수비대와 조약을 체결해 일본군대와 교전때 상호 협력하기로 약정했다.[143] 군무부 내에 군대를 편성해 3개 중대(각 3소대), 기병소대, 학도대, 적십자대를 주었는데, 총사령관 김경천, 사령부관 김용준, 중대장 신용걸, 이학운, 허용하 등을 선임했다.[144]

---

140 한창걸(Khan Chan Ger), 「Vospominanie tov. Khan Chan Ger(한창걸 동지의 회상)」.

141 최호림, 『遠東邊疆高麗人生活 歷史抄錄』, 120~121쪽. 최호림은 이 군대를 '연해주고려인통일의병대'라고 칭했다고 회상했다.

142 같은 책, 121쪽. 부회장 김종화는 후일 일본 관헌에 체포된 후 진술에서 선전부장은 박성혁(朴星赫)이었다고 한 반면, 교육부장 박경철은 빠뜨렸다. 「血誠團副團長 金鍾和 取調狀況에 關한 件」(1922년 4월 10일자), 『不逞團關係雜件 朝鮮人의 部 在西比利亞』, 제13권 참조.

143 「血誠團副團長 金鍾和 取調狀況에 關한 件」(1922년 4월 10일자), 『不逞團關係雜件 朝鮮人의 部 在西比利亞』, 제13권.

이와 아울러 고려노농군회 군대(제1수청의병대)와 혈성단을 통합해 (제2)수청의병대로 했으며, 당시 각처에서 몰려든 한인의병대(빨치산) 병력이 800명 이상이었다. 뜨레찌 - 푸진에 6개월 속성의 사관학교를 설립했는데, 사관학교의 교장은 김경천, 교관은 박경철, 강백우 등이 었으며 학생 수는 42명이었다.[145]

수청의병대에 군수품을 조달하는 문제가 제기되어 이를 뒷받침할 사회조직을 조직하기 위해 추구예프카현의 코로빈카 마을에서 '올긴군 한인노동자대회'가 개최되었다. 약 80명의 대표자가 참석한 대회가 개최되기 전에 누가 지도권을 잡아야 하는가 하는 문제로 충돌이 일어났다. 즉, 빨치산부대 사령관인 김경천은 대회에서 선출될 위원회의 위원장이 아닌 자신이 부대는 물론 전체 주민들에 대해서도 지도권을 장악하고자 했다. 분란의 와중에 당위원인 손풍익이 강국모가 쥐고 있던 권총에 잘못 맞아 살해되었다. 한창걸은 "민족주의자인 정재관의 영향력을 받고 있던 김경천의 실수"가 분쟁의 책임임이 밝혀졌음에도 불구하고 위원회가 조직되어 주민들의 최고기관으로 인정받았으며, 민사부장 강백우가 위원회의 의장으로 선출되었다. 김경천은 빨치산부대 사령관으로 위원회의 군사부장으로 선임되었다고 회상했다. 그러나 러시아혁명사령부로부터 한인빨치산부대를 아누치노로 이동하라는 명령이 내려와 이 부대는 오래 존속하지 못했다.[146]

그러나 이처럼 힘들게 통일된 수청의병대는 1921년 9월에 이르러 분열되었다. 수청의병대가 창설된 이래 김경천과 갈등관계에 있던 혈성단의 강국모가 이 통합 결정에 반발해 수이푼(추풍)으로 이동해 갔던

144 최호림, 『遠東邊疆高麗人生活 歷史抄錄』, 121쪽.
145 반병률, 「연해주한인총회」, 독립기념관 한국독립운동사연구소 엮음, 『한국독립운동사사전』 5(2004), 545~546쪽.
146 한창걸(Khan Chan Ger), 「Vospominanie tov. Khan Chan Ger(한창걸 동지의 회상)」.

것이다. 1921년 9월 김경천 지휘하의 수청의병대는 올가항의 러시아 나자렌코 빨치산부대를 지원하기 위해 신용걸이 지휘하는 1개 중대만을 올가항에 경비대로 남겨두고 나머지 대원들은 전부 아누치노로 나갔다.[147] 이와 동시에 지방주민의 요구에 따라 마적방비를 위해 뜨레찌-푸진과 수주허에 일부 군대를 두었다.[148]

1921년 10월 김경천이 이끄는 수청의병대는 러시아빨치산부대와 연합해 수청 신영동에 주둔한 백위파군대를 공격하다가 도리어 추격을 당해 크게 패배했다. 당시 500~600명에 달하던 빨치산부대들은 많은 전사자들을 냈고 살아남은 자들은 사방으로 흩어졌다(수청전쟁). 김경천은 대대장 이학운 등과 기마병 몇 명을 이끌고 이만으로 이동했다.[149] 김경천은 놀리허에서 합세한 러시아빨치산 보병 60여 명, 기병 40여 명과 함께 휘하의 60여 명으로 백위파가 점령하고 있는 이만을 공격할 부대를 편성하고 사령관이 되었다[사령부관 러시아인 뽈랴코프(Поляков), 기병대장 칼벤코(Калвенко), 기관총대장 벡쩨로프(Бекцеров)]. 1922년 1월 5일 밤에는 이만을 야습해 적군을 40여 명 살상했다(아군은 12명 살상). 백위파군의 증원 공격으로 김경천 부대는 이만으로부터 철수했다. 이후 김경천은 아누치노로 나와 있다가 1922년 6월 5일 '연해주혁명군사의회'로부터 '훈춘군사구역 고려인의병대' 총사령관에 임명되었으며, 한 달 후 해직되어 수청 아우지미로 귀환했다.[150]

한편, 올가항에 주둔했던 신용걸 지휘하의 빨치산중대 35명은 올가항전쟁에서 800여 명의 백위파를 상대로 영웅적으로 전투해 올가항을

---

147 십월혁명십주년원동대긔념준비위원회 엮음, 『십월혁명십주년과 쏘베트고려민족』, 52쪽; 「박청림이 이인섭에게 보낸 편지: 혈성단의 연혁」(1962.3.2).
148 십월혁명십주년원동대긔념준비위원회 엮음, 『십월혁명십주년과 쏘베트고려민족』, 52~53쪽.
149 같은 책, 53~54쪽.
150 최호림, 『遠東邊疆高麗人生活 歷史抄錄』, 130~131쪽.

방어했다. 그러나 이 전투에서 중대장 신용걸, 소대장 김식 등 22명과 러시아군인 3명이 전사했다. 백위파군은 90여 명의 전사자를 냈고 부상자가 120여 명에 달했다. 중대장 임한준의 영솔하에 생존자들이 수청 수주허로 귀환해 수청의병대에 합류했다(올가항 제1차 전투, 1921년 10월).[151]

수청지역에 남아 있던 간부들은 다시 흩어진 군인들을 수습해 전열을 재정비했는데, 한창걸을 임시사령관으로 임명하고, 박창학은 임시참모로, 고상준, 왕재호 등은 임시군자금 감독으로 선임했다. 1922년 1월경 수청의병대의 군인 수는 300명에 달했고, 기관포 1문, 보병총, 탄환, 작탄 등 러시아혁명군사령부로부터 보급받은 무장이 자못 정비되었고 군율이 정숙했다고 한다.[152]

1922년 4월 러시아빨치산부대의 올가항 공격명령에 의해 한창걸, 박경철이 이끄는 2개 중대가 올가항으로 가서 나자렌코가 지휘하는 러시아빨치산부대와 연합해 올가항을 협공한 후 수십 일에 백군을 구축하고 올가항을 점령했다(올가항 제2차 전투, 1922년 4월). 이어 아누치노로 이동하라는 러시아빨치산본부의 명령에 따라 한창걸, 박경철은 기병 1중대, 보병 2중대, 포병 1분대를 이끌고 아누치노로 떠났고, 1개 중대는 수청, 수주허, 새영의 세 곳의 요새에 분산되어 수비를 맡았다. 강운룡이 지휘하던 새영 수비대는 아누치노 지방대와 협력해 새영을 침범한 백위파를 격파해 10여 명의 적을 죽이고 군수품(말 13필, 기병총

---

151 항일혁명가 이인섭은 박청림과 마기택의 회상을 근거로 올가전투 희생자를 소개했다(박청림 22명, 마기택 18명). 일치하는 사람은 15명으로, 신용걸(중대장), 김식(소대장), 김양호, 김병식, 김낙현, 신봉재, 신지용, 김성재, 이봉춘, 이동철, 이도식(이동식), 원기풍, 양화집, 장원예, 최봉룡이다. 그 외의 인물로 박청림의 회상에는 김자천(상등병), 김금석(코코수), 김종숙, 원기준, 탁명옥, 유익준(분대장), 윤덕일(소대장) 7명, 마기택의 회상에는 채미하일, 김창순, 박경천 3명이다. 이인섭, 「참고자료와 회상기」(독립기념관 자료번호 1-012257-000) 참조.
152 십월혁명십주년원동대긔념준비위원회 엮음, 『십월혁명십주년과 쏘베트고려민족』, 53~54쪽.

3병, 군도 2개)을 획득했다(1922년 7월). 1922년 9월에는 수청의병대 기병대가 김정하의 슈코토보군대, 러시아빨치산 셉첸코부대와 연합해 야리채텐을 공격했고, 수청의병대 2개 중대는 시도로프군대와 연합해 이포(허) 동령을 공격해 수십여 차례 전쟁 끝에 백위파인 카벨리군을 격파했다[이포(이바노브카) 동령전투, 1922년 9월]. 기병대는 하마탕(현 라즈돌리노예)까지 추격했으나 일본과의 외교관계를 고려해 수청의 본대로 돌아왔다. 1922년 말 시베리아내전이 끝나고 모든 연해주의 한인의 병대들이 해산되면서 연해주한인총회 산하의 수청의병대도 해산되었다.[153]

수청지방의 빨치산(의병대) 활동과 창해소년단 등 마적 방어와 퇴치 활동에 대해서는 299쪽 '수청 빨치산운동' 부분에서 서술했으므로 여기서는 생략한다.

(5) 추풍지역의 솔밭관 한족공산당군대

연해주 남부지역의 경우 수이푼 구역에서 공산주의를 이념으로 하는 한인빨치산군대가 창설되었다. 1920년 6월 5일, 수이푼 구역 당어재골(唐於子溝) 신길동(新吉洞)(육성촌, 즉 푸칠로프카로부터 서남쪽으로 약 2리) 최형식 집에서 최문서, 최찬식, 황원호, 최추송, 이근선 등 14명이 회합을 갖고 지방대를 조직하고 모병에 착수했다.[154] 기존에 솔밭관에 조직되어 있던 지방대 조직인 '신길동청년회' 73명이 근간이 되었다. 당시 지방대를 '우리동무군'으로 개칭했는데, '우리동무군'의 대장은 김동한이었고 중대장 최형식, 소대장 오병렬, 소대장 노재선이 장교로 각각 선임되었다.[155]

---

153 같은 책, 52~56쪽; 반병률, 「고려노농군회」, 『한국독립운동사사전』 3, 241쪽.
154 金正柱, 『朝鮮統治史料』, 7권(韓國史料硏究所, 1971), 39쪽. 십월혁명십주년원동대긔념준비위원회 엮음, 『십월혁명십주년과 쏘베트고려민족』, 51쪽.

이후 7월 같은 장소에서 임시총회를 개최하고 시세문제를 토의한바, 1920년 4월 일본침략군에 의한 4월참변에 비추어볼 때 무력에 의한 단순한 독립운동은 도저히 불가능하므로 공산주의를 표방해 러시아공산당과 공명하는 것이 세력을 확장하는 데 가장 유리하다고 결론짓고 연해주한족공산당을 조직하기로 결정했다.[156] 임시총회에는 유진구, 김동한, 이중집, 이영호, 황원호, 최추송, 최찬식, 노상렬, 최형식, 최춘선, 김병묵 등 30여 명이 참석했다. 한족공산당 조직과 함께 공산주의를 위해 투쟁할 군대를 편성하고 세포조직에 대한 책임을 각각 분담한 후 이를 실행에 옮겼다.[157]

그 결과 8월 5일 13개 지방 대표 26명이 당허재골 금풍동(金風洞)에서 회의를 개최하고 약법을 제정했다. 대회의 의장은 이세명(李細鳴)이었으며, 이중집이 집행위원장에 선출되었다.[158] 총회에서는 당간부로 이중집, 이영호, 유진구, 최찬식, 최추송, 황원호, 최형식 등 7명이, 군정의회 위원으로 최추송, 이중집, 이영호, 김동한, 최찬식 5명이 선출되었다.[159] 창립 당시 한족공산당 산하에 두었던 13개 지방회는 다부허, 시베창, 자피거우(梓皮溝), 양재구(楊材溝), 당어재골(唐於子溝), 육성촌(六城社, 푸칠로프카), 솔밭관(松田關), 당화령(唐化嶺), 만석동(萬石洞), 한산사(閑山社), 허커우(河口, 코르사코프카), 대전자(大甸子, 永安坪子, 시넬

155 최호림, 『遠東邊疆高麗人生活 歷史抄錄』, 62~63쪽.
156 金正柱, 『朝鮮統治史料』, 7권, 39쪽.
157 십월혁명십주년원동대긔념준비위원회 엮음, 『십월혁명십주년과 쏘베트고려민족』, 63쪽.
158 金正柱, 『朝鮮統治史料』, 7권, 39쪽.
159 십월혁명십주년원동대긔념준비위원회 엮음, 『십월혁명십주년과 쏘베트고려민족』, 63쪽. 『십월혁명십주년과 쏘베트고려민족』의 「연해주솔밭관 고려혁명군실기」 부분을 집필한 이중집은 대회일자는 7월 5일이었고, 참가대표 수는 17명였으며, 지방단체 대표는 45명이 참석했다고 했다. 이중집은 다른 보고서에서 창립대회에서 선출된 당임원을 최추송, 황원호, 이세명, 김세권(金世權), 김와실리 다섯 명이었다고 했다. 임경석, 「연해주솔밭관 한족공산당에 관한 일고찰」, 우송조동걸선생정년기념논총간행위원회 엮음, 『한국민족운동사연구』(나남출판사, 1997), 691쪽 참조.

리니코보), 황평(黃坪, 黃口, 황거우, 크로우노브카)이었다.[160]

한족공산당이 결성됨에 따라 무장단체인 '우리동무군'도 '공산주의
군'으로 개칭했다.[161] 이후 10월 9일에 그 근거지를 상솔밭관(上松田關)
으로 옮기고 약법의 실시기관인 집행위원회를 편성했다.[162] 솔밭관 한
족공산당의 핵심적 지도자는 유진구[柳震九, 호 해사(海史)]와 이중집(李
中執, 1884~1935)이었다. 특히 유진구는 한족공산당의 "조직자이며 선
전자며 공산주의학설로 잘 준비있는 인재"였다.[163] 유진구는 강원도 철
원 출신으로 19세에 상해한인청년회에 들어가 영어를 배웠고, 상해와
연해주를 자주 왕래했다. 러시아어에 능통했고 중학 졸업 정도의 소양
이 있었으며, 사회주의 서적을 탐독해 당원 가운데 사회주의를 가장
잘 이해했던 인물이다. 1922년 1월 일본군 정찰대에 체포되어 학살되
었다.[164]

점차 정비된 한족공산당은 중앙집권제를 채택해 각지에서는 자치를
허용하지만 중앙기관에는 복종해야 하는 것으로 규정했다. 솔밭관 한
족공산당은 대외적으로는 '한족공산당연해주연합총회' 명의로 활동했
다. 한족공산당의 중앙부에는 상설위원회(최고기관인 총간부의 회의), 집
행위원회(당무집행위원의 회의), 지방대표회를 두었고, 지방에는 지방회,
지방연합회, 구역회, 구역연합회, 구역대표회를 두었으며, 그 지방의
각 회는 집행위원회에서 통할하는 것으로 했다. 중앙부의 집행위원회
에는 집행부, 선전부, 군사부, 행정부, 외교부, 재정부, 교육부, 노동부,

---

160 金正柱, 『朝鮮統治史料』, 7권, 43, 50~51쪽; 임경석, 「연해주솔밭관 한족공산당에 관한 일고
찰」, 693~694쪽.
161 최호림, 『遠東邊疆高麗人生活 歷史抄錄』, 62쪽.
162 金正柱, 『朝鮮統治史料』, 7권, 39쪽.
163 황운정, 「솔밧관군대 사업 대략」(1966.3.12), 20~21쪽. 황운정에 따르면 유진구는 병으로 인
해 부령촌에 가서 치료받고 있었는데 대전자(시녤리니코보) 토호들의 밀고를 받은 일본군대
에게 체포되어 대전자 수북촌에서 암살당했다고 한다.
164 金正柱, 『朝鮮統治史料』, 7권, 39쪽.

경무부, 위생부, 교통부 등의 부서를 두었다.[165] 구역회는 지리상 관할의 편의를 도모하기 위해 설치한 것으로 호수에 제한 없이 약 100호로 했다. 지방회는 구역회 10개를 관할하고, 연합총회는 지방회 여러 개를 집합체로 했다. 중앙총회는 연합총회의 집합에 대한 명칭으로서 연합총회의 의결에 의해 성립되었다.[166]

'공산주의군'은 '한족공산당연해주연합총회'(일반적으로 '솔밭관 한족공산당'으로 불리었다)의 당군대였다. 러시아적위군의 조직원리에 따라 정치적 지도와 군사적 지도를 각각 담당하는 군정의회와 총사령부를 두었다. 군인들에 대한 정치·사상적 지도를 맡은 군정의회 위원들은 당대표회에서 선출되었고, 그 위원장은 당집행위원회 군사부장이 겸임했다. 군사부는 당 최고기관인 상설위원회에 직속했으며, 당내에서 '군사에 관한 일체의 사항'을 총괄하는 부서였다.[167]

1921년 이후 솔밭관 한족공산당의 군대에는 일본군의 간도 침공을 피해 간도와 훈춘에서 이동해 온 신민단과 훈춘한민회의 간부와 회원들이 대거 가담하면서 전력이 크게 보강되었다. 당시 간도 훈춘지역으로부터는 신민단과 한민회, 나자구(羅子溝, 나재거우)로부터는 의군부 등 세 개의 단체가 솔밭관 한족공산당과 군대에 합류했는데, 이때 합류한 인원수는 200여 명이었다.[168] 황운정은 당시 북간도 군무도독부 소속이었는데, 솔밭관 군대에 합류한 주요 인사로는 신민단 지도자 한경서, 신우여, 한민회 지도자 최성삼, 김정, 의군부 지도자 허성완(허승환), 최성륜이 있었다고 회상했다.[169]

---

165 같은 책, 40~41쪽.

166 「在露領秋豊韓族共産黨의 組織及內容」(1922년 3월 3일자), 『不逞團關係雜件 朝鮮人의 部 鮮人과 過激派』, 제2권.

167 임경석, 「연해주솔밭관 한족공산당에 관한 일고찰」, 703~704쪽. 한족공산당의 군사부장은 김세권(金世權, 1920년), 최성삼(崔成三, 1921년), 최경천(崔京天, 1922년)이었다.

168 황운정, 「솔밧관군대 사업 대략」(1966.3.12), 14쪽.

솔밭관 한족공산당과 군대가 조직적으로 정비되고 세력이 강화된 것도 이 무렵이었다. 일본첩보보고서에서 "간도출병 사건을 조우해 더욱 무력독립단의 위세가 땅에 떨어지게 됨으로써 이후 그들에게 유리한 시세를 초래하게 되어 마침내 1921년 1월 24일, 다시 지방대표회의를 개최하기에 이르렀고, 이에 대략 그 기초를 형성했다"라고 한 것은 정확한 관찰이라 할 것이다.[170]

솔밭관 한족공산당의 간부였던 황운정은, 훈춘으로부터 신민단, 한민회가, 나자구로부터 의군부 간부와 군인들이 솔밭관 공산주의군대에 대거 가담함으로써 1921년 2월 초에 '전체군대 총회'가 개최되었다고 회상했는데, 이는 일본첩보보고서에서 언급한 '지방대표회의'로 추정된다. 황운정이 회상한 바에 따르면, 1920~1921년 "동삼(冬三)동안 전술상 학습과 정치학 연구였다. 이 가운데 김정 동무는 중국 운남사관학교 출신이기로 학과상에 더욱히 유익하엿다. 그리고 신문발간과 잡지 발간을 결정하고, 등사판을 구득하엿으며 탁자기[타자기]도 구득했다. 그리하여 우리군대는 350명이었다". 1921년 2월 초순에 개최된 전체군대 총회에서는 조직문제를 토의하고 '연해주고려혁명군'이라는 명칭하에 '사무집행위원' 13명을 선출했다. 13명의 집행위원은 유진구, 한경서, 신우여, 최성삼, 최찬식, 이중집, 황원호, 허승환, 황운정, 최춘

169 같은 글, 14쪽. 간도에서 이동해 온 독립군 단체 간부와 군인들에 대해 최호림은 1920년 10월 "라형기, 오창우, 최성삼, 신광위[이광우_필자] 등 50명, 1921년 7월 "중령 신민단"으로부터 "신우여, 한경서, 윤형, 윤치학" 등 20명, "로령 의군부"로부터 "허승환, 최태순, 장승옥, 림명선" 등 20명, "간도 독군부"로부터 황운정, 리재윤, 남극성, 최문학" 등 30명, "간도 국민회"로부터 "문창흥, 리근선, 조백림, 박몀" 등 50명이 솔밭관 군대에 가담했다고 회상했다. 최호림, 『遠東邊疆高麗人生活 歷史抄錄』, 62쪽. 한편 『십월혁명십주년과 쏘베트고려민족』에서는 "1921년 7월경에 중국 북간도에서와 훈춘방면에서 유력하게 독립운동을 하던 신민단에서 신우여, 윤형, 한경세 등 10여 동지와 한민회에서 라형기, 최성삼, 장백석[한수업_필자], 신광호, 리광우, 최경천 등 10여 동지와 기타 동지들과 허승환 일행 10여 동지들이 와서 혁명군에 합세하엿다"라고 기록했다. 십월혁명십주년원동대긔념준비위원회 엮음, 『십월혁명십주년과 쏘베트고려민족』, 64쪽 참조.
170 金正柱, 『朝鮮統治史料』, 7권, 40쪽.

선, 최형식, 이영호, 김동한이었다. 집행위원회 내에 설치된 부서는 군사, 피복, 향무, 재정, 행정의 다섯 개 부서였으며, 선출된 각 부장은 군사부장 신우여, 피복부장 황원호, 향무부장 최성삼, 재정부장 최춘선, 행정부장 이중집이었으며, 집행위원장은 한경서, 참모부장은 김정이었다.[171]

무엇보다도 주목해야 할 것은 신민단, 한민회, 의군부 등의 합세로 솔밭관 '고려혁명군'의 무장력이 크게 강화되었다는 사실이다. 1921년 봄 솔밭관 한족공산당은 군대를 파견해 신민단, 한민회가 퇴각할 때 훈춘의 깊은 산골에 파묻어 두었던 무기들을 찾아왔는데, 당시 운반해 온 무기는 장총 250정, 단포 50정, 탄환 1만 발, 속사포(막심) 1문, 폭탄 100개였다. 얼마 뒤 1921년 5월 1일(메이데이)에는 솔밭관 고려혁명군대가 500명에 달하는 무장군대가 되었다.[172] 이러한 무장력을 바탕으로 솔밭관 고려혁명군대는 이후 여러 차례에 걸쳐 치른 중국마적(홍호적), 백위파군 및 일본군과의 전투에서 승리할 수 있었다.

1921년 7월 6일에 개최된 제3회 정기대표회에서는 제2회 지방대표회에서 결정된 사항들을 사후 승인한 것으로 보인다. 즉, 제3회 대회에서 "공산당에 가입할 뜻을 표명한 훈춘의 혁명단체 신민단과 한민회를 입당시킨다"라는 결의를 채택했던 것이다. 아울러 이 두 단체의 구성원들은 단체의 명칭을 해소하는 한편, 단체가 보유하고 있던 무기와 비품, 재산을 한족공산당에 양여하기로 했고, 공산당 입당 청원서를

---

171 황운정, 「솔밧관군대 사업 대략」(1966.3.12), 14~16쪽. 이후 음력 3월(양력 4월경)에는 이제(李濟, 李海皇), 심찬호(沈燦浩)가 옴스크로부터 이르쿠츠크 볼셰비키당의 연락원으로 파견되어 왔다. 그리하여 당간부 내에 조직부와 선전부를 두고 선전부장 겸 ≪군성신문≫ 주필로는 이제, 조직부장으로는 심찬호가 임명되었다. 당시 교원 출신으로 볼셰비키 당원인 스딴코프가 파견되어 와서 참모부원으로 활동했는데, 군대 해산 당시에는 군정위원으로 활동하고 있었다.

172 황운정, 「솔밧관군대 사업 대략」(1966.3.12), 17~18쪽.

제출했다.[173]

정기대표회에서는 한족공산당 간부진에 신민단과 한민회의 지도자들이 대거 선출되었다. 신민단 부단장인 한경서(韓京瑞)가 집행위원장에, 최성삼이 군사부장에, 신우여가 선전부원에 선출되었다. 특히 군대통수기관 간부진에는 이들이 대거 중요 직책을 맡았다. 총사령부장 최추송 외에 사령부장 신우여가 신민단 간부였으며, 참모부장 최성삼과 기관총대장 최경천, 한경서의 동생인 무기과장 한수업(韓秀業) 등이 훈춘한민회 간부였다. 교련관에 선임된 허승환(許成煥)은 서간도에서 이동해 와서 의군부에 참여한 군사지도자였다.[174] 얼마 후 추풍 자피거우에서 일어난 상황을 전하고 있는 일본첩보보고서에도 이 무렵 한경서의 동정에 대해 대체로 정확하게 기술하고 있다.

추풍 자피거우에 근거를 둔 한경서는 3백여 명의 부하를 거느리고 있고, 러시아공산당과 연락하고 있다. 전(前) 훈춘 춘화향(春化鄕) 초모정자 거주 신민단 부단장이었던 한경서는 1920년 10월 이래 일본군의 토벌 후 숨어지내다가 노령 방면으로 넘어왔으며, 그후 간도의 패잔(敗殘)한 동지들을 규합하고 수령이 되어 3백여 명을 규합하여 무장하였다. 노령 추풍 북방 약 6리 자피거우를 근거로 공산당 경무부라는 명칭으로 불온문서를 살포하고 운동비 기부 또는 식량을 강요하고 있다. 그의 실부(實父)는 일본군에게 총살되었다.[175]

---

173 임경석, 「연해주솔밭관 한족공산당에 관한 일고찰」, 697쪽.
174 金正柱, 『朝鮮統治史料』, 7권, 45~48쪽. 당시 선출된 솔밭관 한족공산당의 상설위원은 한경서, 이중집, 최추송, 신우여, 유해사(유진구), 최성삼, 황원호, 이해고(이제), 최춘선, 최찬식, 나형기, 장학년이었다.
175 「노령추풍방면에 있는 불령선인의 동정에 관한 건」(1921년 9월 24일자), 『不逞團關係雜件 朝鮮人의 部 在西比利亞』, 제12권.

솔밭관 한족공산당은 1921년 말 중·러 국경지대의 그로데고보 지역에 대한 세력 확대에 착수했다. 그리하여 최추송, 남성보 등을 그로데고보로 파견해 러시아빨치산부대와 연락해 구역청년회를 조직했다. 이후 1922년 3월에는 신우여가 1개 소대와 현동규, 심찬호, 한수업(장백석), 황운정, 남극성 등을 선전원으로 파견해 당야체이카와 군대를 조직하고 이후 백위파군 및 일본군과 여러 차례의 전투를 벌였다.[176] 이 무렵인 1921년 12월 14~15일경 육성촌 주둔 일본군이 자피거우 한족공산당 지부를 공격하자 본부의 임원을 두지 않고 지부로 배치했다.[177]

1922년 3월 당시 군대 지휘부는 총사령부장 최추송, 참모부장 최성삼, 사령부장 신우여였다. 당시 솔밭관 공산주의군은 3개 중대로 편성되었고 정원은 360명이고 소총 123정, 기관총 2문, 소총탄 3만 3359개(38식 2만 7720개, 러시아식 5639개), 폭탄 18개, 군도 6개를 보유했다. 군대는 지원병과 징병으로 충당했다. 중대는 수개의 반으로 편성해 군편제에 따라 각호에 분숙했고 매일 훈련을 실시하고 주번(週番), 위병(衛兵) 활동을 담당했다.[178]

솔밭관 '공산주의군'은 수이푼 구역 서부와 포크롭스크 구역 남부 일대와 그로제고보 구역 일부를 위수지대로 정해 활동했다. 솔밭관의 '공산주의군'은 1920년부터 1922년 9월까지 솔밭관에서 일본군 토벌대와 수삼 차례 전투했고, 러시아백파와 그로데고보 안타만스크 지방, 이바노브카 구역, 폴타웁카 등지에서 전쟁했으며, 일본제국주의의 배후조

---

176 십월혁명십주년원동대긔념준비위원회 엮음, 『십월혁명십주년과 쏘베트고려민족』, 66쪽.

177 「鮮人의 行動에 關한 件」(1922년 1월 9일자), 『不逞團關係雜件 朝鮮人의 部 在西比利亞』, 제13권. 일본첩보보고서에 따르면 이 사건 당시 솔밭관 공산당의 간부는 수령 이중집, 부두령 유진구, 기관총대장 최경천 소대장 강석훈(姜石勳), 경무부장 문창흥(文昌興), 외교부장 황운전(黃雲田)[황운정_필자]이었다.

178 金正柱, 『朝鮮統治史料』, 7권, 43, 45쪽.

종에 의해 조직된 중국마적 코산대(靠山隊), 오룡대(五龍隊), 사해대(四海隊) 등을 토벌하기도 했다. 예를 들어 1921년 8월 8일, 코산마적 600여 명을 격퇴했고 같은 해 12월 초순에는 중국령으로부터 침입한 마적 700명 가운데 300여 명을 사살함으로써 격퇴해, 산촌농민들을 보호했다.[179]

솔밭관군대는 1921년 말~1922년 초에 이르러 추풍지역에서 가장 강력한 독립군단체로 성장했다. 일본군첩보보고서에서는 "그 후 약법에 따라 누누히 제종(諸種)의 회의를 열어 제건(諸件)을 결의하고 불비(不備)를 고쳐 병원(兵員)을 증가해 오로지 내용의 충실을 꾀해 1921년 말부터 다음 1922년 초기에 이르는 시기에는 미력하지만 행정, 군사, 선전, 사법 기타 제반의 기관을 완비함에 이르러 작년 말 마적의 내습을 격퇴하는 것 같이 다른 독립단을 압도하기에 이르른 것 같다. 그 예로 이르쿠츠크 기타와 연락하기에 이른 것도 또한 이 시기이다. 이 시기로 되면 이래 더욱 당세의 확장을 꾀했지만 재정난이 더함에 양민에 대해 협박 약탈 더욱더 심해져서 치안을 해할 뿐만 아니라 그 행동이 횡폭하게 되어 아군[일본군_필자]을 위협하기에 이르렀다"라고 평가한 데서 이를 잘 알 수 있다.[180]

1922년 4월에 이르러 러시아간섭 일본침략군은 솔밭관 한족공산당과 공산주의군에 대한 토벌에 나섰다. 즉, "솔밭관을 근거로 해서 연해주 기타의 시베리아, 중국 및 조선에 산재한 공산당과 연착해 과격사상을 선전하고 부근 주민의 생명재산을 약탈하고 끝내는 빨치산과 공모해 우리 수비대를 위협하는 거사에 나서기에 이르렀"다고 명분을 내세웠던 것이다. 일본침략군 남부여단(南部旅團)은 보병 제12연대를 주

---

179 십월혁명십주년원동대긔념준비위원회 엮음, 『십월혁명십주년과 쏘베트고려민족』, 65쪽; 최호림, 『遠東邊疆高麗人生活 歷史抄錄』, 61쪽.
180 金正柱, 『朝鮮統治史料』, 7권, 43, 40쪽.

축으로 한 제병연합부대(諸兵聯合部隊)를 편성해 1922년 4월 28일부터 5월 2일에 이르는 5일간에 걸쳐 한족공산당의 근거지인 솔밭관을 공격했다.[181] 일본군이 공격을 감행한 4월 29일 솔밭관 한족공산당과 군대 모두 메이데이 행사를 준비하느라 분주했고, 제2중대, 제3중대는 남부 지방으로 출장을 갔고 허승환 중대만이 남아 있었다. 허승환부대는 직접 대전을 피했고, 일본군은 4~5시간을 포격하고 마을로 진입해 40여 호 민가를 불태우고 당의 문부 등 서류를 압수해갔다. 추풍4사의 원호인 토호들이 일본군 수비대에 솔밭관 독립군부대를 소탕해 달라는 청원을 제출했고, 추풍4사의 하나인 대전자(시넬리니코보)의 토호 10여 명이 일본군의 길잡이가 되었다.[182]

당시 솔밭관군대의 간부였던 황운정은 일본군의 공격을 다음과 같이 회상했다.

> 일본군대 한 련대가 솔밧관을 삼면으로 공격전을 개시하므로 약 두시[간] 동안 싸홈하다가 퇴각하였고 일본군벌[벌]들은 이틀 동안 솔밧관을 점령하였다가 퇴각하는데 40호 촌을 충화(衝火)하고 학교도 충화하였다. 다만 석판인쇄[쇄]긔구를 잘 감추지 못하여 놈들 게 탈취시키였다가 그들 장교가운데 우리에게 동정하는 자가 잇어오. 봉산 로시아 농민을 경유하여 돌녀 보내었는데 로시아농민에게 말하기를 나도 도왈씨['동지'라는 뜻의 러시아아말_필자]시라고 말하면서 돌녀 보내였다. 아마도 붉은 주의자인 것을 짐작할 수 있다.[183]

---

181 같은 책, 38~39쪽.
182 십월혁명십주년원동대긔념준비위원회 엮음, 『십월혁명십주년과 쏘베트고려민족』, 66~67쪽.
183 황운정, 「솔밧관군대 사업 대략」(1966.3.12), 21쪽.

일본군은 솔밭관 군대를 "소탕하고 그 근거지를 복멸(覆滅)했다"라고 보고했지만,[184] 솔밭관 한족공산당과 군대 자체를 근본적으로 소탕할 수 없었던 것이다.[185]

솔밭관 공산주의군대는 일본군의 토벌에 대응해 중·러 국경을 넘어 무장력을 보존했다. 이중집은 460명을 이끌고 동녕현으로, 최경천은 170명의 군대를 이끌고 훈춘현으로 퇴각해 한 달 가까이 머물다가 6월 중순경 솔밭관으로 복귀했다. 이후 솔밭관 공산주의군대는 군사활동을 재개해, 6월 19일 200명을 출정시켜 폴타웁카 세관을 습격해 전과를 거두었던 것이다.[186]

1922년 6월(음력 4월) 허승환과 스딴코프가 이끄는 2개 중대가 포크탑스크(복답스크)마을에 집결해 있던 200명의 백위파 국경수비대를 공격해, 백위파 25명을 포로로 생포하고 6명에게 부상을 입혔다. 장총 30정, 탄환 1500발과 말 10필, 그리고 가루, 쌀, 기름, 신발 등 다수의 전리품을 획득했다.[187]

솔밭관 한족공산당의 군대에 가입한 '혁명단체'와 주요 인물 및 인원을 정리하면 다음 표와 같다.

---

184   金正柱, 『朝鮮統治史料』, 7권, 39쪽.
185   임경석, 「연해주솔밭관 한족공산당에 관한 일고찰」, 716쪽. 한 일본첩보보고서에 따르면, 일본군이 한족공산당을 공격할 당시 이중집이 이끄는 한족공산당 300명과 함께 임병극의 의용단 약 170명, 강국모의 혈성단 약 150명은 일본군토벌의 정보를 입수하고 앞서 솔밭관 서쪽 방면 4리 거리의 산림에 5일간 도피했다가 동녕현 노흑산(老黑山)으로 이동해 근거를 잡았다. 「露領秋風松田關지방으로부터 遁竄한 不逞鮮人團在에 關한 件」(1922년 6월 2일자), 『不逞團關係雜件 朝鮮人의 部 鮮人과 過激派』, 제3권 참조.
186   金正明, 『朝鮮獨立運動』, 제5권(原書房, 1967), 33쪽; 임경석, 「연해주솔밭관 한족공산당에 관한 일고찰」, 716쪽.
187   황운정, 「솔밧관군대 사업 대략」(1966.3.12), 22쪽; 십월혁명십주년원동대긔념준비위원회 엮음, 『십월혁명십주년과 쏘베트고려민족』, 67쪽.

솔밭관 한족공산당군대에 가입한 혁명단체와 주요 인물

	단체	참여시기	인원	주요 인물
1	신길동 청년회	1920.5	73	최찬식, 황원호, 최추송
2	훈춘 한민회	1920.10	50	최경천, 나형기, 오창우, 최성삼, 이광우
3	훈춘 신민단	1921.7	20	신우여, 한경서, 윤형, 윤치학
4	노령 추풍 의군부	1921.7	20	허승환, 최태순, 장승옥, 임명선
5	북간도 독군부	1921.7	30	황운정, 이재윤, 남극성, 최문학
6	북간도 국민회	1921.7	50	문창흥, 이근선, 조백림, 박멈
7	시베창 사관양성소	1921.7	40	최준형, 안창득, 김병헌
8	북간도 군정서	1922.6	100	김규식, 량규열, 이범석

출처: 최호림, 『遠東邊疆高麗人生活 歷史抄錄』, 62쪽.

최호림은 솔밭관 한족공산당군대 간부진의 변화를 다음과 같이 정
리했다.[188]

'우리동무군' 시기(1920년 5월)

부대장 김동한, 중대장 최형식, 소대장 오병열, 노재선

'공산주의군' 시기(1920년 7월~1922년 7월)

– 제1기: 사령관 최추송, 대대장 허승환, 중대장 이광우, 최형식

– 제2기: 임시사령관 신우여, 사령부관 스딴코프, 대대장 최준형, 특립
  대장 허승환, 기병대장 노재선

– 제3기: 사령관 김경천, 군정위원장 쉬쉬킨 아나톨리, 사령부관 스딴코프

'고려혁명군 제1본대' 시기

총사령관 김규식, 군정위원장 최호림, 정치부장 여인빈, 사령부관 강

---

188 최호림, 『遠東邊疆高麗人生活 歷史抄錄』, 64쪽.

남일, 제1대대장 최준형, 양규열, 제2대대장 신우여(그로 데고보 지방
수비대장 겸임), 특립대장 허승환, 기병대장 이범석

(6) 추풍지역의 기타 독립군 부대

추풍지역에는 혈성단과 한족공산당군대 외에도 규모는 작지만 다른
독립군부대들이 활동했다. 이범윤이 이끌던 의군부(義軍府)군대와 임
병극이 지휘하던 의용단(義勇團)군대가 대표적이다.

이범윤의 의군부군대

의군부의 기원은 동의회를 중심으로 한말 연해주의병의 중심세력
가운데 하나였던 이범윤의 의병부대로 거슬러 올라간다. 3·1운동 이
후 이범윤이 과거의 동지들을 규합해 조직한 것이 의군부이다. 본부는
노령에 두었으며 허재욱(허근)이 제1선 대대를 영솔하고 북간도에 나
가 활동했다.[189] 허재욱부대는 1920년 가을 일본군의 간도 침공 이후
북간도를 떠나 러시아령으로 들어왔다. 허근이 이끄는 주력부대는 이
만을 거쳐 자유시로 들어갔고, 나머지 군인들은 추풍 다부허로 집결해
이범윤을 중심으로 최시종, 이윤, 연병무 등이 1개 중대(2개 소대)를 편
성했는데 병력은 약 80명이었다. 의군부는 솔밭관 한족공산당군대와
이념상의 차이로 갈등과 대립을 겪었다. 그 단적인 예가 1921년 11월
의군부 군인들이 솔밭관 한족공산당 선전부장 유진구의 기숙사를 습
격해 구타, 결박한 후 다부허로 끌고 가서 위협한 일이다.[190]

1921년 7월 당시 의군부는 시베창과 자피거우로부터 2.5리 북방에

---

189 김규면, 『老兵 金規勉의 備忘錄에서』, 34쪽. 한편 김승빈은 의군부가 서간도 장백 일대를 근
　　　거로 조직되었는데 부대 200여 명이 허재욱의 지도 아래 북간도 왕청현 봉오동 방면에서 활
　　　동하게 되었다고 회상했다. 김승빈, 「中領에서 進行되던 朝鮮解放運動」, 11쪽 참조.
190 최호림, 『遠東邊疆高麗人生活 歷史抄錄』, 82~83쪽.

근거를 두고 약 200명의 대원으로 소총 약 200정을 보유했다.[191] 의군부는 1921년 12월 중순 육성촌에 주둔한 일본군이 자피거우 한족공산당 지부를 공격하자 식량보급이 어려워져 12월 23일 연락원 15명을 남기고 이범윤 이하 170명은 중국령 밀산으로 이동했다.[192]

의군부는 이후 1922년 초에 이르러 마침내 해산되었다.[193] 그 배경은 알 수 없지만, 러시아혁명의 여파로 복벽주의적 이념의 의군부가 존속하기는 어려워졌던 것으로 추정된다. 이와 관련해 일본첩보보고서에는 다음과 같이 설명하고 있다. 즉, 1922년 1월 초 '러시아극동공산당 총부'에서는 지부장인 이중집 이하 200명을 의군부의 근거지에 파견해 "대한독립군단(의군부)의 행동은 세계공산당의 주의 방침과 상용(相容)하지 않는 것으로 장래 공산당의 발전상 큰 장애를 가져올 우려가 있다"라는 이유로 해산을 명하고 동시에 소총 100여 정을 압수했다는 것이다. 이범윤 등은 이에 저항할 수 없었기에 분노를 참고 해산을 선언했고, 그 단원 태반이 공산당에 공명했기 때문에 이범윤은 남은 100명과 함께 중국령 밀산현으로 퇴각해 노동에 종사했다는 것이다. 이중집 등은 다부허에 한족공산당 지부를 설치했는데, 당시 다부허 한족공산당 지부 소속 군인은 300명 이상으로 소청 300정, 탄환 3만여 발, 군총 약 250정, 폭탄 약 100개, 기관총 2문을 보유하게 되었다.[194]

임병극의 의용단군대

1922년 봄 추풍지역에서는 서간도지역 군비단의 별동대를 이끌며

---

191 金正柱, 『朝鮮統治史料』, 8권, 91쪽.
192 「鮮人의 行動에 關한 件」(1922년 1월 9일자), 『不逞團關係雜件 朝鮮人의 部 在西比利亞』, 제13권.
193 최호림, 『遠東邊疆高麗人生活 歷史抄錄』, 83쪽.
194 「韓族共産黨 優勢로 되어 大韓獨立軍臨時團長 李範允一派의 解散에 관한 件」(1922년 2월 25일자), 『不逞團關係雜件 朝鮮人의 部 鮮人과 過激派』, 제2권.

마적 퇴치 활동을 전개하다가 이동해 온 임병극 부대가 활동하고 있었다. 임병근은 일찍이 1919년 2월 얼두거우에서 성하영, 최호림과 함께 빨치산부대를 조직했다가 간도로 이동해, 북간도 국민회, 서간도 군비단에서 활동했다. 임병극은 1921년 8월 5일(음력이면 양력으로 9월 6일) 장백부를 떠나 노령 이만으로 향했다. 임병극은 자신 휘하의 별동대 75명, 승명선 휘하의 40명, 윤태호 휘하의 35명을 합해 도합 150명의 병력을 이끌었다. 동중철도 팔면통(八面通)에서 임병극은 계획을 바꾸어 추풍지역으로 행군해 20일 만에 도착했다.[195] 임병극은 황원호, 최성삼, 이중집 등이 이끌고 있던 솔밭관 한족공산당군대 본부를 방문해 군례를 표했다. 한족공산당군대 측은 '군대타협'을 제창했으나 임병극 군대는 하마탕 얼두거우로 이동해 주둔했다. 강우건은 자신의 회상기에서 임병극이 블라디보스토크 건너편의 얼두거우 일대에서 일본군의 사주와 지원을 받고 있던 마적퇴치를 목표로 활동했다고 기록했다. 또한 군대회의를 개최해 군인들을 각 농촌에 분산 잠복케 했고, 1922년 2월에는 마적토벌에 나섰다고 쓰고 있다.[196]

추풍지역에서 임병극의 의용단군대가 활동한 사실은 일본첩보보고서(1922년 6월 22일자)에서도 확인된다. 즉, "노령 추풍 솔밭관(松田關)에 있는 불령 선인단은 한족공산당에 속하는 무장단인 이중집을 수령으로 하는 약 300명, 의용단 수령 임병극의 부하 약 170명, 총기 170정 탄약 6만 발을 갖고 있다. 다갈색(茶褐色) 군복을 착용하고 군대교련을 하고 있다"라고 한 것이다. 이어 한족공산당, 혈성단, 의용단 가운데 "혈성단 및 의용단의 두 단체는 본년 3월까지에는 비공산주의로서 한족공산당 무장단과는 서로 상호 알력하고 있었던바, 3월 초순 3자 합동해

---

195 강우건, 「姜宇鍵 遺稿」, 『獨立軍의 手記』(국가보훈처, 1995), 132쪽; 강상진, 「군비단에서」, 『獨立軍의 手記』, 251쪽.
196 강우건, 「姜宇鍵 遺稿」, 132~133쪽.

한족공산당의 산하로 들어와서 함께 공산주의를 받든다"라고 한 것이다. 이 보고서에서 임병극의 의용단이 공산주의를 수용하는 입장을 취했으나 한족공산당군대와의 통합에는 이르지 않았다고 했다. 이는 강우건의 회상과도 일치하는 정보이다.[197]

3) 서북간도 독립군부대의 노령으로의 대이동

(1) 이동의 배경

1920년 하반기와 1921년 상반기에 걸쳐 러시아연해주와 만주지역에서 활동하던 한인 무장세력들이 아무르주(흑룡주)로 이동하게 된 배경은 다음과 같다.

첫째, 연해주지역이 1920년의 4월참변 이후 백위파와 이를 후원하는 일본군의 영향력하에 들어가 향후 활동에 어려움이 가중된 반면, 아무르주는 러시아혁명세력, 즉 원동공화국(遠東共和國)의 관할지역으로 활동이 자유로운 이른바 '해방지구'였기 때문이다.

둘째, 일본은 간도참변(경신참변)을 통해 3·1운동 이후 국내진공작전을 감행하는 등 활발한 활동을 전개하고 있던 항일독립군의 근거지를 파괴하고자 한인사회를 무자비하게 공격했는데, 이로 인해 만주지역의 서간도, 북간도지역 역시 활동이 사실상 불가능해진 상태였다.

셋째, 이처럼 한인무장세력의 활동이 어려워진 것은 통일적인 지휘체계 없이 각 무장세력이 분산적으로 활동했을 뿐만 아니라, 조직적인 사관 양성과 군사훈련이 부족했고 필요한 무기, 탄약을 충분히 공급하지 않았던 것도 그 원인이라는 자기비판이 있었다.

---

197 「露領秋風松田關지방으로부터 逋竄한 不逞鮮人團在에 關한 件」(1922년 6월 2일자), 『不逞團關係雜件 朝鮮人의 部 鮮人과 過激派』, 제3권.

이러한 내외적 조건에서 만주와 러시아지역에서 활동하던 한인무장세력들에게 현실적인 대안은 아무르주로 이동해 통일된 지휘체계를 갖춘 통일군단을 형성하고, 소비에트정부와 원동공화국으로부터 대대적인 군사적 지원을 지속적으로 받는 것뿐이었다. 물론 한인무장세력과 한인독립운동세력은 그 반대급부로서 공산주의 이념의 선전과 백위파 및 일본군과의 전쟁에 참여할 것을 약속했다. 이 대안은 바로 소비에트정부와 상해의 대한민국임시정부의 특사로 모스크바에 파견된 한형권(韓馨權) 간에 체결된 공수동맹으로 가능해졌다. 당시 알려진 6개항의 공수동맹은 다음과 같다.

> 1. 노농정부는 전 세계 인류가 요구하는 공산평등주의를 동양에 선전할 것이고, 대한민국임시정부는 이에 찬동원조하여 공동동작을 취할 것.
> 2. 대한민국임시정부는 한족의 자립을 기도하고 또 동양평화를 영원히 확보할 것이고, 노농정부는 이를 찬동원조하여 공동동작을 취할 것.
> 3. 노농정부는 중로(中露, 시베리아)지방에 대한민국임시정부의 독립군대 주둔 또는 양성을 승인하고, 이에 대한 무기탄약의 공급을 할 것.
> 4. 대한민국정부는 중로지방에 주둔하는 독립군으로 하여금 노농정부 지정의 러시아군사령관의 명을 받아 행동할 것이며, 중로지방 공산주의선전 및 중로지방 침략의 목적을 가진 적국(敵國)과 대전하는 경우는 임기 사용할 수 있는 것을 승인할 것.
> 5. 이상의 목적을 달하기 위하여 중로지방에 중로연합선전부를 설치한다. 동선전부는 노농정부 지정위원 및 대한민국임시정부 지정위원으로써 조직한다.

6. 대한민국임시정부는 본 조약 제2항의 목적을 달성하고 정
식정부를 수립하는 날로부터 10년 이내에 자군군대에 사용한 무
기 탄약의 상당 대가를 노농정부에 상환하고 또 사례를 보낼
것.[198]

한편 1920년 여름 박용만이 모스크바에서 소비에트정부와 체결했다
고 하는 비밀조약도 사실 여부와 관계없이 소비에트정부의 상해임시
정부에 대한 긍정적 평가에서 비롯된 것이라 할 것이다. 일제관헌자료
에 의하더라도 이 비밀조약 체결과 관련해, 이동휘, 김립, 계봉우 등의
한인사회당 간부들이 언급되어 있는 점에 주목할 필요가 있다. 이 한·
러조약문의 내용은 앞서 인용한바, 한형권이 소비에트정부와 체결했
다고 하는 공수동맹과 대동소이하다.

구체적인 협정이나 공수동맹의 체결 여부와 관련 없이 이 무렵 임시
정부의 국무총리 이동휘와 노백린 등 독립운동 지도자들, 특히 만주
독립군단의 지도자들 간에는 노령으로 이동해 러시아 노농정부와 러
시아혁명군의 지원을 받아 장기적인 항일전을 수행하기 위해 중·러 국
경지역의 연해주 이만지역으로 집결하자는 공감대가 형성되어 있었다
고 할 수 있다. 노농정부 차원에서든 아니면 원동공화국이나 선전기관
인 '중로연합선전부(中露聯合宣傳部)' 차원에서든 일정 수준의 약정이
체결되었을 것이고, 한국 측 상대자는 만주 독립군 단체들이 모두 인
정하는 임시정부였을 것이며, 그 주도인물은 국무총리 이동휘였을 것
이라고 판단된다. 이러한 '약정'에 근거해 만주의 독립군 단체들, 그리
고 연해주지역의 한인빨치산부대들이 러시아 이만을 거쳐 흑룡주(자유

---

198 梶村秀樹·姜德相 編, ≪現代史資料(朝鮮 2)≫ 26, 313~314쪽; ≪現代史資料(朝鮮 2)≫, 28,
431쪽.

시)로 이동하게 되었던 것이다. 이 점에서 홍범도가 중로연합선전부와 통신연락을 개시하고 금후의 방책을 강구하고 있다는 일제 측의 첩보보고 역시 주목할 필요가 있다.[199]

청산리대첩의 세력이었던 군정서군대 사령관 김좌진과 정일(征日)제 1사령관 홍범도는 자신들의 명의로 1920년 12월 중순경「해산한 아군 사에게 고한다」라는 글을 발표했는데, 이 글에서 그들은 일본군의 막강한 병력 앞에서 '일시의 변법'으로 무장해제를 하고 일본군의 포위망을 벗어났지만 다시 집결해 노농정부의 지원을 받아 재기해야 한다고 촉구했다.

> 지난번 아대병(我隊兵)을 해산한 것은 일시의 변법(變法)에 지나지 않고 광복사업을 성취하지 않는 한, 그를 해(解)하여서는 안 된다. 이제야 노농정부와 약정하여 군수 충분하고 또 무기탄약은 제한없이 무료로 공급받을 것이다. 이래 와신상담 산야에 전전한 목우즐풍(沐雨櫛風) 영일(寧日)없이 상하 서로 피를 철(啜)하고 맹약한 바를 지켜야 할 것이다.[200]

이 글에서 러시아 "노농정부와 약정하여 군수 충분하고 무기탄약은 제한 없이 무료로 공급받을 것"이라고 밝힌 것은 단순한 선전구호가 아니었다. 이는 청산리전투를 치른 독립군단 지도자들에게 잘 알려진 사실이었다.

서로군정서의 교성대를 이끌고 홍범도부대와 함께 대한의용군 창설에 참여한 김승빈에 따르면, 당시 러시아혁명군은 러시아로 이동해 시

---

199 梶村秀樹·姜德相 編, ≪現代史資料(朝鮮 4)≫ 28, 441쪽.
200 같은 책.

베리아내전에 간섭군으로 참여하고 있던 일본군과 싸우고 있었는데, 독립군들은 이들 러시아혁명군과 협동해 일본군대와 싸울 수 있다는 전망을 갖고 노령으로 이동했다. 김승빈은 이러한 장기적인 전략적 전망 외에 만주의 독립군 단체들이 처해 있던 절실한 상황을 이유로 제시했다. 즉, 당시 독립군들은 봉오동과 청산리의 두 전투에서 그동안 휴대했던 탄약을 거의 사진(射盡)하고 이를 보충할 가능성이 없었다는 것이다.[201] 군정서군대의 장교로서 청산리대첩에 참전했던 강근은 "첫 전투할 때까지는 적군이 우리만 추격하는 병력뿐으로 알았으나, 남북 만주일대에 적군의 병력이 사단 힘을 가지고 토벌 작전하는 것을 알게 되자, 중과부적의 형세를 살피고 하는 수 없이 아군은 쏘련으로 이동하기로 된 것"이라고 했다.[202] 절대 우세의 막강한 일본군의 '토벌전'에 맞서 싸우기에는 만주독립군의 무장력이 크게 약했고, 봉오동, 청산리 두 번의 큰 전투를 통해 화력이 크게 쇠잔했으며, 군인들도 크게 지쳐 있었던 것이다.

(2) 최진동과 허근의 대한총군부, 안무의 국민군

만주독립군이 노령으로 이동하는 데 긴밀하게 대응한 단체는 1920년 4월참변 후 흑룡주 블라고베시첸스크로 이동한 대한국민의회였다. 우선 대한국민의회는 원동정부(遠東政府)의 러시아인민혁명군 제2군에 교섭해 러시아연해주와 흑룡주 일대에서 활동하던 한인빨치산부대가 자유시 일대에 집합케 만들었다. 1920년 10~11월경이었다. 이어 1920년 12월 초순 대한국민의회의 의장 문창범(文昌範), 재무부장 한창해(韓滄海, 한에고르), 자유대대장 오하묵(吳夏默), 비서 박병길(朴炳吉) 4명이

201 김승빈, 「中領에서 進行되던 朝鮮解放運動」, 20쪽.
202 강근, 「나의 회상기 一片: 軍政署軍隊에 대한 강근(강회원) 동지 回想記」, 7쪽.

하바롭스크 제2군단본부를 방문해 간도 각의병대(독립군부대) 노령 이동문제를 협의했다.[203]

청산리대첩에 참가하지 않고 중·러 국경지대인 왕청현 나자구로 이동했던 최진동(崔振東)의 군무도독부는 1920년 10월 대한공의단, 대한광복단, 대한의군부, 대한의사부 등의 독립군단들과 연합해 대한총군부(大韓總軍府)를 조직했다.[204]

그러나 이들 독립군부대는 일본군의 공격으로 흩어져 일부는 소멸했고, 일부는 다시 종래의 단체명에 따라 독자적인 활동을 재개했다. 1921년 상반기의 간부진을 보면 총재 이범윤, 부총재 최우익(대한의군부 총무, 사망), 부장 최진동, 시위대장 전일구(全一求), 통신과장 심원(沈源)이었다.[205] 대한총군부에 참여했던 대한광복단은 1920년 말 탈퇴했고,[206] 대한의사부(나자구 국민의사회) 역시 탈퇴했다.

총군부군대(최진동의 군무도독부와 허영장의 의군부 군대)는 나자구, 소추풍(小秋風, 小綏芬), 팔면통(八面通), 이수진(梨樹鎭), 평양진(平壤鎭), 당벽진(當壁鎭)을 거쳐서 요하현(饒河縣)에 당도했다.[207] 이들 군대를 맞이한 것은 대한국민의회에서 파견한 인사들이었다. 즉, 대한국민의회는 한창해(韓君明)를 요하에 파송해 독립군부대의 임시주둔지에 관한 일을 준비케 하는 한편 요원들을 파견해 군심(軍心)을 위무케 했으며, 제2군단에 교섭한 결과를 보고한 후 자유시로 출발케 했다. 이들 군대는 이만을 거쳐 최진동군대는 1월 말, 안무(安武)군대는 2월 초순에 자유시에 도착했다.[208]

203 露高麗革命軍隊文明部,「在露高麗革命軍隊沿革」, 19쪽.
204 국가보훈처,『北間島지역 獨立軍團名簿』(1997), 293~295쪽.
205 같은 책, 293~295쪽.
206 같은 책, 270쪽.
207 「김재규 의군부 회상기」,『이인섭 관련 자료』(수고본) 제6권, 85, 98, 100~101, 104쪽.
208 露高麗革命軍隊文明部,「在露高麗革命軍隊沿革」, 19쪽.

(3) 북로군정서의 이동

일제가 청산리대첩 당시 "이도구, 어랑촌, 봉밀구에서 일본군에게 완강하게 저항한 주력부대"라고 평가한 홍범도부대는 김좌진의 군정서부대, 서로군정서(한족회군대)와 연락해 황구령촌에 집결하기로 했다. 이에 따라 홍범도부대 350명과 한족회부대 140명은 황구령촌에 10월 23~24일경 도착해 11월 상순까지 머물렀다. 김좌진부대 350명도 10월 26~27일경 황구령촌에 도착했으나, 홍범도와 김좌진 사이에 의견의 일치를 보지 못해 홍범도부대와 한족회군대는 안도현(安圖縣) 삼인방(三人坊)으로, 김좌진은 중·러 국경지방인 연길현 소삼차구(小三岔口) 방면으로 이동했다.[209]

청산리 전투 이후 김좌진의 군정서군대 약 600명 가운데 200명은 무장을 해제한 후 일본군의 포위망을 뚫고 각 지방으로 흩어졌다. 약 50명의 군인은 무장한 채로 화룡현 회전동(檜田洞)으로 도피한 후 상곡(上谷) 산림에 잠복했다. 김좌진이 직접 인솔한 주력부대 약 350명은 화룡현과 안도현의 경계인 황구령촌(黃口嶺村) 부근 계곡으로 퇴각했는데 10월 26~27일경이다. 이는 홍범도부대와의 상호연락에 따른 것이었다. 그러나 홍범도부대와 뜻이 일치하지 못해 합류하지 못하고 공동행동으로 나가지 못했다.[210]

이후 일본군의 추격을 우려한 김좌진부대는 11월 7일경 황구령촌을 떠나 오도양차로(五道楊岔路)에서 삼림계곡을 지나 천보산(天寶山), 니츄시담구(溝), 연길현 춘양향 남(南)하마탕을 통과해 11월 15일경 연길현 춘양향 소삼차구 부근에 도착했다. 소삼차구에 도착했을 때 김좌진의 부대는 약 280명으로 감소해 있었다.[211]

---

209 金正柱, 『朝鮮統治史料』, 8권, 281~282쪽.
210 같은 책, 281쪽.
211 같은 책.

황구령촌에 집결한 김좌진부대가 안도현에 주둔하고 있었던 서로군정서 200명 및 홍범도부대와 합류하지 못한 중요한 원인은 안도현 방면에서 양식을 조달하기가 곤란했기 때문이다.[212] 이후 김좌진의 군정서군대는 나자구(羅子溝)를 거쳐 목단강의 팔면통에서 20일 머문 후 11월 말경(음력, 음력 11월 30일은 양력으로 1921년 1월 8일) 밀산현(密山縣) 십리와(十里窪, 실리와촌)에서 20일 간 머물렀다. 이때 홍범도군대가 도착했는데, 강근은 당시 홍범도군대(대한의용군)에 대한 인상을 다음과 같이 회상했다.

> 나는 그때에 홍범도를 처음 대면하였는데, 인원수는 모두가 100명 미만이고 총을 가진 사람 수는 불과 30명이 지나지 않았는데, 그 중에도 군정서, 국민회, 기타 단체들의 지방일꾼들과 사관학교 졸업생들, 휴가 맡고 집에 있던 몇 사람, 안도현 방향으로 가다가 서간도 신흥학교 여러 사람들과 도중에서 가다가 오다가 서로 만난 숫자를 합한 인원들이었다. 이때에 이장녕(李章寧), 김승빈(金承彬), 김모, 이모 등이 신흥학교에서 오다가 홍범도를 만내서 같이 밀산현 씰리와촌에서 합하여 군대이름은 대한독립군(大韓獨立軍)이라고 개정하고 홍범도는 그 군대에 고문관 '벼슬'을 차지하였다. 이때에 참모장은 이장녕이었다.[213]

(4) 서로군정서와 홍범도 대한독립군의 연합군대 대한의용군의 결성과 이동

청산리대첩 이후 황구령촌에서 김좌진의 군정서부대와 결합해 재기

---

212 梶村秀樹·姜德相 編, ≪現代史資料(朝鮮 4)≫ 28, 393쪽.
213 강근, 「나의 회상기 一片: 軍政署軍隊에 대한 강근(강회원) 동지 回想記」, 7쪽.

를 모색했던 홍범도는 김좌진과 의견일치를 보지 못하고 안도현의 삼
인방으로 이동해 대사하(大沙河)에 주둔했다. 당시 홍범도부대는 약
200명이었다.[214] 당시 한족회(서로군정서)의 교성대는 안도현 삼인방에
본부를 두고 무관학교를 경영하고 있었다.[215]

일제가 중국 관헌을 데리고 '수색작전'을 펴서 안동식, 방기전 등 한
족회 간부를 끌고 가 살해할 때 한족회와 신흥학교 관계자들이 대부분
피신했는데, 이때 이청천(李靑天)이 이끄는 교성대도 안도현으로 이동
해 온 것이다.[216] 서로군정서 교성대가 안도현으로부터 이동해 와 주둔
한 것은 서로군정서가 사전에 준비한 계획이었다. 즉, 서로군정서의
독판(督辦) 이상룡(李相龍)의 「행장(行狀)」에 따르면, 이상룡은 1919년
가을 성준용(成駿用, 成周寔)과 강남호(姜南鎬)를 파견해 병영지를 살펴
고르게 하고, 이청천으로 하여금 '의용대(義勇隊)'를 이끌고 먼저 들어
가서 주둔케 했다고 한다.[217] 이청천이 이끌고 안도현으로 들어간 서로
군정서 교성대는 '의용대'의 다른 명칭이었음을 알 수 있다.[218]

일본 측 첩보자료에 따르면, 1920년 8월 말 당시 서로군정서 간부인

214 金正柱, 『朝鮮統治史料』 8권, 281쪽.
215 梶村秀樹・姜德相 編, ≪現代史資料(朝鮮 4)≫ 28, 397쪽. 일본첩보보고는 당시 서로군정서의
     무관학교가 '간도군정서(북로군정서)에 비해 규모도 크고 생도도 보다 다수다'라고 평가했다.
     한편 일제첩보보고에 따르면, 한족회군대(140명)가 10월 하순 청산리대첩 중 2도구, 3도구에
     서 홍범도부대와 공동작전을 펼쳤고, 이후 일본군의 공격으로 홍범도주력부대와 연락이 끊어
     졌다가 황구령촌으로 퇴각해 홍범도부대와 합류한 후 140명이 되는 서로군정서 교성대는 홍
     범도부대와 함께 안도현 삼인방으로 이동했다. 金正柱, 『朝鮮統治史料』, 8권, 284쪽 참조. 그
     러나 무기가 없는 도수부대였던 한족회군(교성대)이 청산리대첩에 참여했다는 것은 확인하
     기 어렵다. 당시 이청천과 함께 한족회의 교성대를 이끌었던 김승빈 역시 청산리대첩에 참여
     한 사실에 대해 언급하지 않았다. 김승빈, 「中領에서 進行되던 朝鮮解放運動」, 21쪽 참조.
216 서중석, 『신흥무관학교와 망명자들』(역사비평사, 2001), 197쪽.
217 안동기념관 엮음, 『국역 石洲遺稿』 하권(경인문화사, 2008), 158쪽.
218 이후의 기록이지만 ≪독립신문≫, 1922년 8월 22일자 3면에는 1922년 6월 2일자로 작성된
     글이 실려 있는데, '서로군정서 의용대 총지휘관' 김추당(金秋堂) 선생의 명의로 의용대 각
     간부들에게 '남만통일(南滿統一)' 기관으로 '통군부(統軍府)'에 참가할 것을 촉구하는 '윤시
     (輪示)'와 '서로군정서의용대총지휘부 제1중대장 이하 장교 일동의 결의안이다. 서로군정서
     소속의 군대는 이후에도 여전히 '의용대'라고 했음을 알 수 있다.

사령관 이청천과 참모장 김동삼이 안도현 삼인방에 체류하고 있었는데, 이곳에 서로군정서의 사실상의 사령부가 자리잡고 있었음을 확인할 수 있다.[219]

당시 안도현 삼인방에는 홍범도부대, 서로군정서 외에 광복단 군대가 이동해 와 있었다. 청산리대첩 당시 삼도구 방면에 있었던 40여 명 병력의 광복단은 제8중대장인 조동식(趙東植)이 지휘하고 있었는데, 송국인(宋國仁)은 일본군에 귀순한 상태였다.[220] 이들 3개 부대가 연합해 대한의용군(大韓義勇軍)을 조직했다. 1920년 11월 중순경으로 추정된다. 청산리대첩에서 부상당한 홍범도부대원들을 제대시키고, 그 무기들을 무기 없던 교성대 학생들에게 넘겨주고 새로운 통합군대를 창설했던 것이다.

3개 부대의 연합으로 조직된 대한의용군의 병력은 약 400여 명으로, 사령부와 3개 중대를 편성했는데, 사령부는 총사령 홍범도, 부사령 이청천, 부관 강남일(姜南一, 본명 南相詢), 부원 전대복(全大復), 박운봉(朴雲鳳), 중대장 최상만(崔尙萬), 김창환(金昌煥), 조동식이었다.[221] 이상룡의 「행장」에서도 이 통합사실을 "이청천이 안도현에 이르러 광복군 홍

---

219 국가보훈처, 「北間島지역 獨立軍團名簿」(1997), 20, 34쪽.
220 梶村秀樹·姜德相 編, ≪現代史資料(朝鮮 4)≫ 28, 400~401쪽. 다른 일본첩보보고에는 "안도현 仍頭山에는 일본사관학교 졸업생으로 靑島에 참전하고 경험을 가진 이청천이라는 자 있어 무관학교를 경영해 생도 100명을 교양하고 있다. 잉두산에는 불령선인 부하 30명을 가진 동지 광복단 군무국장 李東洙와 공동으로 500명의 불령자를 규합하여 갑산, 혜산진, 普天堡 등을 습격하려고 기도하고 있다"라고 하여 정확히 파악하고 있었다. 梶村秀樹·姜德相 編, ≪現代史資料(朝鮮 4)≫ 28, 401~402쪽 참조.
221 김승빈, 「中領에서 進行되던 朝鮮解放運動」, 20~21쪽. 蔡根植의 『武裝獨立運動秘史』(大韓民國公報處, 1948)에서도 같은 맥락에서 "한편 홍범도는 군인 600명을 이끌고 안도현 삼림지대의 이청천부대 兵舍를 찾아가 이청천부대 400명과 합쳐서 일부대를 만들고 총사령에 홍범도가 되고 부사령에 이청천이가 되었다"라고 서술하고 있다. 대한의용군은 당시 일반적으로 홍범도부대를 일컫던 명칭인 '대한독립군'을 그대로 계승해 통상 독립군으로 불렸던 것 같다. 즉, 뒤에 살펴보는 것처럼 자유시에 집결했을 때에도 '독립군군대'로 불렸고 지휘자도 홍범도, 이청천, 이병채로 기록되고 있었던 것으로 보아 이 부대는 하나의 군대로 완전 통합되었다고 보아야 할 것이다.

범도 및 이동주(李東柱) 등과 서로 결합하여 성세(聲勢)를 이루었다"라고 적어놓았다.[222]

청산리대첩 이후 대한의용군의 결성에 이르는 과정을 당시 신흥학교 졸업생으로 구성된 한족회 교성대의 지도자였던 김승빈은 다음과 같이 회상했다.

> 원동으로 넘어오기 전에 독립군부대들의 연합이 실시되었는데, 홍범도부대와 신흥학교 교성대와 조동식이 지휘하는 광복단의 부대들이 연합하여 대한의용군이 조직되었다. 대한의용군은 아래와 같은 환경에서 1920년 10월에 안도현 삼인방(三人坊)에서 조직되었다. 안도현하(下)에는 조동식이 지휘하는 광복단의 독립군부대가 있었고, 또 그해 5월에 신흥학교 교성대의 도수(徒手)학생 백여 명이 삼인방과 양강구(兩江口)에 와서 군사교육을 실시하고 있었는데 9월말에 청산리의 전투에서 후퇴한 홍범도의 군대가 내착하였다. 홍범도군대에서 치료치 않고는 군무에 복무할 수 없는 대원들을 제대하고 그의 무장을 도수로 있던 신흥학교 학생들에게 넘기어 주기로 하고 상술한 각 부대를 연합하였다.[223]

(5) 제2차 삼단연합의 성립: 대한통의부 결성

안도현 삼인방에 주둔하고 있었던 대한의용군은 2개월 체류한 후 북만주의 호림(虎林)현을 거쳐 이만으로 넘어갔다.[224] 김승빈에 따르면, 대한의용군은 1920년 11월 초(음력으로 추정됨) 안도현을 출발해 노령으로 향했다. 1920년 12월 초(음력으로 추정됨) 밀산과 호림(虎林)의 현

---

222 안동기념관 엮음, 『국역 石洲遺稿』 하권, 158쪽.
223 김승빈, 「中領에서 進行되던 朝鮮解放運動」, 20~21쪽.
224 「홍범도일지(리함덕본)」, 26쪽.

(縣)경계지대인 십리와에서 북로군정서군대와 만났다. 대한의용군과 북로군정서는 통합을 위한 1차 연합회의를 가졌으나 인선문제로 결렬되고, 다시 호림현 도목구(到木溝)로 옮겨 며칠 동안 회의를 계속해 마침내 대한통의부(大韓統義府)라는 연합조직을 편성하게 되었다. 대한통의부 지도부는 본부, 1개 대대(600명), 학도대(북로군정서 사관연성소 졸업생 40~50명)로 편성되었다.

  – 본부: 총재 서일, 부총재 홍범도
  – 사령부: 사령장 김규식, 부관 박두희, 군사부장 김오석, 교육부장 김좌진
  – 대대: 대대장 이청천, 부관 김승빈, 학도대: 대장 이범석[225]

  1920년 5월 말 봉오동전투 직전에 달성했던 국민회, 대한독립군, 군무도독부 간의 삼단연합(제1차)에 이어 제2차 삼단연합이 실현된 것이다.
  한편 해방 이전의 임시정부 광복군 측에서 간행한 문건에도 김승빈의 기록과 같은 맥락의 기록이 남아 있다. 즉, 우선 한국광복군총사령부정훈처(韓國光復軍總司令部政訓處)에서 1941년 5월 20일자로 간행한 ≪광복(光復)≫(제1권 제3기)에 게재된 김학규(金學奎)의 「지난 30년간 중국동북지방에서의 한국혁명운동(三十年來 韓國革命運動在中國東北(續))」에서는 다음과 같이 서술하고 있다.

  예를 들어 신흥학교는 합니하(哈泥河)에서 천여 명의 학생으로 교성대(敎成隊)를 편성하여 이청천 대장의 인솔하에 북쪽으로 이동

---

225 김승빈, 「中領에서 進行되던 朝鮮解放運動」, 22~23쪽.

하였다. 1921년 밀산(密山)에 도착한 이들은 홍범도·김좌진 등의
부대와 **대한독립군**을 합동편성하여 중·소 국경지대에서 적군과 수
개월에 걸친 투쟁을 벌이다 무기가 바닥나자 소련경내로 진입하였
다.[226][강조_필자]

김승빈이 회상한 '통의부'를 '대한독립군'으로 기록하고 있는 점이 다
르지만, 서로군정서 교성대, 홍범도부대, 김좌진의 북로군정서부대가
러시아로 넘어가기 전에 밀산에서 통합된 사실은 일치한다.
또한 얼마 후 같은 임시정부 한국광복군 제2지대에서 1943년 3월 1
일에 간행한 『한국광복군소사(韓國光復軍小史)』에서도 같은 맥락이지
만 만주독립군의 이동과정과 밀산에서의 통합과정을 보다 구체적으로
서술하고 있다.

당시 각 혁명단체들은 적구(敵寇)의 공격이 있을 것을 예견하고
무의미한 희생을 피하기 위해 서로군정서·북로군정서 등 단체들이
모두 근거지를 다른 곳을 옮겼습니다. 이때 서로군정서와 국민회는
연합하여 홍범도를 총사령, 이청천을 부사령으로 삼아 북쪽으로 근
거지를 옮겨 다음해 길림(吉林) 밀산현(密山縣)에 도착하였습니다.
마침 이 무렵 김좌진도 부대를 이끌고 도착, 홍범도 부대와 연합하
여 **한국독립군**을 결성한 것입니다.[227][강조_필자]

226　金學奎,「지난 30년간 중국동북지방에서의 한국혁명운동(三十年來 韓國革命運動在中國東
　　　北(續))」,『光復』(第1卷 第3期), 국사편찬위원회 대한민국임시정부자료집 편찬위원회 엮음,
　　　『대한민국임시정부자료집』(2006), 번역문 190쪽, 원문 179쪽.
227　「韓國光復軍小史(1943. 3. 1)」, 국사편찬위원회 대한민국임시정부자료집 편찬위원회 엮음,
　　　『대한민국임시정부자료집』(2006), 번역문 218쪽, 원문 470쪽.

홍범도 부대를 '국민회'로 기록하고 있지만, 이청천이 이끄는 서로군정서 교성대와 홍범도의 독립군부대가 연합한 사실, 그리고 다시 김좌진의 북로군정서 부대와 연합한 사실을 정확히 기록하고 있다.

해방 후의 기록이지만, 이청천의 전기 『청천장군(靑天將軍)의 혁명투쟁사(革命鬪爭史)』에서도 거의 같은 맥락에서 노령으로 이동하기 직전의 통합과정을 다음과 같이 서술하고 있다.

> 가을 왜군(倭軍)들의 양협공격(兩狹攻擊)을 당한 후 소소(少少)한
> 마적적(馬賊的) 단체는 거의 전부 해산이 되고 홍범도장군의 정일
> 군(征日軍)과 조동식장군의 광복군(光復軍)과 김좌진장군과 연합하
> 여 조선독립군을 조직하였었다.[228]

통합된 부대의 명칭을 '통의부'가 아닌 '조선독립군'이라고 한 것이 김승빈의 기록과 다르며, 조동식의 광복단을 '광복군'으로 잘못 기록하고 있다. 잠정적으로 정리해 본다면, 김승빈의 회상대로 노령으로 이동하기 직전에 편성된 통합부대의 정식 명칭이 '통의부'였으나, 통상 '조선독립군'(또는 '대한독립군' 또는 '한국독립군')으로 불리고 후일의 기록들에서 그대로 받아들였을 것으로 짐작된다.

만주독립군의 노령 이동과 관련해 연구자들이 많이 인용하고 있는 채근식(蔡根植)의 『무장독립운동비사(武裝獨立運動秘史)』에서도 대체로 김승빈의 회상록이나 이청천의 전기와 맥락을 같이하고 있다(안무군대 200명도 참여한 것처럼 서술한 점은 제외). 즉, 밀산에 집결한 '각군단수령회의'에서 통일한 '대한독립군단'을 조직해 부서를 정했다고 하면서 언급한 간부 구성은 김승빈의 회상과 다르나, 거론된 군사지도자들의 면

---

228 池憲模, 『靑天將軍의 革命鬪爭史』(三星出版社, 1949), 84쪽.

모는 북로군정서의 간부들과 홍범도부대와 이청천부대의 간부들로 거의 같다. 그러나 그 규모를 1개 대대로 회상한 김승빈의 기록과 달리 1개 여단(3개 대대, 9개 중대, 27개 소대)이었으며 군인 수도 3500명에 달했다고 서술하고 있다. 이는 확실히 과장된 것이다.[229]

1956년에 애국동지원호회에서 편찬한 『한국독립운동사』에 이르면, 채근식의 과장된 숫자에 더해 참가한 무장단체들의 숫자 역시 10여 개로 확대된다. 여기에는 북로군정서(서일), 대한독립군(홍범도) 외에 간도 대한국민회(구춘선), 훈춘 국민회(이명순), 대한신민회(김성배), 도독부(최진동), 의군부(이범윤), 혈성단(김국초), 야단(김소래), 대한정의군정사(大韓正義軍政司) 등이 망라되어 있다.[230] 이후 국사편찬위원회에서 1968년에 간행한 『한국독립운동사』(제3권, 217~220쪽)를 비롯한 여러 연구서에서는 규모나 참여단체의 수가 훨씬 커진 여러 버전의 '대한독립군단' 조직설이 정설로 확고하게 자리잡게 되었다. 이와 같이 잘못된 정설은 수정되어야 한다.

(6) 대한통의부(독립군)의 노령으로의 이동

북로군정서, 홍범도부대, 서로군정서의 삼단이 연합한 통의부(또는 독립군) 군대는 1921년 1월(음력 1월 1일은 양력으로 2월 8일)에 중·러 국경을 넘어 이만 북방 독산평(獨山坪)에 집결했다(무장한 군인 약 600명). 당시 통의부는 적위군(赤衛軍) 제2군단 사령부에서 이만에 파견되어 있던 '조선독립군 영접부원' 박공서(朴公瑞)의 주선으로 흑룡주 자유시로 수송되었다.[231]

---

229 蔡根植의 『武裝獨立運動秘史』(大韓民國公報處, 1948), 98~100쪽. 간부진을 보면, 총재 서일, 부총재 홍범도, 김좌진, 조성환, 총사령 김규식, 참모총장 이장녕, 여단장 이청천, 중대장 조동식, 윤경천, 오광선 등 5명이다.

230 애국동지원호회 엮음, 『韓國獨立運動史』(1956), 321쪽.

통의부 군대가 중·러 국경을 넘어 이만의 독산평으로 건너간 시기는 1921년 2월 8일에서 얼마 지난 후이다. 즉, 당시 군정서군대 장교였던 강근은 "그해 '설'을 이만커우촌(이만시 건너편의 중국지방이다)에서 쇠고서 1921년 정월에 완충 도시 이만으로 들어와서 독산평(獨山坪)이라는 로시아촌에서 한 2주일 있다가 우리대표들 하바롭스크 쏘련군 군단장에게 보내여 교섭한 과연 그곧(독산평)에서 무장을 해제해 와곤(기차)에 싣고서 자유시로 들어갔다"라고 회상했던 것이다.[232]

통의부군대가 이만을 떠나 자유시로 떠난 것은 빨라도 1921년 3월 상순이었을 것이다. 홍범도는 자신의 「일지」에서 "1월 26일(양력 3월 5일) 제2군단에 무장을 바치고(무장해제), 2월 6일(양력 1921년 3월 15일)에 자유시로 들어갔다"라고 회고했다.[233]

대한군정서(북로군정서)의 지도부는 이만에 도착해 무장해제에 대한 입장 차이를 드러냈다. 박두희는 무장해제를 수용했고, 김좌진과 김규식은 반대했다. 이후 북로군정서군대는 박두희가 떠맡아 지휘하게 되었다.[234] 북로군정서의 김좌진, 김규식, 이범석 등은 이만에서 자유시행 열차가 떠나기 직전 군대에서 이탈했다.[235]

홍범도가 자신이 작성한 「리력서」에서 "1921년 정월에 우리보다 백 급이 더 되는 왜병들을 당할 수 없고 탄환 기타가 부족하여서 만주지대에 떠나서 원동 이만으로 700명 되는 군력을 거느리고 왔다. 그곳에서 380명 부대는 내 명의로써 뉴하게 하고 220명을 내가 거느리고 제2

231 김승빈, 「中領에서 進行되던 朝鮮解放運動」, 23쪽.
232 강근, 「나의 회상기 一片: 軍政署軍隊에 대한 강근(강회원) 동지 回想記」(1959.11.19), 8쪽.
233 「홍범도 일지(리함덕본)」, 26쪽.
234 김규면, 『노병 김규면의 비망록에서』, 34~35쪽.
235 김승빈, 「中領에서 進行되던 朝鮮解放運動」, 28쪽. 김승빈에 따르면 서일은 자유시까지 들어갔다가 독립군부대들이 한데 연합 편성될 때 참여하지 않고 만주로 돌아갔다. 같은 글, 30쪽 참조.

군 사령장 갈안 - 다시위리[칼란다라시빌리_필자] 명령에 의하여 자유시에 당도하였"다고 했다. 통의부(독립군)군대가 우수리를 도강했음과 통의부를 구성했던 김좌진, 김규식, 이범석 등이 북로군정서군대(380명)를 탈퇴했음을 짐작할 수 있다.[236]

(7) 훈춘 신민단의 노령으로의 이동

훈춘의 중·러 국경지역인 초모정자(草帽頂子)를 근거로 활동하던 신민단 단장 김규면과 부단장 한경서, 한수업(韓壽業, 한경서의 동생), 안태호(安泰浩) 등 신민단 간부들은 일본군의 간도 침공에 앞서 노령으로의 이동을 준비했다. 단장 김규면은 아편 360~370량을 지참해 니콜스크-우수리스크에서 매각해 그 대금 670원을 한경서 일행에게 주었다.[237]

1920년 8월 하순 중국 당국에 의해 독립군단체에 대한 해산령이 내려지자, 신민단은 훈춘의 토문자(土門子)와 상·하 초모정자에 자택이 있는 단원들은 해산해 귀가케 하고, 간도 방면으로부터 자원해 온 군인들과 간부들 30명은 하(下)초모정자의 동쪽 산중에 잠복해 군사훈련을 계속했다. 그러던 중 10월 12일 일본군의 간도 침공 소식에 접했고, 단장 이하 30명의 신민단 단원들은 곧바로 초모정자를 출발해 노령 포시에트로 향하는 도중에 위치한 깊은 산중의 제재소에 도착해 총기를 부근에 은익했다. 특히 연해주 주둔 일본군이 10월 19일 연해주 남부

---

236 홍범도, 「리력서」, 반병률, 『홍범도 장군: 자서전 홍범도 일지와 항일무장투쟁』(한울아카데미, 2014), 136쪽. 통의부 군대가 중·러 국경을 넘어 이만의 독산평으로 건너간 시기는 1921년 2월 8일 얼마 후이다. 강근, 「나의 회상기 一片: 軍政署軍隊에 대한 강근(강회원) 동지 回想記」, 8쪽. 이후 강근은 하바롭스크 위수병원에서 1주일 동안 치료를 받고 자유시로 들어갔다. 자유시의 "판국이 불상사할 중죄징죄를 보고서 하바롭스크로 돌아와 '한인공산당군대영접부'에서 일하게 되었는데, 당시 한인공산당 회장은 박영, 군대영접부장은 박미하일, 러시아어서기 이니콜라이"였다고 회상했다. 당시 강근은 한글서기를 맡았다고 회상했다. 통의부군대가 이만을 떠나 자유시로 떠난 것은 빨라도 1921년 3월 상순이었을 것이다.

237 「露支國境方面의 不逞鮮人에 關한 件」(1920년 11월 13일자), 『不逞團關係雜件 朝鮮人의 部 在西比利亞』, 제11권.

국경지대인 바라바시 방면으로부터 토문자로 향해 행군하는 것을 목격하게 되면서, 10월 20일 신흥동(新興洞, 토문자 남방 2리)에 이르러 이전 의병 출신자들의 모집활동을 했고 식량을 징발한 후 저녁 중·러 국경을 넘었다.[238]

이후 한경서와 한수업 형제는 일본의 간도침공(경신참변) 당시 아버지가 일본군에게 체포·학살당했는데, 노령지역으로 도피한 이후 1921년 2월 초까지 훈춘지역의 잔류해 있는 동지들과 연락하고 은닉한 무기들을 활용해 훈춘지역에서 신민단을 재흥하려고 했다. 한경서는 한민회의 최경서와 긴밀히 연락하면서 훈춘에서의 활동재개를 모색했다. 한경서, 최경천과 협의하고 있는 훈춘지역의 주요 인물들은 상(上)초모정자의 최병권(崔丙權), 김광춘(金光春), 영동(嶺東)의 안태호(安泰浩), 왕팔발자(王八哱子)의 윤낙서(尹洛瑞)였다.[239]

아버지의 시체조차 찾지 못한 한경서는 초모정자의 주민들에게 다음과 같이 연설했는데, 일본의 간도 침공 이후 훈춘 주민들에게 애국적 선택을 촉구하는 선동적 연설이었다.

> 아버지는 국가를 위하여 명예로운 죽음을 마쳤다. 한국의 국권회복의 그날, 우리들 자손은 무상(無上)의 광영을 입을 것이고 일본은 우리의 절치(切齒)의 원수이다. 고로 우리는 한국의 원수, 아버지의 원수인 일본에 끝까지 대적함으로써 국권을 회복함과 함께 아버지의 원수를 갚을려 한다. 그러나 이와 같은 원수인 일본군에 귀순하는 일은 어떠한 것인가 실로 유감으로 감당할 수 없다. 일찍이 일본

---

238 「鮮人의 行動에 關한 件」(1920년 11월 20일자), 『不逞團關係雜件 朝鮮人의 部 在西比利亞』, 제11권.

239 「鮮人의 行動에 關한 件」(1921년 2월 25일자), 『不逞團關係雜件 朝鮮人의 部 在西比利亞』, 제11권. 이들 가운데 윤낙서의 아버지 역시 일본군에 의해 살해되었다.

군에 압수된 신민단의 병기는 소총 6, 7정에 불과하다. 그 대부분은 이제 현재로서 더 크게 활동하여 얻을 수 있다. 너희들은 일본군을 두려워하여 일시 귀순하려고 한 것이라 사료되지만 만약 그렇지 않고 진정으로 귀순하게 된다면 어렵지 않게 국적(國賊)이 되어 단호한 처치를 초래할 것이다. 너희들은 이때에 가업을 버리고 우리들을 따라서 국가를 위하여 크게 진력하지 않으면 안 된다.[240]

신민단이 노령지역으로 이동하면서 중·러 국경지역에 은닉해 두었던 무기들은 한경서 등 신민단 인사들이 솔밭관 한족공산당에 합류한 이후인 1921년 봄 솔밭관군대가 찾아와서 근거지로 운송해 솔밭관 한족공산당군대의 무장력 강화에 활용되었다.[241] 한경서 등이 노령으로 이동한 후인 11월 12일 신민단은 겨울을 나기 위한 방한복 구입 등을 위해 블라디보스토크로 요원을 파견했다.[242]

훈춘 한민회 역시 최경천을 지도자로 해서 노령으로 이동하면서 훈춘하 계곡의 대육도구(大六道溝)에 휴대했던 총기와 탄약 등 무기들을 은닉했다. 최경천은 1921년 초에 훈춘지역에서 은닉한 무기들을 활용해 다시 한민회의 부흥을 모색했다.[243] 결국 최경천 등 훈춘 한민회 간부와 군인들은 솔밭관 한족공산당에 합세했고, 은닉했던 한민회의 무기는 1921년 중반 이후 솔밭관 공산주의군의 무장력 강화에 크게 기여했다.

---

240 같은 글.
241 황운정, 「솔밧관군대 사업 대략」(1966.3.12), 14, 17~18쪽.
242 「鮮人의 行動에 關한 件」(1920년 11월 20일자), 『不逞團關係雜件 朝鮮人의 部 在西比利亞』, 제11권.
243 「鮮人의 行動에 關한 件」(1921년 2월 25일자), 『不逞團關係雜件 朝鮮人의 部 在西比利亞』, 제11권.

3. 자유시참변 이후 연해주에서의 항일무장투쟁

1) 자유시에 집결한 독립군

1920년 말부터 1921년 전반에 이르는 시기의 러시아 원동지역의 정치적 상황을 보면, 콜차크 잔당인 카벨리, 운게른 슈테른베르그, 세묘노프 등이 1920년 10월 러시아혁명세력에 의해 자바이칼주에서 축출된 후 완충국인 원동공화국이 치타를 수도로 삼고 동쪽으로는 우수리강을 국경으로 삼아 이만 이남의 연해주를 백위파정권과 일본군이 점령하던 상황이었다. 그리하여 원동공화국 내에 주둔한 각 의병대가 원동공화국 인민혁명군대에 정식 군대로 편성되고 통일되어 가던 시기였다. 이만남부지역에서는 빨치산운동이 한층 활발하게 전개되었다.

1920년 후반부터 1921년 전반기까지 러시아지역 한인무장부대들의 상황을 보자. 러시아 원동지역에서 활동하던 한인무장부대를 보면 연해주 방면에는 수청지역에 한창걸을 중심으로 한 부대, 추풍지역에 솔밭관 한족공산당, 서간도의 독립단에서 넘어온 도수부대를 기초로 조직된 혈성단군대, 얼두거우에 '군비단'에서 넘어온 도수부대로 조직된 임병극부대가 있었다. 이만전선 이북의 원동공화국 관할지역에는 다반에 조직된 최니콜라이군대(다반군대), 이만에서 조직된 황하일군대(제1이만군대), '독립단'에서 넘어온 도수부대로 조직된 박그리고리군대, 니콜라옙스크 - 나 - 아무레(니항)에서 조직된 사할린군대(박일리아군대), 아무르주에서 조직된 자유대대 등이 조직되어 있었다.[244]

이 시기에 한인빨치산부대는 아무르주로 이동하기 시작했는데, 그것은 두 가지 배경에서 이루어졌다. 첫째, 아무르주가 연해주와 달리

---

244 「김승빈이 김세일에게 보낸 편지」(1970년 3월 2일자).

자유시에 집결한 한인 군대

노령지역 한인 군대	지휘자	창설지역	비고(인원수)
이만군대	김표트로, 박공서, 김덕보	이만	
다반군대	최니콜라이	다반(청룡)	
독립단군대	박그리고리, 최파벨, 전응호*	이만	
사할린군대	박일리야, 임호, 고명수	니항	
학생대**	채영	자유시	하사양성소 학생
자유대대	오하묵, 최고려, 황하일, 최호림, 전희세, 유수연, 유선장	자유시	
중령 한인군대			
총군부	최진동, 허재욱, 이택, 오병묵	북간도	독군부, 의군부
국민회군대	안무, 정일무, 김광, 김규찬	북간도	
독립군	홍범도		
(북로)군정서***	박두희	북간도	
(서로)군정서***	이청천, 이병채, 김승빈	서간도	

출처: * 십월혁명십주년원동대긔념준비위원회 엮음, 『십월혁명십주년과 쏘베트고려민족』(해삼위도서주식회사 크니스노예델로, 1927), 59~60쪽.
** 최호림, 『遠東邊疆高麗人生活 歷史抄錄』, 116쪽.
*** 「군정의회선포문」(1921.9.30), 『不逞團關係雜件 朝鮮人의 部 在西比利亞』, 제13권.

백위파와 이를 후원하는 일본군의 힘이 미치지 못하는 러시아혁명세력, 즉 원동공화국의 관할로 이른바 '해방지구'였기 때문이다. 둘째, 소비에트정부와 상해의 대한민국임시정부 특사 한형권 간에 맺어진 협정에 따라, 중국령 만주와 러시아연해주, 아무르주에서 활동하던 한인 무장세력을 통합한 단일지휘체계의 대규모 군단을 구성한다는 계획이 수립되었기 때문이다. 다반군대 역시 이러한 두 가지 이유로 아무르주의 자유시로 이동하게 되었다.[245]

1920년 가을에서 1921년 초에 이르는 시기에 연해주와 아무르주에서 활동하던 한인빨치산부대들과 간도사변으로 근거지를 상실하고 러

---

245 같은 글.

시아연해주로 이동해 와 있던 서북간도의 한인독립군부대들이 1921년 3월경에는 자유시에 집결해 있었다.

우선 연해주에서 활동하던 한인빨치산부대인 사할린군대, 이만군대, 다반군대 등이 앞서 1920년 10월경 자유시에 집결해 있었고, 간도 독립군부대는 이보다 늦게 도착했는데, 최진동의 독군부(督軍府)부대는 1921년 1월 말, 안무의 대한국민(회)군은 2월 초순에 자유시에 도착했으며, 홍범도, 이청천 등이 이끌고 온 군대들 역시 3월 중순까지 각각 자유시에 도착했다. 한편, 자유시에는 이미 1920년 4월, 흑룡주한인총회가 조직했다가 1920년 7월 1일 대한국민의회 군무부로 넘겨준 한인보병자유대대가 있었다. 당시 이들 한인무장세력의 총병력은 1900명이었다.

자유시에 근거한 자유대대는 대한국민의회로부터 정치적 지휘를 받을 것을 주장했고, 사할린의용대는 아무르주 한인공산당으로부터 지휘를 받을 것을 주장했다. 대한국민의회는 이르쿠츠크의 전로고려공산당(이르쿠츠크파)과 제휴하고 있었고, 국제공산당 동양비서부(부장 슈미야츠키)를 배경으로 하고 있었다. 아무르주 한인공산당은 치타 소재 러시아공산당 원동부 한인부의 지휘 아래 있었고 원동공화국의 크라스노쇼코프의 후원을 받고 있었기 때문에 대한국민의회의 지도적 위치를 부인했다.

2) 대한의용군사회의 조직

치타의 원동부 한인부와 사할린의용대의 주도로 1921년 3월 15일 연해주와 서북간도에서 이동해 온 한인군대 대표자들이 참석한 전한의병대의회(全韓義兵代議會)가 주둔지인 마사노프(Мазанов)에서 개최되어 '전한군사위원회'와 '사할린특립의용대'를 조직했다. 사할린특립의용대의 명칭은 1921년 3월 내려진 원동공화국총사령관의 명령(36호와 37호)에 따른 것이며, 한인군대들은 모두 여기에 직속되었다.

제2차로 북간도로부터 이동해 온 독립군부대들이 자유시에 도착할 무렵인 1921년 3월 중순 당시는 사할린특립의용대(니항군대, 이만군대, 다반군대) 측이 자유대대 측에 무장해제를 강제하고 있던 상황이었다. 앞서 자유시에 도착해 있었던 총군부와 국민군 군대는 3월 초 사할린의용대로부터 '3일간 식량 단절' 등의 압박을 받아 사할린의용대 주둔지인 마사노프로 이동해 있었고, 자유대대는 자유시를 떠나 크라스노야르[Краснояр, 현재의 크라스노야로보(Краснорово)]로 이동한 후 무장해제되어 있었다.[246] 홍범도 군대 등도 마사노프에 주둔하게 되었다.

사할린군대 지도자 박일리야는 아무르주 한인공산당을 상급기관으로 받아들였고, 이후 치타로 가서 러시아공산당 원동부(달이비로) 산하의 한인부(韓人部, 위원: 박애, 장도정, 계봉우, 권화순, 박창은)와 연결되었다. 이러한 사할린군대의 노선은 대한국민의회 산하에 조직되어 자유시에 주둔하고 있던 한인보병자유대대(대대장 오하묵)와 대립되었다. 이어 박일리야는 한인부의 주선으로 원동공화국에 교섭해 사할린군대를 각 한인무장세력을 통합할 중심 부대로 인정받았으며, 사할린군대 대대장에는 김민선(金敏先), 군정위원장에는 박일리야가 임명되었다. 이후 한인부는 사할린군대를 대대에서 연대로 확대개편하면서 명칭을 사할린의용대로 개칭하는 한편, 사할린의용대에 국민의회의 자유대대를 포함한 모든 한인무장세력을 관할하는 권한을 부여했다. 총사령관에는 박창은(朴昌殷), 참모부장에 러시아인 그리고리예프(Григориев)를 임명했다. 박창은이 곧 사임하자 다시 그리고리예프를 연대장, 박일리야를 군정위원장에 임명했다.

---

246 露高麗革命軍隊文明部,「在露高麗革命軍隊沿革」, 16~17쪽.

이후 한인부는 사할린의용대를 비롯해 연해주에서 이동해 온 다반군대, 이만군대, 간도에서 이동해 온 독립군부대들(광복단, 군정서, 의군부, 도독부, 혈성대) 및 자유대대 등 모든 한인무장세력의 통합을 도모했다. 1921년 3월 15일 자유시에서 개최된 한인빨치산대회에서는 15명으로 구성된 대한의용군총사령부를 조직하고 3명의 작전참모부를 편성했는데, 총 병력 수는 3000명이었다.

이에 앞서 노령과 만주지역 한인무장세력의 아무르주 집결에 대응해 원동공화국의 수도 치타에 소재한 러시아공산당 중앙위 원동부(달이비로) 소속의 한인부는 1921년 1월 16일, '전한의병대회 소집위원회'와 임시군사위원회를 구성했다. 전한의병대회 소집위원회는 박애, 이다물, 장도정 3명의 위원으로 구성되었으며, 2월 10일 치타에서 개최될 전한의병대의회(빨치산대표자대회)의 소집을 준비하기 위한 일체의 준비를 위임받았다. 임시군사위원회는 전한의병대회에서 한인무장부대들이 통일될 때까지 모든 한인군대를 통솔할 권한을 부여받았다.

군사위원회 위원으로는 박창은(박이반, 사령관), 이용(李鏞, 부사령관), 한창걸(군정위원), 김민선(편성부대 사령관), 박일리야(편성부대 군정위원)가, 참모부장으로는 러시아인 그리고리예프가 임명되었다. 여기에서 사령관 박창은, 부사령관 이용, 군정위원 한창걸이 통솔할 부대는 사할린의용대로서 니콜라옙스크 항구로부터 이동해 온 사할린군대가 주축을 이루게 되어 있었다. 사할린군대는 사령관 김민선, 군정위원 박일리야가 책임지게 되었다. 아울러 한인부는 군사위원회 산하에 10명으로 이루어진 군사전문단을 구성했는데, 베즈나냐를 비롯한 3명의 러시아인과 한창걸, 김민선, 박일리야, 김경천, 최니콜라이, 채영, 한운용 등 러시아지역에서 활약하고 있던 7명의 한인 군사지도자가 망라되었다. 박창은은 아무르주의 블라고베시첸스크로 가서 그곳의 한인공산당 내 고려부의 임상춘(林常春), 최태열(崔泰烈) 등의 의견을 들은 후, 이용, 장기영, 채영, 김민선, 박일리야 등과 협의해 10명으로 이루어진 한인군사위원회를 구성했다. 위원장에는 이용이 선임되었고, 위원은 채영, 한운용, 장기영, 박원섭(朴元燮), 박영(朴英), 주영섭(朱永燮), 박애(박마트베이), 장도정(張道政), 김진(金震) 등이었다. 이것이 이른바 제1차 한인군사위원회(대한의용군사회)이다. 제1차 한인군사위원회는 1921년 1월(날짜 없음) 각 한인군대에 보내는 경고문을 발표했는데, 여기서 한인군사위원 위원과 원동공화국 군부 간에 다음의 두 가지 사항에 밀약했다고 밝혔다. 첫째, 원동공화국정부 세력범위 내에서 한인군대의 편성을 무한제로 승인하고 무기피복식량은 원동공화국정부의 능력이 닿는 데까지 무한제로 공급하기로 했으며, 둘째, 원동공화국 세력범위 내에서는 한인군사위원회 이외에 다른 단체는 물론하고 군권도 허락치 않기로 했다. 아울러 군사위원회는 사관학교 설립과 사관양성계획, 그리고 원동공화국정부 세력범위 내의 한인군대와 한인 지방대의 정리통합 계획 및 사관생 졸업 상황에 따른 사단편성 계획을 밝혔다.

한인부의 지도로 조직된 바 있는 '전한의병대회 소집위원회'와 임시군사위원회의 주도하에 1921년 3월 15일 자유시 근처의 러시아 농촌인 마사노프에서 전한의병대의회가 개최되어 단일의 통합된 지휘체계를 갖춘 대한의용군총사령부와 정식의 전한군사위원회를 조직했다. 전한군사위원회에는 레닌, 트로츠키, 크라스노쇼코프, 이동휘를 명예회장으로, 이용, 채영, 한운용, 장기영, 박일리야 등 5명을 군사위원으로 선출했으며, 원동공화국 군부와 교섭할 대표로 이용을 선정했다. 이것이 제2차 한인군사위원회이다. 참모부에는 홍범도, 안무, 서일(徐一), 조성환(曺成煥), 이청천, 이용, 채영, 최진동, 오하묵 등 15명이 선임되었다. 대한의용군 산하 총병력은 3000명에 달했다. 대한의용군이라는 명칭은 '대한'이라는 말이 일본의 주의를 끌 우려가 있어 빼고 사할린특립의용대라는 명칭을 사용했으며, 원동공화국 인민혁명군 제2

군대	지휘자	인원수
사할린군대	박일리야	420명
다반군대	최니콜라이	165명
이만군대	김표트르	110명
독립단군대	박그리고리, 최파벨, 전응호	100명
총군부군대	최진동, 허근	445명
서로군정서군대	이청천, 김승빈	300명
간도국민회 제1부대(독립군)	홍범도	150명
간도국민회 제2부대	안무	80명
합계		1,770명*

출처: 최호림, 『遠東邊疆高麗人生活 歷史抄錄』, 116쪽.
* 이 가운데 700여 명은 후일 고려혁명군으로 넘어감.

군에 소속되는 것으로 했다.

대한의용군은 1921년 4월 정치적 후견기관이자 지도기관이던 한인부 간부들이 국제공산당 동양비서부에 의해 체포되면서 수세에 몰렸다. 또한 이르쿠츠파 고려공산당·국민의회 연합세력이 조직한 고려혁명군정의회와의 군권쟁탈전에서 패배해 급기야는 1921년 6월 28일에 발생한 동족상잔의 자유시참변 당시 많은 사상자를 내었고, 무장해제되고 말았다.

사할린특립의용대에 참여한 군대들은 위의 표와 같다.[247]

사할린특립의용대의 주요 인물은 총사령관 김민선(그 뒤를 이어 박창은, 그리고리에프), 군정위원장 박일리야, 사령부관 최파벨, 대대장 박그리고리, 최니콜라이, 전응호, 고창률 등이었다.

---

247 최호림, 『遠東邊疆高麗人生活 歷史抄錄』, 116쪽.

3) 고려혁명군정의회의 조직

치타의 한인부 및 사할린군대(사할린의용대) 주도하에 통합된 이 같은 최고지휘기관 설립운동에 대립해, 대한국민의회와 그 산하의 자유대대를 축으로 별도의 한인군대 통일운동이 진행되었다. 치타의 한인부 및 사할린의용대 측은 원동공화국 대통령인 크라스노쇼코프로부터 후원을 받고 있었던 데 반해, 대한국민의회와 자유대대 측은 1921년 1월에 창설된 이르쿠츠크국제공산당(코민테른) 동양비서부(극동비서부)의 부장인 보리스 슈미야츠키(Борис Шумяцкий)로부터 지도와 후원을 받고 있었다. 국제공산당 집행위원회는 동양비서부장 슈미야츠키에게 원동지역에서의 모든 당, 혁명운동 및 군대에 관한 책임권한을 부여했다. 이로 인해 슈미야츠키가 '전한공산당' 창립과 한인군대의 통합에 관한 권한을 장악했다.

슈미야츠키의 동양비서부는 대한의용군과 제2차 한인군사위원회가 조직되던 거의 같은 무렵인 1921년 3월 중순경, 임시고려혁명군정의회를 결성했는데, 총사령관에 시베리아지역의 빨치산 영웅인 그르지야(조지아) 출신의 칼란다라시빌리(Каландарашвили), 부사령관에 오하묵, 군정의원에 김하석, 채성룡(蔡成龍), 임시참모부장에 유수연(兪洙淵)이 임명되었다. 원동공화국총사령부에서는 4월 말 치타의 한인부 간부 박애, 계봉우, 장도정, 김진 등이 국제공산당 동양비서부의 명령에 불복종했다 해서 '반혁명' 혐의로 체포되었으며, 한인부 역시 해산되었다. 이용 역시 체포를 피해 연해주지역으로 도피했다.

이후 1921년 5월 4~17일 이르쿠츠크에서 개최된 고려공산당(이르쿠츠크파) 창립대회 다음날에는 고려공산당 중앙간부의 추천으로 동양비서부가 승인한 정식의 고려혁명군정의회가 조직되었는데, 총사령관에는 칼란다라시빌리, 군정의원에는 유동열(柳東說), 최고려가 임명되었

제1고려혁명군을 구성한 군대

군대	지휘자	인원수
자유시보병특립대대	오하묵	335명
이만군대	김표트르	110명
합동민족연대	최메포지	373명
자바이칼 기병대	칼란다라시빌리	564명
간도군대 일부		590명
합계		1,992명

출처: 최호림, 『遠東邊疆高麗人生活 歷史抄錄』, 17~118쪽.

다. 고려혁명군정의회는 6월 초 한인무장세력이 체류하고 있는 자유
시로 이동했고, 전한군사위원회 산하 대한의용군의 통합에 나섰다. 하
지만 대한의용군 측은 이에 반발했다. 결국 고려혁명군정의회는 강제
적인 무장해제를 결정하고, 원동공화국 제2군단 제29연대는 장갑차,
대포, 기관총으로 무장한 1만여 명의 병력으로 6월 28일 무장해제를
감행해 자유시참변이 발생했다.

고려혁명군정의회 지휘하에 제1고려혁명군을 구성한 군대들은 위
의 표와 같다.[248]

제1고려혁명군의 주요 간부는 고려혁명군정의회장 겸 총사령관 칼
란다라시빌리, 사령관 서리 오하묵, 의원 오홀라(Охоло), 최고려, 유동
열, 후보의원 김하석, 서기 최성우, 정치부장 채동순, 사관학교장 이청
천, 사관학교 군정위원장 최호림, 정치학교장 채그리고리(채성룡), 사
령부관 유수연, 제1연대장 전희세, 제2연대장 최메포지, 제3연대장 황
하일이었다.

1921년 3월 사할린의용대가 조직될 당시 1400여 명에 달하던 한인

---

248 같은 책, 117~118쪽.

무장세력(니항군대, 다반군대, 독립단군대, 이만군대 등 러시아지역 한인빨치산부대 600여 명, 홍범도의 독립군 440여 명, 최진동과 허근의 총군부군대, 안무의 국민군 등 400여 명)은 한인부의 해체와 원동부의 지원 중단 등에 따라 식량사정이 악화되고 국제공산당(코민테른) 동양비서부의 정치적 압력이 강화되면서 이탈세력이 발생해 약 1000명으로 규모가 약화되는 등 고립화되고 있었다. 즉, 홍범도부대와 안무군대에서는 최진동, 이청천, 허근이 이탈하고, 니항군대(사할린군대)에서는 장교 임호와 고명수가 이탈했으며, 이만군대에서는 김표트르 등 장교들과 채영의 학생대가 이탈한 상태였다.[249]

　　1921년 6월 말 발발한 자유시참변 당시 양측에 소속된 군대를 보면, 마사노프에는 니항군대, 다만군대, 이만군대, 독립단군대, 총군부군대(독군부, 의군부)가 주둔하고 있었고, 자유시의 고려혁명군정의회 측에는 자유대, 이르쿠츠크로부터 온 합동민족군대, 6월 초순 마사노프로부터 이탈해 온 홍범도의 독립군, 안무의 국민회군대(국민군), 채영의 학생대가 있었다. 결국 고려공산당의 양 파벌이 벌인 각축전은 국제공산당 동양비서부장 슈미야츠키의 일방적 지원을 받은 이르쿠츠크파의 승리로 귀결되었다.

　　고려혁명군정의회는 자유시참변을 치르고 뒷정리를 한 후 국제공산당 동양비서부의 명령에 따라 1921년 8월 5일 자유시를 떠나 8월 그믐에 이르쿠츠크에 도착했다. 도착한 후 고려혁명군정의회는 해체되었고 휘하의 군인 1745명은 제5군단에 편입되어 1개 여단을 편성했다. 여단장으로는 칼란다라시빌리, 군정위원장으로는 박승만이 선임되었다. 1921년 10월 3일 여단장 칼란다라시빌리가 사임하고 오하묵이 여단장에 취임했다. 여단 내에는 정치부를 신설했고 채동순이 부장에 임

249　露高麗革命軍隊文明部, 「在露高麗革命軍隊沿革」, 41~42쪽.

명되었다. 또한 여단 내에 사관학교를 설립해 6개월의 교습기간을 두었다. 사관학교의 임시교장에는 유동열, 교관에는 이청천, 채영, 김승빈, 군정위원장에는 선우정이 선임되었다. 10월 15일 유동열이 교장직에서 사임하자 이청천이 겸임했다.[250] 여단은 다시 고려특립연대로 재편되었고 1922년 8월 15일 이후 소비에트정부 군부, 원동공화국 군부와의 협의에 근거해 원동으로 이동해 하바롭스크에 집중했는데 병력은 약 800명이었다.

4) 자유시참변(흑하사건, 아무르사건)

자유시참변은 독립운동사상 최악의 비극 가운데 하나로 알려져 있는 사건으로 흑하사변, 흑룡주사건, 아무르사건, 자유시사변 등 여러 가지 명칭으로 불린다. 자유시참변은 1921년 6월 28일 러시아 흑룡주(아무르주)의 자유시에서 이르쿠츠크파의 고려(혁명)군정의회가 원동공화국 제2군단 제29연대의 지원을 받아 상해파 한인군대, 즉 사할린특립의용대를 무장해제하는 과정에서 수많은 독립군을 살상한 대사건이다.

국제공산당에서 파견된 고려혁명군의 전권대표 오홀라는 자유시참변을 전후한 시기에 발생한 사건들을 국제공산당 동양비서부에 일지에 가까울 정도로 상세하게 보고했다. 이 보고서에 따르면, 진압작전은 1921년 6월 28일 오후 3시경에 시작되어 4시간 반 만인 오후 7시 30분에 끝났는데, 가해자 측은 1명 사망, 9명 부상이었고, 피해자인 사할린부대는 사망 36명, 행방불명 60명이었으며, 최종 무장해제된 사람은 860명이었다.[251]

---

250 같은 글, 45쪽.
251 국사편찬위원회, 『한국독립운동사자료』, 제34권, 189, 414쪽.

이와 대조적으로 간도국민회, 군비단, 신민단, 의민단, 광복단 등 11 개 단체가 발표한 「문창범 등을 공격하는 성토문」(1921년 9월)에서는 적탄(敵彈)에 희생된 자 72명, 익사자 37명, 기병추격 200여 명, 행방불명 250여 명으로 600여 명이 희생되었으며, 포로로 잡힌 수가 917명이라고 주장했다.[252] 가해자 측 고려(혁명)군정의회가 이 성토문을 반박하기 위해 작성된 것으로 보이는 「군정의회선포문」(1921년 9월 30일자)의 내용은 오홀라의 보고문과 거의 일치하는데, "당장에 죽은 자" 37명, "중상하여 병원에 가서 죽은 자" 4명, "도망한 자" 50명, "항복하고 잡힌 자" 900여 명이라고 주장했다.[253] 오홀라는 고려군정의회 측에 특별조사위원회(임시조사부)를 조직케 했는데, 이 위원회의 임무는 '폭동과 선동행위의 주모자들을 밝혀내는 것'이었다.[254] 자유시참변 이틀 후인 6월 30일에 5명으로 구성된 이 위원회는 1주일 간 포로군인 900명을 심문했다.[255]

그 결과 "공모 주동한 자 75명이오, 축임받아 협동한 자 145명이며, 그 나머지는 강제에 못이기어 일시 섞이었든 자로 대부분이 간도대의 군인"이었다. 이들은 공통적으로 진술하기를 "간도군인은 처음 일날 적부터 의미없는 싸움이라고 극력 반대했으나 위험한 강박에 어찌 할 수 없어 앞서게 된 것이오, 동무중에는 싸우지 아니하랴 하여 총을 거꾸로 쥐고 혹 내버리고 군정의회군대로 넘어오다가 사할린대의 손에

---

252 金正柱, 『朝鮮統治史料』, 7권, 31~35쪽. 이 성토문의 발표에 참가한 11개 단체와 22명의 대표는 국민회(구춘선, 이봉우), 군비단(이희삼, 윤덕보), 광복단(김성륜, 황만실), 신민단(김성배, 유봉득), 노동회(조응순, 권중강), 공의단(심영택, 엄준), 태극단(임학우, 박대성), 농무회(김기형, 김직묵), 의민단(방우룡, 김연원), 청년독립단(정태선, 장민준), 야단(오석영, 윤좌형)이다.

253 「알렉세 - 흐스카야 부근에서의 不逞鮮人의 慘劇에 대한 宣布文의 건」(1922년 1월 9일자), 『不逞團關係雜件 朝鮮人의 部 在西比利亞』, 제13권.

254 국사편찬위원회, 『한국독립운동사자료』 34권, 191, 416~417쪽.

255 「在露高麗革命軍隊沿革」, 43쪽.

잘못 죽은 사람이 여럿이오, 대대장 허근씨는 저사위한(抵死爲限)하고 방안에서 나오지 아니었었나니 실상 아무 죄가 엇노라" 했다.[256]

결국 총군부(최진동의 독군부와 허근의 의군부 군대) 군인 364명은 무죄로 하여 군정의회에 편입시키고, 나머지 500명은 재차 검사부에 인도해 다시 취조했다. 그러던 중 7월 5일 국제공산당 동양비서부로부터 전보가 왔는데, "고려혁명군대를 만주로 출동할 계획을 정지하고 속히 군대를 영솔하고 일크쓰크로 입래하라"라는 것이었다. 이는 일본과 원동정부 간에 대련회의(大連會議)가 개최되면서 국제법상 문제와 관련해 취할 수밖에 없었던 부득이한 조처였다. 그리하여 7월 30일 '중대범죄' 장교와 군인 72명은 이르쿠츠크로 압송했고, 그 나머지 428명 역시 이르쿠츠크로 압송하려고 했으나, 원동공화국 정부 제2군단에서 이들의 운송을 거부하고 노동병으로 인도할 것으로 요구해 제2군단에 인도했다. 이들은 곧 우수문벌목장으로 옮겨져 압송되어 노력대원(노동군)으로 강제징역에 처해졌다.[257]

서북간도 독립군부대의 지도자들인 홍범도, 최진동, 허재욱, 안무, 이청천은 자유시참변의 가해자인 고려혁명군정의회 측의 입장에서 피해자인 사할린의용대에 대한 공격에 가담했다. 이들은 '각의병대영수' 명의로 고려공산당중앙간부(제3국제공산당고려부)와 함께 1921년 11월 1일자로 「경고문」을 발표해 사할린의병대 측, 즉 상해파를 "형제의 피를 무연(無然)히 흐르게" 한 "황색정객"이라 비판했다.[258]

---

256 「알렉세 - 흐스카야 부근에서의 不逞鮮人의 慘劇에 대한 宣布文의 건」(1922년 1월 9일자), 『不逞團關係雜件 朝鮮人의 部 在西比利亞』, 제13권.
257 「在露高麗革命軍隊沿革」, 43쪽.
258 「高麗革命軍의 水靑(노와니코라에후카)地方 集合의 件」(1923. 1. 16), 『不逞團關係雜件-朝鮮人의 部-鮮人과 過激派』 제3권.

5) 자유시참변 관련자와 한인부 재판

이르쿠츠크로 압송된 독립군 장교들은 이르쿠츠크감옥에 감금되어 있다가 1921년 11월 28일부터 30일까지 이르쿠츠크파(국민의회파)가 주도한 고려혁명군법원에 의해 재판을 받았다. 고려혁명군여단 정치부장인 채동순을 재판위원장으로, 홍범도와 박승만을 위원으로 한 재판부에서는 3명에게는 2년 징역, 5명에게는 1년 징역, 그리고 24명에게는 1년 집행유예를 선고했고, 나머지 17명은 방면했다. 당시 원동민족혁명단체대표회(극동민족대회, 극동노력자대회)에 참가하기 위해 이르쿠츠크에 집결해 있던 조선대표들은 이 재판에 배심원으로 동원되었다.[259] 판결내용을 보다 구체적으로 보면, 사할린특립의용대의 장교 가운데 그리고리예프(러시아인), 김민선, 최파벨, 박그리고리 4명은 반란죄로 징역 2년을 받았는데, 박그리고리는 "신임인의 보증에 의하여" 석방되었다.[260]

자유시참변에 대한 재판에 앞서 치타의 한인부 지도자들에 대한 재판이 진행되었다. 즉, 1921년 이르쿠츠크에서의 고려공산당 창당대회 폐회 다음날인 1921년 5월 18일 고려혁명군정의회와 동양비서부가 합동회의를 개최하고 위원제의 임시고려혁명법원을 조직했다. 이 임시법원은 박애, 김진, 장도정, 계봉우에 관한 사건을 처리하기 위해 조직한 것이었다.[261] 이 한인부 간부들은 원동부의 명령을 받고 한인부 문부들을 송부한 5월 9일 원동공화국 총사령부에 의해 체포되어 5월 16일 이르쿠츠크로 압송되었다.[262] 이들의 체포와 압송은 국제공산당 동

---

259 반병률, 『성재 이동휘 일대기』, 342쪽.
260 「在露領秋豊韓族共産黨의 組織及內容」(1922.3.3), 『不逞團關係雜件 朝鮮人의 部 鮮人과 過激派』, 제2권.
261 「在魯高麗革命軍隊沿革」, 54쪽.

양비서부가 주관한 것이었다.

동양비서부와 군정의회 측은 이어 5월 15일 대한의용군 군사지도자들에 대한 체포에 나섰다. 이들은 특립부장 이훈(李勳)과 김표돌 2명을 파견해서 흑하지방(마사노프)에 있던 김규면, 한운용, 박원섭, 우시욱, 주영섭, 안태국, 임상춘 등 13명에 대한 체포에 나섰다. 이 지도자들은 마사노프에 주둔하고 있던 대한의용군을 빨치산 활동지대로 이동시키는 데 필요한 군수품을 준비하고 있었다. 칼란다라시빌리, 오하묵 등 군정의회와 국제공산당 동양비서부 간부들은 블라고베시첸스크로 와서 김규면 등 대한의용군 지도자들의 양도를 요청했으나, 러시아공산당 지방당국, 즉 친상해파인 러시아정치보위부는 이를 거부하고 이들을 석방했다.[263] 이들에 대한 체포작업은 슈미야츠키의 전권대표로 치타에 파견되어 온 프셰니친(원동부 책임비서)이 지휘했다.[264]

1921년 5월 18일 계봉우, 박애, 김진, 장도정 등 한인부 간부들은 김철훈, 채성룡, 채동순 3명의 취조를 받았고, 5월 22일에 판결을 받았다. 재판부는 이성, 김철훈, 채성룡으로 구성되었다. 변호인으로 한규선이 역할을 맡았다. 기소된 논지는 박일리야와 김민선을 파견함으로써 박와실리를 총살케 한 사실, 원동총사령부를 기만한 일, 박창은을 임시총사령에 임명해 파송해 군기를 문란케 한 일, 국제공산당 동양비서부가 소집한 한인의병대회에 응하지 않은 일, 전한공산당소집원들의 원동행을 방해하고 지방에 기만적인 통신을 발송함으로써 한국독립운동과 세계무산자혁명을 방해한 일 등이 '죄목'으로 제시되었다.[265]

---

262 「高麗共産黨代表會의 內幕 및 國際共産黨 鮮人部 經過狀況에 관한 譯文送付의 件」;「在魯高麗革命軍隊沿革」, 54쪽.
263 김규면, 『老兵 金規免의 備忘錄에서』, 41~42쪽.
264 반병률, 『성재 이동휘 일대기』, 315~316쪽.
265 「高麗共産黨代表會의 內幕및 國際共産黨 鮮人部 經過狀況에 관한 譯文送付의 件」;「在魯高麗革命軍隊沿革」, 54쪽.

검사 백운학은 박애에게는 사형을, 나머지 3명에게는 세계혁명이 성공할 때까지 금고를 구형했다. 결국 재판부는 박애에게 8년, 계봉우, 장도정, 김진에게 각각 5년을 선고했다. 이어 8월 8일에 소비에트러시아 제5군단과 동시베리아군대혁명법원에서는 감형되어 박애는 5년 징역, 계봉우, 장도정, 김진은 3년의 징역을 선고받았다.[266]

한편, 사할린특립의용대의 지도자 박일리야는 자유시참변 당시 도피했는데, 박일리야와 이규성은 후일 우수문에 강제노역 중이던 대한의용군 소속 군인들을 석방하는 데 기여했다. 당시 석방된 군인들은 1922년 2월의 볼로차엡카전투 등에 참여하는 등 원동해방전쟁에서 크게 공헌했다. 사할린군대는 니콜라옙스크 항구를 일본군과 백위파로부터 '해방'했고, 1920년 말~1921년 상반기 아무르주(흑룡주) 자유시로 이동했는데, 당시 만주와 연해주, 아무르주(흑룡주)로부터 자유시로 집결해 온 한인무장부대들 가운데서 가장 유력한 부대였다.

다반군대의 최니콜라이, 박춘봉을 비롯한 사할린의용대 소속 장교 72명은 중범죄자로 분류되어 8월 5일 이르쿠츠크로 이동했다. 이들 장교는 이르쿠츠크로 압송되어 감옥에 투옥되었고, 일반 군인들은 '반혁명죄인'으로 아무르강 연안의 우수문 정거장 부근의 목재소로 압송되어 노력대원으로 강제징역에 처해졌다. 이르쿠츠크로 압송되는 도중 최니콜라이, 한권일, 박춘봉, 박니콜라이, 함파벨, 박그리고리, 김인노겐치 등이 탈출을 시도했으나, 최니콜라이, 한권길은 열차바퀴에 치여 두 다리를 잃었고, 한권길은 결국 자살했다. 박그리고리와 김인노겐치는 다시 잡혔고, 박춘봉, 박니콜라이, 함파벨은 탈출에 성공해 치타의 한민회 회장 태용서의 도움을 받아 아무르주로 도망하는 데 성공했다.[267]

---

266 같은 글.
267 「이인섭이 김세일에게 보낸 편지」(1968년 3월 7일자).

유죄를 선고받은 박애, 김진, 계봉우, 장도정과 장교 36명을 비롯한 80여 명의 상해파 인물들은 이동휘, 홍도, 박진순 등 상해파 고려공산당 대표단이 모스크바에서 전개한 외교활동의 결과로 채택된 국제공산당 검사위원회의 결정서에 따라 석방되었다.[268]

4. 자유시참변 후 원동해방전 참여와 무장해제

1) 이만 고려혁명의용군과 대한의용군사회

자유시참변 이후 이르쿠츠크파의 고려혁명군정의회와 (제1)고려혁명군이 이르쿠츠크로 이동한 가운데 연해주 이만을 근거지로 삼고자 하는 한인빨치산세력이 이만에 집결했다. 우선 자유시참변을 피해 각지로 분산했던 상해파 계열의 한인빨치산들이 이만으로 집결했으며, 서간도로부터는 1921년 3월 이후 본거지 장백현을 떠난 군비단 독립군들이 9차례에 걸쳐 중·러 국경의 밀산을 거쳐 군비단 군사부 본부가 위치하고 있는 이만으로 집결했다. 당시 이만지역은 당시 원동공화국 관할에 있던 최남단 도시였는데, 그 이남의 스파스크와의 사이를 흐르는 다우비허(현재의 아르셴예프강)를 경계로 그 이북은 원동공화국의 관할하에, 그 이남은 백위파 메르꿀로프 정권 휘하에 놓여 있었다.

상해파 지도자 김규면은 흑룡주에서 러시아공산당 흑룡주 간부의 보호하에 있던 당과 독립군 간부들에게 위임장, 호소문, 보조금을 주어 흑룡주 각지의 한인 농촌에 파견했다. 이들은 자유시참변 이후 흑룡주의 한인 농촌에 피신해 있던 사할린특립의용대 소속 독립군들을

---

268 반병률, 『성재 이동휘 일대기』, 339쪽.

모집해 이만지방에서 집결하기로 했던 것이다.[269]

그 결과 이만에는 서간도 장백현으로부터 군비단 '도수부대'들이 차차 도착했다. 군비단 본부는 연해주 현지 시찰대의 활동 결과를 토대로, 군비단 군사부 본부가 이전할 지역으로 이만을 선정했는데, 이는 이만이 당시 시베리아내전 중인 적군과 백군의 분계선으로 빈 공간의 완충지였고 한인 농촌들이 많아 주둔에 유리한 데 따른 것이다.[270] 제2차 시찰대인 김덕은 일행이 무송, 안도, 돈화, 액목, 밀산 등지에서 활동하고 있던 단체들과 연락하며 군대행정에 대한 지리를 관찰한 후 4월 17일(음력 3월 10일) 이만에 도착했다. 마침내 군사부장 김찬이 예정보다 늦게 떠난 3차 군대 파송(4월 24일)에 앞서 1921년 4월 16일(음력 3월 9일) 군인 엄관호와 함께 연해주로 떠났다.

1921년 5월 말 또는 6월 초에 군사부원인 박춘근과 홍파(이민환, 이승)가 이만에 처음으로 도착한 데 이어, 군사부장 김찬이 도착했다. 이어 6월(음력 5월분) 또는 7월 초에 이르러 5회까지의 파송군인 230명이 이만에 도착했는데, 특히 5차 파송대와 동행했던 임시사령관 임표와 군사부원 김탁, 박동규, 위생국장 강현춘 등이 합류했다.[271]

1921년 3월 이후 9회에 걸쳐 서간도로부터 군비단 군인들이 이만지역으로 이동해 왔으며, 8월에 이르자 도수부대들이 거의 다 이만에 도착했다(8회 60명은 8월 4일 도착).[272] 이들은 약 300~400명에 달했다. 흑룡주 자유시참변을 피해 온 사할린군대 군인들이 합세해 이만의 한인군대는 성황을 이루었다.[273]

---

269 김규면, 『老兵 金規勉의 備忘錄에서』, 43쪽.
270 강상진, 「군비단(軍備團)에서」, 243쪽. 군비단 군인들이 분산 주둔하던 이만의 한인마을은 신농평, 와구통, 싸인발, 자작동, 쾌상바르 등이었다.
271 같은 글, 245쪽.
272 강우건, 「姜宇鍵 遺稿」, 108쪽.
273 최호림, 『遠東邊疆高麗人生活 歷史抄錄』, 88쪽.

이 군인들은 신농평, 와구통, 싸인발 등 이만 부근 한인마을에 분산 배치되었으며, 고려공산당의 주선으로 러시아적위군(인민혁명군)과도 제휴했다.[274]

1921년 8월 16일(음력 7월 13일) 군비단 군사부는 이만에서 제3회 회의를 개최하고 군대의 명의를 '고려혁명의용군'(군비단군대, 제2이만군대라고 불리게 됨)으로 개칭했다. 군제는 1개 대대를 3개 중대로 편성하고 사관양성 속성과를 두어 군사교육을 장려하기로 했다. 각 군대에 무기를 지급해 교련을 실시하고 공산주의를 선전했으며, 주민의 농사일을 의무적으로 돕고 마적방어에 힘쓰기로 했다. 군대의 장교는 제1중대장 윤동선, 제2중대장 오동명, 제3중대장 김일수, 교관 김명덕, 헌병대장 유세홍, 헌병소대장 강상진 등이었다. 8월 20일에는 흑룡주 주당간부이자 고려부 책임비서인 박영이 공산주의 선전을 위한 야체이카를 조직했다.[275]

고려혁명의용군 당국은 9월 20일 각지 혁명단체의 통일을 목적으로 해서 수청 혈성단에 박춘근과 유홍기를, 자유시의 고려혁명군정의회에 김찬을 파견했다. 김찬은 도중에 자유시참변의 소식을 듣고 돌아왔다. 이 무렵 이용, 한운용, 김홍일 등이 중국령으로부터, 임상춘이 흑룡주로부터 와서 '좋은 투사들'이 모여들어 "새 계획을 전개할 큰 장막이 의결되었다". 이 무렵 고려혁명의용군은 김찬 등이 갖고 온 정보를 통해서 자유시참변으로 인해 뒤숭숭한 자유시로 가기보다는 이만에 남아 러시아 인민혁명군과 백위파 및 일본군과 전투하기로 결정했다. 1921년 9월 25일에 와구통촌에서 개최된 시국문제 토론대회가 그 계기가 되었다. 이 대회에서는 '고려의용군사의회'를 조직했다. 의회 위

---

274 강우건, 「姜宇鍵 遺稿」, 108쪽.
275 같은 글, 108~109쪽.

원으로는 마용하, 임표, 이용, 김찬, 김덕은, 최중천, 강재관이 선출되었고 후보위원으로는 박춘근, 윤동선이 선출되었다. 각 부서책임자로는 위원장에 마용하, 비서 임상춘, 사령관 이용, 사령부관 박춘근, 참모장 임표, 부원 한운용, 김홍일, 재무부장 김덕은, 문화부장 최중천, 부원 최태열, 서무부장 김찬, 외교부장 강재관 등이 선임되었다.[276]

위원회의 결정으로 사관학교를 설립하기로 하고 교장과 사령관은 이용이 겸임하기로 했다. 교육장에는 한운용, 학도대장에는 김홍일이 선출되었다. 사관학교의 위치는 양허재(놀리허, 루키야놉카)에 두고 6개월 속성과로 하기로 했으며 학생 수는 50명으로 하기로 했다. 이후 병으로 사임한 김찬의 후임으로는 서상용이 선출되었으며, 사령부관 박춘근 대신으로는 김탁, 위원 임표 대신으로는 박춘근이 보선되었다. 또한 최태열을 군정위원으로, 김규면을 위원회의 고문으로 새로이 선임했다.[277]

1921년 12월 2일에 백위파 육군대장 몰차노프(Молчанов)는 북진을 해서 이만전선을 공격했다. 1921년 12월 1일 러시아적군 고등정탐부로부터 백위군이 우수리강구에 침입한다는 첩보를 접한 러시아적위군 당국은 고려혁명의용군에 구원을 요청했다. 고려혁명의용군은 적위군에 출전통첩을 보내고, 이용 사령관은 동원령을 내려 각지에서 훈련 중인 군인들을 이만으로 집결시켰다. 이와 동시에 공산당원, 학교교원, 공청회원 기타 유지자들도 가담시켜 군인 총수는 357명에 달했다. 이 군인들을 3개 출전중대로 편성했다.

제1중대: 대장 임표, 제1소대장 김동명, 제2소대장 이빈, 제3소대장

---

276 같은 글, 111쪽.
277 같은 글, 112쪽.

불상

제2중대: 대장 한운용, 제1소대장 강신우, 제2소대장 마춘걸, 제3소대
　　　　장 박홍

제3중대: 대장 김홍일, 제1소대장 조경호, 제2소대장 이성춘, 제3소대
　　　　장 마진, 하사 윤동선, 주병록, 윤상원, 이종설 등 22명, 특무정
　　　　교 유영태

　러시아적위군 총사령관의 명령과 무기배급을 받은 적위군 기병 20
명은 길 안내를 받고 모로봉으로 행군했다. 이는 군비단이 노령 이만
으로 이동해 러시아적군과 함께 백위파군과 싸운 최초의 전투였다.[278]
　러시아적위군과 고려의용군 제1중대, 제3중대가 이만으로부터 북쪽
의 비킨(Бикин)으로 철수한 가운데, 한운용이 지휘하는 제2중대 62명
만 12월 4일 오후 1시경 이만으로 진격해 점령하고 있던 백위파군대의
항복을 받아냈다. 그러나 이만 이남의 무라비요프(Муравиёв)로부터
출동한 수천 명의 백위파군이 이만 시내로 진격해 들어오자 항복했던
백위파군이 합세해 결국 한운용중대가 전멸했다. 의병대 측은 사망자
가 52명이었고 백위파군은 사망자가 600여 명, 부상자가 200여 명이었
다.[279]
　이후 고려의용군은 비킨, 하바롭스크, 인, 볼로차옙카 전투에서 혁혁
한 공을 세웠다. 볼로차옙카 전투에서 고려혁명의용군은 영웅적인 투
쟁을 벌였고, 당시 전투의 현장이던 볼로차옙카역 부근에는 이윤 - 코
란 산 등정을 기념하는 기념비가 세워져 있다. 볼로차옙카 전투 이후
한인고려의용대는 더 이상 실전에 참여하지 않고 특립보병중대라는

---

278 같은 글, 113~115쪽.
279 최호림, 『遠東邊疆高麗人生活 歷史抄錄』, 90~95쪽.

이름으로 인, 볼로차옙카, 블라지미로브카 등지 일대를 수비하며 휴식을 취했다. 한운용중대의 생존자인 마춘걸이 와서 이만전투의 최후를 알려주었고 이용과 임표는 이전의 군비단원 50명을 인솔하고 장례를 치렀다. 이용과 임표는 이만에서 대한의용군사회를 재조직했다.

김규면은 고려의용군을 제2이만군대라고 부르면서 다음과 같이 정리했다. "1920년 여름부터 1921년 여름까지 백두산 장백부에서 '군비단' 군대가 모두 5, 6차례로 남만주, 북만주 산길로 수천리를 도보해 이동해 온 군대이다. 원동해방 빨지산전투부대로서는 제일등 공훈이 있는 군대이고 원동숙청전쟁에 제일 많이 희생당한 군대이다. 위선 한운룡의 군대가 리만정거장 전쟁에 부대적으로 피 흘린 것, '인'과 볼로차예브크[볼로차옙카] 전쟁에서도 군비단군대의 전공이 많다. 영도자는 윤덕보, 김덕은, 박동규, 김탁, 김찬, 임표, 김일수, 박춘근, 조덕진, 이순조, 사령장은 이용, 부사령들은 한운룡, 임표, 김홍일, 한무학, 최계립, 김현기, 김일수 등"이었다.[280]

2) 추풍지역 한인빨치산군대: 솔밭관 한족공산당군대, 혈성단, 의용단

1921년 9월에 이르러 강국모는 수청의병대에서의 위상이 낮아지고 러시아빨치산사령관으로부터 지휘를 받는 것을 싫어하게 되었는데 이로 인해 김경천과 갈등을 빚었다. 이 과정에서 국제공산당의 파견으로 수청지역에서 당사업을 전개하고 있던 손풍익을 오발해 살해했다. 이에 강국모는 혈성단을 분리해 수청지역을 떠나 다시 본래의 본거지인 수이푼의 북(北)시베창으로 이동했다. 이동 직후인 1921년 10월경의

---

280 김규면, 『老兵 金規勉의 備忘錄에서』, 25쪽.

제1장 러시아지역 항일무장투쟁의 역사 361

혈성단 규모는 약 700명이었고, 간부진은 단장 강국모, 부단장 김종화, 재무차장 김태준(金泰俊), 사법부장 이윤(李倫), 사법차장 배영선(裵永善), 외교부장 윤백경(尹白京), 외교차장 김윤(金允), 학무부장 백성직(白星稷), 학무차장 최선(崔先), 참모부장 지우강(池雨降) 등이었다.

추풍지역의 한인빨치산군대들은 추풍 솔밭관한족공산당군(연해주한족공산당연합총회)을 중심으로 점차 연합해 갔다. 한족공산당에서는 이범윤의 의군부(대한독립군단) 및 강국모의 혈성단과 통합하기 위한 공식협의가 상당히 진척되었다. 1922년 3월 한족공산당의 독립선언기념식에 단장 강국모가 초대되어 참석하기도 했다.[281]

앞에서 언급한 대로 이범윤의 의군부는 1922년 초에 이미 해산되었고, 1922년 5월경 추풍지역에는 공산주의노선의 솔밭관 한족공산당군대 외에 민족주의 노선의 혈성단과 의용단이 활동하고 있었다. 일본첩보보고서에는 이들 3개 군대의 병력에 대해 한족공산당군대(이중집) 약 300명, 의용단(임병극) 약 170명, 혈성단(강국모) 150명이었다고 했다. 민족주의적인 성향이던 혈성단과 의용단은 1922년 3월까지는 비공산주의적인 입장을 고수해 한족공산당군대와 상호경쟁하다가, 3월 초순에 이르러 3개 단체가 합동해 한족공산당의 기치하에서 공산주의 이념을 받아들이기로 했다. 각자의 조직은 그대로 유지했다. 1922년 4월 29일 일본군이 솔밭관 한족공산당 근거지를 공격했을 때, 이 군대들은 이를 미리 알고 솔밭관 서방 약 4리의 삼림으로 피난해 5일간 머무르다가 중국 동녕현(東寧縣) 노흑산(老黑山)으로 이동했다.[282]

일본군의 한족공산당 근거지 솔밭관 공격으로 인해 한인군대들이 도피 분산되자 진행되고 있던 통합이 지연되었다. 후일『십월혁명십

281 金正柱,『朝鮮統治史料』, 7권, 55쪽.
282 「露領秋風松田關지방으로부터 逋竄한 不逞鮮人團在에 關한 件」(1922년 6월 2일자),『不逞團關係雜件 朝鮮人의 部 鮮人과 過激派』, 제3권.

주년과 쏘베트고려민족』의 집필자가 "노령에 있는 각단체 군대와는 유일한 고려혁명군대를 조직하려고 협의했던바, 일본군의 솔밭관 습격으로 인하여 달성되지 못하였다"라고 한 것은 이러한 사정을 말하는 것이다.[283] 임병극의 의용단 역시 얼두거우로 근거지를 옮겼다.

이후 추풍지역의 한인군대 통합운동은 한족공산당군대와 혈성단 간에 진행되었지만 그 과정이 순조롭지 못했다. 1922년 6월 5일 '연해주혁명군사의회'로부터 '훈춘군사구역 고려인의병대'(한족공산당군대)의 총사령관에 임명된 김경천이[284] 군정위원 쉬쉬킨, 사령부관 스딴코프 등 7명의 간부와 함께 군대통일문제를 교섭하고자 혈성단 본부를 찾아갔으나, 혈성단 군인들에 의해 감금되어 총살 위기에 빠지기도 했다. 이들 7명은 야간에 탈옥해서 도피했고, 고려혁명군 사령부에서는 강국모를 체포해 영창에 금고했으며, 혈성단 군대는 무장해제되었다.[285]

3) 원동해방 최후 전쟁

1922년 6월 말 일본은 시베리아로부터의 철병을 선언했다. 이후 러시아혁명군 제5군 총사령관 우보레비치(Уборевич)의 명령으로 전투는 방어전이 아니라 공격전으로 전환되었다. 솔밭관군대는 중시베창에서 공격 준비를 하고 있었다. 이때 일본군 1개 중대 150명이 허커우(코르사코프카)를 점령했고, 수색중대를 파견했다. 허커우 원호인 토호들은 일본군대를 위해 연회를 베풀고 20대의 마차를 제공했다. 마침내 일본군이 시베창을 공격하자 솔밭관 한족공산당군은 사격과 속사포 공격

283 십월혁명십주년원동대긔념준비위원회 엮음, 『십월혁명십주년과 쏘베트고려민족』, 64쪽.
284 최호림, 『遠東邊疆高麗人生活 歷史抄錄』, 130~131쪽.
285 같은 책, 78~79쪽. 강국모는 이후 9월 말 고려혁명군사령부 영창을 파옥하고 탈주해 중국령으로 도피했다.

으로 맞섰고, 기병들은 추격전에 나섰다. 일본군은 패주했는데, 장교 1명과 병졸 5명이 사망했고, 10명의 병졸이 부상했다. 솔밭관 한족공산당군 중에서도 문두원이 전사했다. 한족공산당군은 장총 15정과 탄환 500발, 마차 3개, 망원경 2개를 전리품으로 획득했다.[286]

1922년 8월 31일 솔밭관 한족공산당은 러시아공산당 연해주 간부의 결정으로 '러시아공산당 포시예트 - 훈춘구역 간부'로 개칭되었고 그 책임비서로 최호림이 임명되었다. 러시아공산당 '포시예트 - 훈춘구역 간부'의 책임비서로는 최호림이, 조직과장으로는 최찬식이, 통계과장으로는 최성삼이 선임되었다. 당에 야체이카는 17개소, 정당원은 120명, 후보당원이 322명이었고, 지지자가 700명이었다.[287] 연해주 당간부의 명령으로 최호림이 군정위원으로 파견되어 와서 군대 내 정치사업을 벌였다. 솔밭관 군대(고려혁명군제1본진)는 시베창에서 시작해 허커우, 황커우를 점령했다. 이에 일본군대는 포위될까 두려워 그동안 주둔하고 있던 육성촌(푸칠로프카)와 대전자(시넬리니코보)에서 니콜스크 - 우수리스크로 철수했다. 그리하여 추풍지역, 그로데고보 지역, 한카이구역, 보크룹카 구역에서 일본군과 백위파의 세력이 소멸되었다. 이로인해 4월참변 이후 일본의 조종과 후원으로 각지에 조직되었던 친일단체 간화회(懇話會) 조직이 파괴되었으며, 일본의 주구로 활동하던 친일분자와 첩자들은 대거 조선과 일본으로 도피했다.[288]

1922년 9월, 한족공산당군대는 고려혁명군 제1본대(총사령부)로 개편되었다. 연해주 한인빨치산군대들의 통일은 1922년 8월에 조직된 러시아공산당 연해주 주간부 내의 고려부가 '고려의병대 통일문제'를 '러시아연해주의병대혁명군사의회'에 제출해 채택됨으로써 실현되었

---

286 황운정, 「솔밧관군대 사업 대략」(1966.3.12), 22~23쪽.
287 최호림, 『遠東邊疆高麗人生活 歷史抄錄』, 145~146쪽.
288 황운정, 「솔밧관군대 사업 대략」(1966.3.12), 23~24쪽.

연해주 고려혁명군 편제

이름	직책	소속기관
김규식	총사령관	솔밭관 공산주의군대
최호림	군정위원장	러시아공산당 연해주당 간부
안동백	사령관대리	러시아공산당 연해주당 간부 내 고려부
스딴코프	의원	러시아연해주 의병혁명군정의회
한창걸	의원	고려인의병대

출처: 최호림, 『遠東邊疆高麗人生活 歷史抄錄』, 132~133쪽.

다. 즉, '군사의회'는 '러시아공산당주간부' 대표, '러시아연해주의병대 혁명군정의회' 대표, '고려의병대' 대표를 주축으로 '연해주 고려인의병 대 혁명군정의회'를 조직하였으며 그 의회의 지휘하에 고려인의병대 를 통일적으로 지휘토록 했다. 이 '연해주 고려의병대 혁명군정의회'는 아누치노에서 1922년 9월 5일에 출범했다. 연해주 고려의병대 혁명군 정의회의 임원을 살펴보면 '공산주의군대' 대표이자 총사령관 김규식, 연해주당 간부대표이자 군정위원장 최호림, 주당간부 내 고려부 대표 이자 사령관대리 안동백, 러시아연해주 의병혁명군정의회 대표의원 스딴코프, 고려인의병대 대표의원 한창걸, 총 5명이었다.[289]

이 위원회에서 편성된 고려혁명군은 2개 본대와 3개 지대를 두었는 데, 제1본대는 포시예트 - 훈춘 군사구역에 두고 그 지방을 수비하며 총사령부를 겸하게 했다. 제2본대는 아누치노 군사구역에 두고 제3지 대 강알렉세이군대까지 직속시켜 그 지방을 수비케 했다. 제1지대는 포시예트 - 훈춘구역 남부를 수비하고 본영을 얼두거우에 위치케 했으

---

289 최호림, 『遠東邊疆高麗人生活 歷史抄錄』, 132~133쪽. 솔밭관 한족공산당 대표로 베르흐네 우진스크 고려공산단연합대회에 파견되어 가던 황운정 등 33명은 차거우에서 비밀 회합한 후 산길로 다우비허(아누치노)에 갔을 때 프세니친(러시아공산당 연해주당 간부), 이영선(러 시아공산당 연해주당 고려부장), 최호림(고려혁명군정의회 군정위원장), 안동백(고려혁명군 정의회 위원)을 만났다고 한다. 황운정, 「솔밧관군대 사업 대략」(1966.3.12), 22쪽 참조.

지휘자	부대명	인원	주둔 지역
김규식군대	제1본대(총사령부)	677명	포시예트 - 훈춘구역 주둔. 수비
한창걸군대	제2본대	510명	아누치노 군사구역 주둔
임병극군대	제1지대(얼두거우)	200명	포시예트 훈춘군사구역 남부 수비
김정하군대	제2지대(슈코토보)	120명	슈코토보 군사구역 수비
강알렉세이	제3지대	35명	제2본대에 직속
합계		총 1,542명	

출처: 최호림, 『遠東邊疆高麗人生活 歷史抄錄』, 133~134쪽.

며, 제2지대는 슈코토보 구역을 수비하고 본영을 슈코토보에 두었다. 그 조직 편성은 위의 표와 같다.

고려혁명군은 1922년 10월에 연해주 백파잔당을 마지막으로 몰아내는 최후전쟁에 참전했다. 즉, 제1본대 김규식 사령관하에서 폴타웁카 군사구역에 주재한 오브체렌코(Овчеренко) 기병대와 합세해 니콜스크 - 우수리스크 전선에서 출전해 러시아적군이 니콜스크 - 우수리스크시를 점령할 때 서부전선을 수비했다.[290] 그로데고보와 한카이 구역에 주둔하고 있던 솔밭관 군대는 신우여의 지휘하에 이바노브카, 구름을령 전투에서 러시아혁명군과 함께 백위파토벌전에 참전했다. 또한 추풍 허커우에 주둔하고 있던 군대는 조경환, 유창협, 서상묵, 김희천 등의 지휘하에 두도구, 2도구, 3도구, 4도구의 지방대와 더불어 제1지대인 임병극군대와 합세해 포시예트까지 진격해 크라스키노(연추)를 점령했다.[291] 제2본대는 한창걸 사령하에서 이바노브카 전선에 출전해 적군을 대파하고 이바노브카를 점령했다.[292]

---

290 최호림, 『遠東邊疆高麗人生活 歷史抄錄』, 134쪽.
291 십월혁명십주년원동대긔념준비위원회 엮음, 『십월혁명십주년과 쏘베트고려민족』, 68~69쪽; 최호림, 『遠東邊疆高麗人生活 歷史抄錄』, 134쪽.

1922년 11월 20일 당시, 고려혁명군 총사령부는 사령부(총사령관, 군정위원), 무기부, 경무부, 위생부, 향무국, 재무국, 피복국, 재봉국 등의 부서를 두었으며, 2개 대대와 1개 특립대대로 편제되어 있었다. 당시 고려혁명군 총사령부에 소속된 병력은 총 677명이었고, 장총 627정(러시아식 557정, 일본식 70정), 단총 15정(러시아식 15정), 장총용 탄약 7731발(일본식 1만 100발, 러시아식 7631발), 단총탄약 100발(러시아식), 기관총 1대, 탄약 1000발을 보유했다. 주력 1대대의 병력은 555명이었는데 군인은 516명(전투원 507명, 비전투원 9명), 장교는 29명(전투원 24명, 비전투원 5명)이었다. 당시 고려혁명군 총사령부의 간부들은 총사령관 김규식, 군정위원장 최호림, 사령부관 강남일, 제1대대장 최준형, 기병대장 이범석, 기관총대장 나만규, 치중대장 이철, 무기부장 서용욱, 경무부장 정통, 경리부장 최춘선, 위생부장 박성철, 군의관 유치일, 정치부장 여인빈, 정치부의 조직과장 겸 제1대대 군정위원 석길언, 선전과장 김우일, 통신과장 이계선, 서무과장 박인헌 등이었다.[293]

한창걸이 이끄는 제2본대(수청군대)는 총 510명의 병력을 갖추고 있었으며 참모부, 향무국, 무기국, 모연대, 재무국 등의 부서를 두었다. 부대는 3개 중대 외에 기병대, 기관총대, 연락대를 두었다. 주요 간부는 대장 한창걸, 참모부장 박경철, 향무국장 조수학, 모연대장 고상준, 재무국장 이승조, 제1중대장 허용하, 제2중대장 위계원 등이었다. 수청군대의 무장은 장총 369정, 권총 83정, 기총 88정, 말 69필, 탄약 7만 3800발, 폭탄 500발을 보유했다.[294]

---

292 최호림, 『遠東邊疆高麗人生活 歷史抄錄』, 134쪽. 한편 일본첩보보고서에는 1922년 10월 말 일본군이 철수하기 직전에 단일지휘체계의 고려혁명군 연해주총지부가 조직되었다고 하면서 그 간부구성을 다음과 같이 기술했다. 총지부 총재 이중집(추풍), 총사령관 김규식(추풍), 동부사령관 김경천(수청), 서부사령관 신우여(왕팔발자), 남부사령관 임병극(추풍 크로우노브카), 북부사령관 이용(이만)이었다. 이들 고려혁명군의 총병력은 2000여 명에 달했다고 한다.

293 최호림, 『遠東邊疆高麗人生活 歷史抄錄』, 65~68쪽.

시베리아내전에서 러시아빨치산과 적군과 협력해 백위파, 일본군 등 연합군과 싸웠던 고려혁명군(한인빨치산부대)은 1922년 11월 초 원동총사령관 우보레비치의 명령과 고려혁명군정의회 작전명령 제2호 (11월 10일), 제3호(11월 25일)에 따라 일본군의 철수 후인 1922년 11월 15일부터 24일에 걸친 기간에 무장해제되었다.[295] 허승환 지휘하의 특립대 200여 명은 무장해제에 응했으나, 총사령관 김규식은 빨치산무장해제 명령에 공포를 느끼고 보병과 기병 700여 명으로 하여금 총 1700여 정을 휴대하고 중국령으로 도주케 했다.[296] 김규식부대(200명) 는 중국 장작림군대에 포위되어 무장을 압수당하고 대원들 전체가 구금되었다.[297]

한편, 고려혁명군총사령부의 군정위원장이던 최호림은 고려혁명군 총사령관 김규식이 무장해제에 불복해 1922년 11월 17일 밤 중시베창에 주재하던 군인 250명을 영솔하고 무기를 휴대한 채 중령으로 도망했다고 기록하고 있다.[298] 원동해방전쟁 후 시작된 사회주의건설에서 한인빨치산(의병대) 출신들이 참여한 농업집단화 과정에 대해서는 이 책의 제3부 제2장 '농업집단화' 부분에 서술되어 있다.

---

294 같은 책, 45~47쪽.
295 같은 책, 135쪽. 황운정에 따르면, 무장해제 당시 솔밧관 한족공산당군대 1개 대대는 니콜스크-우수리스크 근교 농촌인 도롱봉, 방천 등지에 주둔하고, 다른 1개 대대는 허커우, 황거우 등지에 주둔하고 있다가 러시아제5군단으로부터 "빨치산운동이 불필요하게 되었으니 해산한다"라는 해산명령을 받았다. 황운정, 「솔밧관군대 사업 대략」(1966.3.12), 24쪽 참조.
296 십월혁명십주년원동대긔념준비위원회 엮음, 『십월혁명십주년과 쏘베트고려민족』, 69쪽. 한편 일본 측 첩보보고서에 따르면, 당시 김규식은 11월 15일경 추풍 자피거우에서 부하군인이 러시아인 4명을 고의로 살해한 사건으로 러시아적군이 약 200명의 군대를 급파해 일거에 무장해제를 강제했기 때문에 블라디보스토크 방면에 가서 선후책을 강구했지만 목적을 달성하지 못해 마침내 부하군인들을 권해 11월 하순에 서간도 안도현으로 출발했다고 한다. 「武裝을 解除당한 高麗革命軍 기타 情況에 關한 件」(1922년 12월 19일자), 『不逞團關係雜件 朝鮮人의 部 鮮人과 過激派』, 제3권 참조.
297 황운정, 「솔밧관군대 사업 대략」(1966.3.12), 24~25쪽.
298 최호림, 『遠東邊疆高麗人生活 歷史抄錄』, 135~136쪽.

제2장

'전면적 집단화' 시기 러시아연해주 수청지방 한인 농촌사회의 제문제[*]

1. 머리말

1937년 강제이주와 이를 전후해 자행된 스탈린대탄압은 1860년대 이래 한인사회가 온갖 난관을 극복하며 축적해 온 정치적·경제적·문화적 성과를 송두리째 파괴한 대사건이었다. 강제이주는 고려 농촌 지역들이 전면적인 집단화(콜호즈화)를 완성하고 본격적인 집단화 단계로 접어들어 가는 시점에서 단행되었다. 강제이주 이후 시작된 광활한 중앙아시아에서의 삶은 원동지역에서의 삶과는 본질적으로 달랐다. 강제이주 과정에서 겪은 강제성과 비인간성, 그리고 정치적 엘리트들에게 가해진 정치적 탄압이라는 절망적 상황에도 불구하고, 강제이주 후 중앙아시아에서 고려인 콜호즈들은 성공적으로 정착했다. 이 사실을 어떻게 설명할 수 있을까?

1929년 이후 일어난 전면적인 집단화 과정에서 고려 농촌사회가 순

---

[*] 이 글은 ≪역사문화연구≫ 30집(2008년 6월)(한국외대 역사문화연구소), 153~232쪽에 실린 필자의 글을 수정·보완한 것이다.

탄한 사회주의화의 길을 걸었던 것은 아니었다. 이 과정에서 고려인들은 정치, 경제, 사회, 교육 등 여러 부문에서 갖가지 어려움을 겪었다. 이러한 상황은 이른바 원호(原戶 또는 元戶, 입적 한인)와 여호(餘戶, 또는 流戶, 비입적 한인) 관계처럼 제정러시아 시기부터 시작된 문제이기도 하고, 국내와 중국 만주로부터 새로운 이주민이 급증한 데 따른 무토지 농민들의 증가, 그리고 고려인들의 미숙함과 경험 부족에서 비롯된 면도 없지 않았다. 그러나 러시아 당원들의 대러시아민족주의와 민족 차별적 입장이 보다 중요한 원인이라고 할 수 있다. 어떻게 보면 1937년의 강제이주는 국가권력에 의한 폭력적 방법을 통해 러시아 원동지역 고려인사회가 겪고 있던 여러 가지 문제를 일거에 해결한 측면도 없지 않다.

이 글의 목적은 1922년 말 시베리아내전이 종결된 이후, 특히 1929년부터 전면적인 집단화가 단행된 이후 러시아연해주지역의 고려인사회가 부딪혔던 제반 문제들을 살펴보는 데 있다. 이를 심도 있게 검토하기 위해 연해주지역 고려인사회의 전반적인 문제와 함께, 특히 빈농과 고용농민이 대부분이던 수청지방에 초점을 맞추었다. 토지가 비옥하고 광활해 '추풍4사(秋豊四社)'로 불렸던 4개의 부농 원호촌이 자리잡고 있던 추풍지방이나, 고려인이 90%가 넘었던 연해주 남단의 연추지방에 비해, 수청지방은 토지는 비옥하나 기온이 낮아 농사에 적합하지 않은 산악지대였다. 그뿐만 아니라 원호촌이 대부분이던 추풍지역이나 연추지역과 달리 수청지역은 원호촌이 2~3개에 불과하고 여호촌이 절대적으로 많은 지역이었다. 보다 중요하게는 이른바 러시아인들의 '대러시아민족주의'와 고려인에 대한 민족차별이 유난히 심한 지역이었다. 이러한 지역적 특징으로 인해 전면적 집단화 이후 수청지방의 고려 농촌사회에서는 여러 가지 문제가 첨예하게 대두되었다.

이 글의 앞부분에서는 신영거우(신영동, 니콜라예프카) 마을을 비롯해 수청지역 초기 한인마을이 형성된 과정과 1900년대와 1910년대, 그리고 특히 러시아혁명 이후 시베리아내전 시기에 수청지방의 상황을 추적했다. 이어 시베리아내전이 종결된 이후 1920년대에 고려인사회가 변화한 양상을 소비에트화, 토지배당 문제, 농업집단화, 교육문화 등으로 나누어 살펴보았다. 글의 후반 부분에서는 전면적인 농업집단화 이후 수청지방 고려 농촌들이 겪었던 제문제들을 살펴보았다. 이 글이 제정러시아 시기의 전통적 농촌사회가 전면적인 집단화(콜호즈화)를 거치면서 변모하는 역사적 전개과정을 연구하는 구체적인 사례가 되리라 기대한다. 이 글에서는 수청지방에 살았던 동포들에 대해 1922년 말 시베리아내전이 종결되던 시기까지는 '한인'이라고 지칭하고, 1923년 이후 소비에트화 시기에는 '고려인'이라고 지칭했으며, 일반적인 경우에는 '한인'이라고 지칭했다. 이는 당시 신문기사나 단체, 기관 등에서 이들을 명칭한 빈도를 고려한 것이다.

2. 수청지역 초기 한인마을의 형성과 변화

1) 제정러시아 시기

수청지방은 한자(漢字)로 '수청(水淸)' 또는 '소성(蘇城)'으로 표기했는데, 러시아어로 'Сучан'(수찬)이라 한 것은 중국어 발음에 의존한 것이다. 19세기 후반 20세기 전반기의 한인들은 이 지역을 대개 '수청' 또는 '소성'이라고 칭했고, 요즈음의 고려인들은 '파르티잔스크'로 바뀐 행정 명칭을 쓰지만 고려인 역사와 관련해서는 수찬으로 표기하기도 한다. 수청은 어원상으로 '힘차게 흐르는 모습'에서 비롯된 것으로 설명하기도 하지만,[1] 아마도 '힘차게 흐르는' 수청강(水淸江, 현재의 레츠카 파르티잔스크(Речка Партизанск)]에서 비롯된 듯하다. 동북쪽으로 길게 뻗은 시호테 알린(Сихотэ-Алинь) 산맥 계곡에서 시작된 수청강은 북에서 남쪽으로 흘러 연해주 동남해안의 바다, 즉 수청해(水淸海)로 흘러 들어가는데, 강의 명칭으로뿐만 아니라 나홋카 아메리카만(灣)의 수청곶(岬), 수청산(水淸山), 수청시(水淸市) 등에서처럼 다양한 지리적 명칭으로 쓰이기도 했다.[2]

수청지방은 넓은 지역을 포괄하는 지명으로 사용되었다. 즉, 수청은 러시아연해주의 동부 해안일대를 지칭하는데, 제정러시아 시기에 한인들은 통상 수청지방을 외(外)수청, 내(內)수청, 소자하(蘇子河 또는 水州河, Судзухэ), 다우비허(都飛河, 都兵河, Анучино)의 4개의 구역으로 나누었다. 수청지방의 중심에 해당하는 내수청은 연해주 내륙지방에서 남쪽의 아메리카만으로 흘러들어가는 수청강 계곡 분지 일대를 일컬으며, 외수청은 내수청의 서쪽에 위치하고 우수리만(블라디보스토크 동쪽)으로 흘러들어가는 마이허강[Майхэ, 현재의 레츠카 아르템노브카(Речка Артёмновка)]과 레츠카 치무허[Речка Цимухэ, 현재의 레츠카 슈코토브카(Речка Штоковка)] 계곡의 분지 일대를 말한다. 소자하 지방은 내수청의 동쪽에 위치해, 레츠카 수주허[Речка Судзухэ, 현재의 레츠카 키예프카(Речка Киевка)] 계곡 분지 일대를 말하며, 다우비허는 아무르강의 남쪽 지류인 우수리강의 상류지류인 레츠카 다우비허[Речка Дабхэ, 현재의 레츠카 아르센예프카(Речка Арсеньевка)] 계곡 분지 일대, 즉 남부 연해주의 내륙지방을 말한다. 이 글에서는 다우비허(아누치노)를 제외한 나머지 3개 구역에 한정했다.[3]

---

1 F. V. Solov'ev, *Slovar' Kitaiskikh toponimov na territorii Sovetskogo Dal'nego Vostoka* (Vladivostok, 1975), p.105.

2 같은 책, p.105.

3 「水淸紅衣賊亂實記(1)」, ≪독립신문≫, 1923년 1월 17일자 3면.

수청지역에 형성된 최초의 한인마을은 1868년에 형성된 신영거우[新英溝, 新英洞, 니콜라예프카(Николаевка)]이다. 〈표 1〉에서 보는 바와 같이 지신허(地新墟, Тизинхэ), 얀치허(煙秋 延秋, Янчихэ), 시지미(Сидими) 등과 함께 한인 이주 초기에 형성된 한인마을이라 할 수 있다. 우리 동포들은 오랫동안 이곳을 '신영거우' 또는 '신영동'이라고 불렀다. 이 글에서는 특별한 경우를 제외하고 '신영거우'로 칭했는데, 이는 신영거우가 이 마을 출신들이 다수를 형성했던 우즈베키스탄 타슈켄트주의 유명한 고려인 콜호즈 '스베르들로프(Свердлов)'의 속칭으로서 현재까지도 고려인들 사이에 '시온고(Синёнгоу)'라는 이름으로 전해지고 있기 때문이다.

신영거우에 관해서는 1880년대에 조선정부에서 파견한 관리들이 수청지역을 방문해 신영거우 마을의 연원을 자세히 작성한 기록에 잘 나타나 있다. 김광훈(金光薰)과 신선욱(申先郁)은 1882년경, 1885년경 두 차례에 걸쳐 연해주를 다녀온 뒤 1882년 말 또는 1883년에 『강좌여지기(江左輿地記)』를 작성한 것으로 추정되는데,[4] 이들은 이 기록에서 수청, 즉 소성(蘇城)을 다음과 같이 묘사했다.

蘇城

블라디보스토크 항으로부터 동쪽으로 화륜선을 타고 하루 정도를 가면 소성(蘇城)이 있다. 이 역시 송황영(宋皇營)으로부터 정동(正東)방향으로 6백리 거리에 있다. 대개 바다에 접해 있는 곳으로 남북으로 수백여리 동서로 수삼십리에 걸쳐 있다. 토양은 전후(腆厚)하며 여러 가지 물산들이 이곳에서 나온다. 강은 남으로 흘러 들

---

4   신승권은 해제에서 『江左輿地記』는 1882년 말에서 1883년 사이에, 『俄國輿地圖』는 1885년 말에서 1886년 사이에 작성된 것으로 추정했다. 신승권, 「解題」, 한국정신문화연구원, 『江北日記·江左輿地記·俄國輿地圖』(1994), 48쪽 참조.

표 1 | 러시아연해주 초기 한인마을의 형성 시기

한인마을 명칭	형성 시기(1)	형성 시기(2)	비고
지신허	1864	1864	地新墟, Rezanovo
얀치허	1867	-	延秋, 煙秋 상, 하
시지미	1867	1867	상, 하
니콜라예프카	1868	-	新英溝, 新英洞
바라노브카	1869	1869	
파타시	1871		바도쇠(所都所)
블라고슬로벤노예	-	1871	사만리(沙滿里)
아지미	1872	-	상, 하
블라디보스토크	-	1874	海蔘威 海蔘 구개척리
나고르나야	1875	1875	누블뫼(臥峰)
흑정자	1875	1875	羅鮮+洞
크라스노 셀로	1875	1875	鹿島, 鹿屯島
부르시예	1878	-	
자레치예	1880	-	
랴자노브카	1880	-	
페스차나야	1884	-	
크라베	-	-	
크레르키	1884	-	
암바비라	1884	-	
수하노브카	1885	1884	南石洞
케드로바야 빠지	-	-	
멍구가이	1885	-	孟嶺, 맹고개 멍고개
로마노브카	-	1883	다우비허(都兵河)
카자케비체바	-	-	
수청 청지동	-	1896	(2) 水淸의 靑支洞
푸칠로프카	1869	1869	六城
소왕령(니콜스크 - 우수리스크)	-	1870	蘇王營, 宋皇營, 雙城子
코르사코프카	1872	-	허커우(河口)
크로우노브카	1872	-	황커우(黃口)
시넬리니코보	1872	-	大甸子 永安坪
오시포프카	-		아래농평
다우지미	1888년경	-	다우지미
안드레예프카	-	-	

자료: Trudy Priamurskago Otdela Imperatorskago Russkago Geografichekago Obshchestva, I(Khavarovsk, 1895), pp.7~13; 뒤바보, 「俄領實記」, ≪독립신문≫, 1920년 3월 1일자 8면, 3월 4일자 3면.

어가는데 열린 항구가 절묘(絶妙)하다.[5]

김광훈과 신선욱은 수청(소성)에 자리 잡고 있던 한인마을의 형성 배경에 대해서도 상세히 기록해 놓았다.

> [이들은] 기사(己巳) 경오(庚午)년[1869~70년] 추풍(秋豊)으로부터 이곳으로 전입(轉入)하여 왔는데, 호인(胡人) 4, 5백호가 살고 있었다. 아인(俄人)이 장차 우리 동포들에게 해(害)를 줄 것을 우려하여 호인들을 모두 구축하고 우리 동포들을 보호하여 큰 영(營)을 설치하고 둔병을 주둔시켜 수호했다. 토성이 있는데, 전부터 청인과 아인이 흘러들어와 주변에서 그 토성(土城)을 취하고 있었는데 토지가 비옥하여 들어가 살면 쥐가 기이하게 들어와 자연히 집을 훼손하고 사람을 쫓아내어 성 밖으로 내치게 되는 고로 신(神)이라도 감히 들어가 살 수 없는 즉, 우리 동포가 이주해 온 후에 안연(晏然)하게 들어가 살게 되니, 청인과 아인이 말하기를, 하늘이 정해준 거처라고 했다.[6]

여기에서 말하는 아민촌(我民村)은 신영거우를 말한다. 신영거우는 수찬강을 사이에 석탄갱(石炭坑)의 소재지(이전의 수청, 현재의 파르티잔스크시)와 마주보는 위치인 강의 동쪽 대안에 위치에 있었는데,[7] 동쪽 산계곡에서 수찬강(현재의 파르티잔스크강)으로 흘러들어오는 신영거우 계곡의 분지를 따라 형성된 한인마을이다. 훗날 신영거우 마을을 개척한

---

5   한국정신문화연구원,『江北日記·江左輿地記·俄國輿地圖』, 154쪽.
6   같은 책, 185쪽.
7   「韓人會의 組織變更에 관한 件」(1926년 9월 3일자),『不逞團關係雜件 朝鮮人의 部 在西比利亞』, 제16권.

최초의 한인 이주민들이 거처를 잡았다고 하는 토성(土城)은 러시아학계에서 '니콜라예프카성'이라고 명명한 발해성터이다. 당시 김광훈과 신선욱은 "둘레가 수삼십리이며, 산울(山鬱)로 사면을 막았는데 병풍 같은 수목들이 연이어 열을 지어 있다. 처음 만들어진 때를 미루어 생각하면, 몇 백년인지 알 수 없으나 성안의 토지는 두텁고 평탄하다"라고 썼다.[8] 발해성터에 자리를 잡은 첫 한인 이주민들은 함경도 국경지방에서 지신허마을로 왔다가 추풍(秋豊)을 거쳐 이주해 온 이주민들이었던 것이다.[9]

신영거우는 원래 석인동(石人洞)이라고 불렸던 곳인데, 후일 이 마을을 개척한 김공심(金公心)의 러시아 이름 '니콜라이'에서 따와 '니콜라예프카'라는 러시아식 마을명칭을 갖게 되었다고 한다.[10] 김광훈과 신선욱이 이곳을 방문했던 1880년대 전반기에는 이 '소성', '아민촌'에 38가호 263명이 거주하고 있었다.[11] 한편, 계봉우는 「아령실기(俄領實記)」에서 1896년 3월 1일에 김광성(金光成), 김경오(金景五) 두 사람이 청지동(靑枝洞)[12]을 개척한 것을 최초의 수청 개척이라고 기록했다.[13]

신영거우에 대한 한국 측 기록은 이보다 약 10년 후인 1895년에 출간된 러시아황실지리학회의 조사보고서 내용과 대체로 부합된다. 이에 따르면, 신영거우는 1868년 조선으로부터 이주해 온 다섯 가구에 의해서 개척되었다. 이들은 처음에 수청강과 신영거우강 사이에 들어서 있던 정방형의 고성(古城, 발해성터) 안에 거처를 잡았다. 발해성터는

---

8   한국정신문화연구원, 『江北日記·江左輿地記·俄國輿地圖』, 154쪽.
9   같은 책, 185쪽.
10 「韓人會의 組織變更에 관한 件」(1926년 9월 3일자), 『不逞團關係雜件 朝鮮人의 部 在西比利亞』, 제16권.
11 한국정신문화연구원, 『江北日記·江左輿地記·俄國輿地圖』, 169쪽.
12 청지동에 해당하는 러시아촌은 에카테리놉카(Екатериновка) 마을이다.
13 뒤바보, 「俄領實記」, 《독립신문》, 1920년 3월 4일자 3면.

폭과 길이가 각각 2베르스타(약 2킬로미터)인데, 아주 잘 보존되어 있었다. 1895년 당시 성터 안에는 울타리로 둘러싸인 마당이 있는 크고 훌륭한 집들에 여덟 가호가 살고 있었다. 신영거우 마을은 동쪽 산계곡에서 수찬강으로 흘러내리는 신영거우강 계곡에 분포되어 있었고, 수찬강을 사이에 끼고 석탄광(오늘날의 파르티잔스크, 종전의 수찬)의 건너편에 위치했다.[14] 러시아마을인 노비치코예(Новичкое, 태평거우) 마을로부터 6베르스타(약 6.1킬로미터), 프롤로브카(Фроловка, 평사우) 마을로부터 15베르스타(약 17킬로미터) 떨어진 거리에 있었다.

1895년 당시 신영거우에는 제1범주(1884년 이전에 이주한 자)에 속하는 30가호, 제2범주(1884년 이후에 이주해 와서 정착한 자) 21가호, 제3범주(일시체류자) 3가호, 총 54가호가 거주하고 있었다. 당시 신영거우 주민들은 주로 밀, 귀리, 콩, 야채, 기타 곡류를 농사지었고, 일부 주민은 사냥이나 어업으로 생계를 유지했다. 토지는 분배된 상태가 아니었고 능력이 닿는 대로 경작하고 있었다고 하는데, 30데샤틴까지 경작하는 사람도 있었다. 신영거우 주민들의 생활은 윤택했다고 한다. 촌장인 김니콜라이는 서기를 겸했는데, 봉급은 1년에 40루블을 받았다. 신영거우에는 한인학교가 있었는데, 교사 한 명이 10명의 학생을 가르치고 있었다. 이 교사는 조선에서 온 비입적 여호였다. 주민들은 러시아학교가 있는 블라지미로 - 알렉산드로브스코예로 아이들을 보내고 싶어 했지만, 정원이 차서 보내지 못했다. 신영거우 주민들은 근처의 러시아마을과 일상적으로 교류하고 있었던 탓에 포시예트 구역의 한인들보다 훨씬 더 러시아화되어 있었고 러시아어를 잘 구사했다고 한다.[15]

---

14 「韓人會의 組織變更에 관한 件」(1926년 9월 3일자), 『不逞團關係雜件 朝鮮人의 部 在西比利亞』, 제16권.

15 Trudy Priamurskago Otdela Imperatorskago Russkago Geografichekago Obshchestva, I(Khavarovsk, 1895), pp.10~11.

신영거우는 1895년 당시 연해주 일대에 형성되어 있던 총 32개 마을 가운데 하나로서 이들과 마찬가지로 연해주에서 이름난 원호촌이 되었다(32개 마을의 명단은 〈표 1〉 참조). 이들 한인마을 가운데 31개 마을이 다른 러시아 농민들과 마찬가지로 남부 우수리스크 관구 책임자의 관할에 속했다(중심지는 니콜스코예였다). 이 가운데 22개 한인마을이 포시예트 구역의 자치적 지위를 가진 얀치허면(面, 면은 러시아어로 볼로스치)에 소속되어 있었다(면사무소는 얀치허에, 경찰서는 노보키옙스크에 위치). 4개 마을은 수이푼 구역에서 자치적 지위를 가진 코르사코프카면(면사무소는 코르사코프카 마을에, 경찰서는 라즈돌리노예에 위치)에 속해 있었다. 2개 마을은 상(上)우수리스크 구역에 위치에 있었는데, 러시아마을인 이바노프스코예면에 소속되어 있었다(면사무소는 이바노프스코예 마을에, 경찰서는 아누치노에 위치).[16] 마지막 마을인 오시포프카 마을은 소피스크 관구의 제1구역에 자리 잡고 있었으며, 하바롭스크 한인시구역 관청에 소속되어 있었다. 이들 농촌마을 외에도 블라디보스토크의 쿠프페로바 파지[구(舊) 개척리], 니콜스코예 마을과 그 주변, 그리고 하바롭스크시에도 한인들이 거주하고 있었다.[17]

1895년 당시 수청 지역에는 신영거우를 포함해 3개 마을이 형성되어 있었다. 이 가운데 내수청에 위치하고 있던 2개 마을인 니콜라예프카 마을(신영거우 또는 신영동)과 다우지미 마을은 수찬면에 소속되어 있었고(면사무소와 경찰서가 블라지미로 - 알렉산드로브스코예에 위치), 마지막으로 안드레예프카(Андреевка) 마을은 외수청의 치무허면(면사무소는 슈코토보 마을에 위치)에 속해 있었다.[18]

다우지미 마을은 블라디보스토크의 동쪽에 위치한 보스톡(Восток)만

---

16 같은 책, pp.4, 10~11.
17 같은 책, p.13.
18 같은 책, p.4.

으로 흘러들어가는 자그마한 다우지미강 하곡으로부터 10베르스타(10 킬로미터)가량 거슬러 올라간 계곡에 자리 잡고 있었다.[19] 러시아마을인 블라지미로 - 알렉산드로브스코예(당시 수찬구역의 행정중심지)로부터 20 베르스타(21킬로미터) 떨어져 있는 다우지미 마을에는 1895년 당시 총 24가호의 한인 농민들이 거주했다. 다우지미 주민들은 7년 전에 에카 테리놉카(Екатериновка)로부터 옮겨왔는데, 러시아 이주민들이 이주해 온 관계로 이미 개간해 놓았던 땅을 이들에게 넘겨주어야 했다.[20] 다우 지미로부터 5베르스타(약 5킬로미터) 떨어진 시베창(Свечан) 마을(한인들 은 '십여촌'이라고 쓰기도 했다)에는 다우지미보다 많은 39가호의 농민들 이 밀집해 거주하고 있었다. 1895년의 보고서에 따르면, 다우지미와 시 베창 마을의 한인 주민들은 신영거우 주민들에 비해 매우 궁핍한 생활 을 하고 있었다. 러시아의 토지측량위원회는 또 다시 다우지미 주민들 에게 100데샤틴 이상의 개간한 토지를 노볼리톱스카(Новолитовска) 마 을의 러시아 농민들에게 넘겨주라는 명령을 내렸다. 그리하여 다우지 미 마을 주민들 가운데에는 개간한 땅을 1데샤틴조차 갖지 못한 이들도 생겼고 이들은 다시 황무지를 찾아 힘들게 개간할 수밖에 없는 처지에 빠졌다. 이들이 재배하던 곡물은 밀, 조, 귀리 등이었다.[21]

안드레예프카 마을은 외수청이라 불리던 수찬 구역의 치무허(Цимухэ) 면에 속해 있었는데, 마이허강의 계곡을 따라 자리 잡고 있었다. 안드레 예프카 마을에는 제1범주의 17가호, 제2범주의 5가호 총 22가호의 한 인 농민들이 거주하고 있었다. 안드레예프카 마을의 한인들은 신영거 우나 다우지미 마을의 농민들처럼 고립된 생활을 했는데, 러시아화의

---

19 「韓人會의 組織變更에 관한 件」(1926년 9월 3일자), 『不逞團關係雜件 朝鮮人의 部 在西比利 亞』, 제16권.
20 *Trudy Priamurskago Otdela Imperatorskago Russkago Geografichekago Obshchestva*, I, p.11.
21 같은 책.

정도가 낮았고 관청에 갈 때마다 러시아식 의상을 입었다. 안드레예프카 마을은 선교사의 활동이 적고 교회나 학교도 없어 오래된 관습과 풍속이 다른 곳에 비해 많이 보존되어 있는 편이었다.[22]

지금까지 소개한 내용은 러시아황실지리학회의 보고서에 기록된 것인데, 한국 측 자료인 『아국여지도(俄國輿地圖)』는 시기가 앞선 자료임에도 불구하고 마이허 일대에 총 57가호 362명의 한인 농민들이 거주하고 있었던 것으로 기록하고 있어 차이를 보인다.[23]

러시아 당국이 조사해 1906~1907년에 작성한 지도를 보면, 신영거우와 다우지미, 시베창, 안드레예프카에는 규모가 큰 한인마을들이 형성되어 있었다. 인구를 보면, 순수 한인마을인 신영거우(390명), 다우지미(776명) 외에 흐멜니치카야(Хмельничикая, 288명), 카잔카(Казанка, 200명), 노비치코예(350명), 페레치노, 블라지미로 - 알렉산드로브스코예(164명), 에카리놉카(186명), 두쉬키나(Душкино, 160명), 자임 블라디보스코스코보 - 아르힐레야(Займ Владивоскосково-Архилея, 450명) 등 한인인구가 급증했음을 알 수 있다.[24] 그리하여 1909년 당시 수청지방에는 대략 한인 3000호가 거주하고 있었다.[25]

이 무렵 수청지방 한인마을들의 상황을 잘 보여주는 기록이 남아 있다. 1910년 무렵 신영거우에 거주하며 미주의 공립협회, 국민회와 연락하면서 한인사회의 조직과 사회운동에 종사하던 박영갑(朴永甲)은 미주 국민회중앙총회 기관지인 ≪신한민보(新韓民報)≫에 4회에 걸쳐 수청과 그곳 한인마을들에 관한 글을 기고했던 것이다. 박영갑은 먼저

---

22 같은 책.
23 한국정신문화연구원, 『江北日記·江左輿地記·俄國輿地圖』, 169쪽. 여기서는 마이허강을 馬有河로 기록했다.
24 P. F. Unterberger, "Karta Primorskoi Oblasti: Iuzhno-Ussuriskago Kariia", *Priamurskii krai, 1906-10 gg.* St. Petersburg, V. F., Kirshbauma, 1912, Appendix.
25 「잡보 수청통신」, ≪대동공보≫, 1909년 5월 12일자 3면.

수청지역에 대해 지리적으로 개관한 뒤 거주하고 있던 러시아인, 중국인, 한인동포들의 사정을 개괄했다.

　수청은 오소리[우수리] 동남단이니 동서가 8백리쯤 되고 남북이 3백리에 지나며 동서남북면은 해[海]에 임[臨]하고 북은 대륙을 연[連]하야 반도의 지형을 가졌으며 그 중에 산이 많고 들이 적으나 몇백년 이래로 인적이 단절함에 자연적 비료가 많은 고로 40년래로 비료를 더하지 않아도 곡식이 잘 되나 기후가 한국과 같지 못하야 벼를 심지 못하며 산림은 많되 과목[果木]은 없으며 해수의 온도가 고르지 못하여 산물이 적을 뿐 아니라 그 감미[甘味]도 한국 어물만 같지 못하며 광산은 석탄뿐이오 인종은 토인[土人]과 아인[俄人]과 한인과 청인[淸人] 사족[四族]이 섞여 사니 토인은 이 좋은 강산을 남에게 내어주고 자멸자망[自滅自亡]하야 그림자를 다시 볼 수 없으며 아인은 남에 강산에 들어와 자유생활과 태평복락을 누리며 한인은 3천리의 금구옥토[金丘沃土]를 원수에게 내어주고 외국영지로 유리하야 우마[牛馬]의 학대를 감수하며 청인은 천지를 분변치 못하고 잡기와 아편으로 몸을 버리는 자와 아인과 한인의 부락마다 상점을 열어 흥판모리[興販謀利]하는 자와 그 외에 무뢰배가 성군[成群]하야 겁인탈재[怯人奪財]하는 악풍이 무소부지하며 거처로 말하면 아인은 화려양속에 누워 먹으며 한청 양인은 피차 흡사하나 청인은 농업을 힘쓰는 자 적으며 한인은 모다 농업에 전력할 뿐이더라. 경오[庚午, 1870년]부터 40년 전내에 한인의 호수가 증가하야 지금은 호수가 근 천여 호이며 인구는 만여 명이라. 그러나 거처[居處]에 자유가 없고 농주[農主]의 명령을 따라 이 골짝 저 골짝 숨어 살지 않는 곳이 없고 동서사방에 편만[遍滿]하였으나 완전한 동학[洞壑]을 이루고 사는 곳은 별로 없다.[26][필자가 현대어로 수정하고 괄호

안 한자 및 설명 추가]

   박영갑의 글에 따르면, 한인들은 석탄광의 노동자들을 제외하고는 대부분 토지가 없는 비입적 여호인들로서 여호촌에 거주하면서 러시아인이나 원호들의 토지를 소작했으나 경작권도 보장받지 못한 궁핍한 빈농들이었다. 이와 달리 토지를 가진 원호인들이 개척한 마을들로 '원호촌'이던 신영거우와 다우지미 - 십여촌에는 원호보다 이들의 토지를 소작하던 여호의 수가 더 많았다. 이 세 개의 마을은 1895년 러시아 황실지리학회 보고서에 소개된 바 있는 신영거우와 다우지미 - 시베창 마을이다.

   신영동. 이곳은 동남으로 태산이 병치[倂置]하고 서남간으로 해문[海門]을 멀리 바라보며 사방 10리의 평원을 이루는 동구[洞口]라 입적 한인의 호수가 35인데 매호에 15일경의 농토가 있으며 갈 곳 없는 한인이 모여들어 100여 호의 대촌을 이루었으며 청인[淸人]의 상점 두 곳이 있어 이권을 장악할 뿐 아니라 개척 이래로 청인과 잡거하야 부패한 풍속의 침염[浸染]치 않은 바가 없고 일반권리를 양여[讓與]치 아니함이 없었으며 건국기원 4241년[1908년]에 신영학교의 창설이 있었으나 4, 5삭[朔]에 불과하야 폐학[廢學]이 되었더니 금년 음력] 5월부터 합성학교의 중흥이 있어 상오에는 아어[俄語]와 하오에는 국문으로 교수하며 지방회원 수는 80여 인에 달하였더라.[27][필자가 현대어로 수정하고 괄호 안 한자 추가]

---

26   박영갑, 「俄領 烏蘇里水淸略論」, ≪신한민보≫, 1910년 7월 13일자 2면.
27   박영갑, 「俄領 烏蘇里水淸略論」, ≪신한민보≫, 1910년 8월 3일자 2면.

우지미 - 십여촌. 상거[相距]가 10리. 이 두 곳은 동남북으로 산이 둘리고 서[西]로 해문[海門]이 열린, 소고원[小高原]을 이룬 곳이며 입적한인의 호수가 53인데 매호에 15일경[日耕]의 농토(산수토석[山水土石]을 합[合])가 있어 직곡[稷穀]을 심으며 그 여[餘] 연호(불입적자[不入籍者])가 모여들어 수백여 호의 동구[洞口]를 이루고 편농으로 위업하며 일찍부터 아국[俄國]관립학교에 교육이 있었으며 민심의 특이한 바는 청인을 들이지 아니하며 서로 25리쯤 가면 해삼위로 통행하는 포구 '천이해'가 있고 동으로 큰영을 통하는 체신까지 있더라. 우지미에는 음력 작년 8월에 지방회가 설립되어 회원수가 80여 인이며 십여촌에는 동년 12월에 지방회가 설립되어 회원수가 40인에 달하였으며 지금까지 공동실업기관이 없는 것은 한 가지 흠결한 일이더라.[28] [필자가 현대어로 수정하고 괄호 안 한자 추가]

1868년에 개척된 신영거우는 1910년에 이르러 100여 호의 한인들이 사는 대촌으로 성장했음을 알 수 있다. 신영거우에는 15데샤틴[15일경]씩의 토지를 소유한 35호의 원호인들과 65호가 넘는 여호인들이 살고 있었다. 특이한 점은 원호와 여호 외에 중국인이 상권을 장악해 한인들의 권리를 심하게 침해하고 있었다는 사실이다. 다우지미 - 십여촌의 경우, 토지 15데샤틴을 소유한 원호 53호와 여호 수백여 호가 살고 있어, 신영거우보다 훨씬 큰 대촌으로 성장해 있었고, 서쪽으로 블라디보스토크, 동쪽으로 큰영으로 연결되어 교통이 편리한 마을이었다. 흥미로운 사실은 다우지미 - 십여촌의 경우, 청인(중국인)들이 상권을 장악하고 있던 신영거우와 달리 청인들이 들어와 살지 못했다는 점이다. 여기에서 주의할 것은 박영갑이 '다우지미'를 '우지미'로 잘못 기록

---

28 박영갑, 「俄領 烏蘇里水淸略論」, ≪신한민보≫, 1910년 7월 20일자 3면.

하고 있다는 점이다.

박영갑은 신영거우, 다우지미 - 시베창의 세 개 마을과 더불어 국민회 지방회가 조직되어 있던 여호촌(비입적 한인마을)들을 소개하고 있다. 당시 한인들이 '큰영'이라고 불렀던 블라지미로 - 알렉산드로브스코예는 수청지방의 행정중심지로서 지리적으로도 수청의 중앙에 위치해 있었다. 수청강 하구 및 나홋카만[잘리브 나홋카(Залив Находка)]과 가까이 위치하고 있었던 큰영에는 러시아 상점 2개, 중국인 상점 7~8개가 있었고 7, 8호의 한인들이 객주를 열고 생계를 유지하고 있었다.[29]

박영갑은 이 10개 한인마을을 크게 두 그룹으로 나누어 소개했다. 즉, 큰영을 중심으로 서남쪽으로 해안에 가까이 위치한 동개터, (다)우지미, 십여촌(시베창), 만춘동 네 개 마을(〈표 2〉의 1~4)과 큰영의 동북 방향으로 내륙 쪽으로 수청강을 따라 자리 잡고 있던 한인마을 황구동, 사명동, 신영동, 석탄광, 고려개지, 홍석동, 평사우, 강지지, 지령동(진영동) 8개 마을(〈표 2〉의 5~13)이었다.

1914년 일제당국이 조사한 바에 따르면, 수청지역의 인구는 내수청과 외수청을 합해 2만 1500명에 달했다[내수청 1만 9000명, 외수청(슈코토보 마을 및 그 부근) 2500명]. 이는 남부 연해주 한인 총인구(5만 1943명)의 41.4%, 아무르주까지 포함할 경우 한인 총수 7만 9417명의 21.1%에 해당하는 숫자이다.[30]

수청지역의 한인사회는 한말의 의병운동과 애국계몽운동에도 열성적으로 참여했다. 이는 1908년 최재형, 이범윤, 이위종, 안중근의 주도하에 국내로 진공한 연해주의병조직 동의회(同義會)의 열성적인 핵심 간부들이 수청지역에서 배출되었고 수청지역 한인들이 군자금을 모금

---

29 박영갑, 「俄領 烏蘇里水淸略論」, 《신한민보》, 1910년 7월 13일자 2면.
30 淺山書記生, 「露領極東에 있어서 朝鮮人」(1914년 3월 조사), 『不逞團關係雜件 朝鮮人의 部 在西比利亞』, 제5권.

표 2 | 수청지역 한인마을(1910년경)

	마을명	주업	형성시기	주민구성	호수(주민 수)	국민회 회원 수	비고
1	동개터	어업	1902~1903년	여호	30~40호 +	60명	동개터+동호동
2	우지미	농업	1888년 이전	원호, 여호	원호 53호, 여호 수백여 호	80여 명	러시아 관립학교
3	십여촌	농업				40명	
4	만춘동	농업	1907년	여호	30호	40여 명	탕랑수에 인접
5	황구동	농업		여호	40~50호	30명	
6	사명동	농업		여호	30여호	20여 명	
7	신영동			원호, 여호			니콜라예프카
8	석탄광	탄광노동		여호	200여 명	100여 명	
9	고려개지	농업		여호	30~40호	30여 명	
10	홍석동	농업		여호	80~90호	60여 명	홍성학교
11	평사우					지방회 없음	프롤로브카
12	강지지					지방회 없음	
13	지령동					지방회 조직	

주: 우지미는 '다우지미'를 잘못 기록한 것이다. 십여촌은 다우지미에서 10리 떨어져 있는 시베창을 말한다.
자료: ≪신한민보≫, 1910년 7월 12일자 3면; 8월 3일자 2면; 8월 10일자 3면.

한 데 힘입은 바 컸다.[31] 당시 수청지역은 '의병의 책원지'로 알려져 있었다.[32] 또한 수청지역 한인마을에는 미주지역 샌프란시스코에 본부를 둔 애국계몽적 한인조직인 공립협회(1905년 4월 창립)와 그 후신인 국민회의 지방조직이 설립되었다.

미국 샌프란시스코에서 발생한 스티븐슨 암살사건(1908년 3월 23일)의 영향을 받아, 1908년 9월 29일 신영거우에서 박영갑, 한경서, 한창걸 등 동포 38명이 공립협회 수청지방회(회장 김석영)를 조직했고, 블라디미로-알렉산드로브스코예에서도 조지화가 중심이 되어 공립협회 지방회가

---

31 「排日鮮人 李緯鐘에 對하여」(1915년 5월 17일자), 『不逞團關係雜件 朝鮮人의 部 在西比利亞』, 제5권; 黃郁, 「在外各地方狀況 5 蘇子河地方情況(3)」, ≪독립신문≫, 1923년 7월 21일자 4면.
32 국사편찬위원회, 『한국독립운동사 자료편』, 12권(1983), 647쪽.

조직되었다. 이어 미주 인사들이 각지에 파견되어 활동한 결과 수청 각지에 6개 지방회가 더 조직되었다.[33] 이후 1909년 2월 샌프란시스코의 [북미한인]공립협회와 하와이의 [하와이한인]합성협회가 합동해 조직된 국민회가 영향력을 확대해 가는 가운데, 공립협회 지방회를 거점으로 해서 수청지방에도 12개의 국민회 지방회가 확대되었고, 이를 총괄하는 수청지방총회가 설립되었다. 수청지방총회에 소속된 12개의 지방회는 신영거우(니콜라예프카), 황구동, 중흥동, 석탄광(수찬 광산 2번 광구), 홍석동, 승지동, 사명동(사명거우), 동호동(동개터와 연합), 진영동, 만춘동(두쉬키나), 우지미, 신풍동이었다. 수청지방총회는 본부를 중흥동에 두었는데 회장은 양주륜, 부회장은 홍신언이었다.[34] 수청지방총회는 조직을 확대해 17개 마을에 지회를 설치했다. 이들 지회는 신영동, 태평거우[노비치코예(Новичкое)], 청지동(청지거우), 우나쉬(Унош, 황구동), 동호동, 지영동, 골방나루, 수청석탄광, 홍석동, 사명동, 고려지, 다우지미, 시베창, 허투문자, 치머우(슈코토보), 중흥동[페레치노(Перетино)], 만춘동이었다.[35] 수청지방 국민회의 주요 인물로는 박영갑(수청지방총회 회장), 김병룡, 김영준, 박근섭, 박춘성(朴春成) 등이 있었다.[36] 수청지방총회는 하르빈의 만주지방총회(8개 지방회), 치타의 시베리아지방총회(9개 지방회)와 함께 원동의 3대 지방총회 가운데 하나로 한인사회의 계몽과 민족의식 각성에 크게 기여했다.[37]

그러나 국민회는 미국, 특히 미국인 선교사들과의 관련성을 근거로

33 《공립신보(共立申報)》, 1908년 11월 18일자 2면.
34 「연해주한인단체들에 대한 요약보고 1. 국민회」, 국사편찬위원회, 『한국독립운동사자료』, 34권(1997), 58~59, 275쪽; 《신한민보》, 1912년 10월 18일자 3면, 1911년 8월 16일자 3면, 1911년 11월 1일자 3면.
35 최호림, 「遠東邊疆高麗人生活: 歷史抄錄」, 18쪽.
36 같은 글, 20쪽.
37 반병률, 「노령연해주 한인사회와 한인민족운동(1905~1911)」, 《한국근현대사연구》 7(1997년 12월), 86~87쪽.

해서 '친미반러(親美反露)'적 경향을 견제하려는 러시아 당국의 공식 인가를 받지 못했다. 국민회에 대신해 러시아 당국의 후원과 공식인가를 받은 권업회가 1911년 12월 17일 정식 출범했다. 이후 권업회는 국민회의 지방조직 대부분을 흡수하며 연해주 여러 지역에 조직을 확대했다. 지방파쟁과 갈등으로 활동이 부진했던 권업회는 1913년 10월 19일 개최된 특별총회에서 임시의사원(臨時議事員)으로 선출된 이동휘가 권업회 총대로서 정재관(鄭在寬)과 함께 연해주 각지를 순방하면서 권업회의 조직을 크게 확대했다.[38] 특히 이동휘는 1914년 이후 수청지방 한인마을들을 순회 방문했는데, 수청의 18개 한인마을을 연합해 큰영(블라지미로-알렉산드로브스코예)과 다우지미 마을 2개소에 권업회 지방총회를 설치하는 데 성공했다.[39] 큰영에 본부를 둔 권업회 수청지방총회에 소속된 지회와 분사무소가 설치되었던 한인마을들은 신영동, 다우지미, 시베창, 청지동, 마이허, 구어통, 치무허, 동호동 등이었다. 권업회 수청 큰영지방총회의 핵심인물은 박하서(회장), 한창걸(서기), 강백우 등이었고, 다우지미 지방총회의 핵심인물은 박춘성(회장), 박창극(서기), 김기옥, 김영준 등이었다.[40]

수청지방에는 공립협회, 국민회, 권업회 등의 활동에 힘입어 학교가 설립되었다. 군대식 교련과 전술을 정식과목으로 가르치며 300명의

---

38 반병률, 『성재 이동휘 일대기』, 106~109쪽.

39 「浦潮情報」(1914년 5월 5일자), 『不逞團關係雜件 朝鮮人의 部 在西比利亞』, 제5권. 이상 언급한 한인마을 외에도 수청지방에는 내수청에 홍실랑, 평사우, 인수동, 그리고 소자하 지방에 홍두동, 육지동(陸地洞) 등의 이름을 가진 한인마을이 있었다. ≪대동공보≫, 1909년 5월 5일자 4면; ≪대동공보≫, 1910년 5월 5일자 1면; 黃郁, 「在外各地方狀況 5 蘇子河地方情況 (3)」, ≪독립신문≫, 1923년 7월 21일자 4면 참조.

40 최호림, 「遠東邊疆高麗人生活: 歷史抄錄」, 26~27쪽. 1914년 4월 26일자 ≪권업신문≫에 따르면, 4월 15일에 선출된 수청 다우지미의 권업회 지회 임원은 회장 박풍신, 부회장 양주륜, 총무 박춘성, 재무 고병화, 의원 양주익, 황여행, 김득형, 황일경, 김태익, 예비의원 김도심, 남언홍, 홍순태, 서기 박창극, 김영일, 검사원 황여직, 박치영, 황석태였고, 이 외에 실업, 교육, 종교 등 8개 부서의 부장과 총재 네 명을 선출했다.

학생이 공부하던 광무학교(光武學校)와 1913년에 졸업생을 배출하고 70명의 학생이 재학하던 신영동의 사범학교(교장 김영준)를 비롯해, 다우지미, 우지미, 청지거우(에카테리놉카)에도 소학교가 설립되었다.[41] 소자하 지방에도 북간도에서 이주해 온 전성삼(全成三)의 노력으로 육지동에 동성학교(東盛學校), 홍두동(홍두거우)에 숭덕학교(崇德學校)가 설립되었다. 숭덕학교에는 정재관, 황욱(黃郁) 등의 노력으로 사범속성과가 마련되어 교사를 양성하기도 했다.[42]

1914년 8월 제1차 세계대전의 발발로 권업회가 해산되면서 이후의 항일민족운동은 비합법적인 비밀결사의 형식을 띨 수밖에 없었다. 철혈단(鐵血團)은 수청지방을 근거로 활동한 대표적인 비밀조직이었다. 철혈단은 "고려민족의 해방을 목적으로 하고 노령고려인의 유지(有志)한 청년들을 결속해 미래의 독립전쟁을 준비"하는 것을 과업으로 삼았다. 1914년 블라디보스토크에서 조직되어 중앙본부를 블라디보스토크에 두고 활동을 시작했으나, 1915년부터 수청 동호동(나홋카 소재)에는 지방총회를 두고 수청지역 각 마을에는 지회를 두고서 활동했다. 1918년 말 철혈단은 1911년 블라디보스토크에서 조직되어 주로 북간도지역을 기반으로 활동하던 비밀결사 광복단(光復團)과 통합해 철혈광복단이라 개칭해 약칭 '철광단'이라고 했는데, 그 이후 특히 3·1운동 이후로는 활성화된 다양한 항일민족운동에 관여했다. 철혈단의 주요인물은 김철훈, 김진, 최의수, 한강일, 정순철 등이었다.[43]

러시아 10월혁명이 끝나고 소비에트정권이 성립된 후인 1918년 6월 13일부터 6월 23일까지 지역·단체 대표 142명(지방대표 109명, 단체대표

---

41 姜德相, ≪現代史資料(朝鮮 3)≫ 27(みすず書房, 1977), pp.167~168.

42 黃郁, 「在外各地方狀況 5 蘇子河地方情況(3)」, ≪독립신문≫, 1923년 7월 21일자 4면.

43 최호림, 「遠東邊疆高麗人生活: 歷史抄錄」, 28~31쪽; 십월혁명십주년원동대긔념준비위원회 엮음, 『십월혁명십주년과 쏘베트고려민족』, 50쪽.

33명)이 참석한 가운데 니콜스크 - 우수리스크에서 제2회 특별전로한족대표회의가 개최되었다. 수청지역에서는 이 회의에 대표를 파견했는데, 신영동, 백실랑(이상 내수청), 치무허, 안드레예프카 마을(이상 외수청)에서 각 1명씩을 파견했다. 당시 대회파견 대표 1명이 주민 500명을 대표했던 만큼, 이 4개 마을은 최소 500명의 주민을 가진 대촌이었음을 알 수 있다.[44] 제정러시아 시기 수청지방에 자리 잡고 있었던 수많은 한인마을 가운데 신영거우와 다우지미 등 두 개의 마을만 이른바 원호촌이었고, 나머지는 여호촌(비입적인들의 마을)이었다.[45]

2) 러시아혁명 이후 시기

러시아혁명 후 수청지역도 정치적 변혁의 과정을 겪었다. 10월혁명 이후 각 민족의 평등과 자유가 선포되자 수청에서 수청한인(고려인)총연합회가 조직되었다. 이후 철혈단 단원들이 중심이 되어 주민자치와 고려청년동지의 규합을 목표로 내세웠는데, 당시 철혈단 활동가가 275명에 달했다.[46]

러시아혁명 이후, 특히 일본, 미국 등 연합국이 무력 개입한 이후 수

---

44 반병률, 「제2회 특별전로한족대표회의(1918년 6월)와 러시아한인사회」, ≪역사문화연구≫, 17(200년 12월), 315, 342, 344, 347, 349쪽. 수청지역에서 대회에 파견된 대표들은 신영거우 마을 박진순(Иван Фёдрович Пак), 치무허 마을 위자윤, 백실랑 마을 인영진, 안드레예프카 마을 김막심 미하일로비치(Максим Михаилович Ким)였다.

45 「韓人會의 組織變更에 관한 件」(1926년 9월 3일자), 『不逞團關係雜件 朝鮮人의 部 在西比利亞』, 제16권.

46 십월혁명십주년원동대긔념준비위원회 엮음, 『십월혁명십주년과 쏘베트고려민족』, 50쪽. 1918년 6월에 개최된 제2회 특별전로한족대표회의에 '수청 연합회 대표'의 명의로 최고려가 축하전보를 보내어 대회 3일째에 낭독되었다. 전보에는 "회의를 축하하오며 본대표는 유고하여 나가지 못하오나 수청 1만 2백 99명이 이번 회의에 결정한 일을 복종하기로 이에 증언함" 이라고 썼다. 반병률, 「제2회 특별전로한족대표회의(1918년 6월)와 러시아한인사회」, 326쪽 참조.

청지방에서는 계급투쟁이 심화되었다. 수청지방에는 일본군과 미군의 연합군이 주둔하고 있었는데, 미군은 석탄광과 철도를, 일본군은 해안을 관할하고 있었다. 당시 석탄광에서는 한인노동자들을 포함한 러시아노동자들의 파업과 빨치산운동이 활발하게 일어나고 있었다. 최초의 노농병소비에트는 1918년 4월경, 원호인과 여호인들이 섞여 살고 있던 신영거우에서 조직되었다. 25명의 위원으로 구성된 신영동 소비에트 조직을 주도한 사람은 한창걸로, 그는 공립협회, 국민회, 권업회 지방회 활동에 참여했고, 제1차 세계대전에 참전한 바 있었다. 그러나 2개월여 후인 1918년 6월 28일 블라디보스토크에서 체코군의 반볼셰비키 반란이 일어난 후에 신영동 소비에트 조직은 해산되고 말았다. 이들은 그해 10월경 일류호프가 이끄는 러시아빨치산부대에 물질적·정신적으로 후원했다. 한인 주민들이 빨치산운동을 후원하는 첫 출발이었다.[47]

1919년에 들어와 두 원호인촌 신영거우와 다우지미에서 한인의병부대가 조직되었다. 먼저 1919년 2월 신영거우 주민 35명이 동네에 숨겨 놓았던 무기로 무장을 갖추고 한창걸을 대장으로 해서 빨치산부대를 조직했다. 5월경 한창걸이 평사우에 있는 러시아빨치산본부에 가서 참모장 슬린킨, 사령장 이바노프, 일류호프, 셉첸코 등과 협의해 군사와 민사에 관한 14개항의 비밀협정을 맺고 각 지방에 3700여 명으로 구성된 지방대를 설치했으며, 50명은 직접 러시아빨치산부대에 참여했다.[48]

신영거우 한인의병부대는 쇠완재(페레치노) 부근에서 교전해 백위파 150여 명을 살상했다. 이후 퇴각해 신영거우와 평사우에 주둔해 있다

---

47   최호림, 「遠東邊疆高麗人生活: 歷史抄錄」, 43~44쪽.
48   같은 글, 44쪽; 십월혁명십주년원동대긔념준비위원회 엮음, 『십월혁명십주년과 쏘베트고려민족』, 50~51쪽.

가 미연합군 토벌대와 새제련(카잔카) 부근에서 교전해 다시 적병 150
명을 살상하고 산곡으로 퇴각했다. 이후 일본, 미국의 연합간섭군과
백위파군이 수청지역에서 공세를 강화하자, 러시아빨치산부대가 다우
비허(현재의 아누치노)로 이동했고, 역시 산중에 도피했던 한창걸부대는
산에서 내려와 농촌지역에 잠복했다.[49]

　신영거우와 다우지미의 한인의병대는 이후 흩어졌는데 집이 있는
농민들은 각자 집으로 돌아가 농사에 착수했고, 그 외에 학생, 노동자,
3·1운동 후에 간도에서 온 망명자들은 대한국민의회 군무부장 대리
김하석의 주선으로 동중철도의 백위파 호르바트군에 모집되었다.[50] 이
로써 3·1운동 이후 일시 활기를 띠었던 신영거우와 다우지미의 한인
의병운동이 해산상태에 들어갔다.

　1919년 9월경 한창걸은 블라디보스토크로 나가 11월 18~19일 체코
군 사령관 가이다가 주도한 반(反)로자노프(블라디보스토크 연해주정부의
수반) 봉기에 참여했다가 체포되어 3개월 동안 수감되었다. 그 뒤 1920
년 1월 31일 러시아혁명세력이 연해주를 점령하자 석방되었다.[51] 이후
한창걸은 블라디보스토크에 설립된 러시아혁명군정의회 의장 라조와
협의하고 1920년 2월 23일에 치무허에 있는 일류호프 연대 제1대대장
으로 임명되어 한인의병들을 모집했는데, 모집된 의병이 1개월여 만에
300여 명에 달했다. 이후 일본군이 러시아혁명군사령부와 교섭하고
한인의병대의 무장을 해제하도록 압력을 가하자 한창걸부대는 무장을
해제했다.[52]

49　최호림, 「遠東邊疆高麗人生活: 歷史抄錄」, 44~45쪽.
50　이인섭, 「늙은 빨찌산들 회상기 초집」, 『한국독립운동사자료집: 홍범도편』, 392쪽.
51　최호림, 「遠東邊疆高麗人生活: 歷史抄錄」, 45쪽.
52　같은 글. 한편 1919년 9월 신영거우에서 150여 명이 모여 한창걸을 사령관으로, 채영동을 참
　　모로 하여 김만겸 등 세 명이 치무허에 주둔하고 있던 러시아빨치산부대 참모부와 교섭해 각
　　처 한인부대들을 치무허에 집결시키니 총인원이 250명에 달했다는 기록도 있다. 십월혁명십

1920년 4월참변 이후 일본군과 백위파의 공세가 강화되었다. 따라서 주요한 지도자들이 수청지역에서 가장 오지인 수주허로 집결했다. 간도사변(경신참변)을 피해 중국령에서 온 박경철(朴景喆), 이승조, 고상준(高尙俊) 등 신민단 간부 5명과, 다우비허에서 온 한창걸, 이병수 등 8명, 그리고 수청의 지방대 위원인 강백우, 김용준, 우시하 등의 지도자들은 수주허 홍두거우에 모여 한인의 자치 및 군사단체로 고려노농군회(高麗勞農軍會)를 조직했다. 고려노농군회의 간부는 회장 박경철, 군무 한창걸, 재무 이승조, 민사 강백우, 교육 강호여, 선전 우시하, 모연 고상준 등이었다. 고려노농군회는 민적등록과 학교 설립을 추진했으며 1개월 만에 100명의 군인을 모집했다. 고려노농군회에 소속된 이 빨치산부대는 철혈광복단이 조직한 한인부(한인사회당 참모유격대)와 신민단 소속 유격대가 주축이 되었으며, 제1수청의병대라 불리었다.[53]

이와 아울러 내수청에서 온 정재관이 수주허지방의 김준(金俊), 안영진(安永鎭) 등과 협의해 수주허지방 한인총회를 조직해 일반 거주민들의 산업과 식산을 도모하고 군사와 교육에 대한 후원을 추진케 했다. 총회장 최학진(崔鶴鎭)을 비롯해 박문우(朴文友), 김석준(金錫俊), 강희덕(姜熙德) 등이 간부로 선출되었다. 수주허 한인총회는 전 지방을 12개 행정구역으로 나누어 각 구역에 지방회를 설립하고 구역마다 소학교 하나를 설립하도록 했으며, 8세 이상 남녀에 대해 의무교육을 실시했다. 이로써 수주허 한인총회는 "소자하지방의 신기원으로 혁구종신(革舊從新)의 길로 나아가게 된" 시원이 되었다.[54]

1921년 4월, 수청 수주허 홍두동에 본부를 두었던 고려노농군회는

주년원동대긔념준비위원회 엮음, 『십월혁명십주년과 쏘베트고려민족』, 50~51쪽 참조.
53 같은 책, 51쪽; 반병률, 「고려노농군회」, 독립기념관 한국독립운동사연구소 엮음, 『한국독립운동사사전』 3, 241쪽.
54 黃郁, 「在外各地方狀況 4 蘇子河地方情況(2)」, ≪독립신문≫, 1923년 5월 2일자 4면.

수이푼의 한인 농촌인 자피거우에서 1920년 1월에 조직되어 활동하다가 1920년 말 아누치노 지방으로 이동해 온 한인독립군부대 혈성단의 단장 강국모, 한일제 등의 간부 및 두 단체의 연합과 사관양성 문제를 협의한 후 통합하는 데 합의했다. 그리하여 수청 다우지미에 있는 김경천을 초청해 군무와 사관양성을 맡기기로 하고 통합된 새로운 단체를 조직했는데, 그것이 바로 연해주한인총회(한인사회당 연해주총회)였다. 1921년 4월 27일의 일이었다. 창립 직후 연해주한인총회의 간부는 회장 강국모, 부회장 김종화, 군무부장 겸 사령관 김경천, 고문 정재관, 재무부장 한일제, 민사부장 강석봉(강백우), 외교부장 한창걸, 선전부장 박성혁(朴星赫) 등이었다. 또한 고려노농군회 군대(제1수청의병대)와 혈성단을 통합해 수청의병대로 칭했으며, 뜨레찌 - 푸진에 6개월 속성의 사관학교를 설립했는데, 당시 각처에서 몰려든 한인의병대(빨치산) 병력이 800명 이상이었다.[55]

수청의병대는 1922년 10월 시베리아내전이 끝날 때까지 백위파와 여러 차례 전투를 벌였다. 수청전쟁(1921년 10월), 제1차 올가항 전투(1921년 10월), 제2차 올가항 전투(1922년 4월), 새영전투(1922년 7월), 이포(이바노브카) 동령전투(1922년 9월)가 그것이다. 1922년 수청의병대 소속의 기병대는 하마탕(라즈돌리노예)까지 추격했으나 일본과의 외교관계를 고려해 수청의 본대로 돌아왔다. 1922년 말 시베리아내전이 끝나고 모든 연해주의 한인의병대가 해산되면서 연해주한인총회 산하의 수청의병대도 해산되었다.[56]

한편, 1921년 7월 외수청(슈코토보) 지역에서도 한인의병대가 조직되

---

55 반병률,「연해주한인총회」, 독립기념관 한국독립운동사연구소 엮음, 『한국독립운동사사전』 5, 545~546쪽.
56 십월혁명십주년원동대긔념준비위원회 엮음, 『십월혁명십주년과 쏘베트고려민족』, 51쪽; 반병률,「고려노농군회」, 『한국독립운동사사전』 3, 241쪽.

었다. 당시 치무허 구역에는 조선인거류민회와 자위단(30명), 일본군 2개 연대, 그리고 백위파군대 1개 대대 규모의 병력이 주둔하고 있었다. 김병하, 정인여, 허철 등은 노보로시야(Ново-Россия)와 노보모스크바(Ново-Москва)에 아니시모프(Анисимов)가 지휘하는 러시아빨치산부대에 참여하기로 해서 50명으로 구성된 한인중대가 조직되었다. 한인 자위대의 최태은, 한윤익 등도 참여했다. 이 빨치산부대는 러시아마을 레시차(Ресица)에서 백위파와 전투하는 등 수차례의 전투에 참여했다. 1922년 7월 한인부대는 90명에 달했는데, 사령관 김여하, 참모장 김정하, 군정위원 정인여, 군대결의부장으로 허철, 재무 및 사령부 비서 김병하 등이었다. '치무허 한인의병대'라 불린 이 부대는 1922년 9월 원동러시아빨치산사령부의 명령에 따라 전부 다우비허로 집결했다. 이곳에서 이포(이바노브카) 동령전투가 발발했는데 이 전투에는 이 치무허 한인의병대와 수청의병대가 연합해 참가했다. 이후 일본군이 철수하고 백위파가 구축된 후에 치무허로 돌아와 1922년 11월에 무장을 해제했다.[57] 이후 지원자를 모아 군대에서 쓰던 재봉틀, 인쇄기, 말 등을 인계하고 고상준에게 인도했다. 이를 바탕으로 치무허 지역 한인의병대 출신들이 농업콜호즈를 조직했는데, 이것이 뒤에 소개할 치무허 꼼무나이다.[58]

의병(빨치산) 활동 외에도 러시아혁명 시기 수청지방의 한인활동에서 주목할 것은 홍호적 토벌 활동이다. 제정러시아 시기부터 한인 농민들을 약탈하고 괴롭혔던 홍호적은 1920년 일본군의 빨치산부대에 대한 공세가 강화된 후 일본군의 적극적인 후원을 받아 한인 농촌마을을 빈번하게 습격했다. 1919년 당시 일본군은 내수청에서 철수해 외수

---

57 「김병하가 이인섭에게 보낸 편지」(1958.9.25), 9~11쪽.
58 십월혁명십주년원동대긔념준비위원회 엮음, 『십월혁명십주년과 쏘베트고려민족』, 51쪽; 반병률, 「고려노농군회」, 『한국독립운동사사전』 3, 241쪽.

청에만 주둔하고 있었는데, 이 지역에 근거를 둔 홍호적을 선동하고 무기를 공급했다. 당시 홍호적의 상황을 보면 외수청 변강(邊江)에 장승파(張勝派) 150명과 청산대대(靑山大隊) 1000여 명, 외수청 철산동(鐵山洞)에 롱자파(聾者派) 200여 명, 외수청 치무허에 금산대대(金山大隊) 350명, 외수청 이수해(二水海)에 충록산파(忠祿山派) 780명, 외수청 해상(海上)에 수적파(水賊派) 80여 명 등이었다.[59]

1920년 봄 홍호적 토벌을 목적으로 다우지미 마을을 거점으로 활동했던 중심조직이 창해소년단이다. 일본군이 자행한 4월참변을 피해 도망 온 정재관, 장기영(張基榮), 김경천이 지방유력자인 박춘성, 황석태(黃錫泰) 등과 협의해 마적의 침입에 대비해 무기를 구입하고 군인을 모집한 것이 첫 출발이었다. 김경천 휘하에 4개 소대로 나누어 제1대장에는 장기영, 제2대장에는 김만송(金萬松), 제3대장에는 박창섭(朴昌燮), 제4대장에는 장지호(張志浩)를 선임했다. 음력 4월 초파일 충록산(忠祿山派, 告山派) 홍호적 380여 명이 다우지미 마을로 침입해 들어오자 김경천 휘하의 내수청지역의 45명, 다우비허로부터 온 100여 명, 그리고 신영거우에서 한창걸이 이끌고 온 40명 등으로 구성된 한인부대가 러시아빨치산부대 600명과 연합해 침입한 마적 360여 명을 몰살시켰다.[60]

이 전투 이후 마적들의 침입에 대비해 상비조직으로 조직한 것이 창해소년단(또는 창해청년단)이며, 주요 간부는 명예단장 김규면, 단장 박춘성, 총지휘관 김경천, 참모장 정재관이었다. 창해소년단의 본부는 다우지미에 두고, 수청지역을 우지미, 칫쿤, 신영거우의 3개구로 나누고, 구마다 상비경비대와 예비대를 두었다.

---

59 「水淸紅衣賊亂實記(1)」, 《독립신문》, 1923년 1월 17일자 3면.
60 같은 글.

- 우지미구역: 지휘관 총지휘관(김경천) 겸무, 참모 참모장(정재관) 겸무 상비경비대 30명, 예비대 278명
- 칫쿤 구역: 지휘관 정순철, 참모 김규면, 상비경비대 22명, 예비대 191명
- 신영거우 구역: 지휘관 한창걸, 참모 선우정, 상비대 50명, 예비대 476명
- 총합계: 상비대 102명, 예비대 945명[61]

창해소년단을 주축으로 한 자위단은 이후 4월에 충록산파의 변란이후 8월까지 4개월간 홍호적 토벌에 몰두했다. 이후 홍호적을 토벌한 4개의 주요 전투는 따니채 산중의 난전(亂戰)(4월 20일경), 변강촌락의 전(戰)(5월 15일경), 이수해(二水海) 지방의 전(戰)(6월 초 무렵), 왕포수홀로애 전(戰)(7월 상순)이었다.[62]

1922년 6월 일본군의 시베리아철병이 선언된 이래, 연해주지역 고려혁명군은 통일을 도모해 1922년 10월 말 일본군의 철수 직전에는 단일체계인 고려혁명군 연해주총지부를 추진했는데, 그 간부구성은 다음과 같다. 총지부 총재 이중집(李仲執, 수이푼), 총사령관 김규식(金圭植, 수이푼), 동부사령관 김경천(金擎天, 수찬), 서부사령관 신우여(申禹汝, 왕팔라자), 남부사령관 임병극(林炳極, 수이푼 크로우노브카), 북부사령관 이용(李鏞, 이만)이었다. 이들 고려혁명군 총병력은 2000여 명에 달했다. 블라디보스토크 주재 러시아적군사령관 우보레비치는 일본영사관의 요구에 따라 한인무장세력의 무장해제를 선언했고, 마침내 고려혁

61 「蘇城方面不逞鮮人의 行動에 關한 件」(1920년 10월 14일자), 『不逞團關係雜件 朝鮮人의 部 在西比利亞』, 제10권.
62 「水淸紅衣賊亂實記」, ≪독립신문≫, 1923년 1월 24일자 4면; 3월 7일자 4면; 1923년 3월 14일자 4면.

명군은 일본군이 철수한 후인 1922년 11월 15일부터 24일에 걸친 기간에 무장해제되었다.

3. 시베리아내전 종결 이후 1920년대의 고려인사회

1923년 농업국세조사자료에 따르면, 연해현 내의 고려인 수는 10만 6193명으로 연해현 전체 인구의 17%에 달했다. 인구점유율을 보면 러시아인이 71%로 1위, 고려인이 17%로 2위를 차지했고, 다음으로 중국인 6.8%, 토인 1.3%, 기타 3%였다. 1923년 고려인 총인구 10만 6193명 가운데 88.5%가 농촌마을 주민이고 도시 거주민은 11.5%였다. 연해현의 전체 농촌 거주 인구 가운데 고려인은 22%를 차지했으나, 전체 도시주민에서는 6%에 불과했다. 중국인의 경우는 반대로 도시주민이 18%, 농촌마을 거주민이 1.3%였다. 고려인의 대다수는 블라디보스토크현(전체 고려인의 56%), 그리고 니콜스크 - 우수리스크군(전체 고려인의 36%)에 집중적으로 거주했다.[63] 2년 후인 1925년의 자료에 따르면 고려인들 가운데 농민이 91%, 노동자 4.8%, 고용농민(품팔이농부) 2.1%, 사무원 1.9% 기타 0.8%였다.[64]

1) 소비에트화

소비에트 당국의 입장에서는 원동지방을 소비에트사회로 전환하는

---

63 「沿海縣에 있는 朝鮮人의 現狀에 關한 報告」(1926년 3월 18일자), 『不逞團關係雜件 朝鮮人의 部 在西比利亞』, 제16권.

64 「Proekt doklada o rabote vredi natsmenov(prilozhenie k protokolu 4/ss」, 『카자흐스탄 韓人史』, 제2권(알마아타 한국교육원, 1999), 67쪽.

데 있어 소수민족, 특히 고려인의 노농화 문제는 매우 중요한 현안이었다. 그리하여 1923년 초 원동혁명위원회 관리부에 고려인사무전권의 직책을 설치하고, 이후 1923년 3월에는 연해도집행위원회 군집행위원회(니콜스크-우수리스크, 스파스크, 하바롭스크), 구집행위원회(수청, 포시예트), 그리고 연해도 학무부와 토지부, 혁명위원회 현집행위원회 기타 부서들, 즉 현교육부, 현토지부, 현보건부에 사무전권의 직무를 두게 했다.[65]

1925년 말 연해주에는 총 475개에 달하는 고려인마을이 산재해 있었다. 고려인마을은 20호 이하의 작은 마을이 대부분이었는데, 농가 수 10호 이하 191개(40%), 10~20호 129개(22%), 30~50호 56개(11%), 50~75호 이상 99개(27%)였다.[66]

1923년 연해현에는 소수민족을 위한 별도의 민족기관이 아직 창설되지 않은 상태였다. 그리하여 소수민족들은 러시아인과 함께 소비에트 선거에 참가했지만, 여러 가지 기준이 적용되었고 결과적으로 이들의 선거권 및 피선거권은 소유재산에 따라 제한되었다.[67] 1924년 중반에는 연해현 내 고려인 촌소비에트가 조직되기 시작했다. 이에 따라 이전 선거에서 제한되던 선거참가권이 없어지고 고려인들은 러시아인과 동등한 권리를 갖고 촌소비에트를 선출했다. 그 결과 단일대표 표준에 의해 총 87개 고려인소비에트가 조직되었는데,[68] 이를 세부적으로 보면 지방소비에트 46개, 혼성지방소비에트(러시아인과 고려인의 합

---

65 「沿海縣에 있는 朝鮮人의 現狀에 關한 報告」(1926년 3월 18일자), 『不逞團關係雜件 朝鮮人의 部 在西比利亞』, 제16권.
66 「Proekt doklada o rabote vredi natsmenov(prilozhenie k protokolu 4/ss)」, 『카자흐스탄 韓人史』, 제2권, 67쪽. 이 자료에는 20~30호 사이의 호수가 누락되어 있다.
67 「沿海縣에 있는 朝鮮人의 現狀에 關한 報告」(1926년 3월 18일자), 『不逞團關係雜件 朝鮮人의 部 在西比利亞』, 제16권.
68 같은 글.

동) 4개, 고려인구역 촌소비에트 22개, 혼성구역 촌소비에트 13개, 촌조합 2개였다.[69]

그러나 이렇게 조직된 고려인소비에트는 여러 가지 문제점을 갖고 있었다. 첫째, 단일 고려인지방소비에트가 지나치게 광대한 지역을 포괄하고 있었다. 그리하여 대부분의 소비에트가 상급기관의 시설방침 및 명령을 충분하게 또 적시에 실행할 수 없었고, 구성원 전체가 참여하는 회의조차 소집할 수 없는 상황이었다. 그 결과 촌소비에트와 주민들 간에 의사소통이 원활하지 못했고 주민들은 촌소비에트를 징세기관으로 인식하게 되었다. 실례로 니콜스크 - 우수리스크군 내에 있는 '고즈코노 자보드스키' 고려인지방소비에트의 경우, 15개 마을을 합병해 1936명의 주민을 망라하고 있었다. 먼 마을은 촌소비에트에서 4546킬로미터나 떨어진 거리에 있어 촌소비에트 대표를 징세기 또는 '기부금 징수기'에 비유하기도 했으며, 그나마 한 해에 1~2차례밖에 볼 수 없었다. 또한 한 개 마을에 러시아인촌소비에트와 고려인지방소비에트 2개의 촌소비에트가 존재하는 경우도 있었는데 이는 일반 노동조직을 파괴했을 뿐만 아니라 마을 주민들 간에 알력의 원인이 되었으며, 결과적으로 2개의 권력을 만들어내기도 했다.[70]

둘째, 고려인지방소비에트에 대한 충분한 지도가 부재했다. 당시 상급기관은 고려인촌소비에트를 러시아어로 지도했다. 그리하여 고려인 촌소비에트에는 러시아인지도자가 와서 러시아어를 잘 이해하지 못하는 촌소비에트 회장과 담화하고 고려 말로 기재된 다수의 서류뭉치가 있는 사무실의 사무를 검사하고 검사조서를 작성하면 지도자의 임무를 종료하는 것으로 간주했다. 또한 지도자는 통역의 도움 없이는 촌

---

69   「沿海縣在住鮮人에 關한 件」(1926년 1월 11일자), 『不逞團關係雜件 朝鮮人의 部 在西比利亞』, 제16권.
70   같은 글.

소비에트 총회를 주도할 수도 없었다.[71]

그리하여 행정기관을 고려인 주민들에게 접근시키고 농민의 의사를 최대한 반영하기 위해 (1) 원동변강혁명위원회가 제의한 표준(주민 200명 단위로 하나의 소비에트를 조직하되, 면적은 반경 8킬로미터 이내로 한다)에 따라 지방소비에트를 소분할 것, (2) 고려인 출신의 지도자를 늘릴 것, (3) 기본적인 법률, 주요 법령과 명령을 고려 말로 번역할 것, (4) 촌소비에트가 고려 말로 집무하는 방향으로 점차 전환하는 조치를 모색할 것 등이 제시되었다. 이와 동시에 고려인촌소비에트의 문제를 해결하기 위한 방안으로 현 집행위원회는 촌소비에트 소분안(小分案)을 군집행위원회에 제의했다.[72]

1927년에 이르러 고려인촌소비에트는 총 140개에 달했는데 이를 세부적으로 보면, 고려인촌소비에트 28개, 혼성촌소비에트 26개, 고려인구역 촌소비에트 81개, 혼성구역 촌소비에트 5개였다.[73] 전면적 집단화 직전인 1929년 당시에는 원동변강 내에 고려인농촌소비에트가 137개, 구역소비에트집행위원회가 1개(포시예트 구역)였는데 이 가운데 11개의 고려농촌소비에트에서는 사무처리를 고려 말로 하고 있었다.[74]

이러한 외형상의 발전에도 불구하고 블라디보스토크현기관 내에서 일하는 소수민족은 극소수였다. 소수민족 일꾼이 한 명에 불과했고, 소수민족이나 고려인을 수용하지 않는 현의 기관들도 많았다. 하급소비에트기관(구역소비에트)에도 역시 소수민족 일꾼이 없었다. 그로데고보 구역소비에트의 경우 상근번역원을 새로 두는 대신에 고려인농촌

---

71   같은 글.
72   같은 글.
73   십월혁명십주년원동대긔념준비위원회 엮음, 『십월혁명십주년과 쏘베트고려민족』, 83쪽.
74   므. 꼬브롭스끼, 「민족정책의 실시를 선명하게: 원동변강소수민족의 갓가운 과거와 현재」, ≪선봉≫, 1929년 8월 15일자 2면.

소비에트에서 서기제도를 없애버린 일도 있었다.[75]

2) 토지 정리 및 배정

1923년 당시 연해주 고려인들은 88.5%가 농업에 종사하고 있었고, 일부 고려인은 어업, 임업, 제조공업에 종사했다.[76] 1923년 당시 농촌 경리조사에 따르면 당시 고려인 총농가 수는 1만 6767호였는데, 이 가운데 토지를 분여받은 농가가 2290호(13.6%), 경작하는 토지가 없는 농가가 1만 4477호(86.4%)였다. 파종면적은 총 2만 6097데샤틴이었는데(1가호당 1.55데샤틴), 분배토지가 39%이고 소작토지가 61%였다.[77] 2년여 후인 1925년 10월에 이르면, 고려인의 토지분배 상황이 개선되어 고려인 총 농가 2만 1199호 가운데 토지를 분배받은 농가가 6071호(28.6%), 토지를 소유하지 않은 농가가 1만 5128호(71.4%)였다. 토지를 분배받지 못한 1만 5128호 가운데 다수인 약 1만 1000호는 높은 토지 임대료를 내고 분배지에서 거주하고 있었다. 그나마 토지를 분배받은 농가가 증가한 것은 연해현 당국으로부터 원동이 해방된 직후 실시된 소수민족 사업 가운데 고려인의 토지정리를 중시해 지방예산의 허용 범위 내에서 이를 실시한 결과였다. 그리하여 1923년 및 1924년에 토지정리사업을 실시했고 그 결과 토지를 분배받지 못한 2808호 및 토지가 적은 1616호가 토지를 분배받게 되었다.[78]

1926년 당시 원동변강의 고려인 총수는 약 16만 명(다른 자료에는 16

---

75 같은 글.
76 「沿海縣에 있는 朝鮮人의 現狀에 關한 報告」(1926년 3월 18일자), 『不逞團關係雜件 朝鮮人의 部 在西比利亞』, 제16권.
77 십월혁명십주년원동대긔념준비위원회 엮음, 『십월혁명십주년과 쏘베트고려민족』, 84쪽.
78 「沿海縣에 있는 朝鮮人의 現狀에 關한 報告」(1926년 3월 18일자), 『不逞團關係雜件 朝鮮人의 部 在西比利亞』, 제16권.

만 8000명) 정도로 이 가운데 89%에 해당하는 13만 4000명이 블라디보스토크현에 거주하고 있었다. 1922년 당시 3000호에 불과했던 토지 보유자는 원동지방에 소비에트정부가 수립된 이후 5년 동안 약 1만 호로 증가했다.[79] 이러한 적극적인 토지분배 정책에도 불구하고 소비에트 당국의 토지문제 해결을 더욱 어렵게 만든 것은 "해마다 무계획적·무제한적으로 몰려오는" 고려인 농민들의 연속적인 이주였다. 이주민들이 "이 구역 저 구역에 혼동되는 까닭에 토지배정 문제가 갈수록 복잡하게" 되어갔던 것이다. 이러한 현상은 조선 및 중국 만주지역과의 국경지대이자 수청지역이 소속되어 있던 블라디보스토크현의 경우에 더욱 심했는데, 다른 지역에 비해 고려인 주민들의 비율이 높아서 고려인이 전체 인구의 51%를 점했다. 1926년 당시 블라디보스토크현의 구역별 고려인 인구 점유율을 보면, 포시에트 96%, 바라바시 83%, 블라지미로 - 알렉산드로브스코예 58%, 수이푼 53%, 그로데고보 38%, 수청 32%, 포크롭스크 32%, 슈코토보 28% 순이었다.[80]

이주 고려 농민의 수가 급증한 데에는 여러 요인이 있었다. 당시 러시아 당국은 하루 평균 1500명 이상 2000명 이하의 고려인들이 이주해온다고 분석했다. 그리고 이들 대부분은 함경남북도, 훈춘 및 간도 방면으로부터 남부여대해서 이주해 왔는데, 남부 우수리 일대는 물론 수청, 추풍 방면으로도 향하고 있었다.[81] 러시아 당국은 급증하는 한인

---

79 「원동고려인 당원열성자협의회의 경과(3)」, ≪선봉≫, 1927년 12월 20일자 2면.
80 「沿海縣에 있는 朝鮮人의 現狀에 關한 報告」(1926년 3월 18일자), 『不逞團關係雜件 朝鮮人의 部 在西比利亞』, 제16권.
81 「最近露領移住鮮人의 激增에 關한 報告」(1926년 3월 27일자), 『不逞團關係雜件 朝鮮人의 部 在西比利亞』, 제16권. 일본 훈춘영사분관이 분석한 바에 따르면 고려인 이주가 격증한 것은 (1) 원동변강정부에서 초간(招墾)의 방침을 채택한 것, (2) 연해도 고려부에서 이주를 지도하고 선전한 것, (3) 미간지가 많고 수전(水田)경영이 유리하다고 판단한 것, (4) 아편의 채집과 수확에 의해 큰 이익을 보려는 것, (5) 선내(鮮內) 각지의 생활이 점차 곤란해진 것, (6) 공산주의적 선전에 의해 무산자를 권촉(勸促)할 것이라고 믿는 자가 많은 것 때문이었다.

이주민으로 인한 혼란을 방지하고 체계적인 수속을 밟기 위해 '입경수속'을 제정했고, 국경지역 청년회로 하여금 이를 담당케 했다. 또한 이주민들의 이주를 용이케 하기 위해 1926년 1월 11일자로 「이주해오게 될 무산군중에 지시한다」라는 문건을 배포했다.[82]

새로운 이주민들로 인해 연해현, 특히 거주민의 96%가 고려인인 포시예트 구역에는 고려인의 특별농지(우-트르)와 소부락들이 "용(茸)처럼 증가"했다. 연해현의 고려인들은 노농정부의 정책에 우호적인 태도를 보였고, 경제와 문화생활 전 방면에서 활발하게 참가했다.[83] 노농정부의 호의적 정책이 새로운 이주민을 유입하고 새로운 이주민들이 노농정부의 토지분배정책 등 새로운 난제를 다시 유발하는 상황이었다.

또 다른 문제는 고려 농민들과 러시아 농민들 사이에 존재하는 경작토지면적의 불평등 문제였다. 1923년의 농업국세 조사 자료에 따르면 연해현에서 1만 1851호의 고려인 농가가 1만 6644데샤틴의 토지를 임대해 1가호당 평균 1.4데샤틴을 임대했다. 당시 연해현 계획위원회가 추산한 1924년도 고려인 농가들의 임대료는 약 23만 2000루블(개인 소유지는 1만 데샤틴에 임대료 20만 루블, 국유지는 4000데샤틴에 임대료 3만 2000루블)로, 이는 같은 해에 고려인이 지불한 농업세액 10만 8669루블의 2배가 넘는 액수였다. 연해현 당국은 고려인 농민들의 토지경작상의 불평등과 부담을 해소하기 위해서는 신속한 토지정리와 토지분배가 절실하다고 결론짓고, 위원회를 구성해 계획안을 작성하고 1925년에 실행에 착수토록 했다.[84]

---

82 「露領移住鮮人에 대한 高麗部부의 指示에 關한 報告」(1926년 1월 26일자), 『不逞團關係雜件 朝鮮人의 部 在西比利亞』, 제16권.

83 「沿海縣在住鮮人에 關한 件: 1925년 12월 24일자 『赤旗』게재 '鮮人에 對한 配慮'」(1926년 1월 11일자), 『不逞團關係雜件 朝鮮人의 部 在西比利亞』, 제16권.

84 「沿海縣에 있는 朝鮮人의 現狀에 關한 報告」(1926년 3월 18일자), 『不逞團關係雜件 朝鮮人의 部 在西比利亞』, 제16권.

고려인 농민들의 농촌경제에서 또 하나의 문제는 농업방식이었다. 고려인 농민들은 농업용 기계나 기구를 사용하는 경우가 적거나 전혀 없었고, 거의 이랑을 만들어 경작하는 방식을 취하고 있었다[무립식(畝立式) 경작]. 고려인 농민들은 매우 부지런했으나 여러 가지 제반 조건으로 인해 매우 궁핍했다. 이들 조건 가운데 하나가 경제적·일상적 생활양식이 완만한 데서 비롯된 경제관리 방법의 편협성이었다.[85]

연해주 농촌지역이 안고 있던 또 하나의 중대한 문제는 러시아 농민들과의 파종면적이 크게 차이 나는 것이었다. 〈표 3〉에서 알 수 있는 것처럼, 러시아인 농가의 경우 1데샤틴 이상의 중농 이상이 많은 데 반해(73.4%), 고려인 농가의 경우 파종면적이 1데샤틴 이하 또는 1~2데샤틴에 해당하는 빈농이 다수였다(73.5%). 고려인 농가의 파종면적을 작물별로 보면, 조 33.7%, 콩 64.2%, 쌀 13.4%, 옥수수 11.0%, 귀리 9.3%, 기타 곡류 18.4%였다. 소비에트 당국은 토지정리를 통해 무토지 농민 및 소토지 소유 농민에게 토지를 배정하고 종자 대부, 식량 원조 등 여러 가지 지원정책을 실시해 고려인의 파종면적에서 기술을 요하는 식물의 재배면적을 증가시켰다. 이로 인해 고려인들의 파종면적 역시 매년 증가했다.[86]

하지만 러시아 당국의 적극적인 토지분배정책에도 불구하고, 이주민의 유입으로 인해 무토지농민이 급증하자 토지문제를 해결하기가 어려웠다. 블라디보스토크 토지국 간부인 마모노프(Мамонов)는 "블라디보스토크현에는 사실상 토지가 부족하다. 원동이 지대는 넓으나 실상 경작할 면적은 좁다. 그리고 중앙으로부터 러시아 빈농민을 이주시키고 있다. 고려주민이 블라디보스토크현에 애착을 갖고 있는 것은 사

---

85 같은 글.
86 같은 글.

표 3 | 고려인 농가와 러시아인 농가의 파종면적 비교(1925년)

파종면적	고려인 농가 수	러시아인 농가 수
토지가 없는 농가	11.5%	12.5%
1데샤틴 이하	36.0%	13.3%
1~2데샤틴	26.0%	13.3%
2~4데샤틴	18.9%	24.9%
5~7데샤틴	5.5%	31.4%
7데샤틴 이상	1.5%	17.1%
전체	100.0%	100.0%

자료: 「沿海縣에 있는 朝鮮人의 現狀에 關한 報告」(1926년 3월 18일자), 『不逞團關係雜件 朝鮮人의 部 在西比利亞』, 제16권.

실"이라며 블라디보스토크현의 토지부족 문제와 고려 농민들이 블라디보스토크현으로부터 다른 곳으로 이주하기를 꺼려하고 있는 문제를 지적했다. 그에 따르면, 블라디보스토크현의 토지문제를 해결하기 어려운 이유는, 첫째, 경작할 지면이 적기 때문이고, 둘째, 중앙으로부터 러시아 빈농민들이 이주해 오기 때문이다.[87]

고려인 대중들의 경제적 향상을 가로막는 가장 심각한 장애물은 토지정리를 신속하게 진행할 수 없는 현실이었다. 여전히 러시아, 고려인 토호들이 농촌지역의 빈민들을 상대로 높은 임대료를 착취하고 있었고, '노예적 조건'으로 소작시키는 일까지 있었다. 특히 새로운 이주민이 계속 유입되고 있어 조선 및 만주와의 국경지대에 가까운 블라디보스토크현의 경우 문제가 더욱 심각했다. 1927년 블라디보스토크현에는 고려인 농가가 1만 347호였으나 2년 후인 1929년에는 2만 2994호로 급증했다. 이에 반해 토지가 보장된 농가는 9000호에 불과했다

87　「원동고려인 당원열성자협의회의 경과(3) 고려인농촌의 토디배뎡문제: 마모놉으 동무 보고」, ≪선봉≫, 1927년 12월 20일자 2면.

(39.1%). 나머지 60.9%에 달하는 1만 3985호는 토지가 없었다. 몇 년간 부분적 토지정리를 단행했음에도 불구하고 새로운 이주민들로 말미암 아 토지 없는 농가의 수가 줄어들지 않고 있었던 것이다.[88] 1927년 11 월 19일에서 25일까지 개최된 원동고려인당원열성자협의회에서 블라 디보스토크 토지국 간부인 마모노프가 밝힌 토지분배의 원칙은, 민족 적 차별을 두지 않는 가운데 첫째, 입적자 우선으로, 둘째, 입적과 비입 적을 불문하고 1922년 11월 15일 이전에 들어온 농민 우선으로, 셋째, 정치적·혁명적 농민 우선으로 토지를 분급한다는 것이었다.[89]

당초 원동변강위원회 이민기관과 토지부 당국은 무토지 농민 7만 5265명을 1932년까지 전원 하바롭스크현으로 이주시키겠다는 계획을 수립했다(블라디보스토크현으로부터 6만 9696명, 하바롭스크현으로부터 5569 명). 1928과 1929년에는 블라디보스토크현에서 하바롭스크현으로 514 호 2611명을 이주시키고자 했으나, 실제로는 265호 1312명이 이주했 다. 되돌아온 호수 33호 154명을 빼고 나면, 실제 정착한 고려인들은 당초 계획의 45%에 해당하는 232호 1158명에 불과했다. 러시아 당국 은 고려인 이주계획이 25%도 실행되지 못할 것이라고 전망했던 것으 로 추측할 수 있다.[90]

3) 농업집단화

농업집단화(콜호즈화)는 3단계를 거쳐 진행되었다. 가장 낮은 단계는 토지를 협동적으로 경작하는 토즈(TOZ), 즉 토지의 협동경작동업조합 이다. 가장 높은 단계(수준)는 (농업)꼼무나인데 이는 생산뿐만 아니라

---

89   「원동고려인 당원열성자협의회의 경과(3) 고려인농촌의 토디배뎡문제: 마모눕으 동무 보고」.
90   므. 꼬브롭스끼, 「민족정책의 실시를 선명하게: 원동변강소수민족의 갓가운 과거와 현재」.

분배까지 공동화(단합화)한 것으로 생산활동뿐만이 아니라 생활분야에
서도 공동화(단합화)를 실현한 것이다. 이들 사이의 중간 단계가 아르
쩰인데 농업부문에서의 아르쩰, 즉 곡물경리 아르쩰은 기초적 생산자
료, 노동력, 토지 이용, 기계화 기타 기구, 노동가축, 경리건물을 공동
화(단합화)하는 것이다. 공동화되지 않는 것은 텃밭(적은 채포원과 공원),
주택, 젖 짜는 가축의 일정 부분, 작은 가축, 닭 등이었다.[91]

　　시베리아내전이 종결된 직후인 1923년 초에 조직된 고려인농촌경리
공리조합(협동경작동업회, 동업조합)은 7개소에 회원이 47명에 불과했
다.[92] 1923년 블라디보스토크, 니콜스크 - 우수리스크, 스파스크, 나홋
카, 아지미, 크라스노셀로, 그로데고보, 아누치노, 체르니코프카 등 고
려인마을에서 9개의 고려인농촌경리공리조합이 조직되었다. 이 외에
도 남부 해안지역의 고려인 범선들이 통합된 고려인 연안어업노동조
합 샬란다(Шаланда, 평저선), 제4고려인 임업노동조합 등이 조직되어
있었다.[93] 1924년 5월에는 23개의 협동조합 또는 아르쩰이 조직되어
고려인 2만 5000명이 가입했다. 일부 지역에서는 평균 조합가입률이
30%에 달하기도 했다.[94]

　　고려 농촌에서 진행된 농업집단화 과정에서는 빈농들과 과거 의병
(빨치산) 출신들이 선봉적인 역할을 수행했다. 우두거우 마을의 '공생'
['신세계'], 홍범도의 '선봉', 포시예트 구역의 '안산' ['붉은놀'], 이만 엘레-
사스놉카[놀니허, 라블류]의 고려인촌 조합, 슈코토보 지역의 '붉은별' 등
이 그 예이다. 먼저 우두거우 마을의 사례를 살펴보자. 니콜스크 - 우

---

91 이.브. 쓰딸린, 「성과에 정신을 잃는 병: 꼴호즈운동문제에 대하야」, ≪선봉≫, 1930년 3월 8
　　　일자 2면.
92 십월혁명십주년원동대긔념준비위원회 엮음, 『십월혁명십주년과 쏘베트고려민족』, 87쪽.
93 보리스 박·니콜라이 부가이, 『러시아에서의 140년간』, 255~256쪽.
94 같은 책, 256쪽; 러시아어판은 B. D. Pak and N. F. Bugai, *140 let v Rossii-ocherk istorii*
　　Rossiiskikh Koreitsev, p.216.

수리스크군의 라즈돌리노예[하마탕]면 얼두거우(二道溝, 또는 우두거우) 촌에서는 과거 수이푼 일대에서 활약했던 솔밭관 부대 의병(빨치산) 출신 50명이 1923년 2월 농업아르쩰 '공생조합'을 결성되었으며, 조합장에 황원호(黃元浩), 부조합장에 서상묵이 선출되었다.[95]

우두거우 '공생조합'에 참여한 솔밭관 한족공산당 의병출신들은 황원호, 서상묵을 비롯해 이중집, 김승빈, 김병묵, 황원국(황원호의 동생), 최춘신, 이중집, 김여욱, 최륜, 최성철, 김명무, 김병준, 오인순 등이었다.[96] '공생조합'은 얼마 후 '신세계(또는 새세계) 콜호즈로 명칭을 바꾼 것으로 보인다. 높은 수확을 위해 우두거우 마을 앞의 벌판을 개간해 논으로 만들기도 했고, 1930년대 초에는 어업으로까지 사업을 확대하기도 했다.[97] '신세계' 콜호즈는 다른 콜호즈에 비해 콜호즈원들의 다수가 계급적 성분이 좋았다. 또한 1924년 이후 1931년까지 "농촌살림의 사회주의적 건설에서 경제 - 조직방면에 큰 성과"를 달성했을 뿐만 아니라, 정당원과 후보당원을 포함해 당원이 40명이나 되었고, 붉은의병대 출신이 13명이나 되어 발전가능성이 큰 콜호즈로 성장할 수 있었다.[98]

---

95 보리스 박·니콜라이 부가이, 『러시아에서의 140년간』, 256쪽(러시아어본은 216쪽 참조).

96 「영예의 상장과 시상을 받은 붉은 빨찌산 동무들」, ≪선봉≫, 1932년 12월 26일자 2면. 이중집의 경력을 소개한 ≪선봉≫의 다른 기사에서는 '공생조합'이 1923년 9월 '우두거우'에서 이중집에 의해 조직되었다고 쓰고 있다. 「이전붉은 적위군, 붉은 빨찌산들」, ≪선봉≫, 1933년 11월 7일자 5면 참조.

97 강상호, 「전기 혁명일가」, ≪레닌기치≫, 1990년 5월 31일자 2면; 「황원호 동무를 곡함」, ≪선봉≫, 1932년 8월 14일자 4면.

98 「당청결에서 낱아난 해독자들」, ≪선봉≫, 1933년 11월 17일자 2면. ≪선봉≫에는 이들의 출당사유로 18개항의 콜호즈사업에 끼친 '해독'이 상세히 폭로되었다. 1932년 해삼구역 '빨치산꼬미씨야'의 제의에 따라 우두거우 농촌소비에트 내 빨치산섹찌야에서 "혁명전선에서 오랫동안 헌신하고 계속적으로 사회주의건설에서의 승리를 위해 공격적으로 분투한 동무"들을 선발하기 위한 군중대회를 소집하고 최춘신, 김승빈, 이중집, 서상묵 네 명을 선발해 상장을 주었고, '신세계' 콜호즈의 빨치산 폰드에서 시상했다. 그 외에도 황원국, 김여욱, 김병묵, 최륜, 최성철, 김명무, 김병준, 오인순 여덟 명에게도 '신세계' 콜호즈에서 시상했다. 「영예의 상장과 시상을 받은 붉은 빨찌산 동무들」, ≪선봉≫, 1932년 12월 26일자 2면 참조.

그러나 '신세계' 콜호즈는 1932년 이후 당야체이카와 콜호즈 간부들이 서로 "타협, 융화, 옹호하면서" "우경적 또는 해독적 지도"를 해서 콜호즈에 직간접적으로 해독적 사업을 감행한 것이 당청결 [제2차] 과정에서 드러나 당에서 축출되었다. 출당된 간부들은 김병준(콜호즈 회장), 한홍렬(생산부장), 허수봉(목축부장), 천문익(농장책임자), 안찬덕(생산당야체이카 꼴렉찌브 책임서기), 최륜, 오병묵(검사부장) 등이다.[99] 이들 가운데 김병준, 최륜은 솔밭관 의병대 출신이었다.

'신세계' 콜호즈는 카프(KAPF)의 핵심 인물이며 '소비에트고려문학의 아버지'로 불리는 조명희와도 인연이 있다. 조명희는 국내를 탈출해 블라디보스토크에서 국제혁명자후원회(모쁘르)의 후원을 받아 얼두거우 마을로 와서 초가집에서 휴양했는데 당시 초롱불 밑에서 집필한 소설이 『붉은기 밑에서』였다. 조명희는 "프로레타리아 조국에 돌아온 감상, 일제의 억압과 탄압을 벗어나서 인민들이 자유롭게 호흡하는 소련에 와 감개무량한 기쁨으로" 『붉은기 밑에서』를 집필했다.[100]

이만전투, 인전투, 볼로차옙카전투 등 '원동해방전쟁'에서 막대한 희생을 치르며 공헌했던 이용 지휘하의 의병 60명은 이만군 엘레-사스놉카(놀리허, 라블류)의 고려인촌에 정착했는데, 이들은 농산아르쩰을 조직해 벼와 다른 곡물들을 파종했다.[101] 저명한 의병장 홍범도 역시 자기의 일기에서 이만에 와서 아르쩰을 조직한 사실을 기록했다. 그는 모스크바, 치타, 하바롭스크를 거쳐 1923년 가을에 이만 사인발(Саинбар)에 정착했다. 이곳에서 3년 동안 농사하다가 양봉아르쩰을 조직해 사업했고, 2년 후(1927년) 스파스크 진동촌으로 옮겨 빨치산 농산아르쩰 '선봉'

---

99   「당청결에서 낱아난 해독자들」, ≪선봉≫, 1933년 11월 17일자 2면.
100 강상호, 「조명희 선생을 회상하여」, ≪고려일보≫, 1992년 2월 19일자 4면.
101 보리스 박·니콜라이 부가이, 『러시아에서의 140년간』, 256쪽; B. D. Pak and N. F. Bugai, *140 let v Rossii-ocherk istorii Rossiiskikh Koreitsev*, p.217.

조합을 조직했다. 그러나 '달리스(Дальрис)' 숩호즈에서 물을 제대로 공급해 주지 않아 첫해에 빚(500루블)을 지고 말았다. 하지만 다음해에는 대작을 냈다. 카멘 - 리발로프 홍투애 기관에서 홍범도의 '선봉'조합을 다른 곳으로 옮기라고 하자 홍범도는 다시 칼리닌에게 청원서를 보냈다. 이에 칼리닌이 원동변강정부에 "몇 천 날가리라도 요구하는 대로 획정하여 주라"라고 지시하자 기관에서 1000헥타르를 떼어주었다. '선봉' 조합에서는 이를 관개공사해 펌프를 걸고 논을 만들어 벼를 심었는데 그 결과 대수확을 거두었다. 1931년 홍범도는 '직커우재' 꼼무나와 연합했으나 별다른 성과를 거두지 못했고, 다시 '신두힌네츠' 마을로 나와 농사하다가 "물에 패하고" 1934년에 수청 슈코토보의 '레닌길' 조합을 연합해 1937년 강제이주까지 사업했다. '레닌길' 콜호즈는 카자흐스탄 야니쿠르간 시르다리야강 건너편의 사나리크 촌소비에트로 이주했다.[102]

포시예트 구역에서도 1924년 3월에 의병(빨치산) 출신들이 토지개량 조합 '안산'을 조직했다.[103] '안산'은 포시예트 구역에 위치한 고려인 마을로 1930년 당시 농가 99호가 거주하고 있었다.[104] 1937년 7월 23일자 ≪선봉≫에 '안산'촌의 '붉은놀' 콜호즈에 관한 기사가 게재된 것을 볼 때[105] '안산'조합은 아마도 전면적 집단화 시기를 거치면서 '붉은놀' 콜호즈로 개칭한 것이 아닌가 짐작된다.[106]

수청 슈코토보 지역에는 의병(빨치산)과 러시아적군 제대군인 출신

---

102 반병률, 『홍범도 장군: 자서전 홍범도 일지와 항일무장투쟁』, 95~96쪽.

103 보리스 박·니콜라이 부가이, 『러시아에서의 140년간』, 256쪽; B. D. Pak and N. F. Bugai, *140 let v Rossii-ocherk istorii Rossiiskikh Koreitsev*, p.217.

104 리명학, 「선봉독자모집의 검정수자를 투쟁적으로 실행하자」, ≪선봉≫, 1930년 2월 26일자 3면.

105 박뻬뜨르, 「신속히 법적 책임을 지우라」, ≪선봉≫, 1937년 7월 23일자 4면.

106 42개 농가로 구성된 '새안산' 콜호즈가 있는 것으로 보아 '안산' 조합('붉은놀'콜호즈) 부근에 새로이 조직된 콜호즈로 짐작된다. 「꼴호즈원들의 문화상 수응을 높이라」, ≪선봉≫, 1937년 5월 29일자 3면 참조.

들이 2개의 농업아르쩰을 조직했다. 첫 번째 아르쩰은 1923년 3월 슈코토보 빨치산 48명이 조직한 농업조합(아르쩰) '붉은별'이다. 이들은 연해주빨치산부대 본부에서 짐 운반용 말 10마리를 받아 슈코토보 지역의 군용토지에 정착해 15데샤틴의 농지에 조와 콩을 파종했다.[107] 이 의병출신들은 1922년 7월 당시 90명 규모에 달했고, 원동해방전쟁의 마지막 단계에서 백위파 구축 전투에 참여한 바 있는 치무허 한인의용부대에서 활동했다. 치무허 한인의용부대의 지도자는 김정하, 김여하, 김병하 등이었다. 두 번째 아르쩰은 러시아적군 제5군 산하 한인특립연대 소속의 제대군인 29명이 조직한 아르쩰이다. 이 아르쩰은 러시아공산당 주위원회로부터 500루블을 차용받아 미역 채취를 시작했다. 1923년 가을에 이 두 아르쩰은 '붉은별' 꼼무나로 통합되었다. 그리하여 콜호즈원들이 개인 분배 없이 한 건물(막사)에서 집단생활을 했다. 이후 이들은 국가의 행정기관이나 산업기관으로부터 계획적·체계적으로 지원을 받았다. 이 아르쩰은 1924년 가을에 식량을 자족하고, 증기탈곡기를 구입하고, 정미소를 마련했다. 아울러 요크셔 돼지를 기르기 위한 토대를 확보하고, 우사와 돈사 등 축사를 지었다.[108]

'붉은별' 콜호즈는 목축업을 할 수 있게 되었고 보다 기술이 필요한 전문적인 작물을 재배하는 단계에 도달하게 된 것이다. 이로써 '붉은별' 콜호즈에는 아르쩰 단계에서 꼼무나 단계로 넘어갈 수 있는 조건이 마련되었다. 1925년 초 '붉은별' 콜호즈는 상급기관으로부터 아르쩰을 꼼무나로 전환할 수 있다는 허락을 받았다. 그리하여 1925년 1월 27일 '붉은별' 아르쩰은 슈코토보 농업생산 꼼무나 '붉은별'로 개편되었는데, 당시 회원은 81명이었다.[109] '붉은별' 콜호즈의 발전과정은 콜호즈운동

107 보리스 박·니콜라이 부가이, 『러시아에서의 140년간』, 256~257쪽; B. D. Pak and N. F. Bugai, *140 let v Rossii-ocherk istorii Rossiiskikh Koreitsev*, p.217.
108 같은 자료.

의 단계별 이행을 잘 보여주는 사례이자, 1929년 이후에 단행된 '전면적 콜호즈화'에 앞서 이미 꼼무나 단계로 넘어간 드문 사례라 할 수 있다. 이 점에서 '붉은별' 콜호즈가 연해주 다른 농업조합들의 귀감이 되었다는 평가는 적절하다 할 수 있다.[110]

1927년 가을 무렵에는 다양한 형태의 조합 수가 69개, 가입 회원수가 1100명에 달했다.[111] 대다수의 조합은 소작지 내에서 조직되었다. 소수의 조합이 국유지나 과거 지주의 토지를 할양받아 토지노력조합으로 조직되었던 것이다. 대표적인 예가 앞에서 언급한 바 있는 '붉은별' 꼼무나, '안산' 수리조합, '새생활' 등이다.[112] 고려인들이 조직한 초기의 공동경리조합은 자기 토지 없이 소작지를 경작했는데, 이는 이들 다수가 개량적 농작(기계화)을 하지 못하고 재래의 경작방식을 고수했기 때문이다. 1927년 시점에서 고려콜호즈가 발전하기 위한 과제는 이들 공동경리농작조합에 토지를 분급하는 일이었다.[113] 전면적 콜호즈화(농업집단화)는 이러한 과제를 달성하기 위해 거쳐야만 하는 필수적인 단계였다.

또한 전면적 집단화 이전의 고려인 콜호즈에는 농촌공동체의 색채가 강하게 남아 있었다. 1920년대의 콜호즈는 주로 공동체의 토지를 기초로 해서 조직되었다. 따라서 집단화 경리(조합)의 토지면적은 콜호즈원 각자의 수입에도 영향을 주었다. 그리하여 토지가 적은 농민은 콜호즈원으로서 그다지 환영받지 못했다. 그 때문에 토지가 없는 농민들은 구

---

109 같은 자료.
110 보리스 박·니콜라이 부가이, 『러시아에서의 140년간』, 258쪽; B. D. Pak and N. F. Bugai, *140 let v Rossii-ocherk istorii Rossiiskikh Koreitsev*, p. 218.
111 십월혁명십주년원동대긔념준비위원회 엮음, 『십월혁명십주년과 쏘베트고려민족』, 87~88쪽. 이들 조합을 분류하면, 토지노력아르쩰 36, 수리조합 16, 기계조합 1, 농촌경리대부조합 2, 목축조합 3, 양잠조합 6, 양봉조합 1, 농촌경리 꼼무나 1, 농촌경리공리조합 3이다.
112 같은 책, 88쪽.
113 같은 책.

(舊)지주지라든가 국유지에 콜호즈 또는 솝호즈를 만들지 않으면 안 되었다. 앞에서 소개한 바 있는 붉은의병대(빨치산) 출신 농민들이 조직한 콜호즈가 그러한 경우였다. 이 점에서 1929년 이후 추진된 전면적 집단화로 인해 농촌공동체의 흔적이 일소되고 빈농의 콜호즈 건설에 새로운 가능성이 열렸다는 평가는 정확한 지적이라 할 수 있다.[114]

4) 교육문화의 확대

시베리아내전이 종결되고 원동에서 소비에트정권이 수립된 이후 고려인사회에서는 대중교육시설과 정책이 혁명적으로 확대되었다. '원동해방' 이후 고려인의 교육 분야에서는 괄목할 만한 진전이 이루어졌다. 제정러시아 시기에는 소수민족을 위한 관립학교로서 한인 아동을 위한 학교가 44개, 원주민을 위한 학교가 2개 있었을 뿐이다.[115] 이를 보다 구체적으로 보면, 시베리아내전 종결 직전인 1922년 10월 기준 블라디보스토크현 내의 고려인학교 220개교 가운데 40개 정도가 관립이었고, 나머지는 한인 주민들이 유지하는 사립학교였다.[116]

제정러시아 시기 관립학교들의 목적은 황제주권 동화정책을 관철시키는 것이라서 러시아 말로 교습했으며 성경과목이 필수였다. 따라서 이주한인들의 교육과정에서 러시아정교회가 차지하는 역할이 컸다. 하지만 소비에트정권이 수립되면서 고려인마을에 있던 러시아정교 교회들은 거의 소비에트문화를 교육하고 선전하기 위한 구락부로 바뀌

---

114 岡奈津子, 「ロシア極東における朝鮮人社会の政治, 經濟的變容: 農業集團化と强制移住」, 東京大學大學院總合文化研究科 地域文化研究專攻, p.34.

115 박예프렘, 「소수민족사이에서의 문화사업의 총화(1)」, ≪선봉≫, 1930년 2월 24일자 2면.

116 沿海縣에 있는 朝鮮人의 現狀에 關한 報告(1926년 3월 18일자), 『不逞團關係雜件 朝鮮人의 部 在西比利亞』, 제16권.

었기에 신부들은 러시아정교를 버릴 수밖에 없었다. 소비에트정권이 수립된 이후 고려인의 민족문화 - 사회건설에서는 진전이 있었다. 즉, 1930년 당시 고려인들을 위한 교육시설을 보면, 일급학교(소학교) 229개, 7년제 학교 4개, 9년제 학교 1개 외에 사범학교, 농민청년학교, 노동학원 고려반, 소비에트당학교 고려반이 생겼고, 아동공원 4개, 종람소 15개, 붉은구석 15개, 구락부 2개가 조직되었다.[117] 1931년에 이르면, 고려인 소학교는 351개소에 2만 8846명, 공장제조소학교는 4개소에 976명, 세계옘은 21개소에 678명으로 증가했다.[118] 1934년 10월 원동변강에는 고려인을 위한 교육기관으로 일급학교 277개, 7년제 학교 49개, 10년제 학교 2개, 고려사범학교 2개, 7년제 특수학교 1개, 노동학원 1개, 고려사범대학 1개가 있었다.[119]

고려인들에게 또 다른 중요한 문제는 러시아 국적을 취득하는 문제였다. 토지분배 등 정치적·경제적·문화적으로 입적인과 비입적인 간에는 현실적으로 차별이 있었기 때문이다. 1923년 8월, 원동변강집행위원회간부회는 소비에트권력을 위해 투쟁한 고려인들에게 우선적으로 러시아 국적을 부여할 것을 결정했다. 이와 동시에 한인무장유격대(빨치산대) 출신들에게 영주거주권이 배부되었다. 이로 인해 1923~1924년 2629명, 1925년 2270명, 1926년에는 7884명, 총 1만 2783명이 러시아 국적을 취득했다. 그리하여 1926년에는 총 5만 2635명이 러시아 국적자였는데, 이는 전체 고려인의 약 31%에 해당한다.[120]

---

117 박예프렘, 「소수민족사이에서의 문화사업의 총화(1)」, ≪선봉≫, 1930년 2월 24일자 2면.
118 「원동쏘베트주권이 수립된 십주년과 문화선전의 위대한 성과: 붉은 십월의 15주년을 아울러 맞으면서」, ≪선봉≫, 1932년 11월 7일자 5면.
119 "Stenogramma Soveshchaniia kraikoma partii po voprosu raboty sredi Koreiskogo naseleniia" (1934년 10월 16일자), 『카자흐스탄 韓人史』, 제2권, 148쪽.
120 김승화, 「소련한족사」, 정태수 편역(대한교과서주식회사, 1989), 144쪽.

4. 전면적 집단화와 고려인 콜호즈

1) 전면적 농업집단화의 진행

1927년 12월에 개최된 소련공산당 제15차 당대회는 농업집단화와 새 기술에 기반을 둔 대규모 사회주의농업(집단화)으로의 전환을 결정했다. 이와 함께 제1차 5개년 계획이 입안되었다. 1927~1928년 겨울, 국가에 의한 곡물조달이 위기에 빠지자 제1차 5개년 계획의 실행에 차질이 생겼다. 스탈린은 1928년 1월 곡물조달 위기의 책임이 쿨라크(кулак, 부농, 토호)에게 있다면서 농업세를 체납한 쿨라크에게 체포, 재판 등의 비상초치를 취하도록 명령했다. 이러한 상황에서 1928~1930년에 전개된 이른바 반우파투쟁은 제1차 5개년 계획과 전면적 집단화를 반대하는 자들에 대한 투쟁을 의미했다. 원동러시아지역에서 일어난 반우파투쟁과 전면적인 집단화는 1929년 말부터 급속히 진행되었는데, 고려인사회에서는 토호라 불리는 부농 원호인이 주요 공격대상이었다. ≪선봉≫은 러시아공산당중앙위와 검사위원회가 결정한 당원청결의 심사기준과 방법을 수차례에 걸쳐 연재함과 동시에[121] "가면 쓴 이류분자를 구축하라", "흉악한 토호를 몰아내자", "농촌토호는 원수계급이다" 등의 구호를 내걸고 각지에서 당청결심사와 반토호투쟁 소식을 게재했다.[122]

1927년부터는 전면적인 농업 집단화를 향한 준비단계가 시작되었다. 원동변강의 엠떼스[MTC(машинно-тракторная-станция), 기계·트랙터 배급소]에는 매년 100대의 기계가 보충되었으며, 빈농 농가를 강화하기 위한 국가의 신용대부를 확대하고 종자를 지원했다. 그러나 전면적인

---

121 ≪선봉≫, 1929년 5월 16일자; 5월 21일자; 5월 25일자; 5월 30일자; 6월 5일자.
122 ≪선봉≫, 1929년 5월 16일자; 6월 8일자.

집단화(콜호즈화)는 부농들의 분노와 저항을 불러일으켰고 이들로 하여금 최후의 투쟁수단을 취하게 했다. 도처에서 부농들은 당과 소비에트 노동자들과 열성적인 콜호즈원들에 대한 테러를 감행했다. 1929년 상반기에만 80개 이상의 테러와 반혁명적 사건이 발생했다. 부농들은 곡물조달을 보이콧했으며 콜호즈의 창고와 농장을 방화했다. 부농들의 저항에도 불구하고 결국 1929년에는 원동지역에서 대중적인 집단화를 위한 조건이 성립되었다. 이 시기에 농업집단화의 최고 형태(단계)인 난장이 콜호즈들을 통합한 꼼무나와 농업아르쩰을 조성하기 위한 근본적인 토대가 만들어졌다. 그리하여 1929년 11월에 개최된 소련 공산당 중앙위원회 전체회의에서는 "최근의 몇 개월 동안 집단적인 활동으로 새로운 전진을 가져왔으니, 고립된 개별적 농가그룹뿐만 아니라 구역, 오쿠르가, 주, 그리고 변강 전체를 끌어들였다"라고 선언할 수 있게 되었다. 1929년 말 원동변강에는 936개 콜호즈, 306개 트랙터를 단합시켰으며, 1930년 4월에는 1511개 콜호즈에 10만 4633개 농가를 단합시켰다. 이는 원동 전체 농민들의 45%가 콜호즈원이 되었음을 의미한다.[123]

1929년 당시의 콜호즈운동 단계에서 채택된 집단화 단계는 아르쩰 단계였다. 당시의 콜호즈운동은 이미 토즈(토지의 협동경작동업회) 단계를 지났고, 꼼무나는 아직은 "콜호즈운동에서의 개별적 현상" 수준이어서 조건이 성숙되지 못한 상태였다. 그리하여 1929년 시점의 전면적 콜호즈운동에서 스탈린은 당시 현안이던 "곡물문제를 해결하는 가장 적합한 형식"으로 농업아르쩰이야말로 "콜호즈운동의 기초적 고리"라고 결론지었다. 곡물문제를 해결하지 않고는 공업을 위한 기초적 원료

---

123 "Nachalo Massovoi Kollektivizatsii na Dal'nem Vostoke", Ves' Vladivostok, Spravodchik na 1935/1936, pp.67~68.

를 제공하는 목축업(소규모로든 대규모로든) 문제 또는 기술적·전문적 작물 문제를 해결할 수 없기 때문이었다. 소련공산당은 이러한 스탈린의 입장을 반영한 「모범적 규칙」을 제시했다.[124]

스탈린은 1929년 여름 '전면적 집단화'의 슬로건을 내걸고 북카프카즈, 볼가강 중하류에서는 1930년 가을에서 1931년 봄 사이에, 기타 곡물지대에서는 1931년 가을에서 1932년 봄 사이에 집단화를 완료해야 한다고 지시했다.[125] 이에 따라 1931년 8월 소련지도부는 원동변강 지역에 대해 집단화 가속화 노선을 취했다. 이로 인해 "어떤 구역의 근본적인 집단화 완성의 기준은 빈농 - 중농의 100% 참여가 필수적이지는 않지만, 최소한 농가 68~70% 이상이 참여해야 한다", "원동변강에서 전면적인 집단화는 본질적으로 1932년에 종료되어야 한다"라고 선포하기에 이르렀다. 집단화 속도에 관한 전소련공산당 중앙위원회의 결정에 부응해, 소련공산당(볼) 원동변강위원회뷰로는 다음의 연해주 각 구역에서 전면적인 집단화가 기본적으로 완성되었다고 간주했다[괄호는 집단화비율 / 농가집단화 참여율]. 포시예트(87.4% / 92.7%), 니콜스크 - 우수리스크(83.3% / 89.6%), 포크로브스키(73.8% / 82.9%), 루흐로브스키(96.6% / 91.0%), 블라디보스토크(74.1% / 76.4%), 한카이스키(66.6% / 80.1%). 나머지 구역, 즉 알렉산드로브스키, 그로데고보, 하바롭스크, 슈코토보, 체르니코보, 수찬, 스파스키, 슈마코프스키, 칼리닌스키, 레닌스키, 올긴스키, 니콜스키 - 나 - 아무레 구역은 1932년에 집단화를 완성할 수 있었다. 고려인거주지의 완전한 집단화는 1934년 말에 이루어졌다.[126] 한편 다른 기록에는 1934년 10월 기준 연해주 거주 고려인

---

124 이.브. 쓰딸린, 「성과에 정신을 잃는 병-꼴호즈운동문제에 대하야」, ≪선봉≫, 1930년 3월 8일자 2면.
125 岡奈津子, 「ロシア極東における朝鮮人社會の政治.經濟的變容: 農業集團化と强制移住」, p.30.
126 보리스 박·니콜라이 부가이, 『러시아에서의 140년간』, 277~278쪽; B. D. Pak and N. F.

거주민 전체의 집단화율은 60~65%이지만 고려 농민들의 경우는 75~80%에 달한 것으로 되어 있다.[127]

2) 전면적 집단화 과정에서 나타난 고려인 콜호즈의 문제

고려 농촌의 콜호즈화 과정에서 나타난 여러 가지 문제는 ≪선봉≫의 주필 최호림이 3회에 걸쳐 기고한 「당정책을 악화하는 경향을 따리자」에 잘 나타나 있다. 최호림이 정리한 문제점은 (1) 농촌계급 분류상의 문제, (2) 경쟁적 콜호즈화, (3) 농민들의 자발적 참여 없는 콜호즈화, (4) 지나치게 조급한 꼼무나화, (5) 억제적 콜호즈, (6) 오래 유지되지 못한 콜호즈와 그로 인한 악영향 등 여섯 가지이다.

(1) 농촌계급 분류상의 문제

농촌의 계급을 분류하는 작업에서 사회성분이 '당정책의 계급적 궤도'에서 탈선하는 일이 비일비재했다. 레닌구역 레닌촌에 거주하는 황하청은 빈농인데 토호의 아들을 사위로 삼았다고 하여 토호가 되었고, 수청 구역 황거우에 거주하는 김용홉은 빈농인데 신병 때문에 아편을 먹었다고 하여 토호로 분류되었다. 이들과 반대로 그로데고보 구역 신남동에 사는 손국세는 계속적으로 고용농군을 두어 노력을 착취하고, 1927~1928년에는 음식오리점까지 경영하고 고리대금업과 풍차를 세놓아 이익을 취하는 등 토호의 범주에 듦에도 불구하고 중농민으로 분류되었다. 같은 촌의 남두필은 완전한 토호임을 공개적으로 승인했는데도 1928년 여름에 어장에 가서 고기잡이를 했다고 해서 도시에서는

Bugai, *140 let v Rossii-ocherk istorii Rossiiskikh Koreitsev*, p.225.

127 "Stenogramma Soveshchaniia kraikoma partii po voprosu raboty sredi Koreiskogo naseleniia", 154쪽.

노동자, 농촌에서는 중농민으로 분류되었다. 같은 촌의 최창원은 부호 인데도 얼마 전에 그 곳 피요네르대(소년단)에 의연 5원을 했다고 해서 중농으로 분류되었다. 같은 촌의 유덕상은 원래 빈농민인데 농산조합 에 들지 않았다는 이유로 '조합반대자'라 해서 토호로 지정되었다.[128] 친인척 관계로 인해 농민계급 분류가 제대로 되지 못하는 경우도 많았 다. 포시예트 구역에서 1928년 9월 10일부터 30일까지, 10월 27일부터 31일까지 공청회단체들의 성분을 시찰한 결과, 친인척 관계라서 토호 나 '계급적 이류분자'들이 공청회원이 된 반면, 고용농민들은 마르크스 주의가 무엇인지 모른다는 이유로 공청입회가 허용되지 않았다.[129]

(2) 경쟁적 콜호즈화

어떤 구역에서는 각 촌의 콜호즈화를 계획해 놓고 며칠 동안에 전 구 역을 콜호즈화하려는 목적에서 "설계적으로 콜호즈사업"을 추진했다. 그뿐만 아니라 콜호즈운동이 "이 촌에 콜렉지브가 되면 저 촌에는 꼼 무나가 되어 경쟁적으로 날을 다투어" 경쟁하는 방식으로 진행되기도 했다. 최호림은 "꼴호즈를 조직만 하는 것이 사회주의를 건설하는 것 이 아니오 그 꼴호즈가 과연 꼴호즈의 행사를 하며 꼴호즈의 의무를 실행하게 한 것"이 중요한 문제라고 지적했다.[130]

(3) 농민들의 자발적 참여 없는 콜호즈화

일꾼들이 농민들의 자발적 참여를 이끌어내지 않고 자기들끼리 콜 호즈를 무리하게 조직하는 현상에 대해, 최호림은 "자기 다리 긴 것만

---

128 최호림, 「당정책을 악화하는 경향을 따리자(1)」, ≪선봉≫, 1930년 3월 15일자 3면.
129 「뽀씨예트구역 공청회들을 시찰함에 나타난 사실의 공개」, ≪선봉≫, 1929년 1월 12일자 2 면.
130 최호림, 「당정책을 악화하는 경향을 따리자(2)」, ≪선봉≫, 1930년 3월 18일자 3면.

생각하고 남이 앉은뱅이인 것은 생각지 아니하야 앉은뱅이더러 자기와 같이 보조를 맞추어 걸으라는 것과 마찬가지"라고 비판했다. 콜호즈화에 대해 군중들을 상대로 '해석사업'을 하지 않거나, 설사 '해석사업'을 하더라도 대강 해석해 주어 의혹을 품게 만들었다. 그런 다음에 농민들의 뜻은 무시하고 발기자 몇 사람이 의기투합해 전수가결로 결정해 놓고 회의 다음날부터 "우리 촌이 전반적 콜호즈화에 넘어갔으니 가고 오는 일과 팔고 사는 것은 개인이 임의로 못할 것"이며 "본촌에 사는 주민의 동산 및 부동산은 모두 콜호즈의 관할에 매인 것"이라 성명하는 경우도 있었다. 그리하여 어느 곳에 콜호즈가 조직된다고 하면 고려빈농민 다수가 "무슨 전염병이나 만난 듯이 겁을 내고", 어느 곳에 꼼무나가 조직된다고 하면 그곳 고려빈농민들 다수는 세간 살림살이를 몸소 지고 떠나려 했다.[131]

(4) 지나치게 조급한 꼼무나화

불과 1929년에 콜호즈가 조직되었는데도, 1930년에 들어와 전반적으로 콜호즈화를 한다는 명목하에 단번에 꼼무나로 전환했다. 이는 콜호즈의 경제적 토대를 고려하지 않은 꼼무나화였기 때문에 꼼무나의 완전한 행사와 업무 실행은 처음부터 불가능했다. 그럼에도 불구하고 빈농민들이 다른 곳으로 이사하려 하면 꼼무나에서 성명을 기록해 놓고 "너는 꼼무나회원이니 아무데도 가지 못한다. 동무[의] 동산은 모두 꼼무나 물건이니 자기가 지금 주인이라고 임의로 변동을 시키지 못한다"라고 했으며 빈농민들이 이사를 갈까 하는 의심에서 밤마다 보초를 서서 감시했다고 한다[레닌구역 크라스노 페레왈나 콜호즈의 예].[132]

---

131 같은 글.
132 같은 글.

(5) 억제적 콜호즈

큰 촌락들을 통합해 대규모의 콜호즈를 조직했기에 회원 수가 엄청 났고 그 결과 자신이 콜호즈 회원인지 모르는 경우도 있었다. 콜호즈 회원으로 가입할 때에는 당사자에게 지원 여부도 묻지 않고 가까운 사람의 소개로 가입시키거나 전반적 콜호즈화라는 결정이 내려졌으니 촌의 주민은 누구나 다 회원이라는 생각으로 본인도 모르는 사이에 콜호즈 회원으로 만들곤 했다. 따라서 이는 '억제적 콜호즈'라 할 만했다 (수이푼 구역 '태평양혁명자' 콜호즈의 사례).[133]

(6) 오래 유지되지 못한 콜호즈와 그로 인한 악영향

1925년, 1926년, 1927년, 1928년도에 스파스크 구역에 고려 사람 농산아르쩰이 7~8곳에 조직되었는데, 오래 가야 2년이고 그렇지 않으면 겨우 1년 정도 유지되다가 해산되곤 했다. 이렇게 해산된 아르쩰들은 모두 기관에 빚을 지고 당장 먹을 양식도 없이 각처로 분산되어 유리 걸식하는 형편이었다. 그 결과 이 아르쩰에 들었던 사람들은 "아르쩰이라고 말하면 이에서 신물이 돈다"라고 말하고, 이 형편을 방관하던 농민들은 아르쩰을 "범보다 더 무서워하는 경향"이 생겨났다. 이렇게 된 원인은, 첫째, 자기 토지 없이 조직되어 한곳에 살림살이의 뿌리를 깊이 박지 못하고, 둘째, 국가의 힘이 부족해 그들의 요구를 원만히 수용해 주지 못했으며, 셋째, 아르쩰 내부 정돈이 완전치 못한 것 등 여러 가지 결점 때문이었다.[134]

---

133 최호림, 「당정책을 악화하는 경향을 따리자(3)」, ≪선봉≫, 1930년 3월 24일자 3면.
134 같은 글.

3) 고려인 콜호즈화 과정에서 드러난 민족차별의 문제

고려인 농촌에서 드러난 토호청산 문제가 러시아인 농촌과 다른 점은 제정러시아 시기부터 내려온 사회경제적 유산과 관련되어 있다. 즉, 입적자(원호) 가운데 토호들이 많았는데, 이들은 토지를 갖고 있었던 데 반해, 비입적자인 여호는 토지가 없었다. 제정러시아 시기에 연해주에는 경리조직이 두 갈래로 분리되어 있었는데, 원호촌과 여호촌으로 나누어져 있었고, 원호와 여호가 각각 별개의 마을에 사는 것이 일반적이었다.[135] 이러한 물질적 토대 위에서 원호들이 여호들을 착취·차별하는 악습이 혁명 이후까지 남아 있었던 것이다. 그리하여 1923년 이후에도 각 농촌에서는 토지분규, 반작, 임대료, 고용농민(머슴) 사용 등 여러 문제가 발생했는데, 이는 종래의 원호와 여호 간의 대립관계에서 비롯되었다.[136]

농업집단화 이전 단계에서 원호들은 토착적 기반을 바탕으로 토지 배분 등에서 여호나 새로운 입적자들의 참여를 배제하거나 차별하고자 했다. 1929년 수이푼 구역에 속해 있던 베내신 촌소비에트 관내의 동촌에서 발생한 사건이 좋은 예이다. 동촌은 원호촌이었는데, 17가호의 원호가 장악한 고려인 토지협회책임자들은 상부기관의 토지배정에 반항해 이를 실행하지 않았으며, 문맹퇴치사업이나 여자들의 여자대표회 참가도 방해했다. 그뿐만 아니라 여호 빈농들로 조직된 농민상조회도 공격했다. 또한 토지분배에서 17가호의 원호에게는 매호당 3일경을 주었고 신입적자 15가호에게는 4분의 3일경을 배당했다. 한편 원호에게는 고전(高田)을, 신입적자에게는 새밭논[137]을 주려고 시도하다

---

135 최태렬, 「농촌반렬의 력사적 전통을 헤아리면서 "좌"우경을 힘있게 따리나?」, ≪선봉≫, 1930년 3월 13일자 1면.
136 「계급덕 검토를 "원호촌"에 더 힘있게!」, ≪선봉≫, 1929년 6월 18일자 3면.

가 좌절되었다. 소비에트, 농민상조회와 학교도 자기들끼리 마음대로 하겠다고 고집했다.[138]

제정 시기에는 대부분의 고려인이 원호촌과 여호촌으로 나뉘어 살았기 때문에 '계급투쟁'이 퍽 약해졌으며 토호가 많은 원호촌에는 직접 착취받던 고용자들이 근거를 잡지 못했다. 그리하여 원호촌에 영구 거주하는 빈농민은 대부분 원호인 토호들의 인척이나 척족인 경우가 많았다. 이러한 이유로 원호촌 사람들은 타협적인 경향이 강해 '고려인은 토호 없다'라는 주장과 또 '고려인 토호는 위험치 않다'라는 의견이 나오게 되었다.[139] 이는 '토호청산' 과정에서 나타난 '우경'화의 사례였다.

원호 토호에 대한 빈농민들의 타협적인 경향을 잘 보여주는 예가 포크롭스크 구역 양현동의 경우이다. 이 마을의 빈농민들은 널리 알려진 김룡관이 토호로 분별되는 것을 막기 위해 그가 토호가 아니라는 문건을 만들어 연명하고 수표(手票)해 '계급분렬' 꼬미시야(위원회)에 제출한 사실이 ≪선봉≫에 보도되었다.[140]

한편 1929년 공산당의 대청결 과정에서 "우경, 융화 경향을 타격하는 바람에 우경의 줄이 '좌경'으로 휩쓸려가면서 토호[를] 치는 몽둥이로 중농민까지 두드리는 병폐가 자주 생"기기도 했다. 당청결 과정을 거치면서 나타난 이러한 좌경적 편향은 당청결 당시 '고려인은 토호 없다'라고 주장하다가, 이제는 '심리적 토호'라는 '새학리'를 창도했다. 또한 당청결 당시에는 '토호가 위험치 않다'고 하다가 '지금은 토호를 죽

137　'새밭'은 '새(草, 띠나 억새 따위)가 무리를 지어 자라는 들판'을 말한다. 즉, '새밭논'은 잡초풀이 무성한 논을 말한다.

138　보리스 박·니콜라이 부가이, 『러시아에서의 140년간』, 277~278쪽; B. D. Pak and N. F. Bugai, *140 let v Rossii-ocherk istorii Rossiiskikh Koreitsev*, p.225.

139　최태렬, 「농촌반렬의 력사적 전통을 헤아리면서 "좌"우경을 힘있게 따리나?」, ≪선봉≫, 1930년 3월 13일자 1면.

140　횟바람, 「토호를 보호하는 빈농민그룹빠」, ≪선봉≫, 1930년 3월 29일자 4면.

이지 아니면 아니 된다'고 하는 자들이 나타나고 있었다. 이처럼 당청결을 거치면서 고려 농촌에서는 우경적 편향과 좌경적 편향이 적지 않게 나타났다.[141]

앞에서 언급한 것처럼, 1929년 당시의 전면적 집단화(콜호즈운동)에서 채택된 집단화 단계는 아르쩰 단계였다. 이것은 스탈린에 의해서 공산당의 정책으로 제시되었으나,[142] 일부 농촌에서는 이러한 현실적 조건을 무시하고 곧바로 생산과 분배를 공유하는 꼼무나 단계로 넘어가려는 급진적 경향을 보이기도 했다. "공동경작[토즈]에도 맛보지 못한 그네들이 꼼무나 살림[을] 이곳저곳에 쉽게 조직하려는" 경향이었다. 이는 "실제에 있어 생산과 기술적 토대도 없이 꼼무나 규정을 기계적으로 적용하려" 했다는 점에서 "아직도 공동살림에 관습되지 못한 농민들로 더군다나 자리 잡지 못한 설비에 꼼무나를 조직"할 경우 일반 군중의 참여를 이끌어내지 못할 위험성이 있었다.[143] 이와 관련해 스탈린은 "콜호즈운동 현 계단에서의 그 대다수되는 형식은 농산조합이다. 선진구역 콜호즈의 모범을 떨어진 구역에 기계적으로 응용하지 못한다. 지도의 예술은 운동에서 떨어지지 말아야 될 것이니 떨어지는 것은 군중에게서 떨어짐을 의미한다. 그러나 뛰어서 달아나가지 말아야 될 것이니 뛰어 달아나가는 것은 군중과의 연락을 잃어버리는 것을 의미하는 까닭이다"라고 지적했다.[144]

---

141 최태렬, 「농촌반렬의 력사적 전통을 헤아리면서 "좌"우경을 힘있게 따라나?」, ≪선봉≫, 1930년 3월 13일자 1면. 그리하여 최태열은 "토호를 공격하는 무기로 우경, 융화 경향만 칠 것"이 아니라 이러한 "'좌경'까지 여지없이 두드려 부숴야 된다'라고 주장했다.

142 이.브. 쓰딸린, 「성과에 정신을 잃는 병: 꼴호즈운동문제에 대하야」, ≪선봉≫, 1930년 3월 8일자 2면.

143 최태렬, 「농촌반렬의 력사적 전통을 헤아리면서 "좌"우경을 힘있게 따라나?」, ≪선봉≫, 1930년 3월 13일자 1면.

144 이.브. 쓰딸린, 「성과에 정신을 잃는 병: 꼴호즈운동문제에 대하야」, ≪선봉≫, 1930년 3월 8일자 2면.

이러한 좌경적 콜호즈 운동으로 인해 농민들이 전면적 콜호즈화를 반대하는 토호들이 퍼뜨린 "녀자와 아이들까지 다 공동소유가 된다"라 는 '악선동'에 휘둘리어 국경으로 도주하는 일이 발생했다.[145] 토호들은 빈농, 중농 가운데 낙오층, 심히 낡은 풍습(동생, 의가,[146] 사둔 등), 그리고 기관과 힘 있는 지도자가 없는 산골촌을 이용했다. 이들의 '악선동'에 영향을 받은 빈농, 중농들이 밤에 도망했는데, 이러한 일은 국경지방에 서 빈번하게 발생했다. 토호들은 "콜호즈에 들면 자유 없으며 소유를 공유화하며 고향에 보내지 아니하며 곡물을 앗아간다", "아이들을 앗아 간다", "무직업자를 해변무인지경에 실어다 던진다", "인구증식을 방지 하기 위하야 10세 미만 남녀 중 신체 약한 아이들의 생식기를 빼라고 결정했다", "지내간 중국 - 쎄쎄쎄르 분규[147] 때에 중국이 다시 준비하는 분규가 승리하면 아령에 있는 고려인은 하나도 살지 못한다"라는 등의 루머를 퍼뜨리고 파종 캠페인과 콜호즈 건설을 방해했으며 말과 소를 잡아 비밀스럽게 팔아치우며 생산 능률의 향상을 방해했다.[148]

1930년 7월 25일 니콜스크 - 우수리스크에서 개최된 고려인 콜호즈 대회에서[149] 원동변강 콜호즈 연맹 위원인 페트로프는 「고려인 콜호즈

---

145 최태렬, 「농촌반렬의 력사적 전통을 헤아리면서 "좌"우경을 힘있게 따리나?」, ≪선봉≫, 1930년 3월 13일자 1면. 최태열은 농민들에게 콜호즈운동에 대한 '해석사업'을 힘써 하면서 콜호즈를 건설하고 꼼무나 조직을 쉽게 하지 말라고 제안했다. 그는 또한 "법률상 처치와 계 급적 분해를 혼동시키지 말 것"을 경고하며, "만일 어느 때에 빈농민이 금물장사나 곡물매수 에 위반한 것들을 토호로 취급하면 이는 법률을 계급에 혼동시키는 것이 아닌가? 그들은 법 적 처분을 받을 것뿐이오. 그 죄로 토호라고 지적함을 옳지 못한 일이다. 그리고 토호는 원 호, 여호촌을 물론하고 있는 것이니, 역사적 참고와 실제 형편에서 골라내지 아니면, 중농, 빈농을 함께 공격할 위험이 생기는 것이다"라고 경고했다.

146 의가(依家). 집이 없는 사람이 남의 집을 얻어 사는 것.

147 1929년에 만주군벌 장쉐량이 소련관리들을 추방함으로써 발생한 무력충돌 사건, 즉 동중철 도사건을 말하는 것으로 추정된다.

148 창무, 「악선동하는 토호들과 무자비하게 투쟁하라: 군중적 교양사업을 확장하라」, ≪선봉≫, 1930년 3월 5일자 2면.

149 「고려인농촌에서의 사회주의적 진격의 투사들: 변강고려인꼴호즈 대회들에게 전투적 축하 를 보낸다-큰 창작 있으라」, ≪선봉≫, 1930년 7월 25일자 1면.

의 상태와 그 당면과제」라는 보고서를 발표했는데, 이 보고서에는 당시 진행 중이던 고려인 콜호즈화에 관한 내용이 잘 정리되어 있다.

아무르, 니콜라옙스크 양 관구를 제외한 원동변강지방에는 7500세대로 형성된 89개의 고려인 콜호즈가 있다. 고려인 집단화율은 27%이며, 전체의 30%가 미작 콜호즈이다. 콜호즈의 파종면적은 5만 2000헥타르에 달하고 그 가운데 9500헥타르가 벼에 해당한다. 고려인지구의 콜호즈 건설은 격화한 계급투쟁하에서 행해졌다. 부농들은 반소비에트적 선전, 징발적 소문의 유포, 콜호즈원 농가에 대한 방화, 조직원의 살해 등 모든 수단을 사용해 방해했다. 잘못도 있었다. 성공의 '현혹'에 빠져, 현실과 동떨어진 거대한 콜호즈를 건설한다거나 부농 박멸의 때 중농과 빈농이 공격받은 적도 있다. 금년 이른 봄에는 콜호즈에서 탈주하는 일도 있었지만 현재 이 오류는 시정되었다.[150]

이 대회에서 콜호즈 대표들은 고려인 콜호즈에 대한 차별문제를 집중적으로 거론했다.[151] 항카이 지구의 '별' 콜호즈에는 트랙터가 본래부터 없었고 파종기는 한 대도 없었다. 이에 비해 고려인 콜호즈보다 늦게 생긴 소규모의 콜호즈들(러시아인 콜호즈)은 모든 기계류를 구비했다. 블라디보스토크 관구의 콜호즈에 분배된 트랙터는 전부 300대였는데 관구의 4분의 3을 점하는 고려인 콜호즈가 보유한 트랙터는 4대에 불과했던 것이다.

시넬리니코보에 있는 연해주의병 콜호즈의 석길언 대표(당서기)는

150 岡奈津子,「ロシア極東における朝鮮人社會の政治,經濟的變容: 農業集團化と強制移住」, 東京大學大學院總合文化硏究科 地域文化硏究專攻, p.41에서 재인용.
151 같은 글.

자신의 콜호즈에 5대의 트랙터를 배당해 주어야 하는데도 단 한 대도 배당해 주지 않았다고 지적했다. 그는 또한 다른 러시아콜호즈들에게는 대부도 해주었으면서 '연해주의병' 콜호즈에게는 요구대로 실행해 주지 않고 곡물종자도 제때에 공급하지 않았다고 비판했다. 콜호즈에서 병원 신설을 요구했으나 몇 달이 지나도록 수용되지 않았고, 노력자들이 니콜스크 - 우수리스크시의 병원으로 다니느라 환자 한 명에 마차와 통역까지 많은 노력을 허비했다고 비판했다.[152]

5. 전면적 집단화와 수청지역의 상황

수청지방은 한말 이후 러시아시민전쟁(시베리아내전) 시기, 시호테 알린 산맥을 중심으로 형성된 산악지대를 배후지로 하는 "원동의 유명한 빨치산 기초초지대요, 혁명적 구역"이었다. 그리하여 당시 사회주의건설 과정이 다른 구역에 비해 매우 앞섰을 것이라고 짐작되어 왔다. 1930년 당시 수청구역 주민 수는 총 4만 1000명인데, 고려인이 2만 1000명, 러시아인이 2만 명으로 50% 이상이 고려 사람이었다. 그럼에도 불구하고 수청지방에서 고려 사람들은 소비에트주권 앞에서 마치 "저녁에 들러 잠간 머물러 아침에 길떠나가는 손님의 몸처럼" 되어 있었다.[153]

1) 농촌소비에트사업

수청지역의 소비에트 조직사업에서 가장 큰 문제는 '민족적 표준'에

---

152 「변강고려인 꼴호즈 꼰페렌찌야에서(3) 춘긔파종의 총화와 꼴호즈건설의 당면과업보고에 의한 토론」, ≪선봉≫, 1930년 8월 8일자 3면.
153 최호림, 「절눔발이 수청구역(1)」, ≪선봉≫, 1930년 3월 3일자 3면.

따라 소비에트를 조직한 데서 비롯되었다. 그 결과 하나의 소비에트가 너무 넓은 지역을 포괄하게 되었다. 그리하여 어떤 고려농촌소비에트는 동서가 70리, 남북이 30리나 되는 곳도 있었다. 베레좁카(Березовка) 소비에트나 다허양(Дахеян) 소비에트가 그런 사례이다. 이 두 소비에트는 포괄하는 지역도 넓었지만, 지역 내에 러시아농촌소비에트가 각각 34개, 56개나 있었다. 이것은 수청지역에 거주하는 절대 다수의 농민이 토지가 없어 러시아 농민에게 화리(禾利)를 내거나 소작농으로 일하면서 생활하고 있었기 때문에 이처럼 널리 흩어져 거주하고 있던 고려주민들을 망라해 고려농촌소비에트를 조직한 결과였다. 하나의 고려인소비에트가 6개 촌락에서 13개 촌락까지 포괄하고 있었다. 이러한 상태에서 사회공공사업을 실행하자니 행정상 불편하고 지체되는 것은 당연했다. 러시아 농촌에서는 구역집행부에서 지령이 내려와 실행에 착수하고 있었던 데 반해, 고려 농촌에서는 소촌락에서 "꿈도 꾸지 않은 일"이 비일비재하게 일어났다. 최호림은 이를 두고 고려인 농민들은 마치 "딴 나라 백성"같이 보일 수밖에 없다고 개탄했다. 이러한 사정은 최근의 일이 아니라 원동변강지역에 소비에트주권이 성립된 이후 계속되어 온 것이었다.[154] 최호림은 이러한 비정상적인 상태를 개선하기 위해서는 고려농촌소비에트들이 '민족적 표준'이 아닌 '지리적 표준'에 의해 재조직될 필요가 있다고 주장했다.[155]

2) 토호 청산 문제

수청구역의 한다우재(紅大峇子, Хунтаеза) 마을에서 선출된 농촌소비

---

154 같은 글.
155 최호림, 「절늠발이 수청구역(4)」, ≪선봉≫, 1930년 4월 18일자 3면.

에트 지도부를 보면 전체 위원 27명 가운데 중농이 다수를 차지했고 빈농민은 극소수에 불과했다. 소비에트 임원들 가운데는 "토호, 부농, 투기업자, 협잡군들"이 포함되어 있었다. 따라서 소비에트 임원회가 제대로 개최되지 않았고 한 번도 임원회에 출석해 보지 않은 위원들도 많았다. 소비에트사업에서도 단일세 분배에서의 불평등(중농민에게는 면제, 빈농민에게는 세납 부과), 빈농민에게 과도한 부렴(賦斂)의 부과, 농민상조회의 파행적인 운영 등과 같은 문제들이 나타났다.[156]

1929년에 단행된 토호 청산과 전면적인 콜호즈화는 여러 가지 요인에 의해 실효를 보지 못하는 경우가 많았다. 1929년에 조직된 수청구역의 '스탈린'(명칭) 콜호즈의 경우 지도층의 올바른 지도가 부재해 1932년까지도 "파탄의 영역을 벗어나지 못"하고 있었다. 콜호즈 지도부에 남아 있던 이른바 '계급적 원쑤들'이 1933년에 들어와 콜호즈의 지도부를 개선하고 콜호즈 내 당, 공청회 등 단체들이 새롭게 일하게 되면서 성과를 내기 시작했다.[157]

일부 당원이 당청결 시 토호와의 '융화적' 관계를 가진 사실이 ≪선봉≫에 지적되기도 했다. 수청구역 다우지미촌의 박플니가프는 1929년의 당청결에서 토호와 밀접하게 연락하고 그들을 "정치적 그릇된 방향으로 이용"한 사실로 인해 출당되었으나, 다시 과거 의병(빨치산)운동에 참가한 사실로 인해 현검사부로부터 복당을 허락받았다. 그러나 복당 후에 부호 황치조와 더욱 밀접히 연락하며 곡물 매수 시에 당야체이까 결정을 위반하는 등의 행위가 지적되었다.[158] 같은 다우지미 마을의

156　털퇴, 「토호를 더 힘있게 치라, 관료주의를 사정없이 몰아내라, 농촌에서의 사회주의적 직격에서 한거름도 물러서지 말자」, ≪선봉≫, 1929년 8월 20일자 4면.

157　「쓰딸린 꼴호즈의 장성」, ≪선봉≫, 1935년 2월 2일자 3면. 1933년에는 콜호즈원이 72가호 430명이었으나 1934년에는 102가호 585명로 증가했으며, 1933년에 말 33필, 소 18수이던 것이 1934년에는 말 45필, 소 24수로 늘어났고, 파종면적, 현물보상, 곡물수매 등을 국가에 납부하는 곡식량도 증가했다.

'몰니야'(Молния, 번개) 콜호즈에서는 토호가 콜호즈에 대한 해독사업을 했다가 ≪선봉≫ 기자에 의해 비판받았다. 즉, 이 콜호즈에는 1929년 '토호청산'을 당했던 사람이 공민권을 회복해 가이다마크(Гайдамак)의 어업콜호즈에 가서 콜호즈에 반대하는 '악선동'을 하다가 축출당하고 다시 다우지미로 와서 콜호즈에 대한 '해독사업'을 계속했던 것이다.[159]

3) 고려화(고려 말 공용화)의 문제

1930년 당시 고려인 소비에트가 지닌 또 하나의 문제는 고려 농촌에서 고려 말을 공용어로 사용하는 문제와 관련된 것이다. 구역집행위원회에서부터 모든 문서관리와 사무집행을 러시아어로 했기 때문에 고려농촌소비에트도 러시아 말로 사무를 집행할 수밖에 없었다. 그리하여 러시아 말을 할 줄 아는 고려인을 소비에트 임원으로 선출할 수밖에 없었다. 투두거우소비에트의 경우 러시아어를 아는 사람이 없어서 3개월째 공문을 처리하지 못했다. 다른 지역에서 러시아어를 아는 사람을 초빙해 소비에트 비서로 정하기도 했으나 구역소비에트에서 주는 월급 30여 루블로는 객지에서의 생활을 유지하기가 어려워 두어 달 사무하다가 일을 그만두는 바람에 소비에트사업이 중단되기도 했다. 이러한 상황에서 고려촌소비에트 90%에서는 촌민들의 부담으로 50여 루블을 소비에트 비서의 월급으로 주었는데, 이는 농촌재정정책을 위반하는 것이었다. 결국 고려인들은 상급기관의 결정과 지령을 잘 알지 못하고 자신들의 역할도 깨닫지 못해 사업에 열성이 없었고 실행에 혼선을 빚는 일이 많았다.[160]

---

158 새살림, 「재심사가 요구된다」, ≪선봉≫, 1930년 3월 29일자 4면.
159 기자 등대, 「황영해는 확실한 토호이다: 이자를 속히 혁명적 법률로써 처치하라」, ≪선봉≫, 1933년 5월 19일자 3면.

이러한 수청지방 고려농촌소비에트에서 언어문제가 불거진 것은 이른바 '고려화(高麗化)'에 대한 공산당의 결정과 지시들을 실행하지 않은 결과였다. 구역간부들은 고려 말과 글을 요구하는 군중의 비판을 무시했을 뿐만 아니라, 오히려 이들의 모국어, 즉 고려 말을 '야만의 말'로 취급했던 것이다. 이미 소련공산당 12차 당대회에서는 '민족문제에 대한 결정과 우리 당의 강령'을 통해 '주권기관과 각 사무소가 그 민족의 언어로 말하며 일할' 것을 명시했다. 이에 더해 제4차 블라디보스토크현 당대회와 소비에트대표회의 결정에 따라 포시예트 구역과 수이푼 등의 구역은 1930년에 고려소비에트의 50~100%를 고려화시키고 기타 사업에서도 고려 글과 말로 취급하기로 결정했다. 하지만 이러한 고려화에 관한 당과 상급기관들의 결정은 고려인민족구역인 포시예트 구역에서조차 제대로 실행되지 않았다. 구역기관에서 지방기관으로 보내는 지령과 지도적 공문이 대부분 러시아어로 되어 있어 지방기관들이 이를 제대로 이해하지 못했고, 심한 경우에는 구역의 학교책임자가 구역에서 온 러시아어 공문을 돌려보낸 일도 있었다. 그리하여 고려 글로 된 지방공문은 구역에만 쌓이고 러시아 글로 된 구역의 공문은 지방에만 쌓이게 되었다. 심지어 절대 다수가 고려인들인 구역의 간부회의에서도 고려 말이 아닌 러시아 말로 회의를 진행했다. 이러한 상황은 결국 "러시아 말과 글을 쓰면 큰 행사군이며 문명한 사람으로 생각하며", 고려 말과 글을 쓰면 "큰 야만으로 생각하는 태도"가 없지 않았음을 보여준다.[161] 수청지역의 경우 포시예트 구역에 비해 주민의 문

---

160 최호림, 「절눔발이 수청구역(1)」, ≪선봉≫, 1930년 3월 3일자 3면.

161 창무, 「고려화를 위하야」, ≪선봉≫, 1930년 4월 18일자 3면. 이보다 앞선 1929년의 일을 기록한 기사이지만, 1929년 1월 2~7일 노보키옙스크(연추영)에서 개최된 포시예트 구역 내 고려인교원회의에는 대표 14명, 방청 교원 15명이 참가하고 러시아인은 단 1명이었는데, 러시아어로 회의를 진행했다가 다시 고려 말로 했으며 여전히 몇몇 교원이 러시아 말로 회의를 했다. 당시 '나고르나야 ㄱ.ㅊ'이라 한 필자는 "'고려화'를 고조하면서 방금 어느 정도까지 실

화적 수준이나 경제적 조건이 열악하고 러시아인들의 차별의식이 심했기 때문에 더욱 심각한 상태에 빠져 있었다.

4) 토지 정리 문제 및 임대·화리·각종 잡세 문제

수청지역 고려인 문제의 핵심은 토지였다. 토지는 고려 농민들의 정치적·사회경제적·문화적 형편을 좌우하는 핵심적인 문제였다. 수청지방에서 진행된 토지정리를 위한 측량은 "아주 측량해 주지 않았다는 것이 보이지 않을 만큼의 평계거리로 몇몇 곳을 측량"해 준 정도였다. 이것마저도 송곳산[하포수동], 보섭외[가래질을 할 수 없는 곳, 남향동, 한다우재], 모두 돌밭인 곳[다작골] 등을 골라서 측량한 것이었다. 그리하여 나머지 2만 명이나 되는 고려 농민들이 러시아 농민들의 할양지를 소작하며 생계를 유지하고 있었다. 베레좁카 소비에트의 고려 농민들은 37개나 되는 러시아소비에트 내의 "이 골짜기, 저 모퉁이, 두서너 호씩 농막을 치고 살아가는 형편"이었다. 앞서 박영갑이 ≪신한민보≫에 기고한 글을 소개한 바 있는데, 이를 통해 1910년 전후 수청지방 고려인 농민들의 사정과 20년이 지난 1930년 고려인 농민의 사정이 크게 다르지 않다는 점을 확인할 수 있다. 그 결과 러시아 37개 소비에트의 모든 러시아 농가는 가호당 30일경분의 토지를 측량해 주어서 파종지가 풍족했고, 미소장과 새밭까지 구비해 실컷 농사를 짓고도 나머지 땅을 고려 사람에게 화리를 주어 착취하기까지 하는 상태가 되었다.[162]

현, 성공되고 있는 뽀씨예트 구역에서 더욱 문화일군으로서 이 같은 추태를 부린 것은 쏘베트의 건설 과정에 막대한 해독을 미치는 일이다. 이 근성을 급히 퇴치하여야겠다"라며 개탄했다. ㄱ.츠, 「문화일군들의 추태: 뽀시예트 교원회의에서」, ≪선봉≫, 1929년 2월 15일자 3면 참조.

162 최호림, 「절눔발이 수청구역(2)」, ≪선봉≫, 1930년 3월 5일자 3면. 러시아소비에트 정부는 1923년 3월 20일자로 고려 농민들에게 토지 임대를 허용했다. 이후 농촌에서 합법적으로 고

이보다 1년 반 정도 지난 시기의 기록에 비추어 보아도 고려 농민들에 대한 차별적 토지분배는 계속되고 있었다. 전체적으로 수청지구 고려인 농민들은 양적으로든 질적으로든 충분한 토지를 분여받지 못했던 것이다. 심지어 러시아인에게 토지를 빼앗기는 일조차 있었다. 그 대표적인 예가 페레치노촌의 '스탈린'(명칭) 콜호즈이다. 이 콜호즈에 할당된 토지는 뿔뿔이 산재한 5개 구획으로 나뉘어 있었고, 콜호즈에서 1~5킬로미터나 떨어져 있었다. 고려인 콜호즈원의 가옥이 있는 토지는 러시아인의 개인농에게 할당되었기 때문에, 마당에 야채를 심으려고 하면 러시아인이 "이것은 농막의 토지이다"라며 경작하지 못하게 했다. 5개의 분여지 가운데 4개는 수청강 건너편에 있어서 고려 농민들은 배를 타고 건너야만 했다. 이 가운데 2개 분여지는 수해를 입을 위험마저 있었다. 고려인 콜호즈가 이에 대해 항의하면 지구 토지정리원은 수해를 입은 토지는 "좋은 작물을 심은 조선인에게 할당하는 것이 타당하다"라고 공언했다. 구역집행위원회는 페레치노 소비에트에 대해, 토지를 할당하기 이전의 이들의 분여지 가운데 하나를 중국인에게 임대하도록 명령했다. 이 때문에 토지정리원이 고려 농민에게 토지를 할당하기로 결정할 당시에는 이미 중국인이 반 이상의 토지에 아편 종자를 심은 상태였다. 이 땅에 고려인이 저(苧) 등을 심으려 하자 화가 난 중국인이 토기의 등으로 고려 농민을 구타하려고 한 사건이 발생했다. 고려인 콜호즈는 여러 차례 이 문제를 해결하기 구역집행위원회에 제소했지만 아무런 설명도 없었다. 결국 이 토지는 고려인의 것이 되었으나 구역집행위와 촌소비에트의 애매한 태도는 조선인과 중국인 사이에 민족적 증오를 불러일으켰다.[163]

려인 고용농민들이 러시아인과 원호인 토지를 임대해 경작할 수 있었다. 1929년 당시 블라디보스토크 관구에서는 고려인 농업노동자가 2811세대로 전체의 8.9%에 달했다. 岡奈津子, 「ロシア極東における朝鮮人社會の政治, 經濟的變容: 農業集團化と强制移住」, p.10 참조.

설상가상으로 고려 농민들은 농사지을 땅은 고사하고 집 지을 터도 없어 산둥과 산허리에 '외채 무진각'을 짓고 살 경우 매년 집터세 5루블을 내야 했다[구역집행위원회의 결정]. 썩어 넘어진 나무들을 화목(火木)으로 쓸 경우에는 '부숙개전'이라 해서 매호에 5~6루블씩 농촌소비에트에서 받아갔으며, 말과 소에게 먹일 꼴로 쓸 1년 초에 대해서는 '풀새'라 해서 말과 소 한 마리당 3~4루블씩을 부과했다.[164]

고려 농민들은 하루갈이(1일경, 1데샤틴)에 28푸드(콩, 옥수수, 채밀)에서 60푸드까지의 임대료[중화리(重禾利)]를 물어야 했다. 제정러시아 때의 착취가 근절되지 않고 계속되고 있었던 것이다. 이런 일이 다른 지방에서는 놀랄 만한 일이었으나 수청에 사는 러시아인이나 고려인들은 이를 예삿일로 생각했다고 한다. 그 결과 수청구역에서는 농민당원들도 모두 이러한 조건으로 고려인들에게 화리를 주는 일이 허다했다. 수청 구역집행위원회 회장인 자비즈키(Завицкий)나 부회장 크랍첸코(Кравченко)는 1929년도에 자신들의 밭 4일경을 예속적인 조건으로 화리를 주었다. 오랜 당원이며 구역집행위원회 간부들이 이럴 정도였으니 농촌 비당원 농민 군중이야 두말할 필요도 없었을 것이다. 당시 구역일꾼들은 "지금 토지가 없어서 고려 농민에게 측량해 주지 못한다"라고 변명했지만, 이 책임일꾼들은 고려 농민들의 토지정리문제를 등한시하면서 토지가 없다는 핑계를 대고 있었던 것이다. 고려 농민들에 대한 토지정리와 분배가 실행되지 않은 근본 원인은 구역일꾼들이 대러시아민족주의 의식을 갖고 있었기 때문이다. 구역집행위원회 부회장인 크랍첸코는 "땅이 없는 사람들은 콜호즈에 들지 못한다. 또 그들은 콜호즈에 들어올 권리가 없다"라는 입장이었다.[165]

---

163 『레닌의 길』(러시아어문) 1931년 11월 21일자. 岡奈津子, 「ロシア極東における朝鮮人社會の政治.經濟的變容: 農業集團化と强制移住」, p.39에서 재인용.

164 최호림, 「절눔발이 수청구역(2)」, ≪선봉≫, 1930년 3월 5일자 3면.

앞에서 언급한바, 1929년 원동변강위원회 이민기관과 토지부 당국은 무토지 고려 농민 7만 5265명을 1932~1932년까지 하바롭스크현으로 이주시키려는 계획을 수립했고, 1928과 1929년에 당초 블라디보스토크현으로부터 하바롭스크현으로 514호 2611명을 이주시키고자 했다. 이에 따라 수청구역의 경우 1929년 5월 2일, 수청 관내의 토지 없는 촌락들의 주민대표회가 개최되어 하바롭스크현으로의 이주문제를 논의했다. 그리하여 수청 전 구역에서 가장 빈곤한 농촌인 카사치야 파지(Касачыя Падь)촌을 첫 번째 토지 할당된 곳에 우선적으로 이주시킬 필요성이 지적되었다.[166]

이 회의 후에 카사치야 파지촌 소비에트 대표를 비롯한 허투무찬(Хотумчан), 다허양, 투두거우, 홍남동(Хыннамдон), 중거우 등 토지 없는 빈농촌들의 주민대표 10명이 쿠르달긴스크(Курдаргинск) 구역으로 시찰을 떠났다. 이 대표들은 각각 구역 내 토지를 시찰하고 돌아왔다. 주민대표 가운데 카사치야 파지촌 대표만이 이주를 희망하는 입장이었고, 다른 대표들은 이주에 부정적이었다. 이들은 일반 주민들에게 쿠르달긴스크 구역이 "토질이 나쁘고 교통이 불편하고 기후가 차"며, "못살 곳"이라고 설명했다. 결국 카사치야 파지촌 대표만이 일반 빈민들에게 이주를 권유하면서 우선적으로 빈농 15명을 데리고 현지를 방문했다. 7월 21일 카사치야 파지촌에는 쿠르달긴스크 구역의 보스토치니-칼리노브카가 지정되었다. 카사치야 파지촌은 90여 호의 고려인 빈농마을이었다. 1921년 개척 이후 토지가 없어 일반 주민들은 극도의 빈궁 속에서 살아왔던 것이다.[167]

≪선봉≫ 신문은 당국의 이주계획에 호응해 이주대상 지역인 신진

165 같은 글.
166 시찰자 ㄹ.ㅈ.ㅎ, 「꿀달긴스크 구역은 매우 살기좋다」, ≪선봉≫, 1929년 8월 20일자 3면.
167 같은 글.

스크(Синдинск) 구역과 쿠르달긴스크 구역에 대해 소개하면서 이주 시의 유리한 점을 대대적으로 홍보했으나 북쪽지역으로의 이주를 원치 않는 고려 농민들의 무호응과 저항으로 인해 성과를 얻지 못했다.[168]

5) 아동교육사업의 부진

수청구역에는 1930년 3월 당시 일급학교 59개교, 이급학교 2개교가 있었다. 민족별로 보면 고려인 일급학교 23개교(소학교), 러시아인 일급학교 36개교가 있었으며, 알렉세예프카(Алексеевка)에는 고려인 이급학교(7년제 학교)가 1개교, 러시아인 이급학교가 1개교 있었다. 당시 고려인 일급학교의 상태를 보면 구체적인 교육과정은 차치하고라도 교사(校舍), 정원 및 기타 시설들이 매우 열악했다. 당시 최호림은 23개 일급학교 가운데 투두거우, 중거우, 황거우의 2~3개 학교를 시찰한 결과, "아동에게 문화교육을 시키어주는 곳이라 할 수 없고 도리혀 아동에게 폐병(肺病) 뇌병 등을 양성해 주는 곳"이라고 비판하면서 그 책임을 고려인 교육사업을 등한시하는 구역집행위원회에 돌렸다.[169]

수청구역에서는 오랫동안 사회정치교양사업이 대러시아민족주의의 토대 위에 실시되어 왔다. 그 결과 "러시아 사람만 사람이오 소수민족은 사람의 값을 받지 못"했다. 그리하여 "고려 사람은 수청지방에서 놀림감으로 심심풀이로 간주해서 주름을 피고 다니지 못"했다. "학대가 곳곳이오, 멸시가 큰 대접"인 것이 상례였다. 그리하여 고려인 행객이 쇠완재, 황거우, 아메리카 등 세 곳의 러시아촌을 다닐 때에는 "마치 범의 굴역으로 지나가는 듯한 겁을 가지고 귀퉁 한 개만 얻어맞고 지나

---

168 반병률, 「在露韓人 强制移住 以前의 한인사회의 동향, 1923~1937」, 독립기념관 한국독립운동사연구소, ≪한국독립운동사연구≫ 11(1997년 12월), 166쪽.
169 최호림, 「절눔발이 수청구역(3)」, ≪선봉≫, 1930년 3월 10일자 3면.

가면 그날 신수는 다행이라고 생각"할 정도였다. 이는 소수민족이 다수민족에게 괄시받는 것을 예사로 보았던 제정러시아 시기의 낡은 정견이 수청구역 행정기관 간부들에게도 남아 있기 때문이었다.[170]

러시아인도 수청지역 아동교육의 열악한 상황을 관찰했다. 수청지방의 교육상황은 1934년 10월 16일에 개최된 '고려인주민의 사업문제에 관한 지방당협의회'에서 에멜랴노바(Емельянова)가 한 발언에서도 확인할 수 있다. 에멜랴노바는 외수청에 속한 슈코토보 구역의 21개 학교에서 아동들을 위해 "뜨거운 아침식사를 제공해 주는 학교가 하나도 없었다"라고 지적했다. 그는 이러한 비정상적 상황을 근절하기 위해 원동변강위원회 인민교육국이 주(州)인민교육국 일꾼들과 교사들의 협의회를 소집하는 방안을 제안하기도 했다. 에멜랴노바는 내수청에 속한 블라디미로 - 알렉산드로브스코예 구역에서도 인민교육의 상황은 마찬가지이며, 당국과 주민의 부담 비율인 50 대 50 원칙이 교사 인건비 지출에서는 지켜지고 있었고 학교 시설에서는 이 원칙과 거리가 먼 상태라고 지적했다. 고려인 아동들은 고려인 주민들이 제공한 흙집 농가에서 공부를 하고 있었는데, 주민들은 자신들의 노력으로 학교를 짓고 싶어 하고 재정까지 준비했으나 자재가 없어 교사를 짓지 못하는 상태였다. 에멜랴노바는 구집행위원회에서 자재를 제공할 필요가 있으며, 고려인들의 교육문제에 전념할 수 있는 전문적인 사람이 절실히 필요하기 때문에 고려인 가운데서 주인민교육국 부책임자를 임명할 것을 제안했다.[171]

---

170 같은 글.
171 "Stenogramma Soveshchaniia kraikoma partii po voprosu raboty sredi Koreiskogo naseleniia", 161쪽.

6) 곡물수매사업에서의 민족차별

수청구역에서는 1930년 2월 7일까지 온갖 난관 속에서도 곡물수매사업을 검정숫자(할당량) 대비 83%로 힘들게 실행했다. 100%를 달성하지 못한 이유는 할당량이 많거나 곡물수매위원들이 태만하거나 주민들이 비협조적이었기 때문이 아니었다. 고려 빈농민들은 경탄할 만한 열성으로 곡물수매에 참여했다. 예를 들어 남향동 소비에트 구역에서 동호촌으로 곡물을 실어가면서 붉은 순기[172]를 조직했는데 빈농민들에게 우마차가 없어 두 푸드, 세 푸드씩 등짐에 지어 날랐고, 태산준령을 넘어서 말바리 소바리[173]에 걸쳐 갔다고 한다. 그뿐만 아니라 곡물수매위원들이 사정하면 모레 먹을 양식이 없더라도 양재(糧財)를 다 퍼주었다고 한다. 결론적으로 수청지방에서의 곡물수매에서 가장 근본적인 과실은 구역집행위원회에 있었다.[174]

우선 구역집행위원회에서 각 촌에 배정한 검정숫자가 공평하지 않았다. 구역집행위원회는 수확과 경작면적에 따라 검정표를 작성한 것이 아니라, 고려 사람에게는 과도하게 곡물을 배정한 반면, 러시아 사람에게는 여유 있도록 곡물을 배정했다. 구역집행위원회 임원들의 '민족열'과 '대러시아민족주의'에 따라 구역 검정숫자를 작성한 데 근본적인 잘못이 있었다. 예를 들면 러시아촌인 프롤로브카는 땅이 비옥하고 주민들의 살림이 일반적으로 부유하며 파종면적도 600일경이고 인구가 878명인데도 검정숫자로 6781푸드를 배정했고, 니콜라예프카 고려농촌은 토지가 척박하고 빈농이 다수이며 경작지가 482일경이고 인구는 1283명인데도 검정숫자로 1만 6650푸드를 배정했다. 프롤로브카

---

172 술기, 수레. 붉은 순기는 곡물 운송에 필요한 수레들을 조직하기 위한 캠페인을 말한다.
173 바리는 등에 짐을 실은 말이나 소 또는 그 짐을 말한다.
174 "Stenogramma Soveshchaniia kraikoma partii po voprosu raboty sredi Koreiskogo naseleniia".

러시아촌에 비하면 3배가 넘는 수치였다. 페레치노 러시아 농촌의 토지는 수청에서도 최상이었으며 대부분이 부농으로 인구가 646명이며 파종지면이 400여 일경이나 되었지만, 검정숫자는 6220푸드에 불과했다. 고려 농촌과 러시아 농촌을 토지나 인구로 비교할 경우, 고려 사람에게 두 배 이상을 더 배정한 셈이었다. 러시아촌락인 에카테리놉카는 본촌이고 인구가 875명이며 파종면적이 400일경이었지만 검정수지는 3000푸드뿐이었다. 이에 비해 인근의 한다우재 고려 농촌은 "김을 매다가 실족하면 사흘 전에 평지에 굴러떨어지기 어려울 정도로 산비탈밭"을 경작해서 생계를 이을 수 있는 척박한 토지이고 인구는 1677명, 경작면적은 321일경이지만 검정숫자는 1만 5118푸드였다.[175]

수청구역 곡물수매사업에서의 점유율을 보면, 37개 러시아농촌소비에트가 약 28.6%, 18개 고려농촌소비에트가 약 71.1%를 실행했다. 농촌소비에트의 수는 러시아 농촌이 고려 농촌의 두 배가 넘지만, 곡물배정은 고려 농촌이 러시아 농촌에 비해 두 배 반이나 더 많았던 셈이다. 이를 분구(分區)해서 보면 불평등의 정도가 더 심했음을 알 수 있다. 원래 수청구역을 세 개의 지방으로 분구해 곡물을 매수했는데, 프롤로브카에는 3개 고려 농촌이 17개 러시아 농촌과 같이 배정을 받았고, 블라지미로 - 알렉산드로브스코예 분구는 7개 고려 농촌이 11개 러시아 농촌보다 3배나 더 많이 배정을 받았다. 우지미 분구는 8개 고려 농촌이 9개 러시아 농촌보다 7배 반이나 더 많이 배정을 받았다. 이처럼 수청구역의 곡물수매 배당이 공평하게 이루어지지 못했다. 그 결과 어느 농촌에는 "배가 부르게 살림하는 동리"가 있었고, 어느 농촌에는 "배가 고파서 죽는 동리"도 적지 않았다.[176]

175 최호림, 「절눔발이 수청구역(4)」, ≪선봉≫, 1930년 4월 18일자 3면.
176 같은 글.

이상에서 살펴본바, 토호 청결과 전면적 집단화가 개시된 직후인 1930년 당시 수청구역의 고려 농촌들이 부딪힌 문제의 핵심은 구역집행위원회 러시아인 간부들이 갖고 있던 대러시아민족주의였다. 그리하여 ≪선봉≫에 4회에 걸쳐 「절눔발이 수청구역」을 연재했던 최호림은 수청구역 일꾼들이 "대러시아민족주의를 버리고 합동민족주의의 옷"을 입을 것, "소사대주의를 벗어버리고 민족적 차별이 없이 사회주의적 건설에 함께 나아갈 도리를 강구"할 것을 촉구했다. 아울러 그는 수청구역집행위원회에서 징수하고 있는 굴뚝세, 풀세, 텃세 등의 잡세를 폐지하고 민족적 표준에 따라 조직된 소비에트를 '지리적 표준'으로 개조할 것, 소작료(화리)를 10루블 이상 받지 말 것, 그리고 '고려화' 정책에 부응해 각 기관의 책임일꾼이나 기술일꾼으로 고려인을 50% 이상을 포함시키고 대부조합, 인민재판소에 고려인을 임명하며 탈선적으로 사업한 당원들을 퇴치할 것을 촉구했다.[177]

6. 수청 지역의 고려인 콜호즈와 강제이주

1) 강제이주 직전 수청 지역의 고려인 콜호즈와 이주 후 정착

1937년 원동지역의 고려인들은 스탈린의 강제이주정책에 따라 중앙아시아로 이주되었다. 기록에 따라 고려 농촌의 집단화 러시아연해주 고려인 농민들이 집단화를 100% 달성한 시기가 다르고 일부 개별 고려인 농가에서는 100% 콜호즈 참여가 이루어지지 않았던 것으로 보인다. 하지만 1937년 강제이주 당시에는 모든 고려 농촌이 콜호즈화되었다.

---

177 같은 글.

일부 자료를 토대로 수청지방에 위치하고 있던 집단농장을 보면 〈표 4〉
와 같다. 이 기록에 따르면, 수청지방의 콜호즈 수는 총 25개였다.

   이보다 늦은 1937년 강제이주 당시에 작성된 문서에 따르면, 수청지
방(수찬 구역과 부죤니 구역) 콜호즈는 다음과 같다(유감스럽게도 슈코토보
구역에 관한 자료는 입수하지 못했다).

   수찬 구역 콜호즈: 4개
   – 푸치 소치알지즈마(사회주의의 길) 콜호즈
   – 후타라야 퍄치레트카(5개년계획 2차년) 콜호즈
   – 페르보보 마야(5월 1일) 콜호즈
   – 소비에트스카야 쿨투라(소비에트 문화) 콜호즈

   부죤니 구역 콜호즈: 17개
   – 노브이 보스톡(새동방) 어업콜호즈
   – 트루드 리바카(어부의 노력) 어업콜호즈
   – 우스페흐(성공) 어업콜호즈
   – 파블롭스크 어업콜호즈
   – 아방가르드(선봉) 어업콜호즈
   – 수찬(수청) 어업콜호즈
   – 몰로토프 명칭 콜호즈
   – 프롤레타르스카야 즈베즈다(프롤레타리아의 별) 콜호즈
   – 몰니야(번개) 콜호즈
   – 트루드(노력) 콜호즈
   – 콤푸치(공산주의의 길) 콜호즈
   – 스바보드니 파하르(자유농부) 콜호즈
   – 노바야 지즈니(새생활) 콜호즈

표 4 | 수청구역 고려인 콜호즈 명단(1937년 2월 21일 기준)

구역	콜호즈 명칭	농가 호수	위원장	농장 규모 (헥타르)	콜호즈 명칭의 한글 번역
수찬 구역 (4개)	1. 소비에트스카야 쿨투라	62	Dogai	215	소비에트 문화
	2. 후타라야 파치레트카	33	Kim	77	5개년계획 2년차
	3. 패르보보 마야	30	Kim	62	5월1일
	4. 푸치 소치알지즈마	26	-	-	사회주의길
부죠니 구역 (13개)	5. 볼세비크	36	Pak-Diun-Sen	161	
	6. 트루드	41	Kim	170	노력
	7. 크레포스치	125	Kim	424	요새
	8. 아방가르드	59	Kim	195	선봉 어업콜호즈
	9. 크라스니 루치	63	Pak-En-Suk	226	붉은빛
	10. 스탈린 명칭	111	Li-Den-Gik	411	
	11. 크라스니 수찬	65	Kim	406	붉은수청
	12. 몰로토바 명칭	35	Iun-San-Giu	173	
	13. 프롤레타르스카야 즈베즈다	19	Khen-Len-Sun	104	프롤레타리아의 별
	14. 노바야 지즈니	27	Chi-En	124	새생활
	15. 몰니야	42	Pak-Van-Sik	192	번개
	16. 노브이 푸치	52	Kim-Sen-De	209	새길
	17. 크라스니 옥차브리	52	Khan-Nan-Gi	240	붉은십월
슈코토 보 구역 (8개)	18. 푸치 레니나	46	An	187	레닌길
	19. 레닌 명칭	102	Li-Khen-San	584	
	20. 노비 푸치	57	Tian-Don-Seb	300	새길
	21. 크라스나야 자랴	34	Iugai	123	붉은노을
	22.보스토치니 파르치잔	41	Kho-In-Gu	399	동방의병
	23. 후타라야 파치레트카	10	Ogai	42	5개년계획 2년차
	24. 푸치 옥차브리	27	Kim	168	십월의길
	25. 크라스니 마야크 노메르	35	Khan	188	붉은등대1호

자료: 「Spisok Koreiskikh Kolkhozov」, 『카자흐스탄 韓人史』, 제1권(알마아타 한국교육원, 1999), 8~9쪽.

　

　
　　- 크라스니 옥차브리(붉은 십월) 콜호즈

　　- 노브이 푸치(새길) 콜호즈

　　- 크레포보스치(요새) 콜호즈

   – 스탈린 명칭 콜호즈[178]

   이들 수청지방 콜호즈의 명단을 〈표 4〉와 비교해 보면, 수찬 구역 콜호즈 수는 4개로 차이가 없다. 그러나 〈표 4〉의 부존니 구역 콜호즈 명단에 들어 있던 볼셰비크 콜호즈와 크라스니 루치(붉은 개울) 콜호즈가 빠져 있고, 노브이 보스톡(새동방), 트루드 리바카(어부의 노력), 우스페흐(성공), 파블롭스크, 수찬(수청), 콤푸치(공산주의의 길), 스바보드니 파하르(자유농부) 등 7개 콜호즈가 더 들어 있다('붉은 수청'은 '수청'과 같은 콜호즈로 간주한다). 1937년 2월에서 9~10월에 이르는 시기에 일부 콜호즈가 통합 또는 명칭 변경되었을 가능성을 고려하면, 강제이주 당시 수청지방에는 적어도 30~32개에 달하는 고려인 콜호즈가 있었다고 추정할 수 있다.

   한편 1933년 5월 당시에는 '수청 어업콜호즈 동맹' 산하에 9개의 고려인 어업콜호즈가 조직되어 있었다. 수청 어업콜호즈 동맹 산하의 어업콜호즈(9개)는 파블롭스크, 수찬, 옥차브리, 트루드어리바, 우스페흐, 새동방, 정월구일, 수청빨치산, 나홋카이다.[179] 1937년 강제이주 당시의 콜호즈 명단에 없는 콜호즈는 새동방, 정월구일, 수청빨치산(수청의병대), 나홋카 등 4개이다. 이들 어업콜호즈가 다른 어업콜호즈나 어업숍호즈에 통폐합되었거나 명단에 누락되었을 가능성 둘 다 상정할 수 있다. 이를 감안하면 수청지방의 고려인 콜호즈는 30~36개였다고 잠정 결론지을 수 있다.

---

178 "Svedniia o zadolzhennosti Koreistsam-pereselentsam za sdannoe imushchestvo, posevy, skot v predelakh Primorskoi oblasti," RGIADV, P.2413 2-804, pp.52~56. 슈코토보 구역의 경우에는 콜호즈 명단이 없고, '우글로스키이 셀소비에트', '칸자우즈키이 셀소비에트', '두쉬킨스키이 셀소비에트', '키예프스키이 셀소비에트' 등 촌(셀)소비에트 명칭만 기록되어 있다.

179 「수청어업꼴호즈동맹을 둘재크왈따르 계획의 32.23%을 실행하엿다」, ≪선봉≫, 1933년 5월 19일자 3면.

고려인 콜호즈들이 강제이주 당시 중앙아시아의 어느 지역으로 이주했는가 하는 것은 매우 흥미로운 주제이다. 이를 해명하면 강제이주의 목적과 집행의 절차, 과정과 결과 등을 파악할 수 있는 중요한 기초가 마련되기 때문이다. 그러나 현재 이들 주제와 관련된 자료들이 집성되어 있지 않은 상태에서 전체적인 분석 작업은 후일의 과제로 미룰 수밖에 없다. 지금은 문헌자료가 한정되어 있는 상태라서 강제이주를 경험한 고려인들의 회상기록(인터뷰, 신문기사, 기고문)들을 보완적인 자료로 활용할 수 있을 뿐이다.

　이 글에서는 우선 문헌자료들에 근거해 수청지방 외수청 지역의 슈코토보에 위치했던 일부 고려인 콜호즈들이 어느 곳으로 이주했는가를 소개하고자 한다. 〈표 5〉는 슈코토보에 위치했던 고려인 콜호즈들이 중앙아시아의 어디로 이주했는지를 보여준다.

　두 가지 사례가 더 있다. 수청지방의 어업콜호즈 수찬의 157가구 718명과 트루드 리바카의 77가구 504명이 카자흐스탄의 젠기크스키 구역으로 이주해 갔다. 이 외에 수청지역 안나만[부흐타 안나(Бухта Анна), 현재의 부흐타 안니(Бухта Анны)]의 어류가공공장으로부터 노동자 97가구 399명과 나홋카만의 어류가공공장 노동자 71가구 381명 역시 이 구역으로 이주해 갔다. 수찬 콜호즈는 어류가공공장 골로시체킨 명칭 가뉴시킨스크와 텔랴체브스크 촌소비에트의 텔마 콜호즈에 배치되었고, 트루드 리바카 콜호즈는 스탈린 명칭 텔랴쳄 콜호즈에 배치되었다.

　수찬 콜호즈에는 어부 62명, 모토리스트(발동기 돌리는 사람) 20명, 어선기사 19명이 있고, 트루드 리바카 콜호즈에는 어부 80명, 모터리스트 어선기사 6명, 목수 19명이 있었다. 그러나 이 두 어업콜호즈는 원동을 떠날 때 어획도구와 다른 장비들을 맡기고 왔기 때문에 다음해(1938년) 봄에 독자적으로 어부콜호즈로서 사업을 한다는 것은 불가능한 상태였다. 아울러 안나만 어류가공공장에서 온 노동자들은 카라졸

표 5 | **수청지역 슈코토보 구역 고려인 콜호즈의 강제이주지역(구역)**

이주 전 구역	이주 전 콜호즈명	이주 후 구역	이주 후 콜호즈명	비고
슈코토보	신세계 또는 새길	카자흐스탄, 아랄스키이 구역	레닌길	올긴스키 구역의 보스토치니크, 카타야마, 레브보소프 등과 통합
슈코토보	붉은별	카자흐스탄, 야니-쿠르간스키이 구역	붉은별	
슈코토보	십월길	카자흐스탄, 카르막친스키이 구역	십월길	
슈코토보	붉은 노을	카자흐스탄, 카르막친스키이 구역	연해주의병	몰로토브스키 구역 시넬리니코보 마을의 프리모르스키이 파르티잔과 통합
슈코토보	레닌길	카자흐스탄, 치일린스키이 구역	선봉	하바롭스크주 바젬스키이 구역의 아방가르드 콜호즈와 통합
슈코토보	레닌 명칭	카자흐스탄, 알마타주 카라탈스키이 구역	레닌 명칭	

자료: "Nachal'niku Pereselencheskogo Otdela pri SNK KSSSR tov. Lontsou Prei sem preprovozhdaem spisok kolkhozov s ikh adresami," no.no.331/5-333/5 ot 29/III-40 g. Kazakhstan Respublikasynyn(카자흐스탄 공화국 문서보관소), f.2208, op.2, d.42. l.1.

어류가공공장에, 나홋카만 어류가공공장에서 온 노동자들은 차르톰바이 어류가공공장과 탈라브 어류가공공장에 배치했다.[180]

이들 몇 가지 사례를 통해 현시점에서 고려인 콜호즈들의 강제이주와 관련해 몇 가지 잠정적인 결론을 내릴 수 있다. 첫째, 원동의 고려인들은 콜호즈 또는 촌락 단위로 이주했다. 그리하여 고려인들은 가까운 철도역으로 이동해 열차를 타고 이주했다. 가까운 열차역까지 이동할 때에는 내륙지방의 경우 자동차나 마차 등 육로교통수단을 이용했고, 해안지역의 경우 배를 이용했다. 수청지역의 경우 내수청, 외수청, 수

---

[180] "TsK KP(b) t. Mirzianu, Sovnarkom t. Isaevu. Obkom KP(b)K Utepov, Obispolkom Spirmov" (1937년 12월 23일자), Kazakstan Respublikasynyn(카자흐스탄 공화국 문서보관소), f.74, ok.11, d.281 l.1.

주허 지역의 마을주민들은 각자의 지리적 위치에 따라 이동했다. 연해주 남부의 한반도, 중국 북간도지역과 접해 있는 국경지역의 고려인들(예를 들어, 얀치허, 지신허, 파타시, 풍토이, 자레치예 등 고려인마을 주민들)은 포시예트에서 배를 타고 블라디보스토크로 와서 페르바야 레츠카역에서 열차를 탔다.

둘째, 이들 고려인 콜호즈는 도착한 중앙아시아 현지의 상황에 따라 기존의 콜호즈에 배치되거나 현지의 콜호즈에 배치되었다(전체적으로 또는 분산해). 그것은 그 지역 당국이 상급기관과 협의해 결정했다.

셋째, 어업콜호즈 '수청'이나 '트루드 리바카'의 예에서 보는 것처럼, 어업콜호즈들은 어업(어장)이 발달된 지역으로 이주시켰고, 농업콜호즈들은 농업지대로 이주시켰던 것으로 보인다. 이는 원동변강지역 콜호즈의 주요 산업과 이주해 갈 정착할 지역의 경제상황을 고려했던 것으로 보인다.

2) 신영거우 콜호즈의 이주와 정착

강제이주 후 1937년 가을 신영거우 콜호즈의 100가구가 정착한 곳은 우즈베키스탄 타슈켄트시 칼리닌 구역의 다마치 마을[지금의 타시켄트 구역]이었다.[181] 이 콜호즈는 처음에는 목양업에 종사했다.[182]

고려인 농민들은 벼농사를 원했으나 이 지역은 벼농사에 필요한 물이 절대적으로 부족했다. 콜호즈의 농업일꾼들은 매년 우즈베키스탄 정부에 벼농사에 적합한 물이 풍부한 곳으로의 이주를 요청했고 그 결

---

181 Uraziddin Egamberdiyev, *Toshkent oblast' Kommunistik raionildagi Sverdlov nomli kolkhoz: Tarikhe*(타슈켄트 주 커무니스틱 구역스베르들로프 명칭 집단농장(꼴호즈)의 역사)(Toshkent: Uzbekiston kolkhoz va Sovkhozlarm Tarikhi Zhamoatchilik Instituti, 1984), p.10.

182 박수산, 「로동에 대한 당당한 표창」, ≪레닌기치≫, 1972년 3월 29일자 3면.

과 우즈베키스탄 정부는 커라수 운하 오른쪽에 위치한 타시켄트시 유커르 치르치크 구역의 반단쿨이라는 마을로의 이주를 허락했다. 이들은 1938~1940년에 이곳으로 이주했다.[183]

오늘날의 상(上)치르치크 구역 수랍겐타 지방에 위치한 이곳은 사람이 통행할 수 없는, 갈대가 무성한 진펄[갈밭]이었다.[184] 신영거우 농민들은 새로운 이주지에서 천막생활을 하며 반단쿨 황무지, 벌타 아르잔과 마뭇 마을, 그리고 양기바자르 구역 사이에 있는 황무지를 개간하고 벼농사를 준비했다.[185] 이들 신영거우 주민들에 이어 타슈켄트 운하 건설공사에 일하던 고려인들이 이주해 왔다.[186] 이어서 1940년 수청지역에 있던 크레포스치 콜호즈의 농민들도 이곳으로 이주해 왔다. 마침내 1940년 3월 8일 이들 세 그룹의 고려인들이 벼농사를 짓는 콜호즈를 창설했으며, 저명한 볼셰비키혁명가인 스베르들로프의 명칭을 부여받았다. 신영준이 콜호즈의 첫 번째 회장(관리위원장)으로, 정안드레예프가 당서기로 선출되었다.[187] 창설 당시 스베르들로프 콜호즈에는 신영거우 출신 100가구를 비롯해 162가구 520명이 거주하고 있었다.[188]

우즈베키스탄 정부는 사리스브 배수관 근처에 1184헥타르의 농업용 땅을 불하했다. 첫해에는 황무지를 개간한 농토의 상황이 그리 좋지 않았다.[189] 여러 가지 여건이 좋지 않았음에도 불구하고 땅을 개간하고

---

183 Uraziddin Egamberdiyev, *Toshkent oblast' Kommunistik raionildagi Sverdlov nomli kolkhoz: Tarikhe*, p. 10.

184 박수산, 「로동에 대한 당당한 표창」, ≪레닌기치≫, 1972년 3월 29일자 3면.

185 Uraziddin Egamberdiyev, *Toshkent oblast' Kommunistik raionildagi Sverdlov nomli kolkhoz: Tarikhe*, p. 10. 1951년에 사회주의 노력영웅을 받았던 최승국은 1970년 스베르들로프 콜호즈의 초창기를 회상하면서 1940년 당시 콜호즈 농민들은 말수레 세대를 갖고 벼농사를 시작했다고 했다. 리기협, 「일생을 꼴호스 생산에서」, ≪레닌기치≫, 1970년 9월 16일 2면 참조.

186 Uraziddin Egamberdiyev, *Toshkent oblast' Kommunistik raionildagi Sverdlov nomli kolkhoz: Tarikhe*, p. 10.

187 같은 글, p. 11.

188 같은 글, p. 2.

논을 풀어 지은 벼농사의 소출이 높았다.[190]

1941년에는 면화와 케나프(대마) 농사가 시작되었다. 독일과의 전쟁이 발발하자, 스베르들로프 콜호즈의 5개 구역에서 300명 정도가 전선에 나가 전쟁에 참여했다.[191] 1943년이 되어 스베르들로프 콜호즈는 케나프, 주트(황마), 벼농사를 전문화했고 밀농사를 시작했다.[192]

1945년 12월 김드미트리 알렉산드로비치가 제2대 콜호즈 회장에 선출되었는데, 다음해인 1946년 봄 상치르치크 당협의회 회장인 야쿠프 마트베예비치 아타카예프가 김드미트리 회장을 불러 100헥타르 땅에 면화를 심을 것을 지시했다.[193] 콜호즈의 관개사업이 점차 개선됨에 따라 1946년부터 이랑작물을 심게 되었으며 1947년부터는 윤작제를 도입했다.[194] 1950년 들어 우즈베키스탄 정부의 농업 장관이 내린 명령에 따라 스베르들로프 콜호즈는 케나프 재배를 전문화했다. 그리하여 이전에 면화농사를 지었던 땅까지 케나프를 재배하라는 지시를 받았다. 이에 앞서 스베르들로프 콜호즈가 케나프 농사를 시작한 것은 1940년부터이나 콜호즈원들이 케나프 농사를 잘 알지 못해 케나프 농사에서 성과를 거두지 못했다.[195] 그럼에도 불구하고 스베르들로프 콜호즈는 1949~1950년에 케나프 농사에서 전국에서 최고생산을 기록했고, 1951년 21명의 케나프 생산분조원들에게는 사회주의 노력영웅 훈장이 수여되었다.[196]

---

189 같은 글, p.11.

190 박수산, 「로동에 대한 당당한 표창」, ≪레닌기치≫, 1972년 3월 29일자 3면.

191 Uraziddin Egamberdiyev, *Toshkent oblast' Kommunistik raionildagi Sverdlov nomli kolkhoz: Tarikhe*, p.13.

192 같은 글, p.15.

193 같은 글, p.21.

194 박수산, 「로동에 대한 당당한 표창」, ≪레닌기치≫, 1972년 3월 29일자 3면.

195 Uraziddin Egamberdiyev, *Toshkent oblast' Kommunistik raionildagi Sverdlov nomli kolkhoz: Tarikhe*, pp.22~23.

1940년 창설된 이래 스베르들로프 콜호즈는 확장을 거듭했다. 소련 공산당 중앙위원회는 1950년에 5월 30일 「작은 콜호즈의 크고 넓은 콜호즈로의 전환과 그에 관련된 당의 책임」에 관한 명령을 내렸다. 그 명령이 내려진 후에 스베들로프 콜호즈 인근의 라스스베트(Рассвет) 콜호즈와 안드레예프(Андреев) 콜호즈가 통합되었다. 이어 레닌 콜호즈[이전의 오피트닉(Опитник) 콜호즈]도 통합되었다.[197] 1958년에는 소샬리즘(Социализм) 콜호즈,[198] 크슬 투 콜호즈,[199] 스탈린 콜호즈[200]가 스베르들로프 콜호즈에 통합되었다.[201] 1971년 10월 1945년 이후 콜호즈를 지도해 온 김드미트리가 은퇴했고, 리프로코피 하우모비치가 제3대 회장으로 새로 선출되었다.[202]

1984년 당시 스베르들로프 콜호즈는 우즈베키스탄 타슈켄트주의 커무니스틱 구역에 위치해 있었는데, 동쪽으로는 치르치크산, 서쪽으로 치르치크강과 커라수 운하가 위치해 있고, 북동쪽으로는 폴리토트젤(Политотдел) 콜호즈, 프라우다(Правда) 콜호즈, 남쪽으로 라스스베트

---

196 같은 글, p.24.
197 같은 글, p.22.
198 소샬리즘 콜호즈는 1932년 어크 오타이(Oq otay) 마을에서 24가구가 참여해 만든 콜호즈이다. 같은 글, p.4 참조.
199 소샬리즘 콜호즈가 만들어지던 같은 시기에 사르서이(Сарисоы)강과 가까운 곳에 갑데러버트(Гавдеробод) 콜호즈와 크슬 투 콜호즈가 생겼다. 이들 두 콜호즈는 경제적으로 빈곤했으나 1933년에 경제적으로 좋아졌다(p.6). 1943년에 갑데러버트 콜호즈의 명칭이 오피트니크(Опитник) 콜호즈로 개칭되었고(p.16) 이후 오피트니크 콜호즈는 다시 레닌 콜호즈로 개칭되었다. 같은 글, pp.6, 16, 22 참조.
200 스탈린(Stalin) 콜호즈는 1931년 말에 창설되었다. 같은 글, p.6 참조.
201 같은 글, p.30. ≪레닌기치≫ 1969년 4월 15일자에 따르면, 1958년에 "꼴호스원들의 지원에 의해 이웃 칼맑스 꼴호스가 쓰웨르들로브 꼴호스에 통합되었다. 그리하여 이전 칼맑쓰 꼴호스는 이 꼴호스의 지부로 되었다"라고 한다. 소샬리즘 콜호즈나 스탈린 콜호즈 모두 또는 하나가 칼 맑스 콜호즈로 개칭되었는지 아니면 전혀 별개의 콜호즈인데 기록에서 칼 맑스 콜호즈가 누락된 것인지는 알 수 없다. 기운, 「농사는 그의 천직」, ≪레닌기치≫, 1969년 4월 15일자 2면 참조.
202 Uraziddin Egamberdiyev, *Toshkent oblast' Kommunistik raionildagi Sverdlov nomli kolkhoz: Tarikhe*, p.30. 같은 책 p.10의 사진 설명에는 제3대 회장이 한운석으로 되어 있다.

콜호즈와 크라스니 푸치(Красный Путь) 콜호즈가 위치하고 있었다. 스베르들로프 콜호즈의 주민 수는 2175가구 1만 명이 넘었으며, 고려인을 비롯한 12개의 민족으로 구성되었다. 스베르들로프 콜호즈는 면화, 케나프, 벼농사를 전문적으로 재배해 온 콜호즈로 유명하고, 특히 주트와 케나프 농사의 전문 콜호즈로 전국적인 명성을 얻기도 했다. 이들 작물에 대해 높은 생산실적을 낸 성과를 인정받아 스베르들로프 콜호즈에서는 총 21명의 사회주의적 노력영웅이 배출되었다. 1984년 당시 스베르들로프 콜호즈는 일급학교 7개, 중학교 1개, 100명을 수용할 수 있는 병원, 야전병원, 우체국, 영화관, 운동장, 공원, 사우나 등을 갖춘 선진 콜호즈였다.[203] 소련이 붕괴되고 우즈베키스탄이 독립한 후 스베르들로프 콜호즈는 우즈베키스탄의 민족주의화 정책에 따라 명칭도 아흐마드 야사비 콜호즈로 개칭되었다.[204]

7. 맺음말

이 글의 목적은 1922년 말 시베리아내전이 종결된 이후, 특히 1929년부터 전면적인 집단화가 단행된 이후 러시아연해주지역 고려인사회가 맞닥뜨린 제반 문제들을 살펴보는 데 있다. 이 문제를 심도 있게 살펴보기 위해 연해주지역 고려인사회의 전반적인 상황과 함께 특히 빈농과 고용농민이 대부분이던 수청지방에 초점을 맞추었다.

수청지역은 러시아연해주지역에서도 산악지역에 해당해 산골짜기마다 한인마을들이 자리를 잡고 있었다. 이곳의 한인 거주자들은 대부

---

203 같은 글, p.2.
204 리영광, 「추수를 서두르는 브리가다」, ≪고려일보≫, 1993년 10월 23일자 3면.

분 러시아 국적이 없는 관계로 토지를 분배받지 못해 러시아인 지주나 원호인들의 토지를 임대·소작하거나 머슴살이하는 여호나 고용농민들이었다. 이 점에서 수청지역은 오래전에 이주해서 정착한 원호인(촌)이 많았던 추풍지역이나 연추지역과도 크게 대비되었다. 이러한 지리적 위치와 여호농촌마을의 형성으로 인해 국내나 다른 지역에서 정치적 망명객이나 사회활동가들도 많이 이동해 왔다. 그 결과 수청지역은 한말 의병의 책원지로 인식되었고, 한말 미국에 본부를 둔 공립협회와 국민회의 지회가 조직되기도 했다. 또한 이후 러시아 당국의 공식인가를 받아 활동했던 권업회와 비밀항일결사 철혈단(철혈광복단)의 지방조직도 다수 조직되었다. 이러한 전통과 지리적 특성으로 인해 수청지역은 러시아혁명 이후에는 항일빨치산 활동이 가장 활발한 지역이었다.

시베리아내전이 종결된 이후 고려인사회에서는 소비에트화 문제, 토지배당 문제, 농업집단화와 교육문화 확대가 점진적으로 추진되었다. 1929년에 시작된 전면적인 농업집단화(콜호즈화) 과정에서는 농촌계급 분류에서 좌경과 우경으로 상징되는 편향의 문제, 경쟁적인 콜호즈화의 문제, 농민들의 자발적 참여 결여, 지나치게 성급한 꼼무나화의 문제, 억지로 콜호즈에 가입시키려는 억제적 콜호즈의 문제, 무계획적이고 졸속적인 조직으로 인해 단명으로 그치고 만 아르쩰들의 속출과 그로 인한 악영향 등 여러 가지 시행착오를 겪었다.

수청지역은 "원동의 유명한 빨치산 기초초지대요, 혁명적 구역"으로 알려져 왔다. 그리하여 전면적 집단화 이후 수청지역의 고려 농촌사회가 다른 지역에 비해 매우 선진적으로 나아갔을 것으로 인식되었다. 그러나 수청지역의 상황은 다른 지역에 비해 여러 가지 면에서 매우 열악한 상태에 처해 있었다. 그것은 구역집행위원회 간부들이 갖고 있던 대러시아민족주의와 고려인에 대한 민족적 차별에서 비롯된 것이었다. 수청지방의 농촌소비에트는 지리적 표준이 아닌 민족적 표준에 따라 조직되어 지나치게 넓은 지역을 포괄하고 있었고, 그에 따라 행정과 사회공공사업 진행에서 불편과 지체가 일반화되고 있었다. 농촌계급이 제대로 분류되지 않은 결과, 콜호즈 임원진에게까지 토호, 부농, 투기업자, 협잡꾼들이 들어와 있어 콜호즈 사업의 장애물이 되고 있었다.

고려농촌소비에트의 경우 러시아 말로 사무를 집행했기에 러시아어 구사능력이 소비에트 임원선출의 기준이 될 수밖에 없었고, 이로 인해 소비에트 서기의 월급을 고려 농민들이 추가 조달해야만 하는 상황이었다. 이러한 언어문제는 고려화에 대한 공산당의 결정과 지시를 실행하지 않은 결과였다. 이는 또한 러시아어를 구사하면 문명인이고 고려말을 사용하면 야만인이라는 고려인들의 사대주의적 태도와 고려민족을 깔보는 러시아인들의 대러시아민족주의의 결과이기도 했다. 대러시아민족주의에 물든 구역집행위원회 러시아인 간부들은 무토지 고려농민들을 위한 토지정리와 배당, 곡물수매 배정에서 차별적으로 사업을 집행했고, 아동교육이나 사회정치교육에서는 의식적인 무관심과 왜곡이 일반화되었다. 심지어 구역집행위원회의 간부당원들은 고려인 빈농이나 고용농민에게 토지를 임대·소작하거나 고려 농민들에게 각종 잡세를 부과하는 나쁜 관행을 계속 유지하고 있었다.

신영거우 마을은 1868년 발해성터 안에 국내로부터 이주해 온 다섯 가구가 삶의 터전을 잡게 되면서 형성된 이래 수청지역의 대표적인 한인마을이 되었다. 신영거우 마을은 러시아혁명 이후 고려인노농병소비에트가 최초로 조직된 마을이었으며, 이후 혁명적 항일빨치산 활동의 근거지가 되었다. 신영거우는 1937년 우즈베키스탄 타슈켄트시 다마치로 강제이주되었고, 2년여 후에는 상치르치크 구역으로 재이주했다. 신영거우 마을 출신 100가구를 주축으로 같은 수청지역에서 이주해 온 크레포스치 콜호즈의 주민들이 합심해 1940년 3월 8일 스베르들로프 콜호즈를 창설했다. 스베르들로프 콜호즈에는 원동에서부터 이어져온 역사적 정체성이 오랫동안 남아 있었다. 그리하여 오늘날에도 스베르들로프 콜호즈를 신영거우 콜호즈라고 부르는 고려인들이 많다.

이 연구는 원동시기에 한정하면 러시아연해주지역에 대한 첫 번째 지역연구라 할 수 있다. 앞으로의 연구는 연추지역, 추풍지역, 하바롭스크지역으로 그 대상을 확대해 나갈 계획이다. 또한 이 연구는 고려인 콜호즈(집단농장)들의 이동(이주)과정, 특히 강제이주 후의 정착 및 변모과정을 정리하기 위한 연구의 일환이기도 하다. 마지막 절에서 수청지방의 고려인 콜호즈들, 특히 수청지역의 대표적인 고려인마을 신영거우가 우즈베키스탄으로 이주한 과정과 스베들로프 콜호즈로 정착한 과정을 살펴본 것은 그러한 노력과 시도의 결산이라 할 수 있다. 이러한 사례 연구를 확대함으로써 1937년 강제이주의 목적과 구체적인 진행과정은 물론, 1937년 이전 원동시기의 고려인들의 삶과 강제이주 이후 중앙아시아에서의 고려인들의 삶을 구체적으로 비교하는 토대를 마련할 수 있을 것으로 기대한다.

제3장

러시아지역 한인신문 ≪선봉≫과
1920~1930년대 한인사회

1. 머리말

단절과 계승은 역사에서 항상 제기되는 문제이다. 어느 것을 단절하고, 어느 것을 계승할 것인가? 어떤 측면이 단절되었고, 어떤 측면이 계승되었는가? 이는 역사가가 늘 부딪히는 문제이자 나름대로의 해석과 평가를 제시해야 하는 문제이다.

이 단절과 계승의 문제는 러시아지역 한인언론사에서도 예외가 아니다. 러시아지역 주요 한인신문의 역사를 살펴보면, 한말의 ≪해조신문≫(1908)으로부터 시작해, ≪대동공보≫(1908~1910), ≪대양보≫(1911), ≪권업신문≫(1912~1914), ≪한인신보≫(1917~1918), ≪청구신보≫·≪한족공보≫(1917~1918) 등 민족주의 성향의 신문이 나타났다. 1923년 이후에는 소비에트 언론으로 ≪선봉≫(1923~1937), ≪레닌의 긔치≫(≪레닌기치≫)(1938~1990) 등이 등장했으며, 소비에트 국가에서 벗어난 뒤에는 '자유신문'으로 ≪고려일보≫(1999~현재)가 등장했다. 이들 주요 신문의 편집자들은 앞서 활약했던 한인언론들에 대한 단절과 계승 의식을 갖고 있었다.

1937년 중앙아시아로 강제이주할 당시 선봉신문사는 카자흐스탄의 소도시 크즐오르다에서 조금 떨어진 시르 - 달린스크 구역의 역전마을 카잘린스크로 인쇄기 등의 기자재와 생존한 사원들이 강제로 옮겨진 상태였다. 이후 우여곡절을 거쳐 1938년 5월 15일, ≪레닌의 긔치(Ленины Кичи)≫가 창간되었을 때[1] 창립자들은 '선행지'인 ≪선봉≫과의 계승성보다는 단절성을 보여주려고 노력했다. 이들은 ≪선봉≫이라는 명칭을 버리고 새로운 명칭 ≪레닌의 긔치≫를 취하기로 결정했다. 이들은 ≪레닌의 긔치≫를 창립하면서 신문 명칭에 관해 토론했는데 ≪선봉≫ 신문 성원들 대부분이 '인민의 원쑤'로서 모두 체포된 상태이므로 같은 명칭으로는 당국의 승인을 받을 수 없을 것이 분명하다고 판단했고 그 결과 ≪레닌의 긔치≫라는 새로운 이름을 채택했다.[2]

이는 ≪레닌의 긔치≫ 창간자들이 ≪선봉≫과의 단절을 강조할 필요성을 강하게 인식하고 있었음을 의미하는데, 이는 외부적 요인에 의한 단절이라 할 수 있다. ≪레닌의 긔치≫의 창립자들이 얼마나 조심스러웠는가 하는 것은 정식의 창간사도 없이 신문을 발행하기 시작한 사실에서도 충분히 짐작이 가는 바이다.

---

1   당초 ≪레닌의 긔치≫는 노동절인 5월 1일 창간호를 내기로 했다. 편즙부, 「독자들에게: 창간사의 대신에」, ≪레닌의 긔치≫, 1938년 5월 15일자, 4면 참조.

2   한글신문 발간은 1938년 3월 25일 카자흐스탄공산당 크즐오르다 주위원회뷰로의 결정에 의해 이루어졌다. 카자흐스탄공산당 중앙위원회는 크즐오르다 주위원회가 제기한 ≪벼를 위하여≫라는 명칭을 취소하고 ≪레닌의 긔치(Ленины Кичи)≫라고 개칭해 1개월에 15호씩 발행하라고 지시했다. 서재욱, 「"레닌기치" 쉰해를 맞이하여」, ≪레닌기치≫, 1988년 5월 15일자, 3면. ≪레닌의 긔치≫라는 명칭이 채택된 배경에 대해서는 ≪레닌기치≫의 기자로 오랫동안 활동하고 카자흐스탄 알마타에서 오랫동안 거주하고 모스크바에 세상을 떠난 고 정상진 옹(1918~2016)의 증언을 참고할 수 있다. "강제이주 직후인 1937년 11월 크즐오르다에서 한글신문에 관한 문제를 토의하기 위한 인텔리들의 집회가 있었는데, 고려사범대학의 노문학부 학생들도 다 참여했습니다. 신문을 발간하라는 상부의 지시가 있었습니다. 신문제목을 무어라 했는가 하면 '선봉'을 그대로 '선봉'으로 할 꺼냐 말꺼냐 하는 문제였습니다. '선봉' 신문 성원들이 인민의 원쑤로서 다 체포되었습니다. 그렇기 때문에 '선봉' 신문 그대로 할 수 없었습니다. 그래서 승인을 받을 수 있는 명칭으로서 '레닌기치'로 하기로 했습니다. 그것을 누가 제안했는가 하면 김아나똘리라는 시인이 '레닌기치'가 무난하다고 해서 '레닌기치'로 바꾸게 된 것입니다. 당시 물론 '선봉'을 그대로 하자고 주장한 사람들도 있었습니다." 「정상진 선생과의 인터뷰」(대담자: 반병률), 2003년 7월 7일, 카자흐스탄 알마타.

그러나 객관적으로 보면, 고려 사람이 주도하는 한글신문이었던 점, ≪선봉≫이나 ≪레닌의 긔치≫ 모두 소비에트 정책에 충실한 신문이 었다는 점, 원동 시절부터 사용하던 낡은 인쇄기를 계속 사용했다는 점에서 ≪레닌의 긔치≫(≪레닌기치≫)³는 ≪선봉≫의 계승자임에 틀림 없다. 창간 당시에는 공개적으로 표명할 수 없었지만, ≪레닌의 긔치≫ 창립자들은 내면적으로는 ≪선봉≫과의 계승성을 의식하고 있었다고 보아야 한다. ≪레닌의 긔치≫가 창간된 것은 한글신문을 속간하기 위해 ≪선봉≫의 편집부원이던 황동훈(농업부장)이나 염사일 등이 우즈베키스탄, 카자흐스탄 공산당 당국에 희생을 무릅쓰고 노력한 결과였다.⁴ 후일의 회상적인 글이기는 하지만, ≪레닌의 긔치≫ 초대주필을 지낸 서재욱이 1968년 5월 15일자 ≪레닌기치≫에 기고한 「조선말 정기간행물의 어제와 오늘」에서도 그 계승의식을 확인할 수 있다.

이 신문[레닌기치_필자]이 그 이름을 고쳤고 발행기관과 소재지를 바꾸었을 따름이지 실제에 있어서는 '선봉' 신문을 계승한 것이다. 때문에 신문의 루계[누계_필자] 호수를 '선봉'이 그 발간을 림시 중단하게 된 1937년 9월 12일까지의 루계호수 1644를 계속하고 창간년월일을 '선봉'이 창간된 1923년 3월 1일로 했어야 할 것이었다. 지금부터라도 그 루계호수와 창간년월일을 고치는 것이 타당하고 인정한다.⁵

3   1938년 5월 15일 ≪레닌의 긔치≫라는 명칭으로 창간되었을 때 발행기관은 '카삭쓰딴공산당(볼셰비크)중앙위원회 크슬오르다주 조직뷰로와 씨르다리야 구역위원회'였으나, 1942년 1월 1일자부터 발행주체가 '카자흐스딴 공산당(볼) 크슬오르다주 위원회 및 시위원회, 로력자대의원 주쏘베트'로 바뀌었다. 신문사가 시르다리야 구역에서 크즐오르다시로 이사한 것을 반영한 것이다. 신문의 명칭이 ≪레닌의 긔치≫에서 ≪레닌긔치≫로 바뀐 것은 1952년 1월 1일자부터였다. 이러한 제호 개칭의 배경이나 계기에 대한 특별한 설명은 찾아볼 수 없다.
4   원일, 「38년도 봄에…」, ≪고려일보≫, 1994년 6월 4일자, 4면; 6월 11일자, 4면; 강상호, 「우리신문의 역대주필들」, ≪고려일보≫, 1994년 4월 30일자, 6면.

≪레닌의 긔치≫ 초대주필 서재욱의 입장에 ≪레닌기치≫ 관계자들이 동감했을 수도 있다. 그러나 ≪레닌기치≫ 창간일을 ≪선봉≫이 창간된 '1923년 3월 1일'로 하자는 서재욱의 제안은 개인적 입장에 불과했으며, 소련 시기를 통틀어 ≪레닌기치≫ 편집진들이 공식적으로 이를 표방한 적은 없다. 1948년 5월 14일자에 기고한 염사일의 기사 제목은「『레닌의 긔치』 신문 창간 십주년」이었으며,[6] 같은 지면에 실린 서재욱의 기고문 역시 제목이「『레닌의 기치』 신문 창간 십돐을 당하여」이다.[7] 또한 1978년 5월 16일자의 「"레닌기치" 창간 40주년」 기사, 1988년 5월 15일자의 「"레닌기치" 창간 40주년」 기사, 1988년 5월 15일자의 ≪레닌기치≫ 50주년 특집에서도 마찬가지였다. 특히 ≪레닌기치≫는 1988년 5월 15일자에 「"레닌기치" 쉰해를 맞이하여」라는 제목으로 "레닌기치 신문 첫주필" 서재욱의 특별기고문을 실었다.[8] ≪레닌기치≫가 자신의 역사를 공식적으로 ≪선봉≫의 창간일로부터 기산한 적은 없었던 것이다.

≪레닌의 긔치≫의 창립자들이 강제이주 직후 정치적인 탄압의 분위기 속에서 ≪선봉≫과의 단절을 강조한 데 비해, ≪고려일보≫의 창설자들은 1991년 정치적 자유화의 분위기 속에서 그 '선행지'인 ≪레닌기치≫와 자발적으로 단절했다. 이것이 크게 대조되는 점이다. 즉, ≪고려일보≫는 1991년 1월 1일 발행인 허진, 사장 조영환을 지도부로 해서 '재쏘련고려인전국신문'으로서 '창간'된 것인데, 그 전신이자 공산당 기관지였던 ≪레닌기치≫와의 단절을 강조하고 명칭을 바꾸었을 뿐만 아니라 국가소유가 아닌 '자유신문'임을 표방했다.[9]

---

5   서재욱,「조선말 정기간행물의 어제와 오늘」, ≪레닌기치≫, 1968년 5월 15일자, 3면.
6   럼(염사일),「『레닌의 기치』 신문 창간 십주년」, ≪레닌기치≫, 1948년 5월 15일자, 3면.
7   서재욱,「『레닌의 기치』 신문 창간 십돐을 당하여」, ≪레닌기치≫, 1948년 5월 15일자, 3면.
8   서재욱,「"레닌기치" 쉰해를 맞이하여」, ≪레닌기치≫, 1988년 5월 15일자, 3면.

이처럼 ≪레닌기치≫와의 단절성을 강조하며 출범한 ≪고려일보≫
가 이후 ≪레닌기치≫는 물론 ≪선봉≫의 계승자임을 자임하게 된 것
은 주목할 만하다. 고려일보사가 1998년에 발간한 『Kore Ilbo(Lenin
Kichi Senbon) 75: Bremia Gazetnoi Strokoi』는 ≪선봉≫으로부터 기산
해 ≪고려일보≫ 창간 75주년을 기념해 제작한 논문집이다. 2003년 6
월 말부터 7월 초까지 카자흐스탄 알마타에서 개최된 ≪고려일보≫
창간 80주년 기념행사 역시 같은 맥락에서 이루어졌다.

이러한 행사는 당시 ≪고려일보≫ 편집진의 역사인식을 보여주는
것으로서 앞에 인용한 ≪레닌의 긔치≫ 초대 책임주필 서재욱이 1968
년에 쓴 기고문에서 ≪레닌기치≫의 창간일을 ≪선봉≫이 창간된
1923년 3월 1일로 하자고 했던 제안과 일맥상통한다고 하겠다.

≪고려일보≫의 기원으로 간주되는 ≪선봉≫은 원래 1923년 3월 1일
창간된 ≪삼월일일(三月一日)≫이 3호까지 간행되다가 이름을 바꾼 신
문의 명칭이다. 따라서 ≪선봉≫이 1923년 3월 1일에 창간되었다는 것
은 정확한 표현이 아니다. 현재 일부 학자들은 ≪고려일보≫의 기원을
≪선봉≫이 아닌 ≪붉은긔≫에서 찾기도 하는데, ≪붉은긔≫는 1922
년 8월 19일 러시아연해주의 아누치노에서 간행된 한글신문이었다.

이 글은 러시아, 중앙아시아 지역에서 발행된 한인신문 역사에서 제
기되어 온 단절과 계승의 문제를 염두에 두고 작성되었다. 첫 부분에서
는 필자가 입수한 ≪붉은긔≫의 창간호(1922년 8월 19일자), 제2호(1922
년 8월 27일자) 및 제3호(1922년 9월 10일자)[10]와 ≪삼월일일≫의 창간호를

9   양원식, 「"고려일보"의 어제와 오늘」, *Kore Ilbo(Lenin Kichi Senbon) 75: Bremia Gazetnoi
     Stroke*(Almaty, 1998), 13쪽.
10   이들 ≪붉은긔≫의 사본은 2003년 1월 미국 하와이주립대학 역사학과 명예교수인 최영호
     교수가 일본외무성사료관에서 입수해서 필자에게 제공해 준 것이다. 최 교수께 깊은 감사를
     드린다.

분석·소개했다. 두 번째 부분에서는 ≪선봉≫의 기원문제를 다루었다. ≪고려일보≫의 기원문제에 대해 논란이 있듯이, ≪선봉≫의 편집자들 역시 ≪선봉≫의 기원에 관해 다른 입장을 보였다. 즉, 이들은 1925년에는 ≪삼월일일≫에서 ≪선봉≫의 기원을 찾다가, 10년 후인 1935년에 이르러서는 ≪붉은긔≫에서 ≪선봉≫의 기원을 찾았다. 이러한 변화의 배경을 분석한 것이 이 글의 핵심이기도 하다. ≪선봉≫의 기원문제에 대한 ≪선봉≫ 편집자들의 인식이 변화한 것은 ≪선봉≫이 한인사회에서 차지한 역할이 변화한 데서 비롯되었다는 것이 이 글의 논지이다.

2. ≪선봉≫의 기원

1) ≪붉은긔≫

≪붉은긔≫는 시베리아내전(공민전쟁) 시기였던 1922년 8월 19일, 러시아공산당연해주연합회 내 고려부의 기관지로 창간되었다.[11] 발행장소는 당시 러시아공산당 연해주연합회가 위치하고 있던 아누치노였으며, 매주 1회씩 등사판으로 인쇄되었다. ≪붉은긔≫는 총 14호까지 발행되었는데 발행부수는 1호당 80부였다.[12]

≪선봉≫ 창간 14주년[≪붉은긔≫의 창간 시기가 1922년이므로 정확하게 말하면 13주년이다_필자]을 기념하는 1935년 8월 27일자 기사에서 ≪붉은긔≫의 창간일을 '8월 16일'로 잘못 기록한 것임을 확인할 수 있다.

---

11 ≪붉은긔≫, 1호(1922년 8월 19일자).
12 「"선봉"의 과거와 장래」, ≪선봉≫, 1935년 8월 27일자, 1면.

≪붉은긔≫의 기사는 세로식으로 썼다. ≪붉은긔≫의 창간호는 '붉은긔'라는 제호 바로 밑에 러시아 말로 러시아공산당연해주연합회 고려부의 기관지임을 밝히고, 바로 아래에 한자로 '魯西亞共産黨 沿海州聯合會內 高麗部 出版課 每週一次刊行 代金은 無料로(러시아공산당연해주연합회 내 고려부 출판과 매주 일차 간행 대금은 무료로)'라고 쓰여 있다. 1면의 상단에는 가운데에 '붉은긔'의 러시아어 표기인 '크라스나야 즈나미야(Красная Знамя, 적기)'라고 제호를 쓰고, 발행일자를 왼쪽에는 '1922년 팔월십구일', 오른쪽에는 러시아어로 '19 Августа 1922 г.'라 했는데, 오른쪽 끝에 호수를 영어로 'No.1'이라고 한 점이 흥미롭다.

제호 옆의 첫 기사는 머리말이 시작되기 전에 붉은 기를 그려놓았는데, 위아래에서 손이 이 깃발을 가리키고 있다. 깃발 가운데에는 별이 있으며 '全世界 貧賤者와 被壓迫者는 團合할지어다(전세계 빈천자와 피압박자는 단합할지어다)'라는 구호가 별을 둘러싸고 있다. 창간사에 해당하는 '머리말'의 제목은 '沿海州魯西亞共産黨聯合會內에 高麗部 造成과 行事(연해주러시아공산당연합회 내에 고려부 조성과 행사)'인데, 고려부를 조직하고 ≪붉은긔≫를 간행하게 된 사실을 밝히고 있다.

모두 4면으로 된 ≪붉은긔≫는 1면은 논설에 해당하는 '강단(講壇)', 1~2면은 러시아공산당의 소식란인 '당살림', 2~3면은 '외보(外報, 바깟긔별)', 3~4면은 '잡보(雜報, 허튼긔별)', 4면은 광고(廣告)와 '횡설수설'로 구성되어 있다. 1호에는 '광고'와 '횡설수설' 란이 없는데, 2호부터 신설했다.

≪붉은긔≫의 창간호는 국한문 혼용으로 되어 있는데, 편집자들은 노력자인 대중이 읽기에는 어려움이 있을 것이라는 점을 곧 깨달았음에 틀림없다. 따라서 2호부터는 '셥양(攝養)'이나 '롱채(農採)'처럼, 한문을 괄호 안에 넣은 방식을 취했다. 이러한 배려는 2호와 3호에 실린 다음과 같은 '투호죠례[투고조례]'에서 확인할 수 있다.

토호죠례

一. 론문은 국문으로만 하시되 길고 절음도 교계치안이오니 될 수 있는 대로 긴 론문을 쓰시며 유심적 언사나 문자는 피하시고 쓰실 것

二. 기서는 매난에 二十자식 二十四난이하로만 하시오

三. 본사에 토호를 보내실 대에 투호하시는 동무의 성명과 거주와 직업을 긔송하시오

四. 증삭교정과 게재여부는 본샤에서 전임함

글을 읽기 어려운 독자들을 배려해 ≪붉은긔≫는 만화를 넣기 시작했다. 예를 들어 2호에는 일본군의 철병모습을 그려놓았는데, '철병하가는 일본군대' 옆에 '안져우는 메르쿨놉우의 형샹', '죽그릇을 따라다가는 개들'과 그 앞에 죽 그릇을 끌고 가는 일본군 관리를 그려놓았다. ≪붉은긔≫ 편집자의 이러한 의식은 3호에서도 보이는데 혁명가인 '합동민족가'의 가사와 새롱부가[새농부개]의 가사를 적어놓고 있다.

2) ≪삼월일일≫[13]

≪삼월일일≫ 신문은 1923년 3월 1일 블라디보스토크 신한촌에서 창간되었다. 1주일에 2회씩 발행할 예정으로 창간된 ≪삼월일일≫은 3호까지 간행되다가, 4호부터 ≪선봉≫으로 개칭되었는데, 창간 당시의 책임주필은 이백초(李白初)였다.[14]

---

13 필자가 검토한 ≪삼월일일≫ 신문의 창간호 원본은 일본외무성사료관에 소장되어 있는 것으로 한국의 국사편찬위원회가 마이크로필름으로 입수한 것이다.

14 편즙실, 「선봉신문의 략사와 임무」, ≪선봉≫, 1925년 11월 21일자, 2면. 이백초에 대해서는 주13을 참조할 것. 이 외에 이백초에 대해서는 『일제하 극동시베리아의 한인 사회주의자들』,

≪삼월일일≫ 창간호의 1면에서는 오른편 제호란에 ≪삼월일일≫이라는 간판과 함께 횃불과 깃대를 들고 있는 사람을 그려놓았다. 그 밑에는 러시아어로 'г. Владивосток Ново-Коре. Слов.', 'Шам-уор-ир-иришя', 바로 밑에는 한글로 "창간호 一九二三년 三월 一일 발행긔 한주일에 두번 발행소 아령 해삼위 三月一日샤"라고 표기해 블라디보스토크 신한촌에서 주 2회 발간할 것을 명시해 놓고 있다. 한편 1면의 윗편 상단 가운데에는 러시아어로 '1 Марта'라고 제호를 써놓았고, 왼쪽에는 '데1호', 오른쪽에는 '一九二三년 三월 一일'이라고 날짜를 밝히고 있다. 그 밑 상단에는 가운데에 태극기와 망치와 낫이 그려진 적기가 엇갈려 만나는 지점에 별을 그려놓고, 바로 밑에는 '협동'이라는 말을, 태극기와 적기의 깃대를 휘감은 리본에는 '독립을 원하는 쟈 전선에 참가하라!'라는 구호를 써놓았다.[15]

≪삼월일일≫의 창간 배경에 대해서는 ≪선봉≫의 편집실이 100호(1925년 11월 21일자)에 게재한 「선봉신문의 략사와 임무」에 잘 정리되어 있다(현대식으로 다소 수정).

선봉신문은 1923년 3월 1일에 아명인, "三월一일"이란 명칭을 가지고 세상에 나아왔다. 이 신문이 출세하던 때는 5년 동안(1919~22) 제국주의 침략군대와 반혁명파의 횡포와 유린에서 자유와 권리를 상실하고 피바다 죽엄산에서 신음고통하던 연해도의 로력군중은 백전백승하는 로농혁명군과 함께 내외의 원쑤를 진멸 혹은 구축하고 로농쏘베트주권을 태평양물역에까지 확립한 지 겨우 넉달되던 때이었고 항상 횡포를 로시야 혁명적 로력자와 함께 당하며 강한 원

175~176쪽에 소개되어 있다.

15 「朝鮮人獨立示威運動에 關한 件」(1923년 3월 7일자), 『不逞團關係雜件 朝鮮人의 部 在西比利亞』, 제14권.

쑤와의 분투를 같이하던 소수민족들도 쏘베트주권의 밝은 빛에 춤
추고 노래하게 된 때이었다.

　로시야공산당의 지도하에서 12만여의 연해도 고려주민의 귀를
열며 눈을 뜨이는 고려말 신문은 마침 수백만의 고려로력군중이 일
본군국주의의 침략과 압박을 이기지 못하여 붉은 손 빈주먹으로 총
칼을 대적하며 자유독립을 부르짖은 큰 혁명운동의 네돐을 기념하
는 날에 첫호가 발행되었다. 그리하여 제3호까지는 "三月一日"이라
는 일홈을 가졌고, 제4호부터는 가장 의미가 큰 "선봉"이란 일홈
을 가지게 되었다.[16]

　여기서 우선 주목되는 사실은 앞서 소개한 ≪붉은긔≫와의 관련 여
부가 전혀 언급되고 있지 않다는 점이다. ≪삼월일일≫의 편집자 역
시 "긔념호이자 창간호"라고 했는데, 이는 제1면에 독립선언서 원본을
게재했을 뿐만 아니라, 상단 왼편에 '긔념호', 오른편에 '창간호'라고 한
점에서도 확인된다. ≪三月一日≫ 창간호의 2면에 실린 「창간선언」
에서도 ≪붉은긔≫와 관련된 내용이 전혀 없으며, 오히려 3·1운동과
의 밀접한 관련성을 강조하고 있다. 창간주필인 이백초가 국내에서
3·1운동에 열성적으로 참여하고 해외로 망명해 온 애국지사였던 점과
도 관련이 있을 것이다.[17]

16　편즙실, 「선봉신문의 략사와 임무」, ≪선봉≫, 1925년 11월 21일자, 2면.
17　이백초는 최장 기간 책임주필을 맡아 ≪선봉≫의 편집방향 설정과 발전과정에서 지도적 역
　　할을 한 인물로서 ≪선봉≫의 역사를 논할 때 빼놓을 수 없다. 그는 1895년 평남 용강의 소
　　작농 출신으로 평양 대성중학교를 고학으로 졸업하고 일본 동경에 가서 야학으로 공부했다.
　　평남 용강으로 돌아와서는 3·1운동에도 적극 참가했으며, 혁명적 출판물을 비밀리에 보급하
　　고 독립운동군자금을 모집했다. 이후 노동운동에도 참가해 노동조합 평양시내 양말직공, 국
　　수집 머슴군, 인쇄직공들을 선동 규합해 노동조합을 조직했다. 그는 서울에서 발간되던 노
　　동잡지 ≪공제≫의 기자로 활약하다가 일본헌병 경찰의 추격을 피해 1921년 만주를 거쳐 소
　　비에트 러시아로 망명했다. 1922년 이르쿠르츠 제5군단군사 정치학교에서 공부하는 한편 러
　　시아공산당에 입당했다. ≪삼월일일≫ 창간부터 7년 동안(1923~1925, 1927~1930) ≪선봉≫

창간선언

우리는 이제 三·一운동의 四쥬년을 긔념하는 날 본보의 첫얼골을 세상에 들어내게 되엿슴니다. 三월一일은 본보의 긔념창간의 날이 된 동시에 또 영원한 창간긔념의 날이 되겟슴니다. 우리는 이 한국혁명사우에 가장 위대한 긔원을 얻은 큰명절을 당하야 二천만민중으로 더불어 한번더 비통한 긔억을 새롭게 하고 강렬한 시위운동을 거행하야 써 악독한 일본군벌을 다시 떨게 하는 동시에 앞으로 크나큰 광복사업의 성공과 그에 대한 우리각개의 무겁은 책임을 이에서 맹서함니다.

우리는 본보의 명칭을 ≪삼월일일≫이라 하엿슴니다.

본보의 탄일이 된 三월一일은 또 본보의 휘장이 되엿슴니다. 대개 우리의 표방하는 한국독립의 샤회쥬의덕 원소가 이리 당년의 굉렬한 그 운동에서 거의 배태외엿음을 찾아 볼 수 있는 형뎨와 三一운동의 최후슈확을 최촉할 본보의 가능성을 믿어줄 수 있는 형뎨는 ≪삼월일일≫이란 본보의 일홈이 그 실디를 조곰도 속임이 없음을 깨닫게 될 것이올시다.

그럿슴니다. 우리혁명운동의 력사덕 앞길을 三월一日의 연장으로 보아서 틀림이 없나니 다만 그의 확츙과 개조와 완성에 우리른 힘을 더할 것뿐.(이하 생략)[18]

의 책임주필로 지냈고, 노동통신기자운동의 조직자였으며, 고려인문예운동의 기초를 쌓은 인물로 평가되었다. 이백초는 1930~1931년에는 국립출판부 원동지부의 고려 당서적 편집인을 지냈으며, 1931~1932년에는 전러시아공산당 중앙위원회 풀판부 원동지부 고려부 주필로 활약했다. 1934년 7월 12일 하바롭스크에서 교통사고로 사망할 때까지 당교과서와 『번개』라는 출판물을 도맡아 편집했다. 「리백초동무의 략력」, ≪선봉≫, 1934년 7월 31일자, 4면 참조.

18 「朝鮮人獨立示威運動에 關한 件」(1923년 3월 7일자), 『不逞團關係雜件 朝鮮人의 部 在西比利亞』, 제14권.

또 하나 주목해야 할 점은 「창간선언」에는 앞에 인용한 것처럼, 1925년에 작성된 「선봉신문의 략사와 임무」에서 "로시야공산당의 지도하에서"라고 한 것을 뒷받침하거나 부합되는 내용이 전혀 없다는 점이다. 이는 창간 당시 《삼월일일》이 지닌 상대적인 독자성을 암시하는 것이 아닌가 한다. 이는 또한 《삼월일일》이 3호밖에 간행되지 못하고 곧바로 《선봉》으로 개칭된 사실과 밀접한 연관이 있을 것으로 추정된다. 즉, 《선봉》으로 이름을 바꾼 것은 단순히 명칭을 변경하는 데 그친 것이 아니라 러시아공산당 블라디보스토크현 당간부의 기관지로 위상이 변경되었음을 뜻하는 것으로 추정된다. 이와 관련해 《삼월일일》이 《선봉》으로 명칭이 변경된 시기에 주목할 필요가 있다. 명칭이 바뀐 시기는 연해현혁명위원회가 각종 행정기관을 조직하고 공산주의적 신제도의 조직을 완비한 후 연해현집행위위원회에 정권을 넘겨준 1923년 3월 15일이었기 때문이다. 이러한 명칭변경의 구체적인 배경을 이해하기 위해서는 《삼월일일》 3호나 《선봉》 4호를 검토할 필요가 있다.

《삼월일일》 창간호는 등사로 인쇄한 총 3면의 순한글신문인데 글씨는 세로로 썼다. 각 면별로 주요 내용을 정리하면 다음과 같다.[19]

1면: 독립선언서 전문과 공약삼장(公約三章), '삼일운동략사'
2면: 창간선언, 3·1운동 축사
3면: 3·1운동 축사, '내디소식'
4면: '시베리동포의 굉장한 시위운동'

4면의 '시베리동포의 굉장한 시위운동'에는 준비물, 집결장소, 행진

---

19   같은 글.

방향, 주의사항 등 당일 10시부터 계획된 3·1운동4주년기념대시위운동에 대한 구체적인 지시사항이 게재되어 있다.

창간호의 기사들을 볼 때 ≪삼월일일≫ 창간호는 3·1운동 기념호이기도 했음을 확인할 수 있다.

3) ≪선봉≫의 기원

≪선봉≫의 기원에 대한 ≪선봉≫ 편집자들의 인식은 시기에 따라 다르다. ≪선봉≫ 편집실(당시 책임주필은 오성묵)은 1925년 11월 21일자 100호 발간 기념호에서 「선봉신문의 략사와 임무」라는 글을 실었는데, 이 글에서 ≪선봉≫이 1923년 3월 1일에 창간된 ≪삼월일일≫에서 비롯되었음을 밝혔다. 즉, "선봉신문은 1923년 3월 1일에 아명인, "三월一일"이란 명칭을 가지고 세상에 나"왔으며, 제3호까지 발행되다가 제4호부터 '선봉'이라는 이름으로 바뀌었다고 밝힌 것이다.[20] 이와 같은 인식은 ≪선봉≫ 1926년 5월 9일자에 게재된 「선봉신문의 삼년간사업」에서 "선봉은 1923년에 출세한 "三월一일"이란 아명(兒名)의 신문을 교체하였나니"라고 한 데서도 거듭 확인할 수 있다.[21]

≪삼월일일≫을 ≪선봉≫의 기원으로 삼았던 인식은 1935년, 즉 '위로부터의 사회주의건설'과 집단농장화, 당청결과 토호청산을 거치면서 바뀌었다. 즉, ≪선봉≫의 창간 시기가 ≪삼월일일≫ 이전에 간행된 ≪붉은긔≫까지로 거슬러 올라간 것이다. 창간 14주년을 기념하는, 1935년 8월 27일자 논설 「"선봉"의 과거와 장래」에서 젊은 세대의 ≪선봉≫ 편집진(당시 주필은 시인으로 활약하던 최호림이었다)은 다음과

---

20 편즙실, 「선봉신문의 략사와 임무」, ≪선봉≫, 1925년 11월 21일자, 2면.
21 「선봉신문의 삼년간사업」, ≪선봉≫, 1926년 5월 9일자, 2면.

같이 기술했다.

    "선봉"이 처음으로 창간되기를 1922년 팔월 16일에 제1호를 발간하였다. 이때는 바로 원동 연해도가 아직 백색 반동자들 손에 들어가 있을 때에, 도시에는 우리 공산당이 비밀리에서 사업할 때, 공민전쟁이 발발하여 산곡에는 붉은의병대가 야영을 치고 광야에는 백적반도들이 유진하여 정쟁풍운이 밤낮으로 농후하던 그때에, 지금 우쑤리주 아누친(도병하 - 다우비허)에 주재한 로시아공산당(다) 연해도뷰로 기관지로 처음 발간되고, 명칭은 "붉은 긔"라고 하였으며 극소한 역원으로 등사인쇄를 하니 매주 일간으로 매간 80도까지 발간하니 1922년에 도합 14호까지 발간되어섯고 1922년 십월 25일에 해삼위에서 백파잔적들을 몰아내고 붉은 군대가 점령한 뒤에 인허 연해도당뷰로가 해삼위에 이주하고 1923년 삼월일일부터 그 일홈을 고치어 "삼일"이라 하다가 미구에 다시 "선봉"이라고 개정하였다.[22]

    이 논설은 ≪붉은긔≫의 발행과 관련한 구체적인 사실, 즉 14호까지 매회 80부 발행되었다는 점을 새로이 밝혀주고는 있으나, 창간 13주년을 창간 14주년으로, 앞에서 이미 살펴본 것처럼 ≪붉은긔≫의 창간일을 '8월 19일'이 아닌 '8월 16일'로, ≪삼월일일≫의 제호를 '삼일'로 잘못 기술하고 있다. 어쨌든 앞에서 살펴본 것처럼, ≪삼월일일≫의 발행주체가 '三月一日샤'였다는 점에서 ≪선봉≫의 기원으로 삼기에는 미흡했을 것이다. 이에 비하면 '러시아공산당연해주연합회 고려부'의 기관지였던 ≪붉은긔≫가 전동맹공산당 러시아공산당 블라디보스토크현 당간부의 기관지로 발행된 ≪선봉≫의 기원으로서 훨씬 적합하

<hr />

22 「"선봉"의 과거와 장래」, ≪선봉≫, 1935년 8월 27일자, 1면.

다고 판단되었을 것이다.

1925년에 작성된 「선봉신문의 략사와 임무」와 10년 후인 1935년에 작성된 「"선봉"의 과거와 장래」 간에는 ≪선봉≫의 기원에 대한 인식이 차이 나는데, 이는 뒤에서 살펴보겠지만 1920년대 말과 1930년 초에 전개된 소비에트러시아 사회의 급격한 변화와 그에 따른 ≪선봉≫의 성격 변화에서 비롯된 것이다.

3. ≪선봉≫과 한인사회

1) ≪선봉≫의 성장과 발전

선봉신문사는 블라디보스토크 신한촌에서 간행된 ≪삼월일일≫이 '전동맹공산당 블라디보스토크현 당간부 고려부'의 기관지로 됨과 동시에 개칭했다. 선봉신문사는 처음에는 블라디보스토크 보로딘스카야 거리 5번지(Бородинская но.5)에 위치해 있었다. 1926년 8월 8일 선봉사는 다시 레닌스카야 거리 43번지(Ленинская но.43)로 이전했다가, 1929년 4월 발행기관이 '러시아공산당 원동변강위원회와 직업동맹 원동변강쏘베트'로 바뀌면서 하바롭스크의 셉첸코 거리 24번지(Шевченко но.24)로 이전했다. 선봉사가 하바롭스크의 셉첸코 거리 24번지로 이전한 이후 블라디보스토크에서는 한인어부들을 위해 ≪연해주어부≫와 ≪붉은 해삼위≫가 간행되었다.[23]

1932년까지 하바롭스크에서 간행되던 ≪선봉≫은 1933년에 다시 블라디보스토크 레닌스카야 거리 45번지로 이전했으나 발행기관은 바

---

23 서재욱, 「"레닌기치" 쉰해를 맞이하여」, ≪레닌기치≫, 1988년 5월 15일자, 3면.

꾀지 않았다. 얼마 후에 ≪선봉≫은 또 다시 세묘노프스야 거리 9번지
(Семёновская но.9)로 이전해 1937년 강제이주 당시까지 그곳에 자리
했다.[24]

　≪선봉≫의 편집을 맡은 책임주필은 ≪삼월일일≫ 창간 당시부터
주필이던 이백초를 필두로 해서 이성, 오성묵, 이괄, 김진, 최호림, 박
동희, 남창원, 황동훈, 김홍집, 윤세환 등이 활약했다.[25] 이들 외에도
≪권업신문≫, ≪한인신보≫의 주필을 지낸 김하구가 총무로, 김철,
계봉우 등이 번역원으로 활약했다.[26] 다음의 기사에서 알 수 있는 바와
같이 창간 이후 ≪선봉≫의 재정상태는 매우 어려웠다.

　　현금 편즙부에는 다만 두 사람이 일을 한다. 신문독자는 2000명
　　가량이고 노농기자는 40인 미만이며 대금과 광고료의 수입은 매삭
　　평균이 백원 미만이다. 그럼으로 매삭 부채가 육백원씩 된다. 과거
　　3년 동안의 대금미불은 4천여원에 달하였으나 대금을 보내는 이는
　　별로 없다.[27]

　≪선봉≫은 창간 이후 2년여 동안 경비 부족으로 인해 직원의 월급

24　≪선봉≫의 발행기관과 주소지 등에 관한 이상의 내용은 해당 ≪선봉≫의 각 호를 참조한
　　것이다.
25　≪선봉≫ 주필의 재임순서와 활동시기를 보면 다음과 같다. 초대 이백초(1923.3~6), 2대 이
　　성(1923.7~1924.7), 3대 이백초(1924.7~1925.5), 4대 오성묵(1925.6~1926), 5대 이백초(1927~
　　1930), 6대 이괄(1931), 제7대 김진(임시 책임주필, 1932), 8대 최호림(1932), 9대 박동희
　　(1932), 10대 남창원(주필대리, 1932), 11대 박동희(1933), 12대 황동훈(대리주필, 1933), 13대
　　박동희(1933~1934), 14대 김홍집(대리주필, 1935), 15대 박동희(1935), 16대 김홍집(대리주
　　필, 1935), 17대 최호림(1935), 18대 김홍집(대리주필, 1935), 19대 최호림(1935), 20대 김홍집
　　(대리주필, 1936), 21대 김홍집(임시책임주필, 1936, 대리주필, 1937), 22대 윤세환이다. 편즙
　　실, 「선봉신문의 략사와 임무」, ≪선봉≫, 1925년 11월 21일자, 2면 참조.
26　「金東漢送還에 關한 件」(1925년 7월 5일자), 『不逞團關係雜件 朝鮮人의 部 在西比利亞』, 제
　　15권.
27　편즙실, 「선봉신문의 략사와 임무」, ≪선봉≫, 1925년 11월 21일자, 2면.

과 인쇄경비를 제때에 조달하지 못하는 어려움에 빠져 있었다.[28] 그리하여 1924년 8월 30일부터 6일 동안 러시아공산당 연해도 간부 고려부의 소집으로 개최된 '연해도공산당 고려인기관책임자 회의'에서는[29] ≪선봉≫의 경비부족 문제를 해결하기 위해 러시아공산당 연해도위원회에 정부보조를 청구할 것을 검토하기로 결정했다.[30] 그 결과 1925년 4월부터 ≪선봉≫의 예산은 적기보(赤旗報)사에 통합되었고,[31] 혁명위원회에서 매달 500루블을 보조받아 안정적인 운영이 가능해졌다.[32]

러시아공산당 내 고려인책임자들의 결의와 노력의 결과, ≪선봉≫의 구독자가 급증했다. 1924년 1월 1796부(연합 1304부, 개인 492부), 1925년 10월 1948부(연합 1670부, 개인 278부)였던 것이 1926년 4월 2880부(연합 2500부, 개인 380부)로 급증했다. 발행부수 역시 1923~1924년 3000부에서 1925년 11월 2200부로 줄었던 것이 1926년 4월 3100부로 늘어났다.[33] 노력자 대중의 신문인 ≪선봉≫의 질적 발전을 보여주는 것은 역시 자발적인 참여 노동자 수와 농민기자의 수가 증가한 것이다. 1925년 12월에는 참여 노동자 수와 농민기자의 수가 30명이었으나 1926년 3월에는 70명으로 늘어났다. 이들은 한 달에 100~200통의 편지를 보내왔다.[34]

이러한 발전추세는 계속되어 1928년에 이르러서는 후원자가 2000명에 달했고, 노동자·농민기자가 300명에 달했다. 이들은 한 달 평균 150

---

28 「선봉신문의 삼년간사업」, ≪선봉≫, 1926년 5월 9일자, 2면.
29 「연해도고려인긔관책임쟈회의를 맞으고」, ≪선봉≫, 1924년 9월 14일자, 1면.
30 「로시아공산당연해도고려인책임쟈회의에서 의결된 결뎡서」, ≪선봉≫, 1924년 10월 20일자, 3면.
31 편즙실, 「선봉신문의 략사와 임무」, ≪선봉≫, 1925년 11월 21일자, 2면.
32 「선봉신문의 삼년간사업」, ≪선봉≫, 1926년 5월 9일자, 2면.
33 같은 글.
34 같은 글.

~200통의 편지를 농촌에서 선봉사로 보냈다. 그리하여 ≪선봉≫은 "선봉신문이 직접 로력군중의 소유로 화하"여 가고 있다고 평가했다.[35] 선봉사는 고질적인 재정문제를 해결하기 위해 "종래의 외상독자를 절대로 거절하고 꼭 선대금받는 유례"를 실시했는데, 실시 후 한 달 동안 약 700명의 독자가 증가되었다. 이러한 열기를 배경으로 ≪선봉≫은 전체 원동 고려인 2만 호에서 '세집에 한집'이라는 표어를 실행할 것으로 제안해, 당시 독자 수의 3배인 6000명을 목표로 제시했다.[36]

이러한 확대 발전으로 인해 ≪선봉≫은 1930년 이후 발행횟수를 주 3회로 늘렸고, 당조직의 조직적인 뒷받침에 의해 발전이 가속화되었다. 포시예트 구역의 당간부 선전부장 이명학은 2000명의 독자 확보를 목표로 내세우며 "일장으로 선전운동을 조직"함으로써 다른 구역의 경쟁심을 유발했는데,[37] 그는 구역 내 당, 공청회 단체들과 직업회, 소비에트 내의 모든 당원에게 포시예트 구역 내의 ≪선봉≫ 독자 수를 3000명 이상 늘리라고 지시하면서 각 촌별로 호수와 독자 수를 배정했다. 아울러 이명학은 "이 숫자를 각각 투쟁적으로 실행하기를 요구"하는 한편, 그 결과를 ≪선봉≫에 발표할 것이라고 밝혔다.[38]

포시예트 구역에 이어 수이푼 구역, 포크로브카 구역, 수찬 구역, 그로데고보 구역, 체르키코프카 구역의 ≪선봉≫ 노농통신기자들은 구역별로 대표회의를 개최하고 ≪선봉≫ 구독자 수의 증가를 결의했다.[39] 각 구역 노농통신기자대표회의에서 결의된 구역별 확대 독자 수

---

35 「선봉신문의 현재형편과 그의의와 그에 대한 고려로력군중의 과업: 본월 24~30일 선봉신문 선뎐깜뻐니야에 보고자들의 참고재료」, ≪선봉≫, 1928년 3월 16일자, 2면.
36 같은 글.
37 같은 글.
38 「선봉독자모집의 검정수자를 투쟁적으로 실행하자」, ≪선봉≫, 1930년 2월 26일자. 3면.
39 수이푼 구역은 ≪선봉≫, 1930년 3월 10일자, 수찬 구역은 3월 15일자, 그로데고보 구역은 3월 24일자, 체르니코프카 구역은 4월 6일자를 참조할 것.

의 목표는 다음과 같다.

> 포시예트 구역 3000명 이상
> 수이푼 구역 2000명 이상
> 포크로브카 구역 800명 이상
> 그로데고보 구역 700명 이상
> 한카이 구역 900명 이상
> 체르니코프카 구역 325명 이상
> 수찬구역 3000명 이상[40]

1935년에 이르면 ≪선봉≫은 창간 당시에 비교해 폭발적으로 성장하는데, ≪선봉≫에서는 이를 다음과 같이 요약했다.

> 1922년 무기간으로 일년도 발행홋수가 14호뿐이오 매간 80[부]도였으며 외부에 노농기자는 전부 없었고, 1923년도에는 매주 일간으로 1년도 발행홋수가 34호에 매간 500도식[부씩] 17만부를 발행하였고 노농기자 10명을 가졌으나 1935년도에 와서는 격일간으로 1년도 발행홋수 180호에 매간 1만도식[부씩] 일백팔십만부식 발행되고 노농기자 2,080명까지 "선봉"주위에 세웠으니 그의 비상한 장성은 실로 자랑치 아니치 못할 것이다.[41]

이러한 ≪선봉≫의 양적인 발전을 연도별로 살펴보면 표와 같다.

---

40 「뽀시에트, 수이푼, 뽀끄롭카, 그로제꼽, 한까이, 체르니꼽가 구역 로농통신긔자제일차대효회에서 통과된 "선봉신문의 의의와 그 현재 형편과 그에 대한 장래 로농군 중의 과업" 보고에 의한 결정(종합)」, ≪선봉≫, 1930년 4월 6일자, 4면.
41 「"선봉"의 과거와 장래」, ≪선봉≫, 1935년 8월 27일자, 1면.

연도별	발행횟수	발행부수
1922년	1년에 14호	80
1923년	1년에 34호	500
1924년	주 1회	2,000
1925년	주 1회	2,000
1926년	주 2회	2,900
1927년	주 2회	2,000
1928년	주 2회	2,000
1929년	주 2회	3,600
1930년	주 3회	6,900
1931년	주 3회	10,500
1932년	격일간	11,700
1933년	격일간	12,000
1934년	격일간	10,000
1935년	격일간	10,000

자료: 「1922년붙어 1935년까지의 "선봉"신문 장성의 일람표」, ≪선봉≫, 1935년 8월 27일자, 1면.

2) ≪선봉≫의 성격 변화와 한인사회

≪레닌의 긔치≫ 초대주필 서재욱은 ≪선봉≫을 사업목표에 따라 두 시기로 구별한 바 있다. 즉, 첫 번째 시기는 1923년 3월 1일부터 1924년 6월까지로 이 시기에 ≪선봉≫은 "조선혁명의 민족협동전선을 촉성시킬 것"이라는 구호 아래 사업했다. 따라서 이 시기에 ≪선봉≫은 국내외 통신 외에 특히 조선과 만주에 관한 소식을 많이 소개했으며, 조선혁명에 대한 문제를 다룬 기사들을 실었다. 두 번째 시기는 1924년 6월부터 1937년 9월 12일 임시 정간될 때까지인데, 이 시기에 ≪선봉≫은 "쏘련에 있는 조선인 로동자농민들에게 낯을 돌리라"라는 구호 아래 활동했다. 따라서 ≪선봉≫은 "낡은 풍습과의 꾸준한 투쟁, 조선녀성들

의 권리옹호, 노동자와 빈농중논에 대한 경제적 비호, 문맹퇴치, 문화향상, 국제주의 배양" 등의 사업을 추진했다.[42]

두 번째 시기에서 ≪선봉≫이 표방한 자신의 임무는 1925년 11월에 작성된 「선봉신문의 략사와 임무」의 7개항으로 잘 요약되어 있다.

> 첫째, 연해도 고려노력군중의 계급적 각오의 고취와 공산주의적 교양,
>
> 둘째, 당과 소비에트 주권의 소수민족에 대한 정책의 표현과 도시와 농촌의 혁명적 건설에 대한 지도하며,
>
> 셋째, 과거 제정시대에 소수민족의 정치적 경제적 압박을 완전히 벗어나 자유평등의 새 건설을 가르치며,
>
> 넷째, 러시아의 선진혁명군중의 혁명에 대한 모든 경험을 배워 고려 및 전세계의 혁명전선에 용감한 투사가 되도록 교양하며,
>
> 다섯째, 소비에트국가의 혁명적 모든 법령을 고려군중에게 소개하며,
>
> 여섯째, [연해]도내 고려인민의 경제 및 문화적 생활향상을 후원하며,
>
> 일곱째, 남북만주와 고려내지의 노력자들에게 혁명적 건설, 훈련, 교양 등의 도범의 소개와 기타 전세계 각국의 혁명운동소식을 연해도 고려군중에게 소개하는 것[43]

≪선봉≫은 원동지역 한인사회의 사회주의화에서 중심적인 기관으로 규정되었다. 이는 앞에서 언급한 바 있는 1924년 8월 30일부터 6일

---

42 서재욱, 「조선말 정기간행물의 어제와 오늘」, ≪레닌기치≫, 1968년 5월 15일자, 3면.
43 편즙실, 「선봉신문의 략사와 임무」, ≪선봉≫, 1925년 11월 21일자, 2면.

동안 러시아공산당 연해도 간부 고려부의 소집으로 개최된 '연해도공산당 고려인기관책임자 회의'에서 결정된 사항에 잘 나타나 있다. 이 회의에서는 '출판물에 관한 건' 10개항을 결정했는데 이 가운데 ≪선봉≫과 관련된 주요 사항을 정리하면 다음과 같다.

(1) 군중의 지도기관에서 중심기관으로 만들기 위하여 고려인들이 거주하는 촌락에 당기관, 소비에트기관, 학교 및 공산청년회 사업가들을 전부 망라하기로 목적할 것.

(2) 신문기자들의 정치적, 전문적 수양의 부족을 보완하기 위하여 경험있는 러시아 신문기자 1인을 증가하며, 본학기에 국립신문전문학교에 책임. 사업가 1인을 파송하야 주필자격을 수양케 할 것. 적기보(赤旗報)와 연해주농민보와 밀접한 연락을 취하여 재료를 교환하며 정기주필회의에 참석케 할 것.

(3) ≪선봉≫신문의 기사를 통하여 지방시정을 지도하기 위하여 신문사내에 농민기자부를 설치하고, 여자대표회에서 경험있는 여자기자 선정에 착수할 것.

(4) ≪선봉≫신문의 후원회를 확대·조직할 것.

(5) 벽상신문과 산신문의 발행을 지도하기 위하여 지방과의 연락관계를 확보하기 위하여 ≪선봉≫사내에 벽상 및 산신문의 도총부를 개설할 것.[44]

이러한 역할을 띠었기 때문에 ≪선봉≫은 세 가지 기능을 담당하는 기관임을 자임했다. 첫째는 노력대중의 통신을 결집해서 보도하는 아

44 「로시아공산당연해도고려인책임쟈회의에서 의결된 결뎡서」, ≪선봉≫, 1924년 10월 20일자, 3면.

래로부터의 의견수렴기관이고, 둘째는 당과 소비에트 등 기관의 정책을 노력군중에게 전달할 뿐만 아니라, 토지부, 교육부, 노동감독부, 재판소, 게페우(국가정치보안부), 모프르(국제혁명자후원회) 등의 기관에 자료를 제공함으로써 이를 근거로 이 기관들이 군중에게 대답할 수 있게 하는 전달매개기관이며, 셋째는 노동자, 농민을 교육하는 교과서의 기능을 해서 소비에트 소수민족 가운데 "정치 모르는 사람 글 모르는 사람이 없도록 하는 좋은 교사"로서의 기능이다.[45]

≪선봉≫은 자신의 역할을 "변강 16만 고려인 주민에서 그 절대다수되는 농민군중을 당의 주위에 둘러세우고 단합화 공리화를 경유하야 그들을 사회주의건설의 전선에 동원시키는 것"이라고 규정했다. 그리하여 ≪선봉≫은 "주관적으로 '노동신문'인 동시에 객관적으로 '농민신문'"이라고 자임했다. ≪선봉≫은 스스로의 '농촌경향'에 대한 근거로서 신문에 투고하는 통신기자 1000여 명 가운데 약 80%가 농촌기자이고, 신문독자 4000여 명 가운데 75%가 농촌독자이며, 한 달 평균 신문에 실리는 기사 300여 개 가운데 75% 이상이 농촌문제라는 점을 제시했다.[46]

1929년 이후 집단농장화가 급속히 진행되면서 ≪선봉≫은 그 중심과업을 콜호즈로 옮겨갈 것이라고 제시했다. 즉, ≪선봉≫은 농촌란의 중심을 콜호즈 관련기사에 두고 농촌기자단의 조직을 콜호즈의 토대 위에서 개조해 도시기자단과 콜호즈가 연락해 후원사업을 전개할 것이라고 구체적으로 제시했다.[47]

1930년 3월 수이푼 구역, 포크로브카 구역, 수찬 구역, 그로데고보

---

45 「선봉신문의 현재형편과 그의의와 그에 대한 고려로력군중의 과업」, ≪선봉≫, 1928년 3월 16일자, 2면.
46 「선봉신문의 역할과 그에 대한 변강고려인로력군중의 과업」, ≪선봉≫, 1929년 12월 27일자, 2면.
47 같은 글.

구역, 체르니코프카 구역에서는 ≪선봉≫ 노농통신기자들이 구역별로 대표회의를 개최하고 ≪선봉≫ 구독자 수의 증가를 결의하는 등 ≪선봉≫의 발전방안을 결의했다.[48] 이 결의사항들의 핵심은 역시 콜호즈의 노력군중 사이에 ≪선봉≫을 더욱 확대 배포하고 읽힐 수 있는가 하는 점이었다.[49]

한인 농촌사회의 집단농장화가 확대되면서 ≪선봉≫은 '콜호즈신문'으로 규정되기에 이르렀다. 즉, ≪선봉≫의 책임주필 이백초는 500호 기념호인 1930년 11월 7일자에 게재한 「투쟁의 50호: 사회주의적 진격의 기치를 더높이 들자!」라는 글에서, "선봉신문에 직접 참가되는 농촌통신기자의 대열을 점점 더 콜호즈 투사로서 그 비중을 높이고 있다", "선봉신문은 꼴호즈신문으로 전환되었다"라고 선언했다.[50]

≪선봉≫의 '콜호즈신문화'는 그동안 기자단 형식으로 명부만 남아있던 벽신문기자단(이들은 노농통신기자로 구성되었다)을 보다 활동적인 노농통신기자 '부리가다'로 개조하도록 요구했다. 따라서 과거에는 "개인적으로 활자신문이나 벽신문에 기사하며 또는 들은 말과 외면상으로 보이는 것만을 신문에 반영"했으나 이제는 "부리가드를 조직해 단합적으로 각 사업부문을 조사해 단합적으로 재료를 수집하며 토의하며 결론을 지어 연명한 기사를 신문에 반영할 것"이 요구되었다(물론 개인적인 투고의 여지는 남겨두었다). 노농기자들은 "밖에 들어난 사실도 보이는 때에나" 기사를 썼던 과거와 달리, 지금부터는 "감추어 있는 장점, 결점들

48 수이푼 구역은 ≪선봉≫, 1930년 3월 10일자, 수찬 구역은 3월 15일자, 그로데고보 구역은 3월 24일자, 체르니코프카 구역은 4월 6일자를 참조할 것.
49 「뽀시에트, 수이푼, 뽀끄롭까, 그로제꼽, 한까이, 체르니꼽까 구역 로농통신긔자제일차대료회에서 통과된 "선봉 신문의 의의와 그 현재 형편과 그에 대한 장래 로농군 중의 과업" 보고에 의한 결정(종합)」, ≪선봉≫, 1930년 4월 6일자, 4면.
50 리백초, 「투쟁의 50호: 사회주의적 진격의 기치를 더높이 들자!」, ≪선봉≫, 1930년 11월 7일자, 5면.

을 표현시켜 모범 혹은 퇴치하기 위해 사업을 검열, 비판하며 공격적 운동으로 넘어갈 것"이며, "실지생산사업에 있어 모범있는 공격대를 조직"해 뒤떨어진 부문을 끌고가는 역할을 담당하게 될 것이다.[51]

1920년대 말과 1930년대 초 ≪선봉≫의 조직에 대해서는 집단화와 토호청결이라는 러시아공산당 당정책을 수행하는 공격대로서의 역할이 요구되었다. ≪선봉≫은 1931년에 이르러 이미 "1만 1000명의 독자와 천여 명의 기자브리가드와 그리고 수백 명의 공격대를 포용하고 그를 지도"함으로써 "꼴호즈를 토대로 하고 일반군중을 그 주위에 결속시킬 것"이 요구되었다.[52] 전동맹볼세비키공산당 원동변강간부뷰로는 1931년 3월 22일자 결정에서 ≪선봉≫의 콜호즈 내 "농촌통신기자들은 꼴호즈 내에서 사회주의적 노력조직을 위해" "농촌통신기자들은 전반적 꼴호즈화를 위해 그에 기초해 토호를 계급적으로 청산하기 위해 결정적으로 투쟁하면서 꼴호즈가 개인적 경제보다 우월한 점을 보이는 일을 조직"하는 과제가 부여되었다. 또한 당간부뷰로는 노농통신기자운동에 대한 총지도를 프라우다에 위임했다.[53]

1934년 중반에 이르러 원동변강당위원회의 고려 말 기관지 ≪선봉≫은 자신의 과거 및 현재의 역할을 다음과 같이 평가했다.

선봉은 출세한 후 12년 동안을 당변강위원회의 지도하에서 당의 총로선에서 탈선되는 모든 경향들과 또는 계급적 원쑤들을 반대하며 강경하게 투쟁하고 있으며 변강에서의 사회주의 건설에 노력대중을 동원시키는데 (중략) 그리고 자기의 주위에 꼴호즈, 생산기업

---

51 「로농통신긔자운동과 벽신문사업의 개조」, ≪선봉≫, 1931년 1월 19일자, 3면.
52 「출판긔념과 꼴호운동」, ≪선봉≫, 1931년 5월 4일자, 2면.
53 「"선봉"신문사업에 대하여: 전동맹볼세위끼공산당원동변강간부뷰로의 1931년 3월 22일 결정」, ≪선봉≫, 1931년 5월 13일자, 3면.

소 및 문화기관에서 계급없는 사회주의 사회건설을 위하여 용감히
투쟁하는 우수한 공격대원 - 노농긔자 2천여 명을 결속시키고 있
다.[54]

이러한 논조는 1935년에 들어서면서 보다 전투적인 표현으로 바뀌
어, 스탈린의 정적들을 구체적인 투쟁대상으로 지목했다.

　　우리 "선봉"은 14개년을 지나오는 어간에 당긔관지로써 많은 중
상을 겪어왔다. (중략) 경제복구시기에 있어서 신경제정책 실시를
위하여 투쟁하였으며 반혁명적 뜨로쯔끼즘을 반대하여 투쟁하였고,
인민산업개조시기에 있어서 당의 충성을 위하여 좌우경을 반대하여
투쟁하고 특히 제일차오년계획안을 실현하는 시기에 잇어서 전반적
꼴호즈화하는 기초우에서 착취계급의 잔재인 토호들을 계급으로 보
아 청산하며 (중략) 쓰딸린 선생의 여서가지 력사적 훈시대로 성과
있는 사회주의 산업의 토대완성을 위하여 투쟁하여 왔고 이 시기에
있어서 가장 위태한 우경기빈주의[기회주의]와 무자비한 투쟁을 하
였으며 제이차오년계획안을 실시하는 이 기기에 있어서, 계급없는
사회주의적 사회건설을 위한 투쟁에 있어서, 반혁명적 뜨로쯔끼즘
과 지노비예프파의 잔재를 근본까지 제거하는 투쟁을 널리 전개하
야 전무후무한 유일볼세비크당을 위하여 투쟁하여왔다.[55]

이것은 앞에서 소개한 바 있는 1925년 11월에 작성된 「선봉신문의
략사와 임무」에 제시된 7개항의 임무와 비교하면 엄청난 변화라 할 수

───────

54　「볼세비크출판물긔념날과 로동긔자들의 투쟁과 과업」, ≪선봉≫, 1934년 5월 5일자, 1면.
55　「"선봉"의 과거와 장래」, ≪선봉≫, 1935년 8월 27일자, 1면.

있다. 1925년에는 "계급적 각오의 고취와 공산주의적 교양", "도시와 농촌의 혁명적 건설에 대한 지도", 그리고 "소개"와 "후원" 등과 같은 표현에서 알 수 있듯이 《선봉》의 임무가 제2선적인 역할이었으나 10년 후인 1930년대 중반에 이르러서는 한층 전투적이며 공격적인 전위로서의 역할로 변화되었던 것이다.

이러한 《선봉》의 변화는 러시아공산당의 변화과정, 특히 1930년대 중반 소련의 대중사회가 스탈린의 대탄압에 동원되는 정치적 상황과 분리해서 설명할 수 없는 문제이다. 스탈린의 정적들과 한인사회 인텔리들에 대한 대탄압이 강화되면서 《선봉》은 한인사회의 지도자들에 대한 무차별적인 공격에 나섰다. 1938년 8월 18일자 《선봉》에 '문화행진 브리가다 발기단' 명의로 게재된 「원동 조선인 로력자들에게(경고문)」라는 글이 그 좋은 예이다. 이 경고문을 통해 우리는 교육·문화 부문에서 두각을 나타냈던 한인지도자들이 이미 대거 출당·체포되었음을 알 수 있다.

한인 전체를 상대로 한 협박조의 이 경고문은 한인 문화기관들에 오랫동안 "들어 앉아 있었던" "인민의 원쑤들"로 원동국영출판부 내 조선부에서 활약한 오성묵, 리광, 라공, 조선사범대학의 오가이 페트로, 한보리스, 박모이세이, 최니콜라이, 《선봉》의 최호림, 그리고 『고려문전』의 저자 오창환, 그리고 리문현 등을 거명하면서 이들을 무차별적으로 비판하고 있다.[56]

56   문화행진 브리가다 발긔단, 「원동 조선인 로력자들에게(경고문)」, 《선봉》, 1937년 8월 18
      일자, 2면.

4. 맺음말

이 글에서는 ≪붉은긔≫ 창간호, 제2호, 제3호, 그리고 ≪삼월일일≫ 창간호를 분석함으로써 ≪선봉≫의 기원에 대한 사실적 검토의 실마리를 제공하고자 했다. 이후 이 글에서 검토하지 못한 자료들, 즉 ≪붉은긔≫ 제4호부터 제14호까지의 기사들과 ≪삼월일일≫로 개칭한 직후의 ≪선봉≫ 등의 자료를 입수·분석해 이 글의 미흡한 점을 보완할 수 있기를 기대해 본다.

≪선봉≫의 편집자들은 ≪선봉≫의 기원을 창간하고 얼마 후인 1925년에는 ≪삼월일일≫에서 찾았고, 10년 후인 1935년에 이르러서는 이보다 앞서 간행된 ≪붉은긔≫에서 찾았다. ≪선봉≫의 기원에 대한 인식의 변화는 1920년대 말 1930년대 초에 진행된 '위로부터의 사회주의화', 콜호즈화로 집약되는 한인사회의 변화 및 이에 따른 한인사회에서의 ≪선봉≫의 역할 변화와 밀접한 관련이 있었다. 15년이라는 길지 않은 기간 동안 한인사회 내에서 ≪선봉≫이 차지하는 역할과 기능은 크게 변했다. 이러한 ≪선봉≫의 역할 변화는 1931년 3월 22일 원동당간부뷰로가 ≪선봉≫의 노농통신기자운동에 대한 총지도를 중앙의 프라우다에 위임한 것과 밀접한 관련이 있다. 그리하여 ≪선봉≫은 초기의 교육, 훈련, 정보제공 등 제2선적 역할을 담당하는 것에서, 한인사회를 동원하고 조직하는 소련공산당의 대중동원 무기로 변한 것이다. ≪레닌의 긔치≫ 초대주필 서재욱의 표현을 빌리자면, "조선혁명의 민족적 협동전선을 촉성시킬 것"을 초기 사업목표로 내세웠던 ≪선봉≫은 1930년대 이르면 "집단적 선전자, 집단적 선동자만이 아니라 집단적 조직자"로 나서게 되었던 것이다.[57]

---

57 서재욱, 「조선말 정기간행물의 어제와 오늘」, ≪레닌기치≫, 1968년 5월 15일자, 3면.

이러한 과정에서 ≪선봉≫은 주도인물의 강제적인 세대교체를 경험했던 것이 분명한데, 1937년 여름 강제이주 직전에 등장한 '문화행진 브리가다 발기단'이 새로운 세대를 조직적으로 표현한 것이라 할 수 있다. 이러한 세대교체가 자체 내의 비판과 차세대의 성장을 통한 자연스러운 성장과정이 아니라 스탈린대탄압이라는 외부적 개입의 산물이었음은 두말할 필요가 없다. 1930년대 중반 이후 한인사회는 ≪선봉≫의 주도로 진행되고 있던 대중적·집단적 테러문화에 점차 익숙해졌다. 이러한 한인사회의 집단적 정치문화는 수천 명의 한인지도자들에 대한 대대적인 체포와 처형이 아무런 저항 없이 침묵 속에서 진행되고 한인사회 전체에 대한 강압적·집단적 강제이주가 수행되는 조건을 형성한 근본 원인이다.

≪레닌기치≫와의 단절성을 강조하며 출범한 ≪고려일보≫의 창간일은 공식적으로는 1991년 1월 1일이다. 그러나 2003년 여름 ≪고려일보≫는 6월 27일에 창간 80주년 기념행사를 거행했다. 역사가 오래되었음을 강조하기 위해 창간일을 그 전으로 잡은 것이다. ≪고려일보≫의 창간일을 ≪붉은긔≫가 창간된 1922년 8월 19일로 할 것인가, ≪선봉≫의 전신인 ≪삼월일일≫이 창간된 1923년 3월 1일로 할 것인가 하는 문제는 향후 다각적인 논의가 필요하다. 이 논의는 발행주체, 발행목표, 신문의 성격, 한인사회에서의 비중과 역할, 편집진의 역사의식 등 여러 측면에서 검토되어야 할 것이다. 고려일보사가 2003년 6월 27일 창간 80주년 기념행사를 거행한 것은 이 날이 카자흐스탄의 '언론인의 날'이었기 때문이다. '80주년'을 내세워 역사가 오래되었음을 강조했으나 그와 관련된 진지한 역사적 논의에는 소홀했던 감이 없지 않다. 현재의 ≪고려일보≫ 지도부가 적어도 ≪삼월일일≫이 창간된 1923년을 전신으로 삼아 '80주년'을 내세우기로 했다면, 3월 1일에 맞춰 기념행사를 갖는 것이 역사성에 충실한 태도였을 것이다. 어떤 측

면이 단절되었고 어떤 측면이 계승되었는지 진지하고 다각적으로 논의하는 한편 어느 것을 단절하고 어느 것을 계승할 것인지 합의한 후에야 역사의식의 구체적인 내용이 드러날 것이기 때문이다.

찾아보기

최호림 연보

1893년	함경북도 무산 출생
	부모 따라 추풍 우수리스크 근처 한인마을로 이주
	올가군 얼두거우 마을로 재이주
1905년(12세)	심상소학교 졸업. 만주(북간도) 소재 중학 입학
1908년경(15세)	중학 졸업 후, 북경에서 중국의 고등교육 받음
1911~1912년경	훈춘지역의 기독교계통 신교육기관 강서당에서 계몽운동 전개
1916년	오순영과 결혼
1918년	첫딸 출생. 고향인 올가군 투두거우로 귀환
1919년 2월	러시아공산당 가입
1919년 4월	올가군에서 조직된 임시혁명빨치산본부의 결정에 따라 마을들을 순회하며 빈농 착취의 소작행위 금지 선전 활동
1919년 5월	라즈돌리노예(하마탕) 부근 얼두거우 마을에서 한인빨치산부대 창설(8월에 120명 규모로 확대)
1919년 가을	일본군과 백파의 공격을 피해 북간도 왕청현으로 이동, '민족혁명파'(다수파)와 '국제혁명파'(소수파)로 분열
1920년 1월	국제혁명파 계열 대원들을 이끌고 얼두거우로 귀환
1920년 3월~4월	4월참변으로 무장을 해제한 후 20명의 동지들과 하바롭스크를 거쳐 자유시로 이동
1920년 7월	한인보병자유대대(자유시고려인특립대대)에 참여, 군정위원장에 선임됨
1921년 6월	자유시참변 당시 이르쿠츠크예열의 고려혁명군정의회 산하 사관학교 군정위원장
1922년 6~7월	연해주 아누치노 소재 러시아공산당 연해주비밀간부 산하 고려부 기관지 《붉은긔》 주필
1922년 8월	러시아공산당 포시예트 - 훈춘 구역간부 책임비서
1922년 9~12월	연해주 고려인통일의병대를 지도한 고려혁명군정의회 군정위원장에 선임
1923년 이후	연해주 남부 지역 러시아공산당 지부 책임자로 선전활동에 종사

1924년	연해주 검찰부 변호사 리파샤와 결혼
1927년	농촌집단화 사업을 지도하기 위해 수청 신영거우(니콜라예프카)로 파견됨
	김올가 페트로브나와 결혼
1928~1930년	모스크바국립대학에서 저널리즘 공부
1930년 3~4월	≪선봉≫에 「절름발이 수청구역」(4회), 「당정책을 악화하는 경향을 따리자」(3회) 연재
1930~1932년	국제혁명작가 동양비서부 비서로 활약
1932년 4~9월	블라디보스토크에서 하바롭스크로 이전해 온 ≪선봉≫의 책임주필로 활동
	『원동변강 고려인생활 역사초록』(제1편) 탈고(9월 15일)
1934년 이후	원동변강 작가동맹의 검사위원으로 활약
	≪로력자의 고향≫ 창간호(1934년 9월)에 장편 서사시 「시비리아철도행」(1931년 작) 발표
1935년 2~12월	≪선봉≫ 책임주필에 다시 취임
1936년 2월 9일	소련 내무인민위원부에 의해 체포됨(간첩혐의로 3년형 선고)
1939년	3년형을 마친 후 카자흐스탄 크즐오르다 레닌명칭 중학교에 교사로 취직
1939년 12월 14일	내무인민위원부에 의해 다시 체포되어 간첩혐의로 3년형을 치름
1947년 11월 16일	모스크바로 가는 도중에 체포되어 유형에 처함(반소 간첩조직 가담)
1954년 9월 2일	4년 6개월의 유형생활 후 석방됨
1960년	석방 후 만난 김갈리나 마트베예브나와 함께 우즈베키스탄 '지작 오블라스치(주)' '갈로드나야 스텝(배고픈 스텝)' 지방에서 서기로 일하며 말년을 보냄
	동생 최주옥이 사는 우즈베키스탄 아쿠르간에서 암으로 사망. 그곳에 묻힘
1998년 9월 18일	소련 붕괴 후 복권으로 명예회복

편저자 반병률

서울대학교 국사학과(학사), 한양대학교 사학과(석사)를 거쳐 미국 하와이대학교 역사학과에서 러시아원동과 북간도 지역에서의 한인민족운동을 주제로 한 논문 "Korean Nationalist Activities in the Russian Far East and North Chientao, 1905~1921"로 박사학위(역사학)를 취득했다.

한국근현대사를 전공분야로 하고 있으며, 러시아사, 중국근현대사, 일본근현대사를 부전공으로 연구하고 있다. 세부전공분야는 한국독립운동사, 한인이주사, 해외동포사, 한 - 러 관계사이다. 현재 러시아원동지역(Russian Far East)과 중국 동북지방을 무대로 활동한 한인혁명가들의 활약과 혁명역사, 이동휘, 이인섭, 김철수, 홍범도, 한창걸, 최호림 등 항일혁명가들에 대한 연구를 진행하고 있다.

주요 저서와 편저로는 『통합임시정부와 안창호, 이동휘, 이승만: 삼각정부의 세 지도자』, 『The Rise of the Korean Socialist Movement: Nationalist Activities in Russia and China, 1905~1921』, 『홍범도 장군: 자서전 홍범도 일지와 항일무장투쟁』, 『망명자의 수기』, 『여명기 민족운동의 순교자들』, 『1920년대 전반 만주·러시아 항일무장투쟁』, 『국외 3·1운동』(공저), 『성재 이동휘 일대기』, 『우즈베키스탄 한인의 정체성 연구』(공저) 등이 있다.

이메일: byban@daum.net

한울아카데미 2208
한국외대 디지털인문한국학연구소 연구총서 01

항일혁명가 최호림과 러시아지역 독립운동의 역사

ⓒ 반병률, 2019

편저자 ┃ 반병률   펴낸이 ┃ 김종수
펴낸곳 ┃ 한울엠플러스(주)   편집 ┃ 신순남
초판 1쇄 발행 ┃ 2019년 12월 31일   초판 2쇄 발행 ┃ 2020년 6월 15일

주소 ┃ 10881 경기도 파주시 광인사길 153 한울시소빌딩 3층   전화 ┃ 031-955-0655
팩스 ┃ 031-955-0656   홈페이지 ┃ www.hanulmplus.kr   등록번호 ┃ 제406-2015-000143호

Printed in Korea.
ISBN 978-89-460-7208-4 93910(양장)
      978-89-460-6852-0 93910(무선)